이 부분에 대한 중복을 피하고자 한다. 다만 상술한 두 권의 저서에서 설명이 부족했거나 추가할 필요가 있다고 판단한 부분은, 구체적인 설명을 더하였다.

2. 판본이 훼손되어 판독이 어려운 문자는 모두 □로 표시하고, 아울러 독음 역시 □로 표시했다.

3. 본문에서 죽간본《簡本老子甲(간본노자갑)》은《簡甲(간갑)》,《簡本老子乙(간본노자을)》은《簡乙(간을)》,《簡本老子丙(간본노자병)》은《簡丙(간병)》으로 줄여서 표기했다.

4. 백서본《老子帛甲道德經(노자백갑도덕경)》은《帛甲(백갑)》,《老子帛乙道德經(노자백을도덕경)》은《帛乙(백을)》로 줄여서 표기했다.

5. 아울러서《河上公本(하상공본)》은《河上(하상)》으로, 그리고《王弼本(왕필본)》은《王弼(왕필)》로 표기했다. 특히《河上公本(하상공본)》은《世德堂刊本(세덕당간본)》을 저본으로 하였음을 밝혀둔다.

6. 죽간본과 백서본에는 지금은 쓰이지 않는 한자(漢字)들이 보이는 경우가 있는데, 이는 독해의 용이함을 위해서 모두 현대식 한자로 바꾸었음을 일러둔다. 그리고 전환의 기준으로 삼은 텍스트는 다음과 같다.

죽간본: [湖北荆门市郭店一号楚墓老子竹簡影印件(호북 형문시 곽점 일호초묘 노자죽간영인본)]

백서본: [帛書老子校註(백서노자교주)] 高明 中華書局 1996.5

7. 죽간본과 백서본의 문자는 최대한 위에서 제시한 두 원문을 존중하여 해석했다. 다만 원문의 한자로 해석이 되지 않는 소수의 경우에는, 필자가 전체 문맥을 바탕으로 수정하였다.

8. 각 판본별 비교 및 분석은 판본별 매 구절의 원문—독음—분석—미언(微言)—대의(大義)의 순서로 서술하였다.

차례

第1章

운문(韻文)으로 된 중국 고대전적(古代典籍)의 특징은 바로 언역법으로 쓰였다는 것이니, 『도덕경』 전체를 관통(貫通)하는 결론이 맨 앞부분에 응축되어 있다. 따라서 노자는 1장에서 법률과 제도를 세분화하여 백성을 통제하지 않는 대동(大同)의 무위자연(無爲自然) 통치법을 강조하고 있는 것이다.

《簡甲》이나《簡乙》《簡丙》에는 1장이 남아 있지 않은데, 아마도 도굴 등의 이유로 말미암아 후대에 유실된 것으로 추측된다.

《帛甲》道, 可道也, 非恒道也; 名, 可名也, 非恒
名也。
도, 가도야, 비항도야; 명, 가명야, 비항명야.

《帛乙》道, 可道也, □□□□; □, □□□, □
恒名也。
도, 가도야, □□□□; □, □□□, □항명야.

《河上》道, 可道, 非常道; 名, 可名, 非常名。
도, 가도, 비상도; 명, 가명, 비상명.

《王弼》道, 可道, 非常道; 名, 可名, 非常名。
도, 가도, 비상도; 명, 가명, 비상명.

【분석】 이 구절에서《帛乙》은 상당수의 문자가 훼손되어 있으므로,
《帛甲》에 의존하여 그 의미를 추론할 따름이다. 이처럼 본래의 문자를 파
악할 수 없는 부분은 판본별로 식별이 가능하므로, 이후로는 별도로 설명
하지 않기로 한다.

또한《帛甲》과《帛乙》에서는 '항상 상(常)'을 '항상 항(恒)'으로 표기
하였는데, 이 두 글자는 사실 모두 "변치 않고 영원하다."라는 의미를 갖
는다.

아울러서《帛甲》과《帛乙》에서는 종종 '어조사 야(也)'를 추가한 것이
특기할 만한데, 이후로는 별도로 설명하지 않기로 한다.

상술한 내용처럼 이 구절에 대한 각 판본별 기록은 다소 상이한 점이
보이지만, 전달하고자 하는 취지는 기본적으로 일치한다.

【미언(微言)】

《帛甲》《河上》《王弼》 도라는 것은, 말할 수 있으면, 변치 않는 도가 아니고; 명(이름, 명분)이라는 것은, 부를 수 있으면, 변치 않는 이름이 아니다.

《帛乙》 도라는 것은, 말할 수 있으면, □□ □□ □□ □□□; □□ □□ □□, □□ □ □□□, 변치 않는 이름이 □□□.

【대의(大義)】 대동(大同)사회 지도자의 통치 이념[道]은 말로 형용할 수 있는 것이 아니라, 삼가고 노력하며 몸소 실천하는 모습을 통해서 실현되는 것이다. 따라서 만약 이를 우리가 이해할 수 있는 말로 쉽게 정의할 수 있다면, 그것은 변치 않고 오랫동안 유지할 수 있는 통치 이념[道]이 아니다. 대동사회의 나라를 다스리고 유지하는 명분이 되는 제도[名]는, 제 몇 조 제 몇 항의 형식으로 구체화하여 말로 쉽게 설명할 수 있는 것이 아니다. 따라서 만약 이를 오늘날의 엄격하고도 복잡한 제도들과 같이 일일이 세분화하려 든다면, 그것은 변치 않고 오랫동안 유지할 수 있는 제도[名]가 아니다.

《帛甲》無名, 萬物之始也; 有名, 萬物之母也。
무명, 만물지시야; 유명, 만물지모야.

《帛乙》無名, 萬物之始也; 有名, 萬物之母也。
무명, 만물지시야; 유명, 만물지모야.

《河上》無名, 天地之始; 有名, 萬物之母。
무명, 천지지시; 유명, 만물지모.

《王弼》無名, 天地之始; 有名, 萬物之母。
무명, 천지지시; 유명, 만물지모.

【분석】《帛甲》과《帛乙》에서는 '天地(천지)'를 '萬物(만물)'로 표기하였는데, 천지는 하늘과 땅 나아가 온 세상을 뜻하고, 만물은 그 하늘과 땅 사이에 존재하는 온갖 것들을 의미한다. 따라서 어느 것에 더 중점을 두었느냐의 차이만 있을 뿐, 문장이 지닌 함의(含意)에는 큰 변동이 없다.

【미언】
《帛甲》《帛乙》《河上》《王弼》 무명은 천지의 시작이고; 유명은 만물의 근원이다.

【대의】 대동사회는 세상의 시작과 더불어 존재했고, 인류는 대동사회를 이끈 삼황오제(三皇五帝) 중 남매였던 복희씨(伏羲氏)와 여와씨(女媧氏)에 의해서 창조되었다. 따라서 세상의 시작과 더불어 존재했던, 지도자가 법률과 제도로 억압하지 않고[無名] 백성의 천성에 따라 다스리는 대동사

회는, 오늘날과 같이 엄격한 제도로 일일이 세분화하지 않고 누구나 인정하고 따르는 원칙적인 제도만으로 다스렸던 것이다. 하지만 이제 제 몇 조 제 몇 항의 형식으로 제도를 일일이 세분화하여 엄격하게 통제하니[有名], 이는 세상의 온갖 것들이 하나하나 구체적으로 정형화되는 근원이 된 것이다.

1 - 3

《帛甲》□恒無欲也, 以觀其妙; 恒有欲也, 以觀其所徼。

□항무욕야, 이관기묘; 항유욕야, 이관기소요.

《帛乙》故恒無欲也, □□□□; 恒有欲也, 以觀其所徼。

고항무욕야, □□□□; 항유욕야, 이관기소요.

《河上》故常無欲, 以觀其妙; 常有欲, 以觀其徼。

고상무욕, 이관기묘; 상유욕, 이관기요.

《王弼》故常無欲, 以觀其妙; 常有欲, 以觀其徼。

고상무욕, 이관기묘; 상유욕, 이관기요.

【분석】 여기서도 《帛甲》과 《帛乙》은 '항상 상(常)'을 '항상 항(恒)'으로 표기했다. 또한 앞 구절에 쓰인 '묘할 묘(妙)'가 명사형임에 반해, 뒷 구절에 쓰인 '돌 요(徼)'는 동사이므로, 이를 명사형으로 만들기 위해 '바 소(所)'를 추가하여 '~하는 비'의 형태로 민들었음에 유의할 필요가 있다.

【미언】

《帛甲》 □□□□ 항상 바라는 바가 없어, 그럼으로써 그(무명) 오묘함을 살피고; 항상 바라는 바가 있어, 그럼으로써 그(유명) 구함을 살핀다.

《帛乙》 그러므로 항상 바라는 바가 없어, □□□□□ □ □□□□ □□□; 항상 바라는 바가 있어, 그럼으로써 그(유명) 구함을 살핀다.

《河上》《王弼》 그러므로 항상 바라는 바가 없어, 그럼으로써 그(무명) 오묘함을 살피고; 항상 바라는 바가 있어, 그럼으로써 그(유명) 구함을 살핀다.

【대의】 그러므로 오로지 백성의 천성(天性)에 따르는 지도자는 대동 사회의 일일이 세분화하지 않는 원칙적인 제도[無名]의 오묘함만을 살피면 된다. 하지만 백성을 엄격하게 통제하려는 지도자는 제도를 더욱 강화하여 세분화함[有名]을 추구하게 되는 것이다.

《帛甲》兩者同出, 異名同謂, 玄之又玄, 衆妙之
□.

양자동출, 이명동위, 현지우현, 중묘지□.

《帛乙》兩者同出, 異名同謂, 玄之又玄, 衆妙之
門.

양자동출, 이명동위, 현지우현, 중묘지문.

《河上》此兩者同出而異名, 同謂之玄, 玄之又玄,
衆妙之門.

차양자동출이이명, 동위지현, 현지우현, 중묘지문.

《王弼》此兩者同出而異名, 同謂之玄, 玄之又玄,
衆妙之門.

차양자동출이이명, 동위지현, 현지우현, 중묘지문.

【분석】《帛甲》과《帛乙》에서는 '이'라는 의미를 지닌 지시대명사
'이 차(此)'가 보이지 않는다. 또한 네 글자의 운율을 맞추기 위해서, 의미
는 같지만《河上》이나《王弼》의 문장구조와는 다르게 쓰여, "두 가지는
같은 곳에서 나오는데, 다른 외형이지만 한 가지로 일컬으니," 로 번역되
는 점은 특기할 만하다.

【미언】
《帛甲》두 가지(도, 무명)는 같은 곳에서 나오는데, 다른 외형이지만 한
가지로 일컬으니, 심오하고도 또 심오하여, 수많은 오묘함의 □□□□□
□□.

《帛乙》두 가지(도, 무명)는 같은 곳에서 나오는데, 다른 외형이지만 한 가지로 일컬으니, 심오하고도 또 심오하여, 수많은 오묘함의 문(비결)이 된다.

《河上》《王弼》이 두 가지(도, 무명)는 같은 곳에서 나오지만 외형이 다른데, 다 같이 그것을 일컬어 심오하다고 하니, 심오하고도 또 심오하여, 수많은 오묘함의 문(비결)이 된다.

【대의】 천성에 따르는 대동사회의 통치 이념[道]과 지도자가 인위적으로 법률과 제도를 세분화하여 나라를 통제하지 않음[無名] 이 두 가지는 같은 의미지만 표현만 다를 뿐이다. 따라서 이 둘을 모두 똑같이 일컬어서 심오하다고 하니, 심오하고도 또 심오하여, 나라를 오랫동안 평안하게 유지하는 수많은 오묘함을 이해할 수 있는 비결이 되는 것이다.

第2章

《簡乙》《簡丙》에는 2장이 남아 있지 않은데, 이 역시 1장에서 언급한 바 있는 원인 때문인 것으로 추측할 수 있다.

노자는 2장에서 무위자연(無爲自然)의 통치법에 대해 보다 구체적으로 설명하고 있는데, 그것은 다름 아닌 좋음, 훌륭함, 우월함 등의 긍정적인 것만을 취하고 그렇지 못한 부정적인 것은 버리는 것이 아니라, 모두가 존재 가치가 있는 것으로 존중하여 함께 하려는 공생(共生)과 상생(相生)의 태도를 취해야 한다는 점이다.

《簡甲》天下皆知美之爲美也, 惡已; 皆知善, 此斯
不善已。
천하개지미지위미야, 악이; 개지선, 차사불선이.

《帛甲》天下皆知美爲美, 惡已; 皆知善, 斯不善
矣。
천하개지미위미, 악이; 개지선, 사불선의.

《帛乙》天下皆知美之爲美, 惡已; 皆知善, 斯不善
矣。
천하개지미지위미, 악이; 개지선, 사불선의.

《河上》天下皆知美之爲美, 斯惡已; 皆知善之爲
善, 斯不善已。
천하개지미지위미, 사악이; 개지선지위선, 사불선이.

《王弼》天下皆知美之爲美, 斯惡已; 皆知善之爲
善, 斯不善已。
천하개지미지위미, 사악이; 개지선지위선, 사불선이.

【분석】 먼저 다른 판본들이 하나같이 '美之爲美(미지위미)'라고 한
것과 달리, 《帛甲》에서는 '美爲美(미위미)'로 표현한 것에 주목할 필요가
있다.

또한 《河上》과 《王弼》은 문장구조상 앞 구절과 뒷 구절이 대구를 맞
출 수 있도록 노력했다. 반면 《帛甲》과 《帛乙》은 형식적인 대구를 맞추
기보다는, 내용상 불필요한 중복을 막기 위해서 압축해서 표현했다.

아울러서 《河上》과 《王弼》은 '~일 따름이다.'라는 의미로 앞 구절과

뒷 구절을 똑같이 '이미 이(已)'로 활용한 반면,《帛甲》과《帛乙》에서는 같은 단어의 중복을 피하기 위해서 같은 의미지만 다른 단어인 '어조사 의(矣)'를 쓴 것이 특기할 만하다.

그리고《簡甲》에서는 마지막에 '이 차(此)'와 '이 사(斯)'를 동시에 사용한 것으로 보아, 앞의 '이 차(此)'는 발어사(發語辭)로 간주하는 것이 타당할 듯하다.

【미언】

《簡甲》《帛甲》《帛乙》《河上》《王弼》 세상이 모두 아름다움이 아름다움이 됨을 아는 것, 이는 추함일 따름이고; 모두 선함이 선함이 됨을 아는 것, 이는 선하지 못함일 따름이다.

【대의】 세상이 모두 어떤 것이 아름다운지를 아는 것은, 바로 추함이 존재하기 때문에 상대적으로 아름답다고 느끼는 것이다. 또한 모두 어떤 것이 선한 것인지를 아는 것은, 바로 선하지 못함이 존재하기 때문에 상대적으로 선하다고 느끼는 것이다. 아름다움과 추함, 선함과 선하지 못함은 반드시 함께 존재해야 그 존재가치를 인지할 수 있다.

《簡甲》有亡之相生也, 難易之相成也, 長短之相
形也, 高下之相呈也, 音聲之相和也, 先後
之相隨也。

유무지상생야, 난이지상성야, 장단지상형야, 고하지상정야, 음성지상화
야, 선후지상수야.

《帛甲》有無之相生也, 難易之相成也, 長短之相
形也, 高下之相盈也, 音聲之相和也, 先後
之相隋恒也。

유무지상생야, 난이지상성야, 장단지상형야, 고하지상영야, 음성지상화
야, 선후지상수항야.

《帛乙》□□□□生也, 難易之相成也, 長短之相
形也, 高下之相盈也, 音聲之相和也, 先後
之相隨恒也。

□□□□생야, 난이지상성야, 장단지상형야, 고하지상영야, 음성지상화
야, 선후지상수항야.

《河上》故有無相生, 難易相成, 長短相形, 高下相
傾, 音聲相和, 前後相隨。

고유무상생, 난이상성, 장단상형, 고하상경, 음성상화, 전후상수.

《王弼》故有無相生, 難易相成, 長短相較, 高下相
傾, 音聲相和, 前後相隨。

고유무상생, 난이상성, 장단상교, 고하상경, 음성상화, 전후상수.

【분석】 이 구절은 문장구조상 《簡甲》《帛甲》《帛乙》과 《河上》
《王弼》로 나눌 수 있으니, 미시적인 관점에서 보면 내용상으로는 일부 차
이를 보이고 있다. 하지만 거시적인 관점에서 보면, 문장 전체가 전달하고

자 하는 의미는 대동소이(大同小異)하다고 해도 과언이 아닐 것이다.

또한 다른 판본들은 모두 '없을 무(無)'를 쓴 반면, 《簡甲》에서는 '없을 무(亡)'로 표기한 것도 특기할 만하다.

【미언】

《簡甲》있음과 없음이 함께 생겨나고, 어려움과 쉬움이 함께 형성되며, 길고 짧음이 함께 나타나고, 높고 낮음이 함께 드러나며, 소리와 음률이 함께 조화를 이루고, 앞과 뒤가 함께 따른다.

《帛甲》있음과 없음이 함께 생겨나고, 어려움과 쉬움이 함께 형성되며, 길고 짧음이 함께 나타나고, 높고 낮음이 함께 채워지며, 소리와 음률이 함께 조화를 이루고, 앞과 뒤가 함께 따라서 두루 미친다.

《帛乙》□□□ □□□ □□ 생겨나고, 어려움과 쉬움이 함께 형성되며, 길고 짧음이 함께 나타나고, 높고 낮음이 함께 채워지며, 소리와 음률이 함께 조화를 이루고, 앞과 뒤가 함께 따라서 두루 미친다.

《河上》그러므로 있음과 없음이 함께 생겨나고, 어려움과 쉬움이 함께 형성되며, 길고 짧음이 함께 나타나고, 높고 낮음이 함께 기울며, 소리와 음률이 함께 조화를 이루고, 앞과 뒤가 함께 따른다.

《王弼》그러므로 있음과 없음이 함께 생겨나고, 어려움과 쉬움이 함께 형성되며, 길고 짧음이 함께 견주고, 높고 낮음이 함께 기울며, 소리와 음률이 함께 조화를 이루고, 앞과 뒤가 함께 따른다.

【대의】 따라서 대동사회의 이치는 있음과 없음이 함께 조화를 이루는 것이고, 어려움과 쉬움이 함께 조화를 이루는 것이며, 길고 짧음이 함께 조화를 이루는 것이고, 높고 낮음이 함께 조화를 이루는 것이며, 소리와 음률이 함께 조화를 이루는 것이고, 앞과 뒤가 함께 조화를 이루는 것

이니. 결국 우리가 인지하는 좋음과 나쁨, 훌륭함과 그렇지 못함 등은 모두 그 존재가치가 있는 것이므로, 어느 한쪽만 선택하고, 다른 한쪽을 버려서는 안 되는 것이다. 이것이 바로 참된 공생과 상생의 가치다.

2 - 3

《簡甲》是以聖人居亡爲之事, 行不言之敎。
시이성인거무위지사, 행불언지교.

《帛甲》是以聖人居無爲之事, 行□□□□。
시이성인거무위지사, 행□□□□.

《帛乙》是以聖人居無爲之事, 行不言之敎。
시이성인거무위지사, 행불언지교.

《河上》是以聖人處無爲之事, 行不言之敎。
시이성인처무위지사, 행불언지교.

《王弼》是以聖人處無爲之事, 行不言之敎。
시이성인처무위지사, 행불언지교.

【분석】《帛甲》과《帛乙》은 '살 거(居)'로 쓴 반면《河上》과《王弼》은 '곳 처(處)'를 썼지만, 사실상 두 단어는 그 의미가 동일하다.

또한《帛甲》《帛乙》《河上》《王弼》은 모두 '無爲(무위)'로 '억지로 작위 하지 않다.'라고 표현한 반면, 유독《簡甲》은 '亡爲(무위)'로 표현 되었다는 점 역시 특기할 만하다. 하지만 이 역시 의미상으로는 차이가 없다.

【미언】

《簡甲》《帛乙》《河上》《王弼》 이 때문에, 성인은 무위의 일에 처하고, 불언의 가르침을 행한다.

《帛甲》 이 때문에, 성인은 무위의 일에 자리하고, □□□ □□□□ 행한다.

【대의】 이러한 이유 때문에, 대동사회를 이끈 지도재[聖人]들은 억지로 작위 하여 법률과 제도로 통제하지 않고, 천성에 따라서 백성과 나라를 다스렸으며, 함부로 말하거나 명령을 내리지 않음으로써 대동의 통치 이념[道]을 실천했던 것이다.

《簡甲》萬物作而弗始也, 爲而弗恃也, 成而弗居。
夫唯弗居也, 是以弗去也。

만물작이불시야, 위이불시야, 성이불거. 부유불거야, 시이불거야.

《帛甲》□□□□□□也, 爲而弗恃也, 成功而
弗居也。夫唯居, 是以弗去。

□□□□□□야, 위이불시야, 성공이불거야. 부유거, 시이불거.

《帛乙》萬物作而弗始, 爲而弗恃也, 成功而弗居
也。夫唯弗居, 是以弗去。

만물작이불시, 위이불시야, 성공이불거야. 부유불거, 시이불거.

《河上》萬物作焉而不辭, 生而不有, 爲而不恃, 功
成而弗居。夫惟弗居, 是以不去。

만물작언이불사, 생이불유, 위이불시, 공성이불거. 부유불거, 시이불거.

《王弼》萬物作焉而不辭, 生而不有, 爲而不恃, 功
成而弗居。夫唯弗居, 是以不去。

만물작언이불사, 생이불유, 위이불시, 공성이불거. 부유불거, 시이불거.

【분석】《簡甲》《帛乙》은 '비로소 시(始)'로 '억지로 일으키다.'라는
뜻을 피력한 반면,《河上》과《王弼》은 '말씀 사(辭)'로 '간섭하다.'라는 의
미를 표현했다.

또한《河上》과《王弼》에는 '生而不有(생이불유)'라는 표현이 있는 반
면,《簡甲》《帛甲》《帛乙》에는 없다는 점도 특기할 만하다.

특히 다른 판본들과 달리《帛甲》에서는 '夫唯居(부유거)'라고 기록되

어 있는데, 이는 기록할 때 '아니 불(弗)'이 빠졌거나, 혹은 '무릇 앞에서 설명한 상태를 유지하고 머무르기에'라는 의미로 이해해야 마땅할 것이다.

【미언】

《簡甲》 만물을 만들지만 일으키지 않고, 행하지만 자부하지 않으며, 공적을 이루지만 머무르지 않는다. 무릇 머무르지 않기에, 이 때문에 사라지지 않는다.

《帛甲》 □□□ □□□□ □□□□ □□, 행하지만 자부하지 않으며, 공적을 이루지만 머무르지 않는다. 무릇 (이러한 상태에) 머무르기에, 이 때문에 사라지지 않는다.

《帛乙》 만물을 만들지만 일으키지 않고, 행하지만 자부하지 않으며, 공적을 이루지만 머무르지 않는다. 무릇 머무르지 않기에, 이 때문에 사라지지 않는다.

《河上》《王弼》 만물을 만들지만 간섭하지 않고, 낳아 기르지만 소유하지 않으며, 행하지만 자부하지 않고, 공적을 이루지만 머무르지 않는다. 무릇 머무르지 않기에, 이 때문에 사라지지 않는다.

【대의】 대동사회를 이끌었던 지도자(聖人)들은 만물을 만들었지만 백성의 천성을 따르지 않거나 간섭하지 않고, 그들을 낳아 기르지만 자신의 것으로 여겨 소유하려 들지 않았으며, 통치하지만 통치를 잘하고 있다고 자부하지 않았고, 공로를 세우지만 그 공로가 자신의 것이라고 집착하지 않았다. 무릇 그 공로가 자신의 것이라고 집착하지 않았기 때문에, 그들의 공로는 영원히 잊히지 않고 지금까지 내려오게 되었던 것이다.

第3章

《簡甲》이나《簡乙》《簡丙》에는 3장이 기록되어 있지 않다.

노자는 3장에서 지도자가 무위자연(無爲自然)의 통치법을 행할 수 있는 근본적인 방법으로, 다름 아닌 솔선수범(率先垂範)을 논하고 있다. 서양에서도 노블레스 오블리주(Noblesse Oblige)를 강조하고 있으니, 이는 동서양을 막론하고 지도자에게 기본적으로 요구되는 높은 도덕적 의무인 것이다. 지도자가 먼저 본보기를 보인다면, 어찌 백성이 따르지 않겠는가? 지도자는 행하지 않고서 백성에게 행하라고 한다면, 과연 어떤 백성이 그를 믿고 따르겠는가?

《帛甲》不上賢, □□□□。□□□□□□, □
民不爲□。□□□□, □民不亂。

불상현, □□□□. □□□□□□, □민불위. □□□□, □민불란.

《帛乙》不上賢, 使民不爭。不貴難得之貨, 使民不
爲盜。不見可欲, 使民不亂。

불상현, 사민부쟁. 불귀난득지화, 사민불위도. 불견가욕, 사민불란.

《河上》不尙賢, 使民不爭。不貴難得之貨, 使民不
爲盜。不見可欲, 使心不亂。

불상현, 사민부쟁. 불귀난득지화, 사민불위도. 불견가욕, 사심불란.

《王弼》不尙賢, 使民不爭。不貴難得之貨, 使民不
爲盜。不見可欲, 使民心不亂。

불상현, 사민부쟁. 불귀난득지화, 사민불위도. 불견가욕, 사민심불란.

【분석】 마지막 부분에서《帛甲》과《帛乙》은 '백성 민(民)'으로 표기한 것에 반해,《河上》에서는 '마음 심(心)'으로, 그리고《王弼》에서는 '민심(民心)'으로 기록된 것은 특기할 만하다. 하지만 이 역시 의미상으로는 큰 차이점이 없다.

【미언】
《帛甲》 재물을 숭상하지 않으면, □□□ □□□ □□ □ □ □□. □□□ □□□ □□ □□□ □□□, 백성이 □□□하지 않게 □ □ □□. □□□ □□□□□ □□ □□□ □□□, 백성이 동요하지 않게 □□.

《帛乙》재물을 숭상하지 않으면, 백성이 다투지 않게 할 수 있다. 희귀한 물품을 귀히 여기지 않으면, 백성이 도둑질하지 않게 할 수 있다. 욕망을 일으킬 만한 일을 접하지 않으면, 백성이 동요하지 않게 된다.

《河上》재물을 숭상하지 않으면, 백성이 다투지 않게 할 수 있다. 희귀한 물품을 귀히 여기지 않으면, 백성이 도둑질하지 않게 할 수 있다. 욕망을 일으킬 만한 일을 접하지 않으면, 마음이 동요하지 않게 된다.

《王弼》재물을 숭상하지 않으면, 백성이 다투지 않게 할 수 있다. 희귀한 물품을 귀히 여기지 않으면, 백성이 도둑질하지 않게 할 수 있다. 욕망을 일으킬 만한 일을 접하지 않으면, 민심이 동요하지 않게 된다.

【대의】지도자가 재물을 축적하는 데 급급해 하지 않으면, 백성 역시 서로 가지려고 다투지 않게 된다. 지도자가 진귀한 물건을 귀중하게 생각하지 않으면, 백성 역시 이를 본받아 도둑질하지 않게 된다. 지도자가 사리사욕에 집착하지 않고 욕망을 일으킬 만한 일을 접하지 않으면, 지도자를 진심을 신뢰하고 따르게 됨으로써 민심이 흔들리지 않게 된다.

《帛甲》是以聖人之□□, □□□, □□□, □
□□, 强其骨。
시이성인지□□, □□□, □□□, □□□, 강기골.

《帛乙》是以聖人之治也, 虛其心, 實其腹, 弱其
志, 强其骨。
시이성인지치야, 허기심, 실기복, 약기지, 강기골.

《河上》是以聖人之治, 虛其心, 實其腹, 弱其志,
强其骨。
시이성인지치, 허기심, 실기복, 약기지, 강기골.

《王弼》是以聖人之治, 虛其心, 實其腹, 弱其志,
强其骨。
시이성인지치, 허기심, 실기복, 약기지, 강기골.

【분석】 이 구절은《帛甲》의 문자 상당수를 파악할 수 없다는 점을
제외하면, 각 판본별 문장구조와 그 전달하고자 하는 취지가 같음을 알 수
있다.

【미언】
《帛甲》이 때문에 성인의 □□□□, □ □□□□ □□□□ □□□, □ □
□ □□□□ □□□□□, □ □□□□ □□□□□□□, 그 뼈대를 강화시키는 것
이다.
《帛乙》《河上》《王弼》이 때문에 성인의 다스림은, 그 마음을 비우게
하고, 그 배를 배불리 채워주며, 그 의지를 약화시키고, 그 뼈대를 강화시
키는 것이다.

【대의】 따라서 대동사회의 지도자[聖人]들은 나라를 다스림에 있어, 백성이 재물에 대한 욕구와 사리사욕을 버리게 하였고, 그들의 배를 배불리 채워주었으며, 그들이 불만을 가지거나 얕은꾀를 부리지 않도록 하고, 그들이 농사 등 자신들이 해야 할 바에 전념하도록 해주었으니, 이것이 바로 백성의 천성에 따라 다스리는 도리인 것이다. 지도자가 백성의 천성에 따른다는 것은, 지도자가 백성이 가장 기본적으로 원하는 바인 추위와 배고픔에 허덕이지 않고, 편안하게 자신의 일에 종사할 수 있도록 하는 것이다.

3 - 3

《帛甲》□使民無知無欲也, 使□□□□, □□□□, □□□□□。
□사민무지무욕야, 사□□□□, □□□□, □□□□□.

《帛乙》恒使民無知無欲也, 使夫知不敢, 弗爲而已, 則無不治矣。
항사민무지무욕야, 사부지불감, 불위이이, 즉무불치의.

《河上》常使民無知無欲, 使夫智者不敢爲也, 爲無爲, 則無不治。
상사민무지무욕, 사부지자불감위야, 위무위, 즉무불치.

《王弼》常使民無知無欲, 使夫智者不敢爲也, 爲無爲, 則無不治。
상사민무지무욕, 사부지자불감위야, 위무위, 즉무불치.

【분석】 여기서도《帛乙》은 '항상 상(常)'을 '항상 항(恒)'으로 표기했

으니, 참고하기로 한다. 또한 다른 판본들은 '使夫智者不敢爲(사부지자불감위)'로 표기한 반면, 《帛乙》에서는 압축하여 '使夫知不敢(사부지불감)'으로 기록한 점 역시 특기할 만하다.

【미언】

《帛甲》□ 백성으로 하여금 무지하고 욕망도 없게 하여, □□ □□□□ □□ □□□□ □ □□□□ 하는 것이니, □□□ □□□□, □ □□□□□ □□ □□ □□□.

《帛乙》늘 백성으로 하여금 무지하고 욕망도 없게 하여, 무릇 슬기로움을 감행할 수 없도록 하는 것이니, 무위일 따름이면, 곧 다스리지 못할 것이 없다.

《河上》《王弼》늘 백성으로 하여금 무지하고 욕망도 없게 하여, 무릇 슬기로운 이가 감히 작위 하는 바가 없도록 하는 것이니, 무위로서 행하면, 곧 다스리지 못할 것이 없다.

【대의】 지도자가 솔선수범하는 모습을 보임으로써 백성이 사리사욕을 추구하는 마음을 갖지 않도록 하면, 현명한 지도자가 백성을 통제하기 위해서 억지로 법률과 제도를 강화하고 세분화할 필요가 없게 되니, 이렇듯 억지로 법률과 제도를 자꾸 만들고 세분화하여 백성을 강압하지 않고 그 천성에 따라 나라를 다스리면[無爲], 세상이 모두 그에게 귀의하여 순조롭게 통치할 수 있게 되는 것이다.

第4章

《簡甲》이나《簡乙》《簡丙》에는 4장이 기록되어 있지 않다.

노자는 4장에서 대동사회를 이끈 지도자의 통치 이념[道]이 마치 사랑[愛]과도 같이 타인에게 베풀수록 더욱 더 생겨나는 형이상학적 개념이라고 설명한다. 나아가 여기서 다시 한 번 어느 것 하나 버리지 않고 모두가 함께하는 세상인 대동사회는, 법률과 제도로 통제하기 시작한 소강사회보다 앞서 존재했다고 강조하고 있다.

《帛甲》□□, □□□□□□盈也。
□□, □□□□□영야.

《帛乙》道盅, 而用之有弗盈也。
도충, 이용지유불영야.

《河上》道冲, 而用之或不盈。
도충, 이용지혹불영.

《王弼》道冲, 而用之或不盈。
도충, 이용지혹불영.

【분석】《帛乙》에서는 '빌 충(沖)'을 '빌 충(盅)'으로 표기하고 있거니와, 또한 '있을 유(有)'로 표기된 반면,《河上》과《王弼》에서는 '혹 혹(或)'을 써서 '있다, 존재하다.'라는 의미를 드러냈음은 특기할 만하다. 따라서 필자가 기준으로 삼은 [백서노자교주(帛書老子校註)]에서는 '있을 유(有)'를 일률적으로 모두 '또 우(又)'로 수정했지만, 필자는 그 의미를 살려서 이 구절만큼은 그대로 두었음을 밝혀둔다.

【미언】
《帛甲》□□ □□□□□, □□□ □□□□ 가득함(다함)이 □□.
《帛乙》《河上》《王弼》도는 비어 있으나, 그것을 씀에는 가득함(다함)이 없다.

【대의】 대동사회를 이끈 지도자의 통치 이념[道]은 자기의 것을 자기의 것으로 여기지 않아서 겉으로는 마치 없는 듯하지만, 남을 위해 베풀

기 때문에 실제로는 끊임없이 생겨나는 것이다. 이렇듯 인위적으로 제도를 만들어 통제하지 않고 천성에 따라 다스리는[無爲] 대동의 통치 이념[道]은 언뜻 보기에는 허술하고도 부족한 점이 많은 듯하지만, 실제로 이러한 통치 이념으로 나라를 다스리면 그 통치는 엄격한 제도로 통제하는 것보다 오히려 백성의 끊임없는 지지와 신망을 얻게 되어서 부족함이 없게 된다.

4 – 2

《帛甲》淵呵, 似萬物之宗。
연아, 사만물지종.

《帛乙》淵呵, 似萬物之宗。
연아, 사만물지종.

《河上》淵乎, 似萬物之宗。
연호, 사만물지종.

《王弼》淵兮, 似萬物之宗。
연혜, 사만물지종.

【분석】 각 판본의 한자(漢字)들을 고증하여 다시 현대식 한자로 조정해 보면, 이 문장은 판본별 차이가 전혀 없다.

다만 《河上》과 《王弼》에서 '어조사 호(乎)'나 '어조사 혜(兮)'를 쓴 것과 달리, 《帛甲》과 《帛乙》에서 '어조사 아(呵)'를 쓰고 있는 점은 특기할 만하다.

【미언】

《帛甲》《帛乙》《河上》《王弼》 심오하니, 마치 만물의 종주인 듯하다.

【대의】 이러한 대동사회의 통치 이념[道]은 대단히 오묘하고도 심오하니, 엄격하고도 세분화된 제도로 나라를 통제하기[有名] 시작한 소강(小康)사회보다 훨씬 더 앞서서, 이 세상이 시작될 때부터 존재했던 근원(근본)이다.

---

4 - 3

《帛甲》挫其, 解其紛, 和其光, 同□□。
좌기, 해기분, 화기광, 동□□.

《帛乙》挫其銳, 解其紛, 和其光, 同其塵。
좌기예, 해기분, 화기광, 동기진.

《河上》挫其銳, 解其紛, 和其光, 同其塵。
좌기예, 해기분, 화기광, 동기진.

《王弼》挫其銳, 解其紛, 和其光, 同其塵。
좌기예, 해기분, 화기광, 동기진.

【분석】 이 구절 역시 각 판본의 한자(漢字)들을 고증해 보면, 판본별 차이는 보이지 않는다. 다만 《帛甲》에서 마지막 두 글자의 판독이 어렵고, 특히 앞부분에 '挫其(좌기)'만 남아 있는 것으로 보아, 옮겨 쓰는 과정에서 '날카로울 예(銳)'가 빠지는 오류가 있었던 것으로 보인다.

【미언】

《帛甲》그것을 억누르고, 그 분규를 해결하며, 그 광채를 조화롭게 하고, □ □□□ 함께 한다.

《帛乙》《河上》《王弼》그 날카로움을 억누르고, 그 분규를 해결하며, 그 광채를 조화롭게 하고, 그 속세와 함께 한다.

【대의】 대동사회 지도자의 통치 이념[道]은 날카로운 사회의 모순을 억눌러 둥글게 하고, 그 혼란과 어지러움을 원만하게 해결하며, 모든 긍정적인 것과 부정적인 것들의 기세를 조화롭게 하고[和], 속세와 한데 어우러져서[同] 어느 누구 하나 버리지 않고 함께 한다.

4 - 4

《帛甲》□□□或存, 吾不知□□□子也, 象帝之先。
□□□혹존, 오부지□□□자야, 상제지선.

《帛乙》湛呵似或存, 吾不知其誰之子也, 象帝之先。
잠아사혹존, 오부지기수지자야, 상제지선.

《河上》湛兮似若存, 吾不知誰之子, 象帝之先。
잠혜사혹존, 오부지수지자, 상제지선.

《王弼》湛兮似或存, 吾不知誰之子, 象帝之先。
잠혜사혹존, 오부지수지자, 상제지선.

【분석】이 구절 역시《帛甲》의 문자 상당수를 파악할 수 없다는 점을 제외하면, 모든 판본들의 의미가 기본적으로 일치하고 있음을 알 수 있다.

또한 여기서도《河上》과《王弼》에서 '어조사 혜(兮)'를 쓴 것과 달리《帛乙》에서는 '어조사 아(呵)'를 쓰고 있거니와, 가운데 부분에서 '그 기(其)'를 추가했음은 특기할 만하다.

【미언】

《帛甲》□□ □□□□□ □□ 존재하는 □ □□, 나는 □□□ 후대인지는 몰라도, 법률과 제도로 다스린 것보다 앞이다.

《帛乙》《河上》《王弼》맑고 투명하지만 마치 존재하는 듯하니, 나는 누구의 후대인지는 몰라도, 법률과 제도로 다스린 것보다 앞이다.

【대의】대동사회의 통치 이념[道]은 형이상학적 개념이기에 눈에 보이지는 않지만 분명히 존재하는데, 나는 이러한 대동사회의 통치 이념[道]이 어떤 존재보다 늦게 나타났는지는 몰라도, 분명 법률과 제도로 백성을 통제하여 다스리던 시대[小康]보다 먼저 존재했다.

第5章

《簡甲》에는 5장의 네 구절 중에서 중간 두 구절만이 보이고 있다.

노자는 5장에서 천성에 따르는 무위자연이란 바로 제사 때 쓰이는 짚으로 만든 개처럼, 백성을 버린 듯이 하여 통제하지 않음을 뜻한다고 밝히고 있다. 또한 바람을 일으키는 도구인 풀무로 비유적으로 표현하여, 대동사회 지도자의 통치 이념[道]은 마치 사랑[愛]과도 같아서 타인에게 베풂으로써 비울수록 오히려 더욱 샘솟는다고 역설하고 있다.

《帛甲》天地不仁, 以萬物爲芻狗; 聖人不仁, 以百
姓□□狗。
천지불인, 이만물위추구; 성인불인, 이백성□□구.

《帛乙》天地不仁, 以萬物爲芻狗; 聖人不仁, □
百姓爲芻狗。
천지불인, 이만물위추구; 성인불인, □백성위추구.

《河上》天地不仁, 以萬物爲芻狗; 聖人不仁, 以百
姓爲芻狗。
천지불인, 이만물위추구; 성인불인, 이백성위추구.

《王弼》天地不仁, 以萬物爲芻狗; 聖人不仁, 以百
姓爲芻狗。
천지불인, 이만물위추구; 성인불인, 이백성위추구.

【분석】 여기서는《帛甲》과《帛乙》의 몇몇 판독이 어려운 글자를
제외하고는, 기본적으로 모든 판본의 문장구조가 일치하고 있음을 알 수
있다.

【미언】

《帛甲》 천지는 어질지 않아서, 만물을 추구로 여기고; 성인은 어질지
않아서, 백성을 □구로 □□□.

《帛乙》 천지는 어질지 않아서, 만물을 추구로 여기고; 성인은 어질지
않아서, 백성□ 추구로 여긴다.

《河上》《王弼》 천지는 어질지 않아서, 만물을 추구로 여기고; 성인은
어질지 않아서, 백성을 추구로 여긴다.

【대의】 하늘과 땅은 남들보다 앞서서 덕을 쌓기 때문에 만물에 집착하지 않고, 제사가 끝나면 쓸모가 없어 버리는 짚으로 만든 개[芻狗]와도 같이 만물이 자연스레 생겨나고 사라지도록 그 천성을 따랐다. 대동사회의 지도자[聖人]들은 남들보다 앞서서 덕을 쌓았기 때문에 백성에 집착하지 않고, 제사가 끝나면 쓸모가 없어 버리는 짚으로 만든 개[芻狗]와도 같이 백성이 자연스레 생겨나고 사라지도록 그 천성을 따랐다.

5 - 2

《簡甲》天地之間, 其猶橐籥與?
천지지간, 기유탁약여?

《帛甲》天地□□, □猶橐籥與?
천지□□, □유탁약여?

《帛乙》天地之間, 其猶橐籥與?
천지지간, 기유탁약여?

《河上》天地之間, 其猶橐籥乎?
천지지간, 기유탁약호?

《王弼》天地之間, 其猶橐籥乎?
천지지간, 기유탁약호?

【분석】 이 구절 역시 판본별 문장구조와 그 드러내고자 하는 의도가 일치하고 있다. 더불어서 마지막 부분에서 《簡甲》과 《帛甲》 그리고 《帛乙》은 '더불 여(與)'로 어조사를 처리한 반면, 《河上》과 《王弼》에서는 '어조사 호(乎)'를 쓴 것이 특기할 만하다.

【미언】

《簡甲》《帛乙》《河上》《王弼》 하늘과 땅 사이(세상)는, 그것이 탁약과 같을지니?

《帛甲》 하늘과 땅□□(세상)은, □□□ 탁약과 같을지니?

【대의】 세상을 다스리는 지도자의 통치 이념[道]은, 마치 제사 때나 대장간에서 바람을 일으켜 불을 지피는 데 쓰는 도구인 풀무와도 같을지니?

5 - 3

《簡甲》 虛而不屈, 沖而愈出。
　　　　허이불굴, 충이유출.

《帛甲》 虛而不屈, 動而愈出。
　　　　허이불굴, 동이유출.

《帛乙》 虛而不屈, 動而愈出。
　　　　허이불굴, 동이유출.

《河上》 虛而不屈, 動而愈出。
　　　　허이불굴, 동이유출.

《王弼》 虛而不屈, 動而愈出。
　　　　허이불굴, 동이유출.

【분석】 이 구절 역시 판본별 문장구조와 그 드러내고자 하는 의도가 일치하고 있다. 다만 다른 판본들은 '움직일 동(動)'으로 '쓰다.'라는 의미

를 전달한 반면,《簡甲》은 '빌 충(沖)'으로 '비우다'라고 표현한 것은 특기할 만하다. 물론 어느 쪽이 되었건 간에, 전달하고자 하는 의미에는 큰 차이가 없다.

【미언】

《簡甲》 비우지만 불합리하지 않고, 비우지만 더욱 생성된다.

《帛甲》《帛乙》《河上》《王弼》 비우지만 불합리하지 않고, 사용하지만 더욱 생성된다.

【대의】 풀무는 안이 비어 있기 때문에 공기를 담아 바람을 일으킬 수 있는 것이고, 또 비어 있지만 끊임없이 바람을 일으킬 수 있다. 인위적으로 법률과 제도를 만들어 통제하지 않고 천성에 따라 다스리는 대동사회 지도자의 통치 이념[道]은, 풀무처럼 비어 있어서 허술하고도 부족한 점이 많은 듯하지만, 실제로는 대단히 합리적이다. 이러한 대동의 통치 이념[道]으로서 나라를 다스리면 사랑[愛]과도 같이 타인에게 베풀수록 더욱 생성되니, 엄격한 법률과 제도로 통제하는 것보다 오히려 백성의 끊임없는 지지와 신망을 얻게 되어서 부족함이 없게 되는 것이다.

《帛甲》多聞數窮, 不若守於中。
다언삭궁, 불약수어중.

《帛乙》多聞數窮, 不若守於中。
다언삭궁, 불약수어중.

《河上》多言數窮, 不如守中。
다언삭궁, 불여수중.

《王弼》多言數窮, 不如守中。
다언삭궁, 불여수중.

【분석】 이 구절 역시 판본별 문장구조와 그 드러내고자 하는 의도
가 일치하고 있다. 다만《河上》이나《王弼》과 달리,《帛甲》과《帛乙》에
서는 '말씀 언(言)'을 '들을 문(聞)'으로 표기하여 '아뢰다, 알리다.'라고 표
현한 것은 특기할 만하다. 또한 '같을 여(如)' 대신에 '같을 약(若)'으로 써주
었거니와, '수중(守中)'에 '어조사 어(於)'를 추가하여 '守於中(수어중)'이라고
표기함으로써, '~에'라고 표현하여 '지킬 수(守)'의 대상을 '가운데 중(中)'에
두었음을 더욱 명확하게 드러내고 있다.

【미언】
《帛甲》《帛乙》《河上》《王弼》 말이 많으면 누차 곤궁해지니, 중간을
지키는 것이 낫다.

【대의】 지도자가 덕을 닦지 않아서 함부로 말하거나 명령을 내리게
되면, 나라를 다스리는 데 있어 항상 어려운 문제들이 발생하게 된다. 따
라서 어느 한쪽으로 치우치지 않고 객관적이고도 공정한 태도를 유지하
는 자세[中]를 취하는 것이 대단히 중요하다.

第6章

《簡甲》이나《簡乙》《簡丙》에는 6장이 남아 있지 않다.

노자는 6장에서 대동사회 지도자의 통치 이념[道]에서 중요한 특징 중 하나인 관용과 포용의 자애로움을 논하고 있는데, 특히 이러한 자애로움을 계곡과 모성으로 빗대어 표현하고 있음에 유의할 필요가 있다.

《帛甲》谷神□死, 是謂玄牝, 玄牝之門, 是謂□
地之根。

곡신□사, 시위현빈, 현빈지문, 시위□지지근.

《帛乙》谷神不死, 是謂玄牝, 玄牝之門, 是謂天地
之根。

곡신불사, 시위현빈, 현빈지문, 시위천지지근.

《河上》谷神不死, 是謂玄牝, 玄牝之門, 是謂天地
根。

곡신불사, 시위현빈, 현빈지문, 시위천지근.

《王弼》谷神不死, 是謂玄牝, 玄牝之門, 是謂天地
根。

곡신불사, 시위현빈, 현빈지문, 시위천지근.

【분석】 이 구절은 판본별 차이점이 보이지 않는다. 다만《帛甲》
《帛乙》에서는 '갈 지(之)'를 써서 소유격을 만든 데 반해,《河上》《王弼》
에서는 '갈 지(之)'를 쓰지 않은 점이 특기할 만하다.

【미언】

《帛甲》 계곡의 오묘함은 그침이 □□□, 이를 심오한 모성이라고 일
컫고, 심오한 모성의 문, 이를 □지의 근원이라고 일컫는다.

《帛乙》《河上》《王弼》 계곡의 오묘함은 그침이 없으니, 이를 심오한
모성이라고 일컫고, 심오한 모성의 문, 이를 천지 근원이라고 일컫는다.

【대의】15-8에서도 밀하지만, 계곡의 특징은 숨푹 들어가 모두를 수용하고 포용하는 것이다. 따라서 이러한 자애로움의 오묘함은 백성의 끊임없는 지지와 신망을 얻게 되어서 영원하다는 것이니, 이를 심오한 모성, 즉 부드러움이라고 일컫는다. 관대하고도 자애로운 덕으로 세상을 다스리는 덕치를 일컬어 세상을 다스리는 근본이라고 하니, 이는 엄격한 법률이나 제도로 다스리는 것보다 더 중요하다.

6 - 2

《帛甲》緜緜呵, 若存, 用之不勤。
면면아, 약존, 용지불근.

《帛乙》緜緜呵, 其若存, 用之不勤。
면면아, 기약존, 용지불근.

《河上》綿綿若存, 用之不勤。
면면약존, 용지불근.

《王弼》綿綿若存, 用之不勤。
면면약존, 용지불근.

【분석】《帛甲》과《帛乙》그리고《河上》과《王弼》의 문장구조에 약간의 차이점이 보인다. 특히《帛甲》에서는 '若存(약존)'이라고 표현한 반면,《帛乙》에서는 '그 기(其)'를 추가한 점이 특기할 만하다. 다만 모든 판본의 의미상으로는 큰 차이점이 보이지 않는다.

【미언】

《帛甲》《帛乙》《河上》《王弼》 끊이지 않고 존재하는 듯하니, 작용에 다함이 없다.

【대의】 이처럼 자애로움으로 다스리는 덕치는 백성의 끊임없는 지지와 신망을 얻게 되어 영원하기 때문에, 아무리 그 자애로움의 덕치를 마음껏 베풀더라도 결코 바닥이 나지 않아 변치 않을 수 있는 것이다.

第7章

《簡甲》이나 《簡乙》 《簡丙》에는 7장이 기록되어 있지 않다.
노자는 7장에서 대동사회 지도자의 통치 이념[道]을 구성하는 중요한 요소 중 하나인, 어느 하나
버리지 않고 모두가 함께 해야 한다는 화(和)의 도리를 강조하고 있다.

《帛甲》天長地久。天地之所以能□且久者, 以其
不自生也, 故能長生。
천장지구. 천지지소이능□차구자, 이기불자생야, 고능장생.

《帛乙》天長地久。天地之所以能長且久者, 以其
不自生也, 故能長生。
천장지구. 천지지소이능장차구자, 이기불자생야, 고능장생.

《河上》天長地久。天地所以能長且久者, 以其不
自生, 故能長生。
천장지구. 천지소이능장차구자, 이기불자생, 고능장생.

《王弼》天長地久。天地所以能長且久者, 以其不
自生, 故能長生。
천장지구. 천지소이능장차구자, 이기불자생, 고능장생.

【분석】《帛甲》과《帛乙》은 '天地(천지)'와 '所以(소이)' 사이에 '갈 지(之)'를 더하여 소유격의 의미를 살린 데 반해,《河上》과《王弼》에서는 생략했다는 점이 그 주된 차이점이다. 그 밖에 문장구조상 차이점은 보이지 않고 있다.

【미언】
《帛甲》천지는 장구히 존재한다. 천지가 □구할 수 있는 것은, 그가 자기만 살려고 하지 않기 때문에, 그러므로 장구히 존재할 수 있다.
《帛乙》《河上》《王弼》천지는 장구히 존재한다. 천지가 장구할 수 있는 것은, 그가 자기만 살려고 하지 않기 때문에, 그러므로 장구히 존재할 수 있다.

【내의】 하늘과 땅은 변치 않고 오랫동안 존재해왔다. 이렇듯 하늘과 땅이 변치 않고 오랫동안 존재할 수 있었던 이유는, 바로 하늘과 땅만이 살려고 했던 것이 아니라, 그 안에 있는 모든 존재들과 어우러져 함께 살려고 했기 때문이다. 따라서 나라가 변치 않고 오래 유지되려면 이처럼 긍정적인 것만 취하고 부정적인 것은 버리는 것이 아니라, 어느 누구 하나 버리지 않고 함께 어우러져 살아야 하는 것이다.

7 - 2

《帛甲》是以聖人退其身而身先, 外其身而身存。
시이성인퇴기신이신선, 외기신이신존.

《帛乙》是以聖人退其身而身先, 外其身而身先,
外其身而身存。
시이성인퇴기신이신선, 외기신이신선, 외기신이신존.

《河上》是以聖人後其身而身先, 外其身而身存。
시이성인후기신이신선, 외기신이신존.

《王弼》是以聖人後其身而身先, 外其身而身存。
시이성인후기신이신선, 외기신이신존.

【분석】《帛甲》과《帛乙》은 '물러날 퇴(退)'를 쓴 반면,《河上》과《王弼》에서는 '뒤 후(後)'를 썼다. 하지만 두 글자는 모두 '뒤로 물러나다.'라는 뜻을 지니고 있으므로, 의미상 큰 차이점은 없다고 하겠다.

또한《帛甲》과《河上》그리고《王弼》과 달리,《帛乙》에서는 중간에

'外其身而身先(외기신이신선)'이라는 구절을 삽입하여 좀 더 구체적으로 설명한 것이 특기할 만하다.

【미언】
《帛甲》이 때문에 성인은 그 몸이 물러나지만 몸이 앞서게 되고, 그 몸을 도외시하지만 몸이 보존되는 것이다.

《帛乙》이 때문에 성인은 그 몸이 물러나지만 몸이 앞서게 되고, 그 몸을 도외시하지만 몸이 앞서게 되며, 그 몸을 도외시하지만 몸이 보존되는 것이다.

《河上》《王弼》이 때문에 성인은 그 몸을 뒤에 두지만 몸이 앞서게 되고, 그 몸을 도외시하지만 몸이 보존되는 것이다.

【대의】 따라서 대동사회를 이끈 지도자[聖人]들은 자신을 백성 아래에 두었지만 오히려 백성의 신망을 받아 위에 올라서 지도자가 될 수 있었고, 자기를 버리고 백성의 뜻에 따랐지만 오히려 백성의 지지를 받아 그 지도자의 자리를 오랫동안 지킬 수 있었던 것이다.

《帛甲》不以其無□與? 故能成其私。

불이기무□여? 고능성기사.

《帛乙》不以其無私與? 故能成其私。

불이기무사여? 고능성기사.

《河上》□以其無私邪? 故能成其私。

□이기무사야? 고능성기사.

《王弼》非以其無私邪? 故能成其私。

비이기무사야? 고능성기사.

【분석】《帛甲》과《帛乙》은 '아닐 불(不)'과 '어조사 여(與)'를 쓴 반면,《王弼》에서는 '아닐 비(非)'와 '어조사 야(邪)'을 썼다. 이 두 가지를 제외하면, 판본마다의 문장구조와 전달하려는 의미는 모두 일치하고 있다.

【미언】

《帛甲》그 □□□□이 없기 때문이 아닌가? 그러므로 그 사사로움을 이룰 수 있는 것이다.

《帛乙》《王弼》그 사사로움이 없기 때문이 아닌가? 그러므로 그 사사로움을 이룰 수 있는 것이다.

《河上》그 사사로움이 없기 때문이 □□□? 그러므로 그 사사로움을 이룰 수 있는 것이다.

【대의】대동사회를 이끌었던 지도재聖人]들은 백성의 신망을 받아 위에 올라서 지도자가 될 수 있었고, 또 백성의 지지를 받아 그 지도자의

자리를 오랫동안 지킬 수 있었다. 그 이유는 바로 자기를 버리고 백성의 마음을 자기의 마음으로 삼았기 때문이 아니었던가? 따라서 그들은 오히려 그처럼 지도자의 자리에 올랐고, 또 그 지도자의 자리를 오랫동안 지키는 사사로움을 이룰 수 있었던 것이다.

第8章

《簡甲》과《簡乙》그리고《簡丙》에는 8장이 기록되어 있지 않다.

노자는 8장에서 대동사회 지도자의 통치 이념[道]을 물로 비유함으로써, 참된 지도자[聖人]가 어떠한 자세로 백성을 다스렸는지 설명하고 있다.

《帛甲》上善似水, 水善利萬物而有靜。
상선사수, 수선리만물이유정.

《帛乙》上善如水, 水善利萬物而有靜。
상선여수, 수선리만물이유정.

《河上》上善若水, 水善利萬物而不爭。
상선약수, 수선리만물이부쟁.

《王弼》上善若水, 水善利萬物而不爭。
상선약수, 수선리만물이부쟁.

【분석】《帛甲》과《帛乙》은 각각 '似水(사수)'와 '如水(여수)'로 표기함으로써,《河上》과《王弼》의 '若水(약수)'와는 다르게 표현하고 있다. 하지만 그 뜻은 모두 일치한다.

또한《帛甲》과《帛乙》은 '有靜(유정)'으로 표현하여 '고요함이 있다.'로 해석되는 반면,《河上》과《王弼》에서는 '不爭(부쟁)'으로 표현하여 '다투지 않는다.'로 해석됨에 유의할 필요가 있다. 하지만 이 역시 문장 전체의 의미는 동일하다.

【미언】

《帛甲》《帛乙》 최고의 선은 물과 같으니, 물은 만물을 편리하게 하므로 고요함이 있다.

《河上》《王弼》 최고의 선은 물과 같으니, 물은 만물을 편리하게 하지만 그들과 다투지 않는다.

【대의】 상위에 있는 선함이란 물과 같이 부드럽고도 자애로운 것이니, 이러한 물은 항상 아래로 흐르기 때문에 만물에 큰 도움을 주지 결코 방해하거나 다투지 않는다. 따라서 대동사회를 이끈 지도자[聖人]들은 이처럼 물과도 같이 자애로움으로 백성을 다스렸던 것이다.

8 - 2

《帛甲》居衆之所惡, 故幾於道矣。
거중지소오, 고기어도의.

《帛乙》居衆人之所惡, 故幾於道矣。
거중인지소오, 고기어도의.

《河上》處衆人之所惡, 故幾於道。
처중인지소오, 고기어도.

《王弼》處衆人之所惡, 故幾於道。
처중인지소오, 고기어도.

【분석】《帛甲》과《帛乙》은 '살 거(居)'로 쓴 반면《河上》과《王弼》은 '곳 처(處)'를 썼지만, 사실상 두 단어는 그 뜻이 일치한다.

또한 다른 판본들은 '중인(衆人)'이라고 표기한 반면《帛甲》은 '중(衆)'이라고만 표현한 점, 그리고《帛甲》과《帛乙》은 '어조사 의(矣)'로 맺고 있는 데 반해《河上》과《王弼》은 어떤 어조사도 사용하지 않고 있음은 특기할 만하다.

【미언】

《帛甲》《帛乙》《河上》《王弼》많은 이들이 싫어하는 곳에 머물기에, 그러므로 도에 근접한다.

【대의】많은 사람들이 아래에 있는 것을 싫어한다. 하지만 물과 같은 부드러움과 자애로움의 덕치를 추구하는 대동사회의 지도자[聖人]들은 오히려 백성을 어려워하고 자신을 그들의 아래에 두었기 때문에, 진정한 대동사회의 통치 이념[道]을 깨닫고 실천할 수 있었던 것이다.

8 - 3

《帛甲》居善地, 心善淵, 予善信, 正善治, 事善能, 動善時。
거선지, 심선연, 여선신, 정선치, 사선능, 동선시.

《帛乙》居善地, 心善淵, 予善天, 言善信, 正善治, 事善能, 動善時。
거선지, 심선연, 여선천, 언선신, 정선치, 사선능, 동선시.

《河上》居善地, 心善淵, 與善仁, 言善信, 正善治, 事善能, 動善時。
거선지, 심선연, 여선인, 언선신, 정선치, 사선능, 동선시.

《王弼》居善地, 心善淵, 與善仁, 言善信, 正善治, 事善能, 動善時。
거선지, 심선연, 여선인, 언선신, 정선치, 사선능, 동선시.

【분석】《河上》과《王弼》은 '與善仁, 言善信(여선인, 언선신)'으로 쓴

반면, 《帛乙》에는 '予善天, 言善信(여선천, 언선신)'으로 기록되어 있다. 나아가 《帛甲》에서는 심지어 《帛乙》의 두 표현을 압축하여 '予善信(여선신)'이라고 표현하고 있으니, 이처럼 판본별로 표현에 차이가 있음은 특기할 만하다.

하지만 그 밖의 다른 부분은 완벽하게 일치하고 있으니, 일부 기록에서 차이를 보이고는 있지만, 판본별로 전달하고자 하는 의미는 대동소이(大同小異)하다고 볼 수 있다.

【미언】

《帛甲》 기거함에 있어서는 처해 있는 형편에 능하고, 마음은 고요함에 능하며, 함께함에 있어서는 신용을 지킴에 능하며, 올바름은 다스림에 능하고, 일을 처리함에 있어서는 능력을 발휘함에 능하며, 행동에 있어서는 시기를 선택함에 능하다.

《帛乙》 기거함에 있어서는 처해 있는 형편에 능하고, 마음은 고요함에 능하며, 함께함에 있어서는 스스로 타고난 천성에 능하고, 말은 신용을 지킴에 능하며, 올바름은 다스림에 능하고, 일을 처리함에 있어서는 능력을 발휘함에 능하며, 행동에 있어서는 시기를 선택함에 능하다.

《河上》《王弼》 기거함에 있어서는 처해 있는 형편에 능하고, 마음은 고요함에 능하며, 더불어 함께함에 있어서는 어짊에 능하고, 말은 신용을 지킴에 능하며, 올바름은 다스림에 능하고, 일을 처리함에 있어서는 능력을 발휘함에 능하며, 행동에 있어서는 시기를 선택함에 능하다.

【대의】 대동사회의 지도자[聖人]들은 자신이 처한 환경과 백성이 중시하는 바를 명확하게 파악하여, 조급해하지 않고 신중하게 나라를 다스렸다. 말이나 명령을 함부로 하지 않았고, 자애로운 마음으로 어느 누구

하나 버리지 않고 다 함께하려 하였으며, 또한 자신의 말에 책임을 짐으로써 백성에게 믿음을 보였거니와, 시기를 잘 맞춰서 삼가 정성을 다해 다스렸던 것이다.

8 - 4

《帛甲》夫唯不爭, 故無尤。
부유부쟁, 고무우.

《帛乙》夫唯不爭, 故無尤。
부유부쟁, 고무우.

《河上》夫唯不爭, 故無尤。
부유부쟁, 고무우.

《王弼》夫唯不爭, 故無尤。
부유부쟁, 고무우.

【분석】이 구절은 모든 판본의 기록이 일치하고 있다.

【미언】
《帛甲》《帛乙》《河上》《王弼》무릇 다투지 않기에, 그러므로 과오가 없다.

【대의】대동사회를 이끈 지도재[聖人]들은 항상 자신을 백성 아래에 두고 삼가여 성실하게 나라를 다스렸기 때문에, 타인이 비방하거나 불만을 가지지 않았거니와 과오를 저지르지 않을 수 있었던 것이다.

第9章

《簡乙》《簡丙》에는 9장이 남아 있지 않다.

여기서《簡甲》은 다른 판본들과는 다소 판이한 표현법을 쓰고 있는데, 사실 그 전달하고자 하는 맥락은 일치한다.

노자는 9장에서 무릇 지도자란 검소해야 하며, 과욕을 부리게 되면 자칫 모든 것을 잃게 된다고 경고하고 있다.

《簡甲》持而浧之, 而不若已。
지이영지, 이불약이.

《帛甲》持而盈之, 不□□□。
지이영지, 불□□□.

《帛乙》持而盈之, 不若其已。
지이영지, 불약기이.

《河上》持而盈之, 不如其已。
지이영지, 불여기이.

《王弼》持而盈之, 不如其已。
지이영지, 불여기이.

【분석】다른 판본들과 달리,《簡甲》에서는 '찰 영(盈)'을 '거침없이 흐를 영(浧)'으로 표기한 점이 특기할 만하다. 하지만 거침이 없이 움켜쥔다는 것은 결국 가득 움켜쥔다는 의미임을 상기한다면, 사실상 같은 의미임을 쉬이 이해할 수 있다. 다시 말해서 판본별 의미는 같다고 볼 수 있는 것이다.

【미언】
《簡甲》그것을 거침없이 움켜지는 것은, 그것을 멈추느니만 못하다.
《帛甲》그것을 가득 움켜지는 것은, □□□ □□□□□ 못하다.
《帛乙》《河上》《王弼》그것을 가득 움켜지는 것은, 그것을 멈추느니만 못하다.

【대의】 나라를 다스리는 지도자가 재물이나 희귀한 물건 또는 권력 등에 지나치게 집착하게 되면, 곧 자신의 자리를 오래 할 수 없거니와 심지어 망국으로까지 치닫게 되기 때문에, 지도자는 결코 사리사욕에 얽매여서는 안 된다.

9 - 2

《簡甲》揣而銳之, 不可長保也。
췌이예지, 불가장보야.

《帛甲》□□銳□之, □可長保之□。
□□예□지, □가장보지□.

《帛乙》揣而銳之, 不可長保也。
췌이예지, 불가장보야.

《河上》揣而銳之, 不可長保。
췌이예지, 불가장보.

《王弼》揣而銳之, 不可長保。
췌이예지, 불가장보.

【분석】 이 구절은 판본별 문장구조에 약간의 차이점은 있지만, 전달하고자 하는 의미에는 큰 차이점이 없다.

【미언】

《簡甲》《帛乙》《河上》《王弼》 날카로운데도 그것을 날카롭게 하면, 오래 보존할 수 없다.

《帛甲》□□□□□□ 그것을 날카롭고 □□□□ 하면, 오래 보존할 수 □□□.

【대의】 칼의 날이 이미 충분히 예리한데도 불구하고 계속 날카롭게 갈면, 결국 그 칼은 마모되어 오래 쓸 수가 없다. 이처럼 백성을 억압하여 불만이 팽배한데도 그들을 누르기 위해 법률이나 형벌 등의 제도를 더욱 강화한다면, 그 정치는 오래 갈 수 없다. 이미 나라를 다스리는 데 필요한 기본적인 제도가 있음에도 불구하고 제도를 더욱 강화하여 백성을 탄압하게 되면, 결국에는 지도자의 자리에 오래 있을 수 없거니와 나아가 나라를 보존할 수 없게 되는 것이다.

9 - 3

《簡甲》金玉涅室, 莫能守也。
금옥영실, 막능수야.

《帛甲》金玉盈室, 莫之守也。
금옥영실, 막지수야.

《帛乙》金玉□室, 莫之能守也。
금옥□실, 막지능수야.

《河上》金玉滿堂, 莫之能守。
금옥만당, 막지능수.

《王弼》金玉滿堂, 莫之能守。
금옥만당, 막지능수.

【분석】먼저《簡甲》은 '거침없이 흐를 영(涅)'을 써서 '涅室(영실)'로,《帛甲》은 '찰 영(盈)'을 써서 '盈室(영실)'이라고 표현한 반면,《河上》과《王弼》에서는 '滿堂(만당)'이라고 표기되어 있다는 점이 특기할 만하다. 하지만 의미상으로는 큰 차이가 없다.

이어서《河上》과《王弼》에서는 '莫之能守(막지능수)'라고 표현한 것과 달리, 다른 판본들은 그 표현법들에 다소 차이가 있다. 물론 여기서도 의미상 차이점은 보이지 않는다.

【미언】

《簡甲》금과 옥이 집에서 거침없이 흐르면, 그것을 지킬 수 없다.

《帛甲》《河上》《王弼》금과 옥이 집에 가득하면, 그것을 지킬 수 없다.

《帛乙》금과 옥이 집에 □□하면, 그것을 지킬 수 없다.

【대의】사리사욕에 눈이 멀어 재물을 늘리려 하면, 결국 원래 있었던 재물까지도 모두 잃게 되니, 지도자는 결코 재물에 집착해서는 안 된다.

《簡甲》貴福驕, 自遺咎也。
귀부교, 자유구야.

《帛甲》貴富而驕, 自遺咎也。
귀부이교, 자유구야.

《帛乙》貴富而驕, 自遺咎也。
귀부이교, 자유구야.

《河上》富貴而驕, 自遺其咎。
부귀이교, 자유기구.

《王弼》富貴而驕, 自遺其咎。
부귀이교, 자유기구.

【분석】 다른 판본들과 달리, 《簡甲》은 '貴福(귀부)'라고 표기하여 '신분이 높고도 재산을 모으고 축적하다.'라고 표현하였고, 또한 '교만할 교(驕)' 앞에 있어야 할 '말 이을 이(而)' 역시 생략된 점이 특기할 만하다. 하지만 다른 판본들과 전달하고자 하는 의미를 비교하면, 사실상 큰 차이는 없다.

아울러서 《河上》 및 《王弼》은 마지막 부분에 '그 기(其)'를 써준 반면, 다른 판본에서는 일률적으로 '그 기(其)'가 보이지 않는 점 역시 유의할 만하다.

【미언】
《簡甲》 신분이 높은데도 (재산을) 모아 교만하면, 스스로 그 재앙을 남기는 것이다.

《帛甲》《帛乙》《河上》《王弼》 무귀하고도 교만하면, 스스로 그 재앙을 남기는 것이다.

【대의】 충분히 재물을 보유하여 부귀한데도 겸손하지 않고 오히려 교만하면, 이는 자기에게 재앙을 남기게 되는 것이니, 결국 지도자의 자리를 잃게 될 뿐만 아니라 비참한 최후를 맞이하게 되는 것이다.

9 - 5

《簡甲》功遂身退, 天之道也。
공수신퇴, 천지도야.

《帛甲》功遂身退, 天□□□。
공수신퇴, 천□□□.

《帛乙》功遂身退, 天之道也。
공수신퇴, 천지도야.

《河上》功成名遂身退, 天之道。
공성명수신퇴, 천지도.

《王弼》功遂身退, 天之道。
공수신퇴, 천지도.

【분석】 다른 판본들과 달리,《河上》에서는 '功成名遂身退(공성명수신퇴)'라고 표기하여 '공을 이루고 명성을 떨치면'으로 표현한 것이 특기할 만하다.

【미언】

《簡甲》《帛乙》《王弼》 공을 이루면 자신은 물러나는 것이, 하늘의 도리다.

《帛甲》 공을 이루면 자신은 물러나는 것이, 하늘□ □□□□.

《河上》 공을 이루고 명성을 떨치면 자신은 물러나는 것이, 하늘의 도리다.

【대의】 이처럼 대동사회의 지도자[聖人]들은 공로를 세워도 그 공로를 자신의 것으로 여기지 않고 겸손했기 때문에 지금까지도 존경을 받고 있으니, 이는 지도자가 지켜야 할 하늘의 도리, 즉 순리인 것이다.

第10章

《簡甲》과 《簡乙》 그리고 《簡丙》에는 10장이 남아 있지 않다.

노자는 10장에서 지도자란 법과 제도로 억지로 통제하는 법치가 아닌, 오로지 백성과 나라의 안위만을 생각하는 자애로움의 덕치를 행해야 한다고 강조하고 있다.

특히 노자는 여기서, 당시에도 관리 임용에 온갖 부조리가 만연해 있었음을 시사하고 있다.

《帛甲》□□□□□, □□□□?

《帛乙》戴營魄抱一, 能毋離乎?
　　　　재영백일, 능무리호?

《河上》載營魄抱一, 能無離乎?
　　　　재영백일, 능무리호?

《王弼》載營魄抱一, 能無離乎?
　　　　재영백일, 능무리호?

【분석】《河上》과《王弼》에서 '없을 무(無)'를 쓴 반면,《帛乙》에서는 '말 무(毋)'로 표기하여 '~하지 말다.'로 표현한 점이 특기할 만하다. 하지만 문장 전체를 아우르는 의미에는 큰 차이가 없다.

【미언】
　《帛乙》《河上》《王弼》 정신을 경영하여 하나로 파악함에 있어, 분리됨이 없을 수 있는가?

【대의】 정신을 분산시키지 않고 다른 것이 섞이지 않은 순수한 덕을 이해함으로써, 사심을 품지 않고 한결같게 대동의 통치 이념[道]으로 나라를 다스릴 수 있겠는가?

《帛甲》□□□□, 能嬰兒乎?
□□□□, 능영아호?

《帛乙》摶氣致柔, 能嬰兒乎?
전기치유, 능영아호?

《河上》專氣致柔, 能如嬰兒乎?
전기치유, 능여영아호?

《王弼》專氣致柔, 能嬰兒乎?
전기치유, 능영아호?

【분석】《河上》과《王弼》에서 '오로지 전(專)'를 쓴 반면,《帛乙》에서는 '묶을 전(摶)'으로 표기되어 있다는 점이 특기할 만하다. 하지만 역시 의미상으로는 큰 차이가 없다.

또한 이 구절에서 특히 유의할 점은《河上》의 '能如嬰兒乎(능여영아호)' 부분인데, 다른 판본에는 보이지 않는 '같을 여(如)'가 삽입되어 있다. 따라서《河上》은 동사+명사 구조의 '순수함을 지니다.'로 번역하면 안 되고, '갓난아이와 같다.'로 풀이해야 할 것이다. 하지만 전달하고자 하는 의미에는 역시 큰 차이가 없다.

【미언】

《帛甲》□□□ (한 곳으로) □□ □□□□ □□□□ □□, 능히 순수함을 지닐 수 있는가?

《帛乙》기운을 (한 곳으로) 묶어 유순함에 도달함에 있어, 능히 순수함을 지닐 수 있는가?

《河上》기운을 집중하여 유순함에 도달함에 있어, 능히 갓난아이와 같을 수 있는가?

《王弼》기운을 집중하여 유순함에 도달함에 있어, 능히 순수함을 지닐수 있는가?

【대의】기운을 집중하여 자애로움의 덕치를 펼침에 있어서, 딴 마음을 품어서 사리사욕을 탐하지 않고 오직 나라와 백성의 안위만을 생각하는 순수한 덕을 쌓을 수 있겠는가?

10 – 3

《帛甲》滌除玄鑒, 能毌疵乎?
　　　　척제현감, 능무자호?

《帛乙》滌除玄鑒, 能毌有疵乎?
　　　　척제현감, 능무유자호?

《河上》滌除玄覽, 能無疵乎?
　　　　척제현람, 능무자호?

《王弼》滌除玄覽, 能無疵乎?
　　　　척제현람, 능무자호?

【분석】《河上》과《王弼》에서 '볼 람(覽)'을 쓴 반면,《帛甲》과《帛乙》에서는 '거울 감(鑒)'으로 표기되어 '살피다.'라고 풀이한 점이 특기할만하다. 하지만 의미상으로는 큰 차이가 없다.

노자의 다르지만 같은 길 ┃ [도덕경] 4대 판본 비교론 또한《帛乙》에서는 '毋有疵(무유자)'로 기록하여, '결점이 있지 아니하다.'로 풀이한 것 역시 유의할 필요가 있다.

【미언】

《帛甲》《帛乙》《河上》《王弼》 관직을 줌에 깨끗하고 분별함에 통달함으로써, 결점이 없을 수 있는가?

【대의】 지도자가 관리를 임용할 때 공정한 방법으로 인재를 선발하고, 또 선발한 인재가 과연 덕망이 있는지를 깊이 있게 관찰함에 있어, 모든 이들이 그 선발기준과 자격에 동의하게 할 수 있는가?

10 - 4

《帛甲》□□□□, □□□□□?

《帛乙》愛民治國, 能毋以知乎?
애민치국, 능무이지호?

《河上》愛民治國, 能無爲乎?
애민치국, 능무위호?

《王弼》愛民治國, 能無知乎?
애민치국, 능무지호?

【분석】 이 구절은《帛乙》에서 '能毋以知乎(능무이지호)'로 기록된 점이 특기할 만하다. 하지만 해석상으로는 큰 차이점이 없다.

특히《河上》은 다른 판본들과 달리 '알 지(知)'가 아닌 '할 위(爲)'로 표기되어 있어서 '억지로 작위 하다.'라고 풀이되는 점은 유의할 필요가 있다.

【미언】
《帛乙》《王弼》백성을 사랑하고 나라를 다스림에 있어, 앎이 없을 수 있겠는가?
《河上》백성을 사랑하고 나라를 다스림에 있어, 억지로 작위함이 없을 수 있겠는가?

【대의】백성을 사랑하고 또 그러한 마음으로 나라를 다스림에 있어서, 지도자가 얕은꾀를 써서 사리사욕을 탐하려는 마음을 품지 않고 순수한 마음으로 일관할 수 있겠는가?

---

10 - 5

《帛甲》□□□□, □□□□?

《帛乙》天門啟闔, 能爲雌乎?
천문계합, 능위자호?

《河上》天門開闔, 能爲雌乎?
천문개합, 능위자호?

《王弼》天門開闔, 能爲雌乎?
천문개합, 능위자호?

【분석】이 구절은 다른 판본들과는 달리,《帛乙》에서 '널 세(啟)'로 기록된 점이 특기할 만하다. 하지만 그 의미는 '열 개(開)'와 같다.

【미언】
《帛乙》《河上》《王弼》하늘의 문이 열고 닫힘에 있어, 모성이 될 수 있겠는가?

【대의】만물을 낳고 키움에 있어서, 자애로움으로 다스릴 수 있겠는가?

10 - 6

《帛甲》□□□□, □□□□□?

《帛乙》明白四達, 能毋以知乎?
명백사달, 능무이지호?

《河上》明白四達, 能無知乎?
명백사달, 능무지호?

《王弼》明白四達, 能無爲乎?
명백사달, 능무위호?

【분석】이 구절도《帛乙》에서는 '能毋以知乎(능무이지호)'로 기록하고 있지만, 해석상으로는 역시 큰 차이점이 없다.
또한《帛乙》과《河上》은 '알 지(知)'로 표기한 데 반해,《王弼》은 '할 위(爲)'로 기록한 점은 주목할 필요가 있다. 다만 모두 '얕은꾀를 써서 사리사욕을 탐하다, 억지로 작위 하다.'라는 의미로 풀이된다는 면에서, 전달하고자 하는 의미는 서로 통한다고 할 수 있다.

【미언】
《帛乙》《河上》세상을 이해함에 있어, 앎이 없을 수 있겠는가
《王弼》세상을 이해함에 있어, 작위함이 없을 수 있겠는가?

【대의】 세상이 원하는 바를 명확하게 깨달아서 사리사욕을 탐하고 않고, 또한 엄격한 형벌과 제도로 다스리지 않고 그 천성에 따르는 무위의 정치를 실현해 낼 수 있겠는가?

10 - 7

《帛甲》生之, 畜之, 生而弗□, □□□□□, □□□德。
생지, 혹지, 생이불□, □□□□□, □□□덕.

《帛乙》生之, 畜之, 生而弗有, 長而弗宰也, 是謂玄德。
생지, 혹지, 생이불유, 장이부재야, 시위현덕.

《河上》生之, 畜之, 生而不有, 爲而不恃, 長而不宰, 是謂玄德。
생지, 혹지, 생이불유, 위이불시, 장이부재, 시위현덕.

《王弼》生之, 畜之, 生而不有, 爲而不恃, 長而不宰, 是謂玄德。
생지, 혹지, 생이불유, 위이불시, 장이부재, 시위현덕.

【분석】이 구절에서《帛乙》은 '爲而不恃(위이불시)'라는 표현을 쓰고 있지 않음이 특기할 만하다. 하지만 문장 자체가 전달하고자 하는 의미는 크게 다르지 않다고 볼 수 있다.

【미언】

《帛甲》그것을 낳고, 기르며, 낳지만 □□□□ 않고, □□□ □□□□ □□□□ □□□, □□□□□□ 덕□□□ □□□.

《帛乙》그것을 낳고, 기르며, 낳지만 소유하지 않고, 자라게 하지만 지배하지 않으니, 이를 심오한 덕이라고 이른다.

《河上》《王弼》그것을 낳고, 기르며, 낳지만 소유하지 않고, 행하지만 의지하지 않으며, 자라게 하지만 지배하지 않으니, 이를 심오한 덕이라고 이른다.

【대의】대동사회를 이끌었던 지도재[聖人]들은 백성을 낳아 길렀는데, 낳지만 자신의 것으로 여겨 소유하려 들지 않았고, 통치하지만 통치를 잘하고 있다고 자부하지 않았으며, 백성이 그들의 타고난 천성에 따라 생활하도록 하였지만 제도로 누르고 강압하지는 않았으니, 이를 바로 대동사회의 심오한 덕[玄德]이라고 하는 것이다.

第11章

《簡甲》과《簡乙》그리고《簡丙》에는 11장이 남아 있지 않다.

노자는 11장에서 어느 한쪽만 존재해서는 안 되고, 좋음과 나쁨 그리고 긍정과 부정이 모두 공존
해야[和] 한다고 피력한다.

《帛甲》三十□, □□□, □其無, □□之用□。
삼십□, □□□, □기무, □□지용□.

《帛乙》三十輻, 同一轂, 當其無, 有車之用也。
삼십복, 동일곡, 당기무, 유거지용야.

《河上》三十輻, 共一轂, 當其無, 有車之用。
삼십복, 공일곡, 당기무, 유거지용.

《王弼》三十輻, 共一轂, 當其無, 有車之用。
삼십복, 공일곡, 당기무, 유거지용.

【분석】《河上》과《王弼》에서 '함께 공(共)'을 쓴 반면,《帛乙》에서는 '같을 동(同)'으로 표기하여 '모으다, 모이다.'로 해석한 것이 특기할 만하다.

【미언】
《帛甲》서른 개의 □□□□, □□□ □□□□□ □□□□□, 바퀴통 속이 비어□□□, □□□ 작용이 □□.
《帛乙》《河上》《王弼》서른 개의 바퀴살이, 하나의 바퀴통에 모였는데, 바퀴통 속이 비어 있어야, 수레의 작용이 있다.

【대의】서른 개의 바퀴살이 하나의 바퀴통에 연결되어 있는데, 그 바퀴통 속이 비어서 바퀴살에 힘이 고르게 전달되어야, 수레가 앞으로 나가게 된다.

《帛甲》埏埴爲器, 當其無, 有埴器□□□。
선식위기, 당기무, 유식기□□□.

《帛乙》埏埴而爲器, 當其無, 有埴器之用也。
선식이위기, 당기무, 유식기지용야.

《河上》埏埴以爲器, 當其無, 有器之用。
선식이위기, 당기무, 유기지용.

《王弼》埏埴以爲器, 當其無, 有器之用。
선식이위기, 당기무, 유기지용.

【분석】《河上》과 《王弼》에서는 첫 부분에서 '以爲(이위)'를 써서 '~로 ~를 만들다.'라고 표현한 데 반해, 《帛乙》에서는 '말 이을 이(而)'로 표기했고, 《帛甲》에서는 심지어 생략한 점이 특기할 만하다. 하지만 이러한 차이점이 문장 전체의 해석에 큰 영향을 주지는 않는다.

【미언】
《帛甲》 진흙을 빚어 그릇을 만드는데, 그릇에 빈 공간을 만들어야, 진흙 그릇□ □□□ 있다.

《帛乙》 진흙을 빚어 그릇을 만드는데, 그릇에 빈 공간을 만들어야, 진흙 그릇의 쓰임이 있다.

《河上》《王弼》 진흙을 빚어 그릇을 만드는데, 그릇에 빈 공간을 만들어야, 그릇의 쓰임이 있다.

【대의】 진흙을 빚어 그릇을 만드는데, 그릇의 중간 부분을 움푹 패어 비워둬야 비로소 물건을 담을 수 있는 것이다.

《帛甲》□□□, 當其無, 有□□用也。
□□□, 당기무, 유□□용야.

《帛乙》鑿戶牖, 當其無, 有室之用也。
착호유, 당기무, 유실지용야.

《河上》鑿戶牖以爲室, 當其無, 有室之用。
착호유이위실, 당기무, 유실지용.

《王弼》鑿戶牖以爲室, 當其無, 有室之用。
착호유이위실, 당기무, 유실지용.

【분석】《河上》과《王弼》에서는 '以爲室(이위실)'로 표기하여 '~으로써 집을 짓는다.'라고 보다 구체적으로 표현한 데 반해,《帛乙》에서는 생략하여 표현했다는 점이 특기할 만하다.

【미언】
《帛甲》□□□ □□□, 집에 빈 공간을 만들어야, □□ 쓰임이 있다.
《帛乙》창문을 내는데, 집에 빈 공간을 만들어야, 집의 쓰임이 있다.
《河上》《王弼》창문을 내어 집을 짓는데, 집에 빈 공간을 만들어야, 집의 쓰임이 있다.

【대의】 창문을 내어 집을 짓는데, 벽과 지붕을 누른 집의 안 무문을 비워둬야 사람이 살 수 있고 물건을 둘 수 있는 것이다.

11 − 4

《帛甲》故有之以爲利, 無之以爲用。
고유지이위리, 무지이위용.

《帛乙》故有之以爲利, 無之以爲用。
고유지이위리, 무지이위용.

《河上》故有之以爲利, 無之以爲用。
고유지이위리, 무지이위용.

《王弼》故有之以爲利, 無之以爲用。
고유지이위리, 무지이위용.

【분석】 이 구절은 모든 판본의 기록이 동일하다.

【미언】
《帛甲》《帛乙》《河上》《王弼》 그러므로 있음으로써 이롭게 되고, 없음으로써 쓰이게 되는 것이다.

【대의】 이처럼 세상의 모든 이치는 '있음'이 존재하기 때문에 이로움을 주는 것이고, '없음'이 존재하기 때문에 세상에 쓰임이 있게 되는 것이니, 어느 한쪽만 존재해서는 안 되고 '좋음'과 '나쁨', '긍정'과 '부정'이 모두 공존해야 하는 것이다.

第12章

《簡甲》과《簡乙》그리고《簡丙》에는 12장이 남아 있지 않다.
노자는 12장에서 시(侍)도사가 갖춰야 할 도리 중 하나를 언급하고 있는데, 이는 다름 아닌 검소하여
절제하는 태도[儉]다.

《帛甲》五色使人目盲, 馳騁田獵使人□□□, 難
得之貨使人之行妨, 五味使人之口爽, 五
音使人之耳聾。

오색사인목맹, 치빙전렵사인□□□, 난득지화사인지행방, 오미사인지
구상, 오음사인지이롱.

《帛乙》五色使人目盲, 馳騁田獵使人心發狂, 難
得之貨使人之行妨, 五味使人之口爽, 五
音使人耳□。

오색사인목맹, 치빙전렵사인심발광, 난득지화사인지행방, 오미사인지구
상, 오음사인이□.

《河上》五色令人目盲, 五音令人耳聾, 五味令人
口爽, 馳騁田獵令人心發狂, 難得之貨令
人行妨。

오색령인목맹, 오음령인이롱, 오미령인구상, 치빙전렵령인심발광, 난득
지화령인행방.

《王弼》五色令人目盲, 五音令人耳聾, 五味令人
口爽, 馳騁畋獵令人心發狂, 難得之貨令
人行妨。

오색령인목맹, 오음령인이롱, 오미령인구상, 치빙전렵령인심발광, 난득
지화령인행방.

【분석】 먼저 내용을 열거한 순서로서 분류해보면《帛甲》과《帛乙》
의 순서가 같고, 또《河上》과《王弼》의 순서가 같음을 알 수 있다. 하지
만 열거한 순서에 차이가 있을 뿐, 판본별 각 문장이 드러내고자 하는 의
도는 똑같음을 이해할 수 있다.

이어서 《帛甲》과 《帛乙》에서는 사역동사를 '하여금 사(使)'로 쓴 반면,《河上》과《王弼》에서는 '하여금 령(令)'으로 표기한 것이 특기할 만하다.

또한 다른 판본들이 모두 '田獵(전렵)'이라고 표기한 반면,《王弼》에서만 '畋獵(전렵)'으로 표현한 점은 주목할 필요가 있다. 다만 '밭 전(田)'과 '밭 갈 전(畋)'에는 모두 '사냥하다'라는 의미가 있으므로, 해석에는 큰 차이가 없다.

마지막으로《帛甲》과《帛乙》에서는 '難得之貨使人之行妨(난득지화사인지행방)'과 '五味使人之口爽(오미사인지구상)' 구문에서 '갈 지(之)'를 사용하여 소유격을 드러낸 반면,《河上》과《王弼》에서는 생략했음을 알 수 있다.

【미언】

《帛甲》 화려한 색은 사람의 눈을 어지럽히고, 질주하여 하는 사냥은 사람의 □□□ □□□□ □□, 희소한 물건은 사람으로 하여금 순조롭지 못하게 하고, 푸짐한 음식은 사람의 입을 어긋나게 하며, 번잡한 소리는 사람의 귀를 영활하지 못하게 한다.

《帛乙》 화려한 색은 사람의 눈을 어지럽히고, 질주하여 하는 사냥은 사람의 마음을 방탕하게 하며, 희소한 물건은 사람으로 하여금 순조롭지 못하게 하고, 푸짐한 음식은 사람의 입을 어긋나게 하며, 번잡한 소리는 사람의 귀를 □□□□ □□□ □□.

《河上》《王弼》 화려한 색은 사람의 눈을 어지럽히고, 번잡한 소리는 사람의 귀를 영활하지 못하게 하며, 푸짐한 음식은 사람의 입을 어긋나게 하고, 질주하여 하는 사냥은 사람의 마음을 방탕하게 하며, 희소한 물건은 사람으로 하여금 순조롭지 못하게 한다.

【대의】화려한 색채는 사람의 눈을 현란하게 어지럽혀서 정확하게 보지 못하게 하고, 화려한 소리는 사람의 귀를 현란하게 어지럽혀 정확하게 듣지 못하게 하며, 지나치게 풍성한 음식은 사람의 미각을 상하게 하여 올바르게 음미하지 못하게 하고, 절제 없이 마음껏 하는 사냥은 사람의 마음을 방탕하게 하여 올바른 정치를 펴지 못하게 하며, 진귀한 보물은 사람의 마음을 어지럽혀 규칙을 어기게 한다.

---

12 - 2

《帛甲》是以聖人之治也, 爲腹不□□, 故去彼取此。
시이성인지치야, 위복불□□, 고거피취차.

《帛乙》是以聖人之治也, 爲腹而不爲目, 故去彼而取此。
시이성인지치야, 위복이불위목, 고거피이취차.

《河上》是以聖人爲腹不爲目, 故去彼取此。
시이성인위복불위목, 고거피취차.

《王弼》是以聖人爲腹不爲目, 故去彼取此。
시이성인위복불위목, 고거피취차.

【분석】먼저 이 구문에서는《帛乙》만이 '말 이을 이(而)'를 두 번 씀으로써 역접(逆接)의 의미를 명확하게 드러낸 것이 특기할 만하다.

또한《河上》이나《王弼》과는 달리,《帛甲》과《帛乙》에서는 '是以聖人之治也(시이성인지치야)'라고 표기하여 상술한 12-1의 내용이 정치와 판된 것임을 느러냈는데, 바로 여기서 성인이란 다름 아닌 '성지석 지도자'임을 명확하게 인지할 수 있는 것이다.

【미언】

《帛甲》이 때문에 성인의 다스림은, 배부름에 종사하지 □□ □□□ □ 않는데, 그러므로 저것을 버리고 이것을 취한다.

《帛乙》이 때문에 성인의 다스림은, 배부름에 종사하지 눈에 종사하지 않는데, 그러므로 저것을 버리고 이것을 취한다.

《河上》《王弼》이 때문에 성인은 배부름에 종사하지 눈에 종사하지 않는데, 그러므로 저것을 버리고 이것을 취한다.

【대의】 이 때문에 태평성대 특히 대동사회를 이끈 지도자[聖人]들은 인간의 가장 기본적인 욕구인 배부름만을 해결하려고 하였지, 눈의 유혹, 즉 화려하고 방탕한 생활과 재물에 집착하지 않았다. 그러므로 덕치에 방해가 되는 유혹들을 모두 버리고, 인간의 가장 기본적인 욕구인 배부름만을 해결하려고 하였다.

第13章

13장은《帛甲》과《帛乙》그리고《河上》과《王弼》외에도,《簡乙》의 기록 역시 남아 있다.
노자는 13장에서 태평성대를 이끈 참된 지도재聖人들은 총애를 얻기 위해 급급해 하지 않고 항상 바른 마음가짐으로 자신을 버리고 오식 나라와 백성의 안위를 위해 노력했기에, 백성의 신뢰와 지지를 얻을 수 있었다고 피력하고 있다.

《簡乙》寵辱若驚, 貴大患若身。
총욕약경, 귀대환약신.

《帛甲》寵辱若驚, 貴大患若身。
총욕약경, 귀대환약신.

《帛乙》寵辱若驚, 貴大患若身。
총욕약경, 귀대환약신.

《河上》寵辱若驚, 貴大患若身。
총욕약경, 귀대환약신.

《王弼》寵辱若驚, 貴大患若身。
총욕약경, 귀대환약신.

【분석】 이 구절은 모든 판본의 기록이 동일하다.

【미언】
《簡乙》《帛甲》《帛乙》《河上》《王弼》 총애함과 모욕에 마치 놀란 듯하는 것은, 자신을 중시하는 것처럼 큰 재앙을 중시하는 것이다.

【대의】 총애를 얻기 위해 급급해 하고 또 총애를 얻지 못하는 수모를 겪었다고 실망하는 것은 자기에 대한 집착이다. 이렇듯 나라를 이끄는 일에 종사하는 이가 자기를 버리지 않고 오히려 그 자리에만 너무 집착하게 되면, 결국 큰 불행을 당하게 되는 것이다.

《簡乙》何謂寵辱, 寵爲下也。
하위총욕, 총위하야.

《帛甲》何謂寵辱若驚, 寵之爲下。
하위총욕약경, 총지위하.

《帛乙》何謂寵辱若驚, 寵之爲下也。
하위총욕약경, 총지위하야.

《河上》何謂寵辱, 辱爲下。
하위총욕, 욕위하.

《王弼》何謂寵辱若驚, 寵爲下。
하위총욕약경, 총위하.

【분석】 이 구절은 판본별로 앞부분에 '若驚(약경)'이 있는 경우와 그렇지 않은 경우로 나눌 수 있다.

또한 뒷부분의 '할 위(爲)' 앞에 '갈 지(之)'가 있는 경우와 그렇지 않은 경우로도 나눌 수 있다.

특히 다른 판본들이 모두 '寵爲下(총위하)'라고 기록한 것과 달리, 《河上》에서는 '辱爲下(욕위하)'로 표기된 것이 특기할 만하다. 하지만 노자에게 있어서 총애를 얻음과 굴욕을 받음은 모두 하등의 태도가 되므로, 문맥상의 차이는 사실상 없다고 하겠다.

【미언】

《簡乙》어떠한 것을 총애를 얻음과 굴욕을 받는다고 일컫는가 하니, 총애를 얻음은 아래에 있는 것이다.

《帛甲》《帛乙》《王弼》어떠한 것을 총애를 얻음과 굴욕을 받음에 놀란 듯하다고 일컫는가 하니, 총애를 얻음은 아래에 있는 것이다.

《河上》어떠한 것을 총애를 얻음과 굴욕을 받는다고 일컫는가 하니, 굴욕을 받음은 아래에 있는 것이다.

【대의】총애를 얻기 위해 급급해 하고 또 총애를 얻지 못하는 수모를 겪었다고 실망하는 것은 자기에 대한 집착이다. 이렇듯 나라를 이끄는 일에 종사하는 자가 총애를 얻기 위해 급급해 하고 자기에 대해 집착하는 것을 하등의 부류라고 일컫는 것이다.

13 - 3

《簡乙》得之若驚, 失之若驚, 是謂寵辱驚。
득지약경, 실지약경, 시위총욕경.

《帛甲》得之若驚, 失□若驚, 是謂寵辱若驚。
득지약경, 실□약경, 시위총욕약경.

《帛乙》得之若驚, 失之若驚, 是謂寵辱若驚。
득지약경, 실지약경, 시위총욕약경.

《河上》得之若驚, 失之若驚, 是謂寵辱若驚。
득지약경, 실지약경, 시위총욕약경.

《王弼》得之若驚, 失之若驚, 是謂寵辱若驚。
득지약경, 실지약경, 시위총욕약경.

【분석】이 구절은《簡乙》마지막 부분에 '같을 약(若)'이 생략되어

있고, 또《帛甲》의 한 글자가 파악되지 않는다는 점을 제외하면, 모든 판본의 기록이 동일하다고 볼 수 있다.

【미언】

《簡乙》그것을 얻음에 놀라는 듯하고, 그것을 잃음에 놀라는 듯하니, 이를 총애를 얻음과 굴욕을 얻음에 놀란다고 이른다.

《帛甲》그것을 얻음에 놀라는 듯하고, □□을 잃음에 놀라는 듯하니, 이를 총애를 얻음과 굴욕을 얻음에 놀라는 듯하다고 이른다.

《帛乙》《河上》《王弼》그것을 얻음에 놀라는 듯하고, 그것을 잃음에 놀라는 듯하니, 이를 총애를 얻음과 굴욕을 얻음에 놀라는 듯하다고 이른다.

【대의】총애를 받았다고 놀란 듯 크게 기뻐하고 또 총애를 받지 못했다고 놀란 듯 크게 실망하는 것을 일컬어, 총애를 얻기 위해 급급해 하고 또 총애를 얻지 못하는 수모를 겪었다고 실망한다고 하는 것이다.

《簡乙》□□□□□若身?
□□□□□약신?

《帛甲》何謂貴大患若身?
하위귀대환약신?

《帛乙》何謂貴大患若身?
하위귀대환약신?

《河上》何謂貴大患若身?
하위귀대환약신?

《王弼》何謂貴大患若身?
하위귀대환약신?

【분석】 이 구절은《簡乙》의 대부분을 파악하기 어렵다는 점을 제외하면, 모든 판본의 기록이 동일하다.

【미언】

《簡乙》□□□ □□ 자기 몸처럼 □ □□□ □□□□□ □□□□?

《帛甲》《帛乙》《河上》《王弼》어떠한 것을 자기 몸처럼 큰 재앙을 중시한다고 이르는가?

【대의】 무엇을 나라를 이끄는 일에 종사하는 자가 자기를 버리지 않고 오히려 너무 집착하게 되면, 결국에는 큰 불행을 당하게 되는 것이라고 일컫는가?

《簡乙》吾所以有大患者, 爲吾有身。
오소이유대환자, 위오유신.

《帛甲》吾所以有大患者, 爲吾有身也。
오소이유대환자, 위오유신야.

《帛乙》吾所以有大患者, 爲吾有身也。
오소이유대환자, 위오유신야.

《河上》吾所以有大患者, 爲吾有身。
오소이유대환자, 위오유신.

《王弼》吾所以有大患者, 爲吾有身。
오소이유대환자, 위오유신.

【분석】 이 구절은《帛甲》과《帛乙》의 맨 마지막 부분에 '어조사 야 (也)'가 추가되었다는 점을 제외하면, 모든 판본의 기록이 동일하다.

【미언】
《簡乙》《帛甲》《帛乙》《河上》《王弼》내게 큰 화가 있는 것은, 나 자신 을 돌보기 때문이다.

【대의】 태평성대, 특히 대동사회를 이끈 지도자[聖人]들은 자기를 버리고 백성 아래에 처함으로써 백성의 신망과 지지를 받았는데, 그와 반 대로 자기를 버리지 않고 집착하여 백성 위에 군림하려 들어 덕치를 펴지 못하면, 결국 지도자의 자리를 지킬 수 없거니와 나아가 불행한 최후를 맞 이하게 된다.

《簡乙》及吾亡身, 或何□?
급오무신, 혹하□?

《帛甲》及吾無身, 有何患?
급오무신, 유하환?

《帛乙》及吾無身, 有何患?
급오무신, 유하환?

《河上》及吾無身, 吾有何患?
급오무신, 오유하환?

《王弼》及吾無身, 吾有何患?
급오무신, 오유하환?

【분석】 이 구절은 다른 판본들에서는 '있을 유(有)'를 쓴 반면,《簡乙》에서는 '혹 혹(或)'으로 표기했다. 하지만 둘 다 '있다, 존재하다'라는 의미를 지니므로, 전달하고자 하는 의미에는 차이가 없다.

또한《河上》과《王弼》에서는 '有何患(유하환)' 앞에 '나 오(吾)'를 붙여 준 것도 특기할 만하다.

【미언】

《簡乙》이에 나 자신을 돌보지 않는다면, 무슨 □가 있겠는가?

《帛甲》《帛乙》이에 나 자신을 돌보지 않는다면, 무슨 화가 있겠는가?

《河上》《王弼》이에 나 자신을 돌보지 않는다면, 내게 무슨 화가 있겠는가?

【대의】 태평성대를 이끈 지도자[聖人]들은 이처럼 자기를 버리고, 백성의 마음을 자기의 마음으로 삼았다. 자기를 아래에 두어 항상 백성을 두려워하고 공경하였기에, 그들의 신망과 지지를 한꺼번에 받을 수 있었으니, 지도자에게 어떠한 재앙이 닥칠 수 있었겠는가?

13 - 7

《簡乙》□□□□□爲天下, 若可以託天下矣; 愛以身爲天下, 若可以寄天下矣。
□□□□□위천하, 약가이탁천하의; 애이신위천하, 약가이기천하의.

《帛甲》故貴爲身於爲天下, 若可以託天下矣; 愛以身爲天下, 如可以寄天下。
고귀위신어위천하, 약가이탁천하의; 애이신위천하, 여가이기천하.

《帛乙》故貴爲身於爲天下, 若可以託天下□; 愛以身爲天下, 如可以寄天下矣。
고귀위신어위천하, 약가이탁천하□; 애이신위천하, 여가이기천하의.

《河上》故貴以身爲天下者, 則可寄於天下; 愛以身爲天下者, 乃可以託於天下。
고귀이신위천하자, 즉가기어천하; 애이신위천하자, 내가이탁어천하.

《王弼》故貴以身爲天下, 若可寄天下; 愛以身爲天下, 若可託天下。
고귀이신위천하, 약가기천하; 애이신위천하, 약가탁천하.

【분석】 이 구절은 각 판본별 문장구조에 조금씩 차이가 있다. 하지만 하나씩 해석해보면 결국 이는 기록자마다의 개성에 의해서 야기된 것일 뿐, 그 의미는 대동소이함을 알 수 있다.

【미언】

《簡乙》□□□□ □□ □□□□ □□ □□□ □□□ 세상을 □
□ 여기는 것이니, 만약 그럴 수 있다면 세상을 맡길 수 있다; 우러러 섬김
이라 함은 자신을 돌보듯 세상을 사랑하는 것이니, 만약 그럴 수 있다면
세상을 부탁할 수 있다.

《帛甲》《帛乙》그러므로 귀히 여김이라 함은 자신을 돌보듯 세상을 귀
히 여기는 것이니, 만약 그럴 수 있다면 세상을 맡길 수 있다; 우러러 섬김
이라 함은 자신을 돌보듯 세상을 사랑하는 것이니, 이에 세상을 부탁할 수
있다.

《河上》그러므로 귀히 여김이라 함은 자신을 돌보듯 세상을 귀히 여기
는 것이니, 그러하다면 세상을 맡길 수 있다; 우러러 섬김이라 함은 자신
을 돌보듯 세상을 사랑하는 것이니, 이와 같다면 세상을 부탁할 수 있다.

《王弼》그러므로 귀히 여김이라 함은 자신을 돌보듯 세상을 귀히 여기
는 것이니, 만약 그럴 수 있다면 세상을 맡길 수 있다; 우러러 섬김이라 함
은 자신을 돌보듯 세상을 사랑하는 것이니, 만일 그럴 수 있다면 세상을
부탁할 수 있다.

【대의】따라서 귀중하게 여긴다는 것은 자기 자신을 아끼는 마음으
로 나라와 백성을 아낀다는 뜻이다. 만약 그렇게 할 수 있다면, 백성이 그
를 지도자로 추대하여 나라를 이끌게 할 것이다. 우러러 섬긴다는 것은 자
기 자신을 사랑하는 마음으로 나라와 백성을 사랑한다는 뜻이다. 만약 그
렇게 할 수 있다면, 백성이 그를 지도자로 추대하여 나라를 이끌게 할 것
이다.

第14章

《簡甲》과《簡乙》그리고《簡丙》에는 14장이 남아 있지 않다.
노자는 14장에서 자신이 일관되게 주장하는 대동의 통치 이념[道]이라는 것이, 외적인 모습을 묘사하거나 설명하는 것이 불가능한 형이상학적 추상명사의 개념이라고 설명하고 있다.

《帛甲》視之而弗見, 名之曰微; 聽之而弗聞, 名之
曰希; 揎之而弗得, 名之曰夷。
시지이불견, 명지왈미; 청지이불문, 명지왈희; 민지이부득, 명지왈이.

《帛乙》視之而弗見, □之曰微; 聽之而弗聞, 名
之曰希; 揎之而弗得, 名之曰夷。
시지이불견, □지왈미; 청지이불문, 명지왈희; 민지이부득, 명지왈이.

《河上》視之不見, 名曰夷; 聽之不聞, 名曰希; 搏
之不得, 名曰微。
시지불견, 명왈이; 청지불문, 명왈희; 박지부득, 명왈미.

《王弼》視之不見, 名曰夷; 聽之不聞, 名曰希; 搏
之不得, 名曰微。
시지불견, 명왈이; 청지불문, 명왈희; 박지부득, 명왈미.

【분석】 이 구문은 그 특징에 따라《帛甲》과《帛乙》그리고《河上》
과《王弼》로 나눌 수 있다. 먼저《帛甲》과《帛乙》은 '작을 미(微)', '바랄
희(希)' 그리고 '오랑캐 이(夷)'의 순서로 나열한 데 반해,《河上》과《王弼》
은 '오랑캐 이(夷)', '바랄 희(希)' 그리고 '작을 미(微)'의 순서로 쓰였다.

또한《帛甲》과《帛乙》은 '갈 지(之)' 뒤에 어김없이 '말 이을 이(而)'를
써줌으로써 역접(逆接)의 의미를 부각시켰다.

마지막으로,《河上》과《王弼》은 '두드릴 박(搏)'을 써준 데 반해,《帛
甲》과《帛乙》에서는 '씻을 민(揎)'을 써서 '어루만지다'라는 의미로 풀이
된다는 점이 특기할 만하다.

그럼에도 불구하고, 노사가 이 구분을 통해서 말하고자 하는 바는 사실상 모두 동일하다.

【미언】

《帛甲》그것을 보아도 볼 수 없으니 "미(정묘함)"라고 이름하고, 그것을 들어도 들을 수 없으니 "희(희미함)"라고 이름하며, 그것을 잡아도 가질 수 없으니 "이(평탄함)"라고 이름한다.

《帛乙》그것을 보아도 볼 수 없으니 "미(정묘함)"라고 □□□□, 그것을 들어도 들을 수 없으니 "희(희미함)"라고 이름하며, 그것을 잡아도 가질 수 없으니 "이(평탄함)"라고 이름한다.

《河上》《王弼》그것을 보아도 볼 수 없으니 "이(평탄함)"라고 이름하고, 그것을 들어도 들을 수 없으니 "희(희미함)"라고 이름하며, 그것을 잡아도 가질 수 없으니 "미(정묘함)"라고 이름한다.

【대의】대동사회의 통치 이념[道]이라는 것은 보아도 볼 수 없는데, 그 이유는 높고 낮음이 조화로워져서 한없이 평탄하기 때문이다. 들어도 들을 수 없으니 아득하다고 하며, 손으로 잡으려 해도 가질 수 없으니 때가 묻지 않아 맑고 깨끗하며 순박하다고 한다.

《帛甲》三者不可致詰, 故混□□□。
삼자불가치힐, 고혼□□□.

《帛乙》三者不可致詰, 故混而爲一。
삼자불가치힐, 고혼이위일.

《河上》此三者不可致詰, 故混而爲一。
차삼자불가치힐, 고혼이위일.

《王弼》此三者不可致詰, 故混而爲一。
차삼자불가치힐, 고혼이위일.

【분석】《河上》과《王弼》은 앞부분에 '이 차(此)'를 써준 데 반해, 《帛甲》과《帛乙》에서는 보이지 않는다는 것이 차이점일 뿐, 의미는 모두 같다.

【미언】
《帛甲》이 세 가지는 따질 수 없으니, 그러므로 뒤섞여 □□□ □□.
《帛乙》《河上》《王弼》이 세 가지는 따질 수 없으니, 그러므로 뒤섞여 하나가 된다.

【대의】대동사회 통치 이념[道]의 세 가지 특징인 조화로움과 아득함 그리고 때가 묻지 않은 순박함은, 보아도 볼 수 없고 들어도 들을 수 없으며 잡아도 가질 수 없기에 모호하고 명확하지 않으며 또 말로 형용할 수도 없어서 사실상 구분할 수가 없기 때문에, 서로 뒤섞여서 하나의 순수한 덕이 되는 것이다.

《帛甲》一者, 其上不皦, 其下不昧, 尋尋呵不可名
也, 復歸於無物。

일자, 기상불교, 기하불매, 심심아불가명야, 복귀어무물.

《帛乙》一者, 其上不皦, 其下不昧。尋尋呵不可名
也, 復歸於無物。

일자, 기상불교, 기하불매, 심심아불가명야, 복귀어무물.

《河上》其上不皦, 其下不昧。繩繩兮不可名, 復歸
於無物。

기상불교, 기하불매, 승승혜불가명, 복귀어무물.

《王弼》其上不皦, 其下不昧, 繩繩不可名, 復歸於
無物。

기상불교, 기하불매, 승승불가명, 복귀어무물.

【분석】《河上》이나《王弼》과는 달리,《帛甲》과《帛乙》의 첫 부분
에는 '一者(일자)'라는 표현이 나온다.

또한《帛甲》과《帛乙》에서는 '찾을 심(尋)'을 써서 '거듭하다'로 표현
한 반면,《河上》과《王弼》은 '노끈 승(繩)'을 써서 '계속하다'라는 표현을
써줬다.

마지막으로,《河上》은 '어조사 혜(兮)'를 쓴 반면,《帛甲》과《帛乙》은
'어조사 아(呵)'를 써준 것 역시 특기할 만하다.

【미언】

《帛甲》《帛乙》하나(만물이 나오고 또 돌아가는 곳)는, 그 위가 밝지 않고, 그

아래는 어둡지 않으며, 거듭하여도 이름 지을 수 없으니, 외형이 없는 상태로 다시 돌아간다.

《河上》《王弼》 그 위는 밝지 않고, 그 아래는 어둡지 않으며, 면면이 이어져 이름 지을 수 없으니, 외형이 없는 상태로 다시 돌아간다.

【대의】 대동사회의 통치 이념[道]은 '음'과 '양', '유'와 '무', '밝음'과 '어두움' 등의 상반된 개념들이 한데 어우러져 조화롭게 이루어진 총체다. 따라서 그 위가 더 밝지 않고, 그 밑이 더 어둡지 않으며, 끊임이 없이 변치 않고 이어져 내려와, 어떠한 제도나 보편타당한 명분화된 개념으로 표현할 수 없다. 따라서 우리가 알고 있거나 단정 지을 수 있는 어떤 형태로도 묘사할 수가 없는 것이다.

14 - 4

《帛甲》是謂無狀之狀, 無物之□, □□□□。
시위무상지상, 무물지□, □□□□.

《帛乙》是謂無狀之狀, 無物之象, 是謂忽恍。
시위무상지상, 무물지상, 시위홀황.

《河上》是謂無狀之狀, 無物之象, 是爲忽悅。
시위무상지상, 무물지상, 시위홀황.

《王弼》是謂無狀之狀, 無物之象, 是謂惚恍。
시위무상지상, 무물지상, 시위홀황.

【분석】 《王弼》이 '황홀할 홀(惚)'로 써준 것과는 달리, 《帛乙》과

《河上》은 마지막 부분에서 '갑자기 홀(忽)'로 표현했다. 다만 두 단어는 모두 '희미하다, 어둡다, 명확하지 못하다.'라는 의미를 지니므로, 전달하고자 하는 바는 사실상 같다고 볼 수 있다.

또한《河上》은 다른 판본들이 '황홀할 황(恍)'을 써준 것과 달리 '어슴푸레할 황(怳)'으로 처리했지만, 두 단어는 모두 '어슴푸레하다.'는 의미를 지니므로 의미상 차이는 역시 없다.

【미언】

《帛甲》이를 일컬어 형태가 없는 상황이라 하고, 외형이 없는 □□이니, □□ □□□□ □□□□ □□□□□□□ □□.

《帛乙》《河上》《王弼》이를 일컬어 형태가 없는 상황이라 하고, 외형이 없는 형태이니, 이를 일컬어 희미하고 어렴풋하다고 한다.

【대의】 대동사회의 통치 이념[道]은 이처럼 삼가고 노력하며 몸소 실천하는 내적인 모습을 통해서 실현되는 것이다. 따라서 외적인 모습을 묘사할 수가 없고, 이처럼 어떠한 방법으로도 묘사할 수 없기 때문에, 희미하고도 모호하다고 일컫는 것이다.

《帛甲》□□□□□□, □而不見其首。
□□□□□□, □이불견기수.

《帛乙》隋而不見其後, 迎而不見其首。
수이불견기후, 영이불견기수.

《河上》迎之不見其首, 隨之不見其後。
영지불견기수, 수지불견기후.

《王弼》迎之不見其首, 隨之不見其後。
영지불견기수, 수지불견기후.

【분석】이 구절은 그 의미가 같다. 다만《河上》과《王弼》그리고 《帛甲》과《帛乙》의 앞뒤 문장구조가 서로 뒤바뀌어 있다는 점이 특기할 만하다.

【미언】

《帛甲》□□□ □□□□ □ □□□□ □□□ □□, □□□ □□ 해도 그 앞부분이 보이지 않는다.

《帛乙》그것을 뒤따라도 그 뒷부분이 보이지 않고, 그것을 맞이해도 그 앞부분이 보이지 않는다.

《河上》《王弼》그것을 맞이해도 그 앞부분이 보이지 않고, 그것을 뒤따라도 그 뒷부분이 보이지 않는다.

【대의】이처럼 대동사회의 통치 이념[道]이라는 것은 어떠한 방법으로도 외적인 모습을 묘사할 수 없어서 희미하고도 모호하기 때문에, 앞

에서 보아도 앞모습을 볼 수 없거니와 뒤에서 따라가도 뒷모습을 볼 수가 없다.

14 - 6

《帛甲》執今之道, 以御今之有, 以知古始, 是謂
□□。
집금지도, 이어금지유, 능지고시, 시위□□.

《帛乙》執今之道, 以御今之有, 以知古始, 是謂道
紀。
집금지도, 이어금지유, 능지고시, 시위도기.

《河上》執古之道, 以御今之有, 以知古始, 是謂道
紀。
집고지도, 이어금지유, 능지고시, 시위도기.

《王弼》執古之道, 以御今之有, 能知古始, 是謂道
紀。
집고지도, 이어금지유, 능지고시, 시위도기.

【분석】 이 구문은《帛甲》과《帛乙》에서는 '執今之道(집금지도)'라고 표기한 반면,《河上》과《王弼》에서는 '執古之道(집고지도)'로 표현했음에 유의해야 한다.

【미언】
《帛甲》오늘날의 "도"를 파악하고, 그럼으로써 오늘날의 구체적인 제도를 다스리면, 옛날의 시작을 알 수 있으니, 이를 □□ □□이라고 한다.

《帛乙》오늘날의 "도"를 파악하고, 그럼으로써 오늘날의 구체적인 제도를 다스리면, 옛날의 시작을 알 수 있으니, 이를 도의 규율이라고 한다.

《河上》옛날의 "도"를 파악하고, 그럼으로써 오늘날의 구체적인 제도를 다스리면, 그럼으로써 옛날의 시작을 알게 되니, 이를 도의 규율이라고 한다.

《王弼》옛날의 "도"를 파악하고, 그럼으로써 오늘날의 구체적인 제도를 다스리면, 옛날의 시작을 알 수 있으니, 이를 도의 규율이라고 한다.

【대의】《帛甲》《帛乙》먼저 오늘날의 통치 이념[道]은 어떠한지 온전히 파악하고, 그렇게 함으로써 오늘날의 법률과 제도를 조절하게 되면 태고의 대동사회를 비로소 명확하게 이해할 수 있으니, 이것을 바로 대동사회 통치 이념[道]의 규율이라고 하는 것이다.

《河上》《王弼》상고시대의 대동사회 통치 이념[道]을 온전히 파악하고, 그렇게 함으로써 오늘날의 법률과 제도를 조절하게 되면 태고의 대동사회를 비로소 명확하게 이해할 수 있으니, 이것을 바로 대동사회 통치 이념[道]의 규율이라고 하는 것이다.

第15章

《簡乙》《簡丙》의 기록에는 15장이 남아 있지 않다.

노자는 15장에서 대동의 통치 이념[道]은 말로 명확하게 표현할 수 없는 성질의 것이라고 전제하면서도, 신중함과 자애로움 그리고 포용력과 질박함을 갖춰야 하는 것이니 이는 일반인들이 꺼려하는 것이라고 말하고 있다.

《簡甲》古之善爲士者, 必微妙玄達, 深不可識。
고지선위사자, 필미묘현달, 심불가식.

《帛甲》□□□□□□, □□□□, 深不可識。
□□□□□□, □□□□, 심불가식.

《帛乙》古之善爲道者, 微妙玄達, 深不可識。
고지선위도자, 미묘현달, 심불가식.

《河上》古之善爲士者, 微妙玄通, 深不可識。
고지선위사자, 미묘현통, 심불가식.

《王弼》古之善爲士者, 微妙玄通, 深不可識。
고지선위사자, 미묘현통, 심불가식.

【분석】 먼저 다른 판본들과 달리,《簡甲》은 가운데 부분에 '반드시 필(必)'을 넣어 강조한 것에 유의할 필요가 있다.

또한《簡甲》과《帛乙》은 '玄達(현달)'로 표현한 반면,《河上》과《王弼》은 '玄通(현통)'으로 표기한 것 역시 특기할 만하다. 하지만 그 전달하고자 하는 의미에는 큰 차이가 없다.

노자는 [도덕경]에서 '선비 사(士)'를 주어로 쓴 경우가 있는데, 선비는 다름 아닌 종법(宗法)제도상의 벼슬을 할 수 있었던 최소한의 신분임에 유의할 필요가 있다. 다시 말해서 종법제도란 주(周)나라 주공(周公) 때 확립된 적장자(嫡長子) 상속제도로서, 천자(天子)의 장자(長子)는 천자가 되고 나머지는 왕(王) 또는 공(公)의 호칭을 지닌 제후가 되며, 공의 장자는 공이 되고 나머지는 경(卿)이 된다. 경의 장자는 경이 되고 나머지는 대부(大夫)가 되며, 대부의 장자는 대부가 되고 나머지는 사(士), 즉 선비가 되는 것이다.

당연히 선비의 장자는 선비가 되고 나머지는 민(民), 즉 일반 백성이 된다. 따라서 노자가 '선비 사(士)'를 써줬다는 사실은 1. 노자 역시 당시의 종법제도의 틀을 벗어나지 못했다는 한계점과 2. 노자의 도(道)는 정치상의 도(道)임을 명확하게 보여주고 있는 것이다.

【미언】

《簡甲》옛날의 뛰어난 선비는, 반드시 현묘하고 깊이 통달하였으니, 심오하여 이해할 수 없었다.

《帛甲》□□□ □□ □□□□ □□□□ □□, □□□□□ □□ □□□□ □□□, 심오하여 이해할 수 없었다.

《帛乙》옛날의 도를 행함에 뛰어난 이는, 현묘하고 깊이 통달하였으니, 심오하여 이해할 수 없었다.

《河上》《王弼》옛날의 뛰어난 선비는, 현묘하고 깊이 통달하였으니, 심오하여 이해할 수 없었다.

【대의】상고의 태평성대, 특히 대동사회를 이끈 지도자(聖人)들의 이치는 헤아릴 수 없이 미묘하고 또 세상일을 훤히 알았는데, 그 경지가 너무나도 심오하여 일반인들은 도저히 이해할 수 없었다.

《簡甲》是以爲之頌。

시이위지송.

《帛甲》夫唯不可識, 故强爲之容。

부유불가식, 고강위지용.

《帛乙》夫唯不可識, 故强爲之容。

부유불가식, 고강위지용.

《河上》夫唯不可識, 故强爲之容。

부유불가식, 고강위지용.

《王弼》夫唯不可識, 故强爲之容。

부유불가식, 고강위지용.

【분석】 이 구절은《簡甲》을 제외하고는, 모든 판본들이 완벽하게 일치하고 있다. 다만《簡甲》의 표현 역시 뒷 구절의 내용들을 소개하기 위한 것이므로, 다른 판본들과 판이하다고 볼 수는 없을 것이다.

【미언】

《簡甲》이 때문에 그것을 칭송하여 기리고자 한다.

《帛甲》《帛乙》《河上》《王弼》 무릇 이해할 수 없으니, 그러므로 억지로 그 형태를 만들었다.

【대의】

《簡甲》이처럼 대동사회를 이끈 지도자[聖人]들의 경지는 너무나도 심오하여 일반인들이 도저히 이해할 수 없었으므로, 이제 그들이 어떠한

자세로 통치에 임했는지 하나씩 열거함으로써 그 업적늘을 징송하고자
한다.

《帛甲》《帛乙》《河上》《王弼》 대동사회를 이끈 지도자[聖人]들의
경지는 너무나도 심오하여 일반인들이 도저히 이해할 수 없다. 따라서 억
지로 오늘날의 보편타당한 개념과 표현을 빌려서, 그 구체적인 모습을 묘
사하여 이해를 돕고자 한다.

15 - 3

《簡甲》豫乎, 若冬涉川。
예호, 약동섭천.

《帛甲》曰：豫呵, 其若冬□□。
왈: 예아, 기약동□□.

《帛乙》曰：豫呵, 其若冬涉水。
왈: 예아, 기약동섭수.

《河上》豫兮, 若冬涉川。
예혜, 약동섭천.

《王弼》豫焉, 若冬涉川。
예언, 약동섭천.

【분석】 이 구절은 몇 가지 차이점에 유의할 필요가 있다. 먼저《帛
甲》과《帛乙》은 '가로 왈(曰)'로 말문을 엶으로써, '~라고 이르다.'라는 인
용의 형식을 취하고 있다는 점이다. 또한 '같을 약(若)' 앞에 '그 기(其)'를 써
주고 있으며, 다른 판본들은 모두 '내 천(川)'을 써주고 있는 데 반해,《帛

乙》에서는 '물 수(水)'로 기록하고 있다는 점 역시 특기할 만하다.

　마지막으로 '미리 예(豫)' 뒤에 놓이는 어조사가 《帛甲》과 《帛乙》을 제외하고는 제각각 다르다는 점인데, 사실 그 전달하고자 하는 의미에는 전혀 영향을 미치지 않는다.

【미언】

《簡甲》《河上》《王弼》 주저하니, 마치 겨울철 강을 건너는 듯하다.

《帛甲》 이르기를: 주저하니, 마치 겨울철 □□ □□□ 듯하다.

《帛乙》 이르기를: 주저하니, 마치 겨울철 강을 건너는 듯하다.

　【대의】 주저하니, 이는 마치 덩치가 대단히 큰 코끼리가 한 걸음 한 걸음 옮길 때마다 겨울철 강을 건너는 듯 신중하고도 또 신중하다.

《簡甲》猶乎, 其若畏四鄰。
　　　유호, 기약외사린.

《帛甲》□□, □□畏四□。
　　　□□, □□외사□.

《帛乙》猶呵, 其若畏四鄰。
　　　유아, 기약외사린.

《河上》猶兮, 若畏四鄰。
　　　유혜, 약외사린.

《王弼》猶兮, 若畏四鄰。
　　　유혜, 약외사린.

【분석】 이 구절 역시 두 가지 차이점에 유의할 필요가 있는데, 먼저 《簡甲》과 《帛乙》은 앞 구절과 마찬가지로 '같을 약(若)' 앞에 '그 기(其)'를 써주고 있다는 점이다.

또한 다른 판본들은 15-3과 같은 어조사를 쓰고 있는데 반해, 유독 《王弼》만 '어찌 언(焉)'을 '어조사 혜(兮)'로 바꿔 써주고 있음은 특기할 만하다.

【미언】
《簡甲》《帛乙》《河上》《王弼》 망설이니, 마치 사방을 두려워하는 듯하다.
《帛甲》 □□□□, □□ 사□□ 두려워하는 □□□.

116 / 117

【대의】 망설이니, 이는 마치 의심이 많고 조심스러운 원숭이가 주변을 살필 때마다 사방을 두려워하는 듯 신중하고도 또 신중하다.

15 - 5

《簡甲》敢乎, 其若客。
감호, 기약객.

《帛甲》□□, 其若客。
□□, 기약객.

《帛乙》嚴呵, 其若客。
엄아, 기약객.

《河上》儼兮, 其若客。
엄혜, 기약객.

《王弼》儼兮, 其若容。
엄혜, 기약용.

【분석】 이 구절은 그 진의(眞義)를 파악하기가 무척이나 어렵다. 판본별로 각기 다른 어조사가 쓰였다는 점을 차치하고라도,《簡甲》은 '감히 감(敢)'으로,《帛乙》은 '엄할 엄(嚴)'으로 기록되어 있으며,《河上》과《王弼》은 '엄연할 엄(儼)'으로 표기되어 있기 때문이다.

그뿐만이 아니다. 다른 판본들은 모두 마지막 단어를 '손 객(客)'으로 처리한 반면,《王弼》은 '얼굴 용(容)'으로 기록하고 있으니, 그 의미가 통일되지 않을뿐더러 어느 것이 올바른 것인지조차 파악할 수 없다. 따라서 이제부터 각 한자(漢字)가 지니는 의미들을 조합하여 추론해 보도록 하자.

먼저《簡甲》을 살펴보면, '감히 감(敢)'은 '감히 하다, 구태여 하다, 결단성 있다.'는 의미를 지니고, '손 객(客)'은 '손님, 의탁하나, 쓸데없나.'는 의미를 지닌다. 따라서 이 의미들을 조합해보면 1. '구태여(감히) 하려고 하니, 쓸데없는 듯하다.' 2. '결단성이 있으니, 의탁하는 듯하다.' 정도로 풀이할 수 있다. 언뜻 보면 마치 2번의 풀이가 합리적인 것처럼 보일 수 있으나, 그렇다면 결단성이 있음에도 불구하고 또 무엇에 의탁한다는 것인지에 대한 의문이 생기고 만다. 따라서 이 구절은 64−6의 '이 때문에 성인은 하고자 하지 않는 것을 하고자 하고, 얻기 어려운 물건을 귀히 여기지 않으며; 배우지 않고자 하는 것을 배우고, 일반인들이 허물을 되돌려; 그럼으로써 만물의 자연스러움을 보조하지, 감히 작위 하지는 않는다.'라는 문구와 연결시켜서, 1번으로 해석하는 것이 타당할 것이다.

다음으로《帛乙》을 살펴보면 '엄할 엄(嚴)'은 '매우 철저하고 바르다, 엄격하다.'는 의미를 지니므로, '철저하고 바르니, 쓸데없는 듯하다.'로 풀이할 수 있다.

그리고 마지막으로《河上》을 살펴보면, '엄연할 엄(儼)'은 '정중하다, 공손하다.'는 의미를 지니므로, '정중하니, 쓸데없는 듯하다.'로 풀이된다.

따라서 이제 상술한 내용을 근거로 종합해보면, 각 판본별 표현은 서로 다르지만 그 전달하고자 하는 의도는 일맥상통하다고 볼 수 있으니, 바로 대동사회의 지도자[聖人]들은 당시 만연해 있던 이기적인 현실과 타협하지 않고 오롯이 통치에 임했음을 엿볼 수 있는 것이다.

【미언】

《簡甲》구태여 하려고 하니, 그것은 쓸데없는 듯하다.

《帛甲》□□□□□ □□□, 그것은 마치 쓸데없는 듯하다.

《帛乙》철저하고도 바르니, 그것은 마치 쓸데없는 듯하다.

《河上》정중하니, 그것은 마치 쓸데없는 듯하다.

《王弼》정중하니, 그것은 마치 포용하는 듯하다.

【대의】《簡甲》대동사회의 지도자[聖人]들은 일반인들이 하기 싫어하는 것을 구태여 하려고 했으니, 이는 마치 자기에게 손해가 되어 쓸데없는 듯하다.

《帛乙》일반인들은 현실과 대충 타협하여 희희낙락하며 살아가는데, 대동사회의 지도자[聖人]들은 자신에게 더욱 엄격하여 철저하고도 바르게 행동했으니, 이는 마치 자기에게 손해가 되어 쓸데없는 듯하다.

《河上》대동사회의 지도자[聖人]들은 일반인들과는 달리 상대방을 가리지 않고 공손하고도 정중한 모습을 보였으니, 이는 마치 자기에게 손해가 되어 쓸데없는 듯하다.

《王弼》대동사회의 지도자[聖人]들은 백성에게 정중하였으니, 이는 마치 상대방을 가리지 않고 모두 포용하는 듯 삼가 공손한 태도를 보인 것이다.

15 - 6

《簡甲》渙乎, 其若釋。
환호, 기약석.

《帛甲》渙呵, 其若凌釋。
환아, 기약릉석.

《帛乙》渙呵, 其若凌釋。
환아, 기약릉석.

《河上》渙兮, 若冰之將釋。
환혜, 약빙지장석.

《王弼》渙兮, 若冰之將釋。
환혜, 약빙지장석.

【문석】 '흩어질 환(渙)' 뒤에《簡甲》은 '어조사 호(乎)'로,《帛甲》과 《帛乙》은 '어조사 아(呵)'로 기록하고 있으며,《河上》과《王弼》은 '어조사 혜(兮)'로 표기하고 있다.

그리고《河上》이나《王弼》과는 달리,《簡甲》과《帛甲》및《帛乙》에서는 '같을 약(若)' 앞에 '그 기(其)'를 붙여주고 있다.

또한《河上》과《王弼》은 '얼음 빙(氷)'을 쓴 반면,《帛甲》과《帛乙》은 '얼음 릉(凌)'으로 표기했으며,《簡甲》은 얼음이라는 표현을 아예 생략했다는 점도 특기할 만하다.

【미언】

《簡甲》풀어지니, 그것은 마치 녹는 것과도 같다.

《帛甲》《帛乙》풀어지니, 그것은 마치 얼음이 녹는 것과도 같다.

《河上》《王弼》풀어지니, 마치 얼음이 장차 녹는 것과 같다.

【대의】풀어져 없어지니, 마치 얼음이 장차 녹는 것과도 같이 상호 간의 갈등과 오해가 풀어지게 하였다.

《簡甲》敦乎, 其若樸。
돈호, 기약박.

《帛甲》敦呵, 其若樸
돈아, 기약박.

《帛乙》敦呵, 其若樸。
돈아, 기약박.

《河上》敦兮, 其若樸。
돈혜, 기약박.

《王弼》敦兮, 其若樸。
돈혜, 기약박.

【분석】 이 구절에서《簡甲》은 '어조사 호(乎)'로,《帛甲》과《帛乙》은 '어조사 아(呵)'로 기록하고 있으며,《河上》과《王弼》은 '어조사 혜(兮)'로 표기하고 있다는 것만이 차이점으로 남아 있을 뿐, 나머지는 모두 일치하고 있음을 알 수 있다.

【미언】
《簡甲》《帛甲》《帛乙》《河上》《王弼》 도타우니, 그것은 마치 가공하지 않은 목재인(질박한) 듯하다.

【대의】 인정이 많고 후하니, 마치 아직 손을 타지 않은 목재인 것처럼 순박하다.

《帛甲》混□, □□□。
혼□, □□□.

《帛乙》混呵, 其若濁。
혼아, 기약탁.

《河上》曠兮, 其若谷。
광혜, 기약곡.

《王弼》曠兮, 其若谷。
광혜, 기약곡.

【분석】 여기서도《帛乙》은 '어조사 아(呵)'로 기록하고 있는 반면,《河上》과《王弼》은 '어조사 혜(兮)'로 표기하고 있는데, 특히《簡甲》에는 이 구절이 보이지 않는다는 점이 특기할 만하다.

또한《帛甲》과《帛乙》의 15-8 내용이《河上》과《王弼》에서는 15-9에 기록되어 있고, 마찬가지로《河上》과《王弼》의 15-8 내용이《帛甲》과《帛乙》에서는 15-9에 기록되어 있음은 유의할 필요가 있다.

【미언】
《帛甲》혼탁하니, □□□ □□ □□ □□□.
《帛乙》혼탁하니, 그것은 마치 흐린 듯하다.
《河上》《王弼》깊고 넓으니, 그것은 마치 깊은 계곡과도 같다.

【대의】 넓고 탁 트이니, 대동사회의 통치 이념[道]이라는 것은 마치 깊은 계곡과도 같이 자애로움을 갖췄다.

《簡甲》沌乎, 其若濁。
돈호, 기약탁.

《帛甲》□□, □若谷。
□□, □약곡.

《帛乙》曠呵, 其若谷。
광아, 기약곡.

《河上》渾兮, 其若濁。
혼혜, 기약탁.

《王弼》混兮, 其若濁。
혼혜, 기약탁.

【분석】 역시 여기서도 《簡甲》은 '어조사 호(乎)'로,《帛乙》은 '어조사 아(呵)'로 기록하고 있는 반면,《河上》과 《王弼》은 '어조사 혜(兮)'로 표기하고 있다.

또한 앞에서 설명했듯이, 15−9의 《帛甲》과 《帛乙》 내용이 15−8에서는 《河上》과 《王弼》에 기록되어 있고, 마찬가지로 15−9의 《河上》과 《王弼》 내용이 15−8에서는 《帛甲》과 《帛乙》에 기록되어 있음에 유의해야 한다.

이 구절에는 특기할 만한 부분이 있으니,《簡甲》은 '엉길 돈(沌)'을 쓴 반면,《河上》은 '흐릴 혼(渾)'을, 그리고 《王弼》에서는 '섞을 혼(混)'을 썼다는 점이다. 하지만 이 세 단어는 모두 '혼탁하다.'라는 뜻을 지니므로, 문장이 전달하고자 하는 바는 사실상 일치한다.

【미인】

《簡甲》《河上》《王弼》혼탁하니, 그것은 마치 흐린 듯하다.

《帛甲》□□ □□□, □□□ 마치 깊은 계곡과도 같다.

《帛乙》깊고 넓으니, 그것은 마치 깊은 계곡과도 같다.

【대의】 그 모습이 선명하지 않으니, 대동사회의 통치 이념[道]이라
는 마치 흐려서 잘 보이지 않는 것처럼 애매모호하다.

15 − 10

《簡甲》孰能濁以靜者, 將徐淸; 孰能牝以主者, 將
徐生?
숙능탁이정자, 장서청; 숙능빈이주자, 장서생?

《帛甲》濁而靜之, 徐淸; 安以動之, 徐生。
탁이정지, 서청; 안이동지, 서생.

《帛乙》濁而靜之, 徐淸; 安以動之, 徐生。
탁이정지, 서청; 안이동지, 서생.

《河上》孰能濁以靜之徐淸, 孰能安以久動之徐生?
숙능탁이정지서청, 숙능안이구동지서생?

《王弼》孰能濁以靜之徐淸, 孰能安以久動之徐生?
숙능탁이정지서청, 숙능안이구동지서생?

【분석】 이 구절은 판본별 표현법이 각기 다르기는 하지만, 전달하고
자 하는 의미에는 거의 차이가 없다.

다만《簡甲》에서는 유독 '암컷 빈(牝)'을 써서 모성의 자애로움을 나타냈고, 또한 '주인 주(主)'를 써서 '주관하다, 책임지다.'로 표현한 것은 특기할 만하다.

【미언】

《簡甲》 누가 흐림에서 고요하게 하여, 장차 서서히 맑게 할 수 있고; 누가 모성의 자애로움으로 주관하여, 장차 서서히 회생시킬 수 있겠는가?

《帛甲》《帛乙》 흐리지만 그것을 고요하게 하여, 서서히 맑게 하고; 평안함에서 그것을 장구히 꿈틀거리게 하여, 서서히 회생시킨다.

《河上》《王弼》 누가 흐림에서 그것을 고요하게 하여 서서히 맑게 할 수 있으며, 누가 평안함에서 그것을 장구히 꿈틀거리게 하여 서서히 회생시킬 수 있겠는가?

【대의】《簡甲》 그러므로 과연 누가 이 추상적 개념의 모호한 대동의 통치 이념[道]이라는 것을 고요하고도 평화롭게 하여, 그 존재를 선명하게 인식시킬 수 있을 것인가? 또 과연 누가 대동의 통치 이념[道]의 주된 특징인 자애로움과 부드러움으로 주관하여, 서서히 대동사회로 복귀하게 할 수 있겠는가?

《帛甲》《帛乙》《河上》《王弼》 그러므로 과연 누가 이 모호한 대동의 통치 이념[道]이라는 것을 고요하고도 평화롭게 하여, 그 존재를 선명하게 인식시킬 수 있을 것인가? 또 과연 누가 이 잠자고 있는 대동의 통치 이념[道]을 오랜 시간 동안 변치 않고 부단히 실천함으로써, 서서히 대동사회로 복귀하게 할 수 있겠는가?

《簡甲》保此道者不欲尙涅。
보차도자불욕상영.

《帛甲》保此道不欲盈, 夫唯不欲□, □□□□
□□成。
보차도불욕영, 부유불욕□, □□□□□□성.

《帛乙》保此道□欲盈, 是以能敝而不成。
보차도□욕영, 시이능폐이불성.

《河上》保此道者不欲盈, 夫惟不盈, 故能蔽不新
成。
보차도자불욕영, 부유불영, 고능폐불신성.

《王弼》保此道者不欲盈, 夫唯不盈, 故能蔽不新
成。
보차도자불욕영, 부유불영, 고능폐불신성.

【분석】판본별로 살펴보면 비록 문장구조가 동일한 것은 아니지만, 우선《簡甲》을 제외하고는 대체로 비슷한 의미를 전달하고자 한 것으로 파악할 수 있다.

다음으로《帛甲》과《帛乙》의 문장구조 역시 다소 차이가 있음을 알 수 있는데, 이는《帛乙》의 문장 중간 부분이 생략되었기 때문이다.

마지막으로《簡甲》의 표현법은 다른 판본들과 확연히 구분되는데, 특히 '거침없이 흐를 영(涅)'*은 '거침없이 흐르다, 통하다, 남다, 가라앉다.'라

---

* '거침없이 흐를 영(涅)'은 '거침없이 흐를 정'으로도 독음되지만, 다른 판본들은 모두 '찰 영(盈)'으로 쓰고 있으므로, 판본별 발음의 상호 유사성을 고려하여 독음을 '영'으로 표기하기로 한다.

는 의미를 지니고, '오히려 상(尚)'은 '숭상하다, 높이다, 자랑하다, 주관하다, 꾸미다, 더하다.'라는 의미를 지녔음을 감안하여 이 둘을 조합해보면, '거침없이 임의로 행하는 것을 숭상하려 들지 않다.'라는 의미로 해석할 수 있다.

【미언】

《簡甲》이러한 도리를 견지하니 거침없이 행하는 것을 숭상하려 들지 않는다.

《帛甲》이러한 도리를 견지하니 가득 채우려 하지 않고, 무릇 □□ □ □□ 않으므로, □□□□ □□ □□□□ □□□ 만들지 □□□.

《帛乙》이러한 도리를 견지하니 가득 채우려 하지 □□, 이 때문에 능히 포괄하여 만들지 않는다.

《河上》《王弼》이러한 도리를 견지하는 자는 가득 채우려 하지 않고, 무릇 가득 채우지 않으므로, 그러므로 능히 포괄하여 새로이 만들지 않는다.

【대의】《簡甲》따라서 대동사회의 통치 이념[道]을 이해하고 실천하는 지도자[聖人]는 신중하고도 자애로운 태도로 통치에 임했지, 거침없이 임의로 행하는 것을 조심했던 것이다.

《帛乙》《河上》《王弼》만족하지 못하거나 부족함을 느끼면 자꾸 새로운 것을 추구하고 만들어 채우게 되지만, 비움으로써 능히 모든 것을 포용한다면 굳이 새로운 것을 찾아 만들 필요가 있겠는가? 상고의 태평성대에는 천명, 즉 자연의 순리에 따랐기 때문에, 사람들의 마음에 사적인 욕망이 생기지 않았던 것이다. 따라서 대동사회의 통치 이념[道]을 이해하고 실천하는 지도자[聖人]는 자꾸 새로운 제도를 만들어 백성을 통제하려 들시 않는다. 이처럼 굳이 새로운 제도를 만들어 통제하려 들지 않게 되므로, 긍정과 부정, 좋음과 나쁨을 모두 포용하고 화해시켜 함께 가려 하지, 부정과 나쁨을 버리고 긍정과 좋음만을 선별하는 제도를 자꾸 만들어 백성들을 통제하려 하지 않는다.

第16章

《簡甲》에는 16장의 초반 세 구절이 기록되어 있다.

노자는 16장에서 하늘의 도리는 고요함으로 다스리는 것이니, 법과 제도를 자꾸 세분화하여 백성을 통제해서는 안 된다고 강조하고 있다.

《簡甲》致虛恒也; 守沖篤也。
치허항야, 수충독야.

《帛甲》致虛極也, 守靜篤也。
치허극야, 수정독야.

《帛乙》致虛極也, 守靜篤也。
치허극야, 수정독야.

《河上》致虛極, 守靜篤。
치허극, 수정독.

《王弼》致虛極, 守靜篤。
치허극, 수정독.

【분석】 이 구절은 판본별 문장구조가 거의 같은데, 다만《簡甲》에서는 '극진할 극(極)'과 '고요할 정(靜)' 대신 '항상 항(恒)'과 '화할 충(沖)'을 써주고 있는 점이 특기할 만하다. 하지만 '항상 항(恒)'은 '항구하다, 변하지 않고 늘 그렇다'라는 의미를 지니고, '화할 충(沖)'은 '따뜻하고 부드럽다.'라는 뜻을 지니므로, 다른 판본들이 제시하는 의미와 확연히 다르다고 할 수는 없을 것이다.

【미언】
《簡甲》 항상 공허함에 도달하고, 지극히 화함(따뜻하고도 부드러움)을 견지한다.
《簡甲》《帛乙》《河上》《王弼》 지극히 공허함에 도달하고, 지극히 고요함을 견지한다.

【대의】《簡甲》대동사회의 통치 이념[道]은 새로운 제도를 자꾸 만들어 백성들을 통제하지 않으므로, 마치 변함없이 비어 있는 것과도 같은 경지에 이른다. 또한 이처럼 통제하지 않고 자애로움으로 포용하니, 지극히 따뜻하고도 부드러움을 견지하는 것이다.

《簡甲》《帛乙》《河上》《王弼》대동사회의 통치 이념[道]은 새로운 제도를 자꾸 만들어 백성들을 통제하지 않으므로, 마치 비어 있는 것과도 같은 경지에 이른다. 또한 신중하고 삼가여 말이나 명령을 함부로 하지 않으므로, 마치 고요한 정적과도 같은 상황을 유지한다.

16 - 2

《簡甲》萬物方作, 吾以顧復也。
만물방작, 오이고복야.

《帛甲》萬物並作, 吾以觀其復也。
만물병작, 오이관기복야.

《帛乙》萬物並作, 吾以觀其復也。
만물병작, 오이관기복야.

《河上》萬物並作, 吾以是觀其復。
만물병작, 오이시관기복.

《王弼》萬物並作, 吾以觀復。
만물병작, 오이관복.

【분석】 이 구절 역시 판본별 문장구조가 거의 같은데, 다만《簡甲》에서는 '나란히 병(竝)'과 '볼 관(觀)' 대신 '모 방(方)'과 '돌아볼 고(顧)'를 써

서 '견주다.'와 '돌아보다, 살피다.'의 의미를 표현해준 것이 특기할 만
하다.

【미언】
　《簡甲》《帛甲》《帛乙》《王弼》 만물은 견주어 만들어지는데, 나는 그
럼으로써 반복함을 본다.
　《河上》 만물은 견주어 만들어지는데, 나는 이 때문에 그 반복함을 본다.

【대의】 세상에 존재하는 만물은 제도가 있게 되면서 상호작용을 통
해서 끊임없이 만들어지는 것이다. 이러한 제도의 산물인 만물은 반복적
으로 생겨났다 사라지므로, 나는 그러한 역사의 순환원칙을 통해서 '무
(無)'에서 '유(有)'로 그리고 다시 '무(無)'로 반복되는 과정을 볼 수 있다.

16 - 3

　《簡甲》天道云云, 各復其根。
　　　　천도운운, 각복기근.

　《帛甲》夫物雲雲, 各復歸於其□。
　　　　부물운운, 각복귀어기□.

　《帛乙》夫物祊祊, 各復歸於其根。
　　　　부물운운, 각복귀어기근.

　《河上》夫物芸芸, 各復歸其根。
　　　　부물운운, 각복귀기근.

　《王弼》夫物蕓蕓, 各復歸其根。
　　　　부물운운, 각복귀기근.

【분석】 이 구절 역시 판본별 문상구소가 서의 같다. 나난《簡甲》에서는 '天道(천도)'를 주어로 함으로써, '이를 운(云)' 역시 그 뜻이 '다다르다, 도착하다, 운행하다, 돌아가다.'로 해석해야 함에 유의할 필요가 있다. 하지만 하늘의 도가 세상에 운행하여 돌아가게 되면, 제도의 산물인 만물 역시 지나치게 많아지게 되어 사라지게 되고, 결국 노자가 주장하는 근본인 '없음'으로 돌아가게 되므로, 이 구절이 전달하고자 하는 판본별 의미는 서로 통하게 된다.

그 밖에도 판본별로 각각 '구름 운(雲)' '평지 운(芸)' '평지 운(蕓)' 등 다른 글자로 기록되어 있지만, 사실 이들은 모두 '많다, 무성하다.'라는 공통된 뜻을 지니고 있다.

【미언】

《簡甲》하늘의 도가 운행하여 돌아가게 되면, 각자 그 근본으로 다시 돌아간다.

《帛甲》무릇 만물은 무성하니, 각자 그 □□으로 다시 돌아간다.

《帛乙》《河上》《王弼》무릇 만물은 무성하니, 각자 그 근본으로 다시 돌아간다.

【대의】《簡甲》세상에 존재하는 만물은 제도가 있게 되면서, 상호작용을 통해서 끊임없이 만들어지게 된다. 이러한 제도의 산물인 만물은 지나치게 많아지면 백성의 불만이 넘치게 되어 다시 사라지므로, 결국 역사의 순환원칙을 통해서 '유'에서 다시 '무'로 돌아가게 된다. 즉 하늘의 도가 만물에 운행하게 되면, 지나치게 번거롭고 엄격한 제도로 통제하는 법치와 예치(禮治)의 사회에서 덕치로 다스리는 사회로 돌아가게 되는 것이다.

《帛甲》《帛乙》《河上》《王弼》세상에 존재하는 만물은 제도가 있게 되면서, 상호작용을 통해서 끊임없이 만들어지게 된다. 이러한 제도의 산물인 만물은 지나치게 많아지면 백성들의 불만이 넘치게 되어 다시 사라지므로, 결국 역사의 순환원칙을 통해서 '유'에서 다시 '무'로 돌아가게 된다. 즉 지나치게 번거롭고 엄격한 제도로 통제하는 법치와 예치(禮治)의 사회에서, 덕치의 사회로 돌아가게 되는 것이다.

16 - 4

《帛甲》□□□□; 靜, 是謂復命。
□□□□; 정, 시위복명.

《帛乙》曰靜; 靜, 是謂復命。
왈정; 정, 시위복명.

《河上》歸根曰靜, 靜曰復命。
귀근왈정, 정왈복명.

《王弼》歸根曰靜, 是謂復命。
귀근왈정, 시위복명.

【분석】 이 구절부터는 《簡甲》에서 보이지 않고 있다. 그 이유에 대해서는 많은 가설이 있을 법한데, 필자는 개인적으로 16-4부터는 위의 세 구절을 좀 더 구체적으로 풀이한 것이기 때문에, 아마도 기록자가 굳이 그럴 필요가 없다고 여겨서일 거라고 추론해본다.

또한 상호 간에 거의 흡사한 면모를 지니는 《帛甲》과 《帛乙》 역시 여기서는 문장구조에 분명한 차이점을 보이고 있다는 점도 유의할 필요가 있다.

마지막으로 《河上》은 다른 판본들이 '是謂(시위)'로 표기한 것과 달리 '靜曰(정왈)'로 처리하였으니 특기할 만하다.

【미언】
《帛甲》□□□□ □□□□ □□□□□□ □□; 고요함, 이를 복명이라고 한다.

《帛乙》고요함이라고 하니; 고요함, 이를 복명이라고 한다.

《河上》근본으로 돌아감을 고요함이라고 하는데, 고요함은 복명이라고 한다.

《王弼》근본으로 돌아감을 고요함이라고 하니, 이를 복명이라고 한다.

【대의】덕을 치세의 원칙으로 회복한다는 것은 말이나 명령을 함부로 내리지 않는 것이니, 이를 일컬어서 천명(天命), 즉 다시 천성에 따르는 것이라고 한다.

《帛甲》復命, 常也; 知常, 明也; 不知常, 妄; 妄
作, 兇。

복명, 상야; 지상, 명야; 부지상, 망; 망작, 흉.

《帛乙》復命, 常也; 知常, 明也; 不知常, 妄; 妄
作, 凶。

복명, 상야; 지상, 명야; 부지상, 망; 망작, 흉.

《河上》復命曰常, 知常曰明; 不知常, 妄作, 凶。

복명왈상, 지상왈명; 부지상, 망작, 흉.

《王弼》復命曰常, 知常曰明; 不知常, 妄作, 凶。

복명왈상, 지상왈명; 부지상, 망작, 흉.

【분석】 이 구절은 문장구조상《帛甲》과《帛乙》그리고《河上》과
《王弼》로 나눌 수 있는데, 전달하고자 하는 의미는 사실상 같다고 할 수
있다.

다만 다른 판본들은 모두 '흉할 흉(凶)'을 썼는데 반해,《帛甲》에는 '흉
악할 흉(兇)'으로 표기되어 있는 것이 특기할 만하다.

【미언】

《帛甲》《帛乙》복명은, '상(변치 않음)'이고; '상'을 아는 것은, '명(덕을 밝
힘)'인데; '상'을 알지 못하면, 경거망동하고; 경거망동하게 행하면, 불행해
진다.

《河上》《王弼》복명을 '상(변치 않음)'이라고 하고, '상'을 아는 것을 '명
(덕을 밝힘)'이라고 하는데; '상'을 알지 못하면, 경거망동하게 되고, 불행해
진다.

【내의】 하늘이 부여한 천성에 따르는 것을 두 마음을 품지 않고 일관하는 변치 않음[常]이라고 하고, 이러한 일관하여 변치 않음의 원리를 이해하는 것이 바로 덕을 밝히는 것[明]이다. 변치 않고 일관되게 덕을 밝히는 원리를 이해하지 못하면, 백성을 평안하게 다스리지 못하여 나라를 장구히 보존하지 못하게 되고, 결국에는 나라와 지도자의 끝이 불행해지는 것이다.

16 - 6

《帛甲》知常容, 容乃公, 公乃王, 王乃天, 天乃道, □□□。

지상용, 용내공, 공내왕, 왕내천, 천내도, □□□.

《帛乙》知常容, 容乃公, 公乃王, □□天, 天乃道, 道乃□。

지상용, 용내공, 공내왕, □□천, 천내도, 도내□.

《河上》知常容, 容乃公, 公乃王, 王乃天, 天乃道, 道乃久。

지상용, 용내공, 공내왕, 왕내천, 천내도, 도내구.

《王弼》知常容, 容乃公, 公乃王, 王乃天, 天乃道, 道乃久。

지상용, 용내공, 공내왕, 왕내천, 천내도, 도내구.

【분석】 이 구절은《帛甲》과《帛乙》의 판독이 어려운 몇몇 단어들을 제외하고는, 모든 판본들의 문장구조가 동일하다.

【미언】

《帛甲》 '상(변치 않음)'을 알면 포용하고, 포용하면 이에 공정하고, 공정하면 이에 군주가 되고, 군주가 되면 이에 하늘에 순응하게 되고, 하늘에 순응하면 이에 도를 따르게 되고, □□ □□□ □□ □□ □□□□ □□.

《帛乙》 '상(변치 않음)'을 알면 포용하고, 포용하면 이에 공정하고, 공정하면 이에 군주가 되고, □□□ □□ □□ 하늘에 □□□□ □□, 하늘에 순응하면 이에 도를 따르게 되고, 도를 따르게 되면 이에 □□□□ 된다.

《河上》《王弼》 '상(변치 않음)'을 알면 포용하고, 포용하면 이에 공정하고, 공정하면 이에 군주가 되고, 군주가 되면 이에 하늘에 순응하게 되고, 하늘에 순응하면 이에 도를 따르게 되고, 도를 따르게 되면 이에 장구하게 된다.

【대의】 변치 않고 일관되게 덕을 밝히는 것을 이해하게 되면, 모두를 포용하여 함께하게 된다. 어느 누구 하나 버리지 않고 함께하게 되면, 감정에 휘둘리지 않고 객관적이고도 공정하게 일을 처리하게 된다. 객관적이고도 공정하게 일을 처리하게 되면, 나라를 이끄는 지도자가 된다. 공정하게 나라를 이끄는 지도자가 되면, 하늘이 부여한 천성에 따라 백성을 다스리게 된다. 하늘이 부여한 천성에 따라 백성을 다스리게 되면, 대동의 통치 이념[道]을 따르게 된다. 대동의 통치 이념[道]을 따르게 되면, 나라를 오랫동안 평안하게 유지하게 되는 것이다.

《帛甲》沒身不殆。
몰신불태.

《帛乙》沒身不殆。
몰신불태.

《河上》沒身不殆。
몰신불태.

《王弼》沒身不殆。
몰신불태.

【분석】이 구절은 모든 판본의 문장구조가 동일하다.

【미언】
《帛甲》《帛乙》《河上》《王弼》 평생 위험이 없다.

【대의】하늘이 부여한 천성에 따르는 대동의 통치 이념[道]으로 덕치를 행하게 되면 나라를 오랫동안 보존할 수 있게 되니, 지도자 역시 그 자리를 오래 할 수 있거니와 어떠한 위험도 생기지 않게 되는 것이다.

第17章

《簡甲》과 《簡乙》에는 17장이 기록되어 있지 않다.

노자는 17장에서 지도자를 네 등급으로 나누어 설명하고 있는데, 대동사회를 이끈 지도자[聖人]들은 함부로 말이나 명령을 하지 않고 삼가여 수어진 천성에 따라 통치하려고 노력했기 때문에, 오히려 백성이 지도자의 위대함을 절실하게 느끼지 못한 것이라고 설명한다.

《簡丙》大上, 下知有之。
대상, 하지유지.

《帛甲》太上, 下知有之。
태상, 하지유지.

《帛乙》太上, 下知有□。
태상, 하지유□.

《河上》太上, 下知有之。
태상, 하지유지.

《王弼》太上, 下知有之。
태상, 하지유지.

【분석】 이 구절은 다른 판본들과 달리,《簡丙》에서 '클 태(太)'가 아닌 '클 대(大)'를 써주고 있다는 점이 특기할 만하다. 다만 의미상으로는 별 차이가 없다.

【미언】
《簡丙》《帛甲》《河上》《王弼》 가장 훌륭한 지도자는 그가 존재함을 안다.
《帛乙》 가장 훌륭한 지도자는 □□ 존재함을 안다.

【대의】 대동사회에서는 백성이 지도자聖人의 존재를 알고 있었을 뿐, 통치 시기에는 그의 뛰어난 지도력에 대해서 절실하게 느끼지 못했다.

《簡丙》其次, 親譽之。其次, 畏之。其次, 侮之。
기차, 친예지. 기차, 외지. 기차, 모지.

《帛甲》其次, 親譽之。其次, 畏之。其下, 侮之。
기차, 친예지. 기차, 외지. 기하, 모지.

《帛乙》□□, 親譽之。其次, 畏之。其下, 侮之。
□□, 친예지. 기차, 외지. 기하, 모지.

《河上》其次, 親而譽之。其次, 畏之。其次, 侮之。
기차, 친이예지. 기차, 외지. 기차, 모지.

《王弼》其次, 親而譽之。其次, 畏之。其次, 侮之
기차, 친이예지. 기차, 외지. 기차, 모지.

【분석】 이 구절은《河上》과《王弼》이 '親而譽之(친이예지)'로 표현한 것과 달리,《簡丙》과《帛甲》그리고《帛乙》에서는 '말 이을 이(而)'를 생략해 준 점이 특기할 만하다.

【미언】

《簡丙》《帛甲》《河上》《王弼》그 다음가는 지도자는, 그와 친근하고 그를 칭찬한다. 그 다음가는 지도자는, 그를 두려워한다. 그 다음가는 지도자는, 그를 경멸한다.

《帛乙》□ □□□□ □□□□, 그와 친근하고 그를 칭찬한다. 그 다음가는 지도자는, 그를 두려워한다. 그 다음가는 지도자는, 그를 경멸한다.

【대의】 그보다 못한 지도자는 백성이 그를 친하다고 여기고 가까이 하여 칭찬한다. 또 그보다 못한 지도자는 엄격한 법률과 형벌로 억압하기 때문에, 백성이 그를 두려워하고 피한다. 가장 하등의 지도자는 백성이 그를 깔보아 업신여긴다.

17 - 3

《簡丙》信不足焉, 有不信。
신부족언, 유불신.

《帛甲》信不足, 案有不信。
신부족, 안유불신.

《帛乙》信不足, 安有不信。
신부족, 안유불신.

《河上》信不足焉, 有不信焉。
신부족언, 유불신언.

《王弼》信不足焉, 有不信焉。
신부족언, 유불신언.

【분석】 이 구절은 《帛甲》과 《帛乙》에 유의할 필요가 있다. 먼저 《帛甲》에는 '책상 안(案)'으로 기록되어 있는데, 이는 '지경'이라는 의미를 지니므로, '그런 지경에서는 불신이 생긴다.'라고 해석할 수 있다.

반면에 《帛乙》에서는 '편안 안(安)'으로 쓰여 있으니, 이는 '이에, 곧'이라는 의미를 지니므로 '이에 불신이 생긴다.'라고 해석된다. 하지만 일반적으로 《帛甲》과 《帛乙》은 기록된 문자가 거의 동일하므로, 어느 한쪽이 살못 기록한 것으로 볼 수도 있을 것이다.

아울러서 《河上》이나 《王弼》과 비교했을 때, 《簡丙》은 마지막 부분의 어조사 '어찌 언(焉)'이 생략되어 있는 것도 특기할 만하다.

【미언】
《簡丙》《河上》《王弼》 신용이 부족하면, 불신이 생긴다.
《帛甲》 신용이 부족하면, (그런) 지경에서는 불신이 생긴다.
《帛乙》 신용이 부족하면, 이에 불신이 생긴다.

【대의】 지도자가 가장 기본적으로 갖춰야 할 미덕이 신뢰인데, 그러한 지도자가 백성에게 믿음을 보이지 못하면, 백성은 지도자를 믿고 따르지 않게 된다.

《簡丙》猶乎，其貴言也。成事遂功而百姓曰我自
然也。

　　유호, 기귀언야. 성사수공이백성왈아자연야.

《帛甲》□□，其貴言也。成功遂事而百姓謂我自
然。

　　□□, 기귀언야. 성공수사이백성위아자연.

《帛乙》猶呵，其貴言也。成功遂事而百姓謂我自
然。

　　유아, 기귀언야. 성공수사이백성위아자연.

《河上》猶兮，其貴言。功成事遂，百姓皆謂我自
然。

　　유혜, 기귀언. 공성사수, 백성개위아자연.

《王弼》悠兮，其貴言。功成事遂，百姓皆謂我自
然。

　　유혜, 기귀언. 공성사수, 백성개위아자연.

【분석】 이 구절은 판본별 문장구조에 다소 차이점이 있지만, 그 의
미를 해석해보면 각 판본들이 전달하고자 하는 의미에는 별 차이점이 없
음을 알 수 있다.

　　또한《王弼》은 '멀 유(悠)'를 써서 '유유하다, 한적하다.'라는 의미를 표
현한 반면 나머지 판본들은 모두 '오히려 유(猶)'를 써서 '태연하다.'라고
표현했는데, 사실상 두 문자가 지니는 의미에는 차이가 없다.

【미언】

《簡丙》《帛乙》《河上》《王弼》 유유하여, 말을 귀히 여긴다. 일이 완성되어도, 백성은 모두 우리가 본래 이러한 것이라고 말한다.

《帛甲》 □□□□, 말을 귀히 여긴다. 일이 완성되어도, 백성들은 모두 우리가 본래 이러한 것이라고 말한다.

【대의】 대동사회의 지도자[聖人]들은 침착하고 여유가 있어, 말이나 명령을 함부로 하지 않았다. 이러한 대동사회의 백성은 지도자의 존재를 알고 있었을 뿐 그의 뛰어난 지도력에 대해서는 절실하게 느끼지 못했기 때문에, 지도자가 삼가 노력하여 일을 완성하여도 백성은 오히려 세상이 본래 그러한 것이라고 여겼던 것이다.

18장 역시 《簡甲》과 《簡乙》에는 그 내용이 기록되어 있지 않다.

노자는 18장에서 자신이 주장하는 지도자의 통치 이념[道]이 대동사회의 천도(天道)임을 분명히 밝히고 있는데, 특히 이러한 원리를 강조하기 위해서 대동의 통치 이념[天道]이 무너지게 됨으로써 인의(仁義)나 지혜, 효도와 자애로움 그리고 충신이 생겨난다고 말하고 있다. 다시 말해서, 대동의 통치 이념[天道]이 소강의 통치 이념[人道]보다 상위에 있는 개념임을 부각시키고 있는 것이다.

《簡丙》故大道廢, 安有仁義。
고대도폐, 안유인의.

《帛甲》故大道廢, 案有仁義。
고대도폐, 안유인의.

《帛乙》故大道廢, 安有仁義。
고대도폐, 안유인의.

《河上》大道廢, 有仁義。
대도폐, 유인의.

《王弼》大道廢, 有仁義。
대도폐, 유인의.

【분석】 이 구절은 문장구조상《簡丙》《帛甲》《帛乙》과《河上》
《王弼》로 나눌 수 있지만 전달하고자 하는 의미는 판본별로 큰 차이점이
없다고 할 수 있을 것이다.

또한《簡丙》이나《帛乙》은 '편안 안(安)'으로 쓰여 있으니, 이는 '이에,
곧'이라는 의미를 지니므로 '이에 인의가 출현한다.'라고 해석할 수 있다.
반면에《帛甲》에서는 '책상 안(案)'으로 기록하고 있으니, 이는 '지경'이라
는 의미를 지니므로, '그런 지경에서는 인의가 출현한다.'라고 해석된다.

【미언】
《簡丙》《帛乙》그러므로 큰 도가 폐기되면, 이에 인의가 출현한다.
《帛甲》그러므로 큰 도가 폐기되면, 그러한 지경에서 인의가 출현한다.
《河上》《王弼》큰 도가 폐기되면, 인의가 출현한다.

【대의】 지도자의 통치 이념[道]은 두 가지로 나눌 수 있으니, 스스로 진실한 도[天道]와 바로잡아서 진실하게 하는 도[人道]다. 대동사회의 통치 이념[天道]인 커다란 도[大道]가 사라지면, 비로소 소강사회의 통치 이념[人道]을 중시하게 되어서 자기의 군주를 진심으로 섬기고 따르는 어짊[仁]과 자신이 처한 신분과 서열에서 마땅히 지켜야 할 것을 지키는 의로움[義]을 강조하여 요구하기 시작한다.

18 – 2

《帛甲》智慧出, 案有大僞。
　　지혜출, 안유대위.

《帛乙》智慧出, 安有□□。
　　지혜출, 안유□□.

《河上》智慧出, 有大僞
　　지혜출, 유대위.

《王弼》智慧出, 有大僞。
　　지혜출, 유대위.

【분석】 이 구절에서는 《帛甲》의 '책상 안(案)'과 《帛乙》의 '편안 안(安)'에 유의하여 해석하기만 하면 큰 문제는 없을 것이다.

다만 《簡丙》에는 이 구절이 보이지 않으니, 이 점은 특기할 만하다.

【미언】

《帛甲》 지혜가 나타나면, 그러한 시경에서는 심각한 허위가 발생한다.

《帛乙》지혜가 나타나면, 이에 □□□ □□□ 발생한다.
《河上》《王弼》지혜가 나타나면, 심각한 허위가 발생한다.

【대의】 기민함이나 영리함 같은 얕은꾀를 추구하게 되면, 대동사회의 참되고도 진정 큰 지혜를 깨닫지 못하게 되어 사리사욕만을 채우려 하게 되니, 결국에는 심각한 허위가 발생하게 된다.

---

18 - 3

《簡丙》六親不和, 安有孝慈。
육친불화, 안유효자.

《帛甲》六親不和, 案有孝慈。
육친불화, 안유효자.

《帛乙》六親不和, 安有孝慈。
육친불화, 안유효자.

《河上》六親不和, 有孝慈。
육친불화, 유효자.

《王弼》六親不和, 有孝慈。
육친불화, 유효자.

【분석】 이 구절 역시《帛甲》의 '책상 안(案)'과《簡丙》《帛乙》의 '편안 안(安)'에 유의하여 해석하기만 하면 큰 문제는 없을 것이다.

또한 18−2에서는 보이지 않던《簡丙》이 다시 18−3에서 보이고 있으니, 유의할 필요가 있다.

【미언】

《簡丙》《帛乙》가정이 화목하지 않으면, 이에 효도와 자애가 생겨
난다.

《帛甲》가정이 화목하지 않으면, 그러한 지경에서 효도와 자애가 생겨
난다.

《河上》《王弼》가정이 화목하지 않으면, 효도와 자애가 생겨난다.

【대의】 효도[孝]는 아랫사람인 자식이 윗사람인 부모를 따르는 것이
고, 자애로움[慈]이란 윗사람이 아랫사람을 부드럽게 포용하는 것이니, 이
는 윗사람과 아랫사람이 서로 마땅히 지켜야 할 도리를 뜻한다. 그런데 가
정이 화목하다면 이러한 효도[孝]와 자애로움[慈]이라는 개념은 존재하지
않는다. 가정에 불화가 생겨야, 비로소 효도[孝]와 자애로움[慈]이라는 개
념이 생겨서 윗사람과 아랫사람들에게 각각 강조하여 요구하게 되는 것
이다.

《簡丙》邦家昏□, 安有正臣。
국가혼□, 안유정신.

《帛甲》邦家昏亂, 案有貞臣。
국가혼란, 안유정신.

《帛乙》國家昏亂, 安有貞臣。
국가혼란, 안유정신.

《河上》國家昏亂, 有忠臣。
국가혼란, 유충신.

《王弼》國家昏亂, 有忠臣。
국가혼란, 유충신.

【분석】 이 구절은 우선 《帛甲》의 '책상 안(案)'과 《簡丙》 및 《帛乙》의 '편안 안(安)'에 유의하여 해석할 필요가 있다.

이어서 《簡丙》에서는 '正臣(정신)'으로, 《帛甲》과 《帛乙》에서는 '貞臣(정신)'으로, 또 《河上》과 《王弼》에서는 '忠臣(충신)'으로 기록하고 있는 점이 특기할 만한데, 사실 그 전달하고자 하는 의미에는 큰 차이가 없다.

【미언】
《簡丙》 국가가 혼□에 빠지면, 이에 바른 신하가 나타난다.
《帛甲》 국가가 혼란에 빠지면, 그러한 지경에서 지조가 곧고 바른 신하가 나타난다.
《帛乙》 국가가 혼란에 빠지면, 이에 지조가 곧고 바른 신하가 나타난다.

《河上》《王弼》국가가 혼란에 빠지면, 충신이 나타난다.

【대의】 나라가 올바른 신하들로 가득 차서 임금을 바른길로 인도한다면, 충신이라는 개념은 존재하지 않는다. 임금이 덕을 베풀지 않고 주변에 간신들이 존재해야, 비로소 충신이라는 개념이 생겨나게 되는 것이다.

第19章

《簡乙》과《簡丙》에는 기본적으로 19장이 기록되어 있지 않는데, 특이하게도 맨 마지막 구절이 《簡乙》에 보이고 있다.

노자는 여기서 18장의 내용을 연결하여, 어짊[仁]과 의로움[義]을 버리면 효도[孝]와 자애로움[慈]으로 돌아가게 되고, 효도[孝]와 자애로움[慈]을 버리면 조화롭고 화목함[和]을 회복하게 되니, 조화로움[和]이 더 높은 개념이라고 설명하고 있다.

《簡甲》絕聖棄辯, 民利百倍。
절성기변, 민리백배.

《帛甲》絕聖棄智, 民利百倍。
절성기지, 민리백배.

《帛乙》絕聖棄智而民利百倍。
절성기지이민리백배.

《河上》絕聖棄智, 民利百倍。
절성기지, 민리백배.

《王弼》絕聖棄智, 民利百倍。
절성기지, 민리백배.

【분석】 이 구절에서 특기할 만한 부분으로 두 가지가 있다. 하나는 다른 판본들이 '지혜 지(智)'를 쓴 것과 달리,《簡甲》에서는 '말씀 변(辯)'으로 써준 점이고, 또 하나는《帛乙》에서 '말 이을 이(而)'를 사용했다는 점이다. 하지만 '지혜 지(智)'가 '꾀, 모략.'을 나타내고 '말씀 변(辯)'이 '교묘하게 말하다.'라는 의미를 지녔음을 감안하면, 사실 문맥상 이 둘 사이에는 별 차이가 없다고 볼 수 있다.

【미언】
《簡甲》슬기로움을 단절하고 교묘하게 말함을 버리면, 백성이 백배 이익을 누린다.
《帛甲》《河上》《王弼》슬기로움을 단절하고 지혜를 버리면, 백성이 백배 이익을 누린다.

《帛乙》슬기로움을 난설하고 시혜를 버려서 백성이 백배 이익을 누린다.

【대의】 영리함과 얕은꾀를 생각해내는 태도를 버리고 덕으로 나라를 다스리면, 백성이 오히려 더 많은 혜택을 누리며 행복하게 지낼 수 있게 된다.

19 - 2

《簡甲》絕巧棄利, 盜賊亡有。
절교기리, 도적무유.

《帛甲》絕仁棄義, 民復孝慈。
절인기의, 민복효자.

《帛乙》絕仁棄義而民復孝慈。
절인기의이민복효자.

《河上》絕仁棄義, 民復孝慈。
절인기의, 민복효자.

《王弼》絕仁棄義, 民復孝慈。
절인기의, 민복효자.

【분석】《簡甲》의 19−2 내용은 다른 판본들의 19−3에 서술되어 있다. 또한 다른 판본들은 모두 '없을 무(無)'를 썼는 데 반해, 《簡甲》은 '없을 무(亡)'로 처리한 것이 특기할 만하다.

아울러서 이 구절에서도《帛乙》은 '말 이을 이(而)'를 사용했다는 점에 유의할 필요가 있다.

【미언】

《簡甲》재주를 단절하고 이익을 버리면, 도적이 없어진다.

《帛甲》《河上》《王弼》인을 단절하고 의를 버리면, 백성이 효도와 자애로 돌아간다.

《帛乙》인을 단절하고 의를 버려서 백성이 효도와 자애로 돌아간다.

【대의】

《簡甲》지도자가 작은 꾀를 버리고 사사로운 이익을 탐하는 태도를 취하지 않으면, 백성 역시 지도자의 마음을 이해하고 사리사욕에 집착하지 않게 되어 도적질을 하지 않게 된다.

《帛甲》《河上》《王弼》《帛乙》부모에게 효성스러움[孝]을 사회적으로 확장시킨 형태가 어짊[仁]이니, 효성스러움[孝]은 어짊[仁]의 출발점이 된다. 또한 자신이 처한 신분과 서열에서 마땅히 지켜야 할 것을 지키는 것이 의로움[義]인데, 이러한 의로움에는 열 가지[十義]가 있으니; 아버지는 베풀고, 아들은 따르며, 형은 착하고, 아우는 공경하며, 남편은 합당한 행동을 하고, 아내는 순종하며, 어른은 은혜를 베풀고, 어린이는 따르며, 임금은 진심으로 섬겨서 따르고, 신하는 충후해야 하는 것이다.

그런데 의로움[義]의 근본이 되는 것은 어짊[仁]이고, 열 가지 의로움[十義] 중에서 아랫사람이 윗사람에게 행하는 것은 어짊[仁]이므로, 사실상 그 나머지 다섯 가지의 윗사람이 아랫사람에게 행하는 것이 순수한 의로움[義]이 되는 것이다. 또한 자애로움[慈]이란 윗사람이 아랫사람을 부드럽게 포용하는 것이니, 자애로움[慈]은 의로움[義]의 출발점이 된다.

따라서 자기의 군주를 진심으로 섬기고 따르는 어짊[仁]과 자신이 처한 신분과 서열에서 마땅히 지켜야 할 것을 지키는 의로움[義]을 버리게 되면, 백성이 자연스럽게 다시 그 출발점인 효도[孝]와 자애로움[慈]을 중시하게 되는 것이다.

《簡甲》絕僞棄詐, 民復孝慈。

절위기사, 민복효자.

《帛甲》絕巧棄利, 盜賊無有。

절교기리, 도적무유.

《帛乙》絕巧棄利, 盜賊無有。

절교기리, 도적무유.

《河上》絕巧棄利, 盜賊無有。

절교기리, 도적무유.

《王弼》絕巧棄利, 盜賊無有。

절교기리, 도적무유.

【분석】 앞에서 언급했듯이《簡甲》의 19−3은 다른 판본들의 19−2에 기록되어 있고, 다른 판본들의 19−3은《簡甲》의 19−2에 기록되어 있다.

그런데《簡甲》의 19−3과 다른 판본들의 19−2를 비교해보면,《簡甲》에서는 '거짓 위(僞)'와 '속일 사(詐)'로 되어 있는 데 반해서, 다른 판본들에서는 일률적으로 '어질 인(仁)'과 '옳을 의(義)'로 표기되어 있음을 알 수 있다. 그리고 이러한 사실을 기반으로, 학계에서는 [도덕경]의 내용이 후대로 갈수록 유가(儒家)사상의 인의(仁義)를 더욱 거세게 부정하고 비판하는 논조로 바뀌게 되었다고 보고 있다. 과연 그럴까?

18장과 19장의 앞부분을 포함한 내용들을 종합해 보면, 노자는 조화롭고 화목함[和]이 깨져야 비로소 효도[孝]와 자애로움[慈]이라는 개념이 생겨나 강조하게 되는 것이고, 효도[孝]와 자애로움[慈]에서 파생된(혹은 사회적으로 확장된) 것이 어짊[仁]과 의로움[義]이라고 보았다. 다시 말해서, 어짊[仁]과 의로움[義]을 버리면 효도[孝]와 자애로움[慈]으로 돌아가게 되고, 효도[孝]와 자애로움[慈]을 버리면 조화롭고 화목함[和]을 회복하게 되는 것이다.

《簡甲》의 '거짓 위(僞)'에는 '작위(의식적으로 꾸며서 하는 행위)'라는 의미가 있고, 또한 '속일 사(詐)'에는 '태도를 거짓으로 꾸밈.'이라는 의미를 지니고 있다. 따라서 '거짓 위(僞)'의 '작위(의식적으로 꾸며서 하는 행위)'에는 자기의 군주를 진심으로 섬기고 따르는 어짊[仁]이 포함된 것이고, '속일 사(詐)'의 '태도를 거짓으로 꾸밈.'에는 자신이 처한 신분과 서열에서 마땅히 지켜야 할 것을 지키는 의로움[義]이 포함된 것이다. 즉 18장의《簡丙》과 19장의《簡甲》은 그보다 후대에 기록된 것으로 알려진《帛甲》《帛乙》《河上》《王弼》 보다 상대적으로 유가사상에 덜 비판적이었던 것이 아니라, 좀 더 포괄적이고도 완곡하게 은유적으로 표현한 것으로 봐야한다. 결국 [도덕경]의 내용은 판본과 상관없이, 온전하고도 일관되게 그 의미를 전달하고 있는 것으로 봐야 타당할 것이다.

【미언】

《簡甲》작위함을 단절하고 가장함을 버리면, 백성이 효도와 자애로 돌아간다.

《帛甲》《河上》《王弼》《帛乙》 재주를 단절하고 이익을 버리면 도적이 없어질 수 있다.

【대의】《簡甲》 자기의 군주를 진심으로 섬기고 따르는 어짊[仁]은 의식적으로 꾸미는 행위이고, 자신이 처한 신분과 서열에서 마땅히 지켜야 할 것을 지키는 의로움[義]은 거짓으로 꾸미는 태도다. 따라서 의식적

으로 꾸며서 작위 하는 행위[仁]를 낳고 의식적으로 그런 척 사상하는 내
도[義]를 버리게 되면, 백성이 자연스럽게 다시 효도[孝]와 자애로움[慈]을
중시하게 되는 것이다.

《帛甲》《河上》《王弼》《帛乙》 지도자가 작은 꾀를 버리고 사사로운
이익을 탐하는 태도를 취하지 않으면, 백성 역시 지도자의 마음을 이해하
고 사리사욕에 집착하지 않게 되어 도적질을 하지 않게 된다.

19 － 4

《簡甲》 三言, 以爲文不足, 或令之或乎屬。
삼언, 이위문부족, 혹령지혹호속.

《帛甲》 此三言也, 以爲文未足, 故令之有所屬。
차삼언야, 이위문미족, 고령지유소속.

《帛乙》 此三言也, 以爲文未足, 故令之有所屬。
차삼언야, 이위문미족, 고령지유소속.

《河上》 此三者, 以爲文不足, 故令有所屬。
차삼자, 이위문부족, 고령유소속.

《王弼》 此三者, 以爲文不足, 故令有所屬。
차삼자, 이위문부족, 고령유소속.

【분석】 이 구절은 판본별 표현법에 다소 차이가 있지만, 그 전달하
고자 하는 의미에는 차이가 없다. 먼저 《簡甲》은 다른 판본들이 모두 '있
을 유(有)'로 써준 것과 달리, '혹 혹(或)'을 써줌으로써 '있다, 존재하다.'라

고 표현했다. 또한《帛甲》과《帛乙》은 역시 다른 판본들이 모두 '아닐 불(不)'을 써준 것과 달리, '아닐 미(未)'를 써주었으니 역시 특기할 만하다.

【미언】

《簡甲》세 가지로서 수식하기는 부족하기에, 혹은 널리 알리거나 혹은 속하는 바가 있도록 해야 한다.

《帛甲》《河上》《王弼》《帛乙》이 세 가지 (말)로서 수식하기는 부족하기에, 그러므로 속하는 바가 있도록 해야 한다.

【대의】 위에서 열거한 세 가지로 그러한 것들을 다 드러내기에는 부족하기 때문에, 백성이 진심으로 지도자를 믿고 따를 수 있도록 대동의 통치 이념[道]을 위주로 하여 다스려야 한다.

《簡甲》視素保樸, 少私寡欲。
시소보박, 소사과욕.

《簡乙》絕學亡憂。
절학무우.

《帛甲》見素抱□, □□□□□。□□□□。
견소포□, □□□□□. □□□□.

《帛乙》見素抱樸, 少私而寡欲。絕學無憂。
견소포박, 소사이과욕. 절학무우.

《河上》見素抱樸, 少私寡欲。絕學無憂。
견소포박, 소사과욕. 절학무우.

《王弼》見素抱樸, 少私寡欲。絕學無憂。
견소포박, 소사과욕. 절학무우.

【분석】《簡甲》에는 '볼 견(見)' 대신에 '볼 시(視)'로 기록되어 있고, 마지막 부분은 보이지 않는다. 그리고 다른 판본들은 모두 '안을 포(抱)'를 써준 반면,《簡甲》은 '지킬 보(保)'로 표현한 점도 특기할 만하다.

또한 특이하게도《簡乙》에는《簡甲》에 보이지 않는 마지막 부분이 기록되어 있는 점도 특기할 만하다.

마지막으로《帛乙》에서는 중간에 '말 이을 이(而)'를 사용했다는 점도 유의할 필요가 있다.

【미언】
《簡甲》수수함을 살피면 질박함을 유지하고, 사사로운 마음을 줄이면 욕망이 줄어든다.

　《簡乙》학문을 버리면 근심이 없어진다.

　《帛甲》수수함을 살피면 □□□□ 유지하고, □□□□ □□□□ □□□ □□□□ □□□□□. □□□□ □□□□ □□□□ □□□□□.

　《河上》《王弼》수수함을 살피면 질박함을 유지하고, 사사로운 마음을 줄이면 욕망이 줄어든다. 학문을 버리면 근심이 없어진다.

　【대의】 수수함을 드러내면 순박함을 지키게 되고, 사리사욕을 추구하는 마음을 버리면 욕심이 사라지게 된다. 작은 꾀나 궁리를 추구하지 않으면, 오히려 근심이 사라지게 된다.

第20章

《簡甲》과《簡丙》에는 20장이 기록되어 있지 않지만,《簡乙》에서는 20장의 첫 세 구절만이 보이고 있다.

노자는 20장에서 자신이 처해 있던 현실에서는 '덕'을 중시하고 추구하는 이들이 없다고 푸념하고 있는데, 그럼에도 불구하고 마지막에는 혼자만이라도 이를 지키고 실천한다는 의지를 강하게 드러내고 있다.

《簡乙》唯與訶, 相去幾何?
유여가, 상거기하?

《帛甲》唯與訶, 其相去幾何?
유여가, 기상거기하?

《帛乙》唯與呵, 其相去幾何?
유여가, 기상거기하?

《河上》唯之與阿, 相去幾何?
유지여아, 상거기하?

《王弼》唯之與阿, 相去幾何?
유지여아, 상거기하?

【분석】 이 구절은 판본별로 문장구조에 다소 차이가 있지만, 전달하고자 하는 의미에는 큰 차이가 없다. 다만《簡乙》《帛甲》은 '꾸짖을 가(訶)'를 써서 '노하다, 책망하다.'로 표현한 반면,《帛乙》은 '꾸짖을 가(呵)'를 써서 '헐뜯다, 껄껄 웃다.'로 표현했고,《河上》《王弼》은 '언덕 아(阿)'를 써서 '알랑거리다, 소홀히 대답하다.'로 표현한 것이 특기할 만하다.

【미언】

《簡乙》《帛甲》 공손히 대답하는 것과 책망하며 대답하는 것은, 서로 떨어짐이 얼마일까?

《帛乙》 공손히 대답하는 것과 껄껄 비웃으며 헐뜯어 대답하는 것은, 서로 떨어짐이 얼마일까?

《河上》《王弼》 공손히 대답하는 것과 소홀히 대답하는 것은, 서로 떨어짐이 얼마일까?

【대의】 하늘이 부여한 천성에 따라 덕치를 실현해야 한다는 도리를 정중히 따르는 것과 그렇지 못하고 비웃으며 따르지 않는 것은, 그 차이가 얼마나 큰가?

---

20 - 2

《簡乙》美與惡, 相去何若?
미여오, 상거하약?

《帛甲》美與惡, 其相去何若?
미여오, 기상거하약?

《帛乙》美與惡, 其相去何若?
미여오, 기상거하약?

《河上》善之與惡, 相去何若?
선지여오, 상거하약?

《王弼》善之與惡, 相去若何?
선지여오, 상거약하?

【분석】 이 구절에서 먼저 《簡乙》《帛甲》《帛乙》은 '아름다울 미(美)'를 써서 '즐기다.'라고 표현해준 반면, 《河上》과 《王弼》은 '착할 선(善)'을 써서 '옳게 여기다.'라고 표현해주었다. 하지만 이 두 단어의 대상은 모두 대동사회의 통치 이념[道]이므로, 의미상 큰 차이점은 없다.

그리고《河上》과《王弼》은 앞에서 '갈 지(之)'를 써서 '그것'이라고 표현한 반면,《帛甲》과《帛乙》은 생략했다. 또한《帛甲》과《帛乙》은 뒤에서 '그 기(其)'를 써준 반면,《河上》과《王弼》은 써주지 않았다.

또한《王弼》은 끝에서 '若何(약하)'라고 써줌으로써 '어떠한가?'라고 표현한 반면, 다른 판본들은 모두 '何若(하약)'이라고 써서 '어떠함과 같은가?'라고 표현한 점은 유의할 필요가 있다. 하지만 이 두 표현은 같은 의미를 지니므로, 역시 큰 차이점은 없다고 하겠다.

【미언】

《簡乙》《帛甲》《帛乙》 (대동사회의 통치 이념을) 즐기는 것과 싫어하는 것은, 서로 떨어짐이 어떠한가?

《河上》《王弼》 (대동사회의 통치 이념을) 옳게 여기는 것과 싫어하는 것은, 서로 떨어짐이 어떠한가?

【대의】 하늘이 부여한 천성에 순응하여 백성을 다스리는 통치 이념 [道]이 마땅히 옳다고 여기는 것과 그렇지 않은 것은, 그 차이가 어떠한가?

《簡乙》人之所畏, 亦不可以不畏人。
인지소외, 역불가이불외인.

《帛甲》人之□□, 亦不□□□□□。
인지□□, 역불□□□□□.

《帛乙》人之所畏, 亦不可以不畏人。
인지소외, 역불가이불외인.

《河上》人之所畏, 不可不畏。
인지소외, 불가불외.

《王弼》人之所畏, 不可不畏。
인지소외, 불가불외.

【분석】 이 구절에서《簡乙》《帛甲》《帛乙》은 '또 역(亦)'을 써준 데 반해《河上》과《王弼》은 그렇지 않다는 점이 차이점으로 작용할 뿐, 그 전달하고자 하는 의미에는 차이점이 없다.

【미언】

《簡乙》《帛乙》 사람들이 두려워하는 바는, 역시 두려워하지 않을 수 없다.

《帛甲》 사람들이 □□□□□ □□, 역시 □□□□□ □□ 수 없다.

《河上》《王弼》 사람들이 두려워하는 바는, 두려워하지 않을 수 없다.

【대의】 태평성대를 이끈 지도자[聖人]들이 두려워한 바는 한 나라의 지도자 역시 두려워해야 하니, 백성의 뜻을 크게 두려워해야 하는 것이다.

《帛甲》□□, □□□□!

《帛乙》聖呵, 其未央哉!
망아, 기미앙재!

《河上》荒兮, 其未央哉!
황혜, 기미앙재!

《王弼》荒兮, 其未央哉!
황혜, 기미앙재!

【분석】 이 구절에서 다른 판본들이 '거칠 황(荒)'을 써준 것과 달리, 《帛乙》은 '바랄 망(聖)'을 써서 '원망하다, 책망하다.'로 표현해 준 것이 특기할 만하다.

또한 여기서부터 《簡乙》의 기록에는 보이지 않고 있는데, 그 이유는 16장과 마찬가지로 20-4부터는 위의 세 구절을 좀 더 구체적으로 풀이한 것이기 때문에, 아마도 기록자가 군이 그럴 필요가 없다고 여겨서일 거라고 추측해본다.

【미언】
《帛乙》 원망하노니, 그것이 끝나지 않았도다!
《河上》《王弼》 황량하니, 그것이 끝나지 않았도다!

【대의】 세상이 혼란스러우니, 대동의 통치 이념[道]을 망각하는 풍조가 아직 그치지 않았도다!

《帛甲》衆人熙熙, 若饗於大牢而春登臺。
중인희희, 약향어대뢰이춘등대.

《帛乙》衆人熙熙。若饗於大牢而春登臺。
중인희희, 여향어대뢰이춘등대.

《河上》衆人熙熙, 如享太牢, 如春登臺。
중인희희, 여향태뢰, 여춘등대.

《王弼》衆人熙熙, 如享大牢, 如春登臺。
중인희희, 여향대뢰, 여춘등대.

【분석】 이 구절은 《帛甲》《帛乙》이 '잔치할 향(饗)'을 써서 '누리다, 즐기다.'라고 표현한 데 반해,《河上》과《王弼》은 '누릴 향(享)'을 써서 같은 의미로 표현해 준 점이 특기할 만하다.

【미언】
《帛甲》《帛乙》 많은 이들이 화목하고 즐거워하는 것이, 마치 잘 차린 음식을 누리고 봄날에 누각에 오르는 듯하다.
《河上》《王弼》 많은 이들이 화목하고 즐거워하는 것이, 마치 잘 차린 음식을 즐기는 듯하고, 봄날에 누각에 오르는 듯하다.

【대의】 이처럼 대동의 통치 이념[道]을 망각하여 세상이 혼란스러운 데도 많은 이들이 깨닫지 못하고, 풍성하게 차린 음식을 즐기고 봄날 누각에 오르는 것처럼 희희낙락하게 지낸다.

《帛甲》我泊焉, 未兆, 若□□□□。
아박언, 미조, 약□□□□.

《帛乙》我泊焉, 未兆, 若嬰兒未咳。
아박언, 미조, 약영아미해.

《河上》我獨怕兮, 其未兆, 如嬰兒之未孩。
아독백혜, 기미조, 여영아지미해.

《王弼》我獨泊兮, 其未兆, 如嬰兒之未孩。
아독박혜, 기미조, 여영아지미해.

【분석】 이 구절에서《帛乙》은 '어린아이 웃을 해(咳)'로 '방긋 웃다.'
라고 표현해준 반면,《河上》과《王弼》은 '어린아이 해(孩)'를 써서 '달래
다, 어르다.'라고 표현해 준 것이 다르다.

또한 다른 판본들이 모두 '머무를 박(泊)'을 써서 '담백하다, 담담하다.'
는 의미를 써 준 반면,《河上》은 '담담할 백(怕)'을 써준 것도 특기할 만
하다.

마지막으로《河上》은 10−2에서 '嬰兒(영아)'를 '순수함을 지니다.'가
아닌 '갓난 아이'로 번역한 바 있으므로, 여기서도 똑같이 적용해야 할 것
이다.

【미언】
《帛甲》나는 담담하여, 조짐이 없으니, 마치 □□□□ □□□□ □□
□□ □□ □□□□ 듯 □□□.

《帛乙》나는 남남하여, 소심이 없으니, 마치 순수함을 시녀서 아직 망긋 웃지 못하는 듯하다.

《河上》나 홀로 담담하여, 그 조짐이 없으니, 마치 갓난아이가 달래지지 않은 듯하다.

《王弼》나 홀로 담담하여, 그 조짐이 없으니, 마치 순수함을 지녀서 아직 달래지지 않은 듯하다.

【대의】 오직 나 혼자만이 조용히 대동의 통치 이념[道]을 지켜서 다른 이들처럼 회회낙락해 하지 않으니, 순박함을 지니고 있는 것처럼 보인다.

20 - 7

《帛甲》纍呵, 如□□□。
류아, 여□□□.

《帛乙》纍呵, 似無所歸。
류아, 사무소귀.

《河上》乘乘兮, 若無所歸。
승승혜, 약무소귀.

《王弼》儡儡兮, 若無所歸。
뢰뢰혜, 약무소귀.

【분석】 이 구절에서《帛甲》과《帛乙》은 '맬 류(纍)'를 써서 '어그러지다.'라고 표현한 반면《河上》은 '탈 승(乘)'을 써서 '업신여기다.'로, 그리

고《王弼》은 '꼭두각시 뢰(儡)'를 써서 '영락하다.'라고 표현하였다.

아울러서《帛甲》은 '같은 여(如)'를 써준 반면《帛乙》은 '닮을 사(似)'를,《河上》과《王弼》은 '같을 약(若)'을 써준 것 역시 특기할 만하다.

【미언】

《帛甲》(세상이) 어그러졌으니, 마치 □□□ □□ □□ □□□.

《帛乙》(세상이) 어그러졌으니, 마치 돌아갈 곳이 없는 듯하다.

《河上》(도가) 업신여겨지니, 마치 돌아갈 곳이 없는 듯하다.

《王弼》(도가) 영락하였으니, 마치 돌아갈 곳이 없는 듯하다.

【대의】 나 홀로 끊임없이 대동의 통치 이념[道]을 설파하였지만, 많은 이들이 이를 자각하지 못하고 회회낙락해 하니, 지쳐서 더 이상은 나의 의지를 지탱할 곳이 없는 듯하다.

20 - 8

《帛甲》□□皆有餘, 我獨匱。
□□개유여, 아독궤.

《帛乙》衆人皆有餘。
중인개유여.

《河上》衆人皆有餘, 而我獨若遺。
중인개유여, 이아독약유.

《王弼》衆人皆有餘, 而我獨若遺。
중인개유여, 이아독약유.

【분석】이 구절은 《帛甲》과 《帛乙》에 유의할 필요가 있는데, 먼저 《帛甲》은 《河上》이나 《王弼》이 '남길 유(遺)'를 써서 '빠지다, 빠뜨리다.'라고 표현한 것과 달리, '다할 궤(匱)'를 써서 '없다, 모자라다, 결핍되다.'라고 표현하였다.

또한 《帛乙》에서 뒤의 구절이 아예 생략되어 있는 점은 특기할 만하다.

【미언】

《帛甲》□□ □□□ 모두 남음이 있는데, 그러나 나 홀로 모자란 듯하다.

《帛乙》많은 이들이 모두 남음이 있다.

《河上》《王弼》많은 이들이 모두 남음이 있는데, 그러나 나 홀로 빠진 듯하다.

【대의】많은 이들이 깨닫지 못하고, 풍성하게 차린 음식을 즐기고 봄날 누각에 오르는 것처럼 희희낙락하게 지내니, 오직 나 홀로 그들과 달라서 마치 도태된 것처럼 보인다.

《帛甲》我愚人之心也, 沌沌呵。
아우인지심야, 돈돈아.

《帛乙》我愚人之心也, 沌沌呵。
아우인지심야, 돈돈아.

《河上》我愚人之心也哉, 沌沌兮。
아우인지심야재, 돈돈혜.

《王弼》我愚人之心也哉, 沌沌兮。
아우인지심야재, 돈돈혜.

【분석】 이 구절에서 《河上》과 《王弼》은 '어조사 재(哉)'와 '어조사 혜(兮)'를 써준 반면, 《帛甲》과 《帛乙》은 '어조사 재(哉)'를 써주지 않았거니와 '어조사 혜(兮)'를 '어조사 아(呵)'로 처리한 것이 유일한 차이점으로 남아 있다.

【미언】
《帛甲》《帛乙》《河上》《王弼》 내 우직한 이의 마음이여, 혼란스럽도다.

【대의】 나 홀로 우직하게 대동의 통치 이념[道]을 지키고 있으니, 그 마음이 몹시 혼란스럽다.

《帛甲》俗□□□, □□□昏呵。
속□□□, □□□혼아.

《帛乙》俗人昭昭, 我獨若昏呵。
속인소소, 아독약혼아.

《河上》衆人昭昭, 我獨若昏。
중인소소, 아독약혼.

《王弼》俗人昭昭, 我獨昏昏。
속인소소, 아독혼혼.

【분석】 이 구절에서 《帛甲》과 《帛乙》은 '어조사 아(呵)'를 붙여주고 있다. 그 밖에 다른 판본들은 모두 '若昏(약혼)'이라고 표현한 데 반해, 오직 《王弼》만 '昏昏(혼혼)'이라고 표기한 점에도 유의할 필요가 있다.

【미언】
《帛甲》 세속의 □□□□ □□□□ □□□□□, □ □□ 혼미한 □□□.

《帛乙》 세속의 사람들은 명확하게 이해하는데, 나 홀로 혼미한 듯하다.

《河上》 많은 사람들은 명확하게 이해하는데, 나 홀로 혼미한 듯하다.

《王弼》 세속의 사람들은 명확하게 이해하는데, 나 홀로 혼미하도다.

【대의】 모든 사람들이 희희낙락하여 마치 세상의 이치를 명확하게 깨달은 것 같은데, 나 혼자 그들과 어울리지 못하니 몹시 혼란스럽다.

《帛甲》俗人察察, 我獨悶悶呵。
속인찰찰, 아독민민아.

《帛乙》俗人察察, 我獨悶悶呵。
속인찰찰, 아독민민아.

《河上》衆人察察, 我獨悶悶。
중인찰찰, 아독민민.

《王弼》俗人察察, 我獨悶悶。
속인찰찰, 아독민민.

【분석】 이 구절에서《帛甲》과《帛乙》은 '어조사 아(呵)'를 붙여주고 있다.

또한 바로 앞의 20-10과 이 구절에서《河上》은 '俗人(속인)'이 아닌 '衆人(중인)'으로 표현한 점도 특기할 만하다. 하지만 의미에는 물론 큰 차이가 없다.

【미언】

《帛甲》《帛乙》《王弼》 세속의 사람들은 너무나 똑똑하게 분별하는데, 나 홀로 매우 딱하구나.

《河上》 많은 사람들은 너무나 똑똑하게 분별하는데, 나 홀로 매우 딱하구나.

【대의】 세상의 모든 사람들이 옳은 것과 그른 것을 명확하게 구별하는데, 나 홀로 혼미하여 번민하고 있다.

《帛甲》忽呵, 其若□。
　　홀아, 기약□.

《帛乙》忽呵, 其若海。
　　홀아, 기약해.

《河上》忽兮, 若海。
　　홀혜, 약해.

《王弼》澹兮, 其若海。
　　담혜, 기약해.

【분석】 이 구절에서《帛甲》과《帛乙》그리고《河上》은 '갑자기 홀(忽)'을 써서 '잊다, 마음에 두지 않다.'라고 표현한 반면,《王弼》은 '맑을 담(澹)'을 써서 '조용하다, 안존하다.'라고 표현한 점에 유의할 필요가 있다.

【미언】
《帛甲》마음에 두지 않으니, 그것이 마치 □□와 같다.
《帛乙》《河上》마음에 두지 않으니, 그것이 마치 바다와 같다.
《王弼》평안하고 고요하니, 그것이 마치 바다와 같다.

【대의】《帛甲》《帛乙》《河上》나 홀로 대동의 통치 이념[道]을 깨달아서 세상 사람들이 추구하는 속됨에 마음을 두지 않으니, 마치 잔잔한 바다와도 같이 평안하고 고요한 심리를 유지한다.
《王弼》나 홀로 대동의 통치 이념[道]을 깨달아서 일체의 사리사욕에 빠지지 않으니, 마치 잔잔한 바다와도 같이 평안하고 고요한 심리를 유지한다.

20 - 13

《帛甲》恍呵, 其若無所止。
황아, 기약무소지.

《帛乙》恍呵, 若無所止。
황아, 약무소지.

《河上》漂兮, 若無所止。
표혜, 약무소지.

《王弼》飂兮, 若無止。
류혜, 약무지.

【분석】 여기서 《帛甲》과 《帛乙》은 '황홀할 황(恍)'을 써서 '형체가 없어서 어슴푸레하다.'라고 표현한 만큼, 이는 대동사회 통치 이념인 도(道)의 특징을 설명한 구절로 봐야 한다.

반면에 《河上》은 '떠다닐 표(漂)'를 써서 '나부끼다.'로 표현했고 《王弼》은 '높이 부는 바람 류(飂)'를 썼으니, 이 두 판본은 노자 자신의 도(道)를 향한 의지를 표명한 것으로 보는 것이 타당할 것이다.

【미언】

《帛甲》《帛乙》 형체가 없어서 어슴푸레하니, 마치 그침이 없는 듯하다.

《河上》 끊임없이 나부끼니, 마치 그침이 없는 듯하다.

《王弼》 높이 부는 바람이여, 마치 그침이 없는 듯하다.

【대의】《帛甲》《帛乙》대동의 통치 이념[道]은 형체가 없어서 어슴푸레하니, 마치 그 끝을 알 수가 없는 듯하다.

《河上》《王弼》나 홀로 대동의 통치 이념[道]을 깨달아서 일체의 사리사욕에 빠지지 않으니, 마치 어떠한 걸림돌도 없이 높이 나부껴 부는 바람처럼 조금의 망설임이나 주저함 없이 일관되게 추구한다.

20 – 14

《帛甲》□□□□□, □□□以俚。
□□□□□, □□□이리.

《帛乙》衆人皆有以, 我獨頑以鄙。
중인개유이, 아독완이비.

《河上》衆人皆有以, 而我獨頑似鄙。
중인개유이, 이아독완사비.

《王弼》衆人皆有以, 而我獨頑似鄙。
중인개유이, 이아독완사비.

【분석】 이 구절에서 다른 판본들이 모두 '더러울 비(鄙)'를 써서 '궁색하다.'라고 표현한 반면,《帛甲》은 '속될 리(俚)'를 써서 '속되다, 촌스럽다.'라고 표현한 점은 특기할 만하다. 다만 의미상의 차이점은 없다.

또한《帛甲》과《帛乙》은 '써 이(以)'를 써줌으로써 앞의 말을 받아 '~함으로써'라고 표현한 반면,《河上》과《王弼》은 '닮을 사(似)'를 써서 '마치 ~한 듯하다.'라고 표현한 점에 유의할 필요가 있다.

【미언】

《帛甲》 □□ □□□□ □□ □□□ □□ □□□, □□ □□ □□□
□으로써 촌스럽다.

《帛乙》 많은 사람들은 모두 근거로 함이 있는데, 나만 홀로 완고함으
로써 궁색하다.

《河上》《王弼》 많은 사람들은 모두 근거로 함이 있는데, 나만 홀로 완
고하여 궁색한 듯하다.

【대의】 그럼에도 불구하고 세상의 많은 이들이 수완이 있는 것처럼
거침없이 행동하니, 나 혼자 미련하게 대동의 통치 이념[道]을 지키려 하
여 고루해 보이기조차 한다.

20 - 15

《帛甲》 我欲獨異於人, 而貴食母。
아욕독이어인, 이귀사모.

《帛乙》 吾欲獨異於人, 而貴食母。
아욕독이어인, 이귀사모.

《河上》 我獨異於人, 而貴食母。
아독이어인, 이귀사모.

《王弼》 我獨異於人, 而貴食母。
아독이어인, 이귀사모.

【분석】 이 구절에서는 '먹이 사(食)'로 읽어 '기르다, 양육하다.'의 의미로 써야 한다.

또한 《帛甲》과 《帛乙》은 '하고자 할 욕(欲)'을 추가하여 써줬음에 유의할 필요가 있다.

【미언】
《帛甲》《帛乙》 나 홀로 사람들과 다르고자 하니, 근본을 키우는 것을 귀히 여긴다.

《河上》《王弼》 나 홀로 사람들과 달라서, 근본을 키우는 것을 귀히 여긴다.

【대의】 오직 나 혼자만이 세상 사람들이 추구하는 바와 달라서, 근본이 되는 덕을 쌓는 것을 중시한다.

第21章

《簡甲》이나 《簡乙》 《簡丙》에는 21장이 남아 있지 않다.

노자는 14장이나 15장에서와 마찬가지로 21장에서도 대동사회의 통치 이념[道]이라는 것이 외적인 모습을 묘사하는 것이 불가능하다고 말하고 있지만, 그럼에도 불구하고 계속해서 대동의 통치 이념[道]이 무엇인지 이해시기려고 노력하고 있다. 특히 여기서는 대동사회의 통치 이념[道]을 구성하는 요소 중 하나가 다름 아닌 신뢰[信]라고 강조하고 있다.

《帛甲》孔德之容, 唯道是從。
공덕지용, 유도시종.

《帛乙》孔德之容, 唯道是從。
공덕지용, 유도시종.

《河上》孔德之容, 唯道是從。
공덕지용, 유도시종.

《王弼》孔德之容, 惟道是從。
공덕지용, 유도시종.

【분석】 다른 판본들은 모두 '오직 유(唯)'를 쓴 데 반해서,《王弼》은 '생각할 유(惟)'로 표기하였다. 다만 두 글자는 모두 '오직, 단지, 다만'의 의미를 지니므로, 의미상 차이점은 없다.

【미언】
《帛甲》《帛乙》《河上》《王弼》 큰 덕의 모습은, 오직 도만을 따른다.

【대의】 아름다운 덕의 모습은, 오로지 대동사회의 통치 이념[道]을 향해서 움직이는 것이다.

《帛甲》道之物, 唯恍唯忽。
도지물, 유황유홀.

《帛乙》道之物, 唯恍唯忽。
도지물, 유황유홀.

《河上》道之爲物, 唯怳唯忽。
도지위물, 유황유홀.

《王弼》道之爲物, 惟恍惟惚。
도지위물, 유황유홀.

【분석】 여기서도 다른 판본들은 모두 '오직 유(唯)'를 쓴 데 반해서, 《王弼》은 '생각할 유(惟)'로 표기하였다.

또한 다른 판본들은 모두 '황홀할 황(恍)'을 써서 '형체가 없다, 어슴푸레하다.'로 표현한 반면,《河上》은 '어슴푸레할 황(怳)'으로 써줬다. 그리고 역시 다른 판본들은 '갑자기 홀(忽)'로 '형체가 없다.'라고 표현한 반면, 《王弼》은 '황홀할 홀(惚)'을 써서 '흐릿하다, 확실히 보이지 않다.'로 표현해 준 것이 특기할 만하다

아울러서《河上》과《王弼》은 '물건 물(物)' 앞에 '하 위(爲)'를 붙여줌으로써 '~이 됨. 이루어짐'의 명사형으로 써주었음에 유의할 필요가 있다.

【미언】

《帛甲》《帛乙》도의 실제 내용은 모호하고도 명확하지 않다.

《河上》《王弼》도의 실제 내용이 되는 것은 모호하고도 명확하지 않다.

【대의】 대동사회 통치 이념[道]의 실제 내용은 흐릿하여 분명하지
않다.

21 − 3

《帛甲》□□□呵, 中有象呵。
□□□아, 중유상아.

《帛乙》忽呵望呵, 中有象呵。
홀아망아, 중유상아.

《河上》恍兮忽兮, 其中有物。
황혜홀혜, 기중유물.

《王弼》惚兮恍兮, 其中有象。
홀혜황혜, 기중유상.

【분석】 무엇보다도 이 구절은 《河上》의 21−3과 21−4가 다른 판
본들의 순서와 뒤바뀌어져 있으니, 특히 유의할 필요가 있다.

이 구절은 먼저 문장구조에 따라 《帛甲》《帛乙》과 《河上》《王弼》로
나눌 수 있다. 그리고 《王弼》은 '황홀할 황(恍)'을 써서 '형체가 없다, 어슴
푸레하다.'로 표현한 반면, 《河上》은 '어슴푸레할 황(恍)'으로 써줬다. 또
한 다른 판본들은 '갑자기 홀(忽)'로 '형체가 없다.'라고 표현한 반면, 《王
弼》은 '황홀할 홀(惚)'을 써서 '흐릿하다, 확실히 보이지 않다.'로 표현해 준
것이 특기할 만하다

아울러서 《帛乙》은 '바랄 망(望)'을 써준 점이 특기할 만한데, 여기서
는 전후 문맥상 '바라보다.'라고 해석하는 것이 타당할 것이다.

【미언】

《帛甲》□□□□ □□□□□, 그중에 형태가 있다.

《帛乙》모호하여 (자세히) 바라보노니, 그중에 형태가 있다.

《河上》모호하고도 명확하지 않으나, 그중에 실제 내용이 있다.

《王弼》모호하고도 명확하지 않으나, 그중에 형태가 있다.

【대의】 대동사회의 통치 이념[道]이라는 것은 흐릿하여 분명하지 않지만, 그럼에도 불구하고 일정한 모양의 실체가 존재한다.

21 - 4

《帛甲》恍呵忽呵, 中有物呵。
황아홀아, 중유물아.

《帛乙》恍呵忽呵, 中有物呵。
황아홀아, 중유물아.

《河上》忽兮恍兮, 其中有象。
홀혜황혜, 기중유상.

《王弼》恍兮惚兮, 其中有物。
황혜홀혜, 기중유물.

【분석】 이 구절 역시 문장구조에 따라 《帛甲》《帛乙》과 《河上》《王弼》로 나눌 수 있다.

또한 여기서도 다른 판본들은 모두 '황홀할 황(恍)'을 써서 '형체가 없다, 어슴푸레하다.'로 표현한 반면, 《河上》은 '어슴푸레할 황(怳)'으로 써 줬다.

아울러서 21-3과 마찬가지로,《帛甲》과《帛乙》은 '그 기(其)' 대신에 '어조사 아(呵)'를 붙여준 점 역시 특기할 만하다.

【미언】

《帛甲》《帛乙》《王弼》모호하고도 명확하지 않으나, 그중에 실제 내용이 있다.

《河上》모호하고도 명확하지 않으나, 그중에 형태가 있다.

【대의】 대동사회의 통치 이념[道]이라는 것은 흐릿하여 분명하지 않지만, 그럼에도 불구하고 구체적인 실제 내용이 존재한다.

21 - 5

《帛甲》幽呵冥呵, 中有情吔。
유아명아, 중유정야.

《帛乙》窈呵冥呵, 其中有情呵。
요아명아, 기중유정아.

《河上》窈兮冥兮, 其中有精。
요혜명혜, 기중유정.

《王弼》窈兮冥兮, 其中有精。
요혜명혜, 기중유정.

【분석】 이 구절은 다른 판본들이 모두 '고요할 요(窈)'를 써서 '심원하다.'라고 표현한 반면,《帛甲》은 '그윽할 유(幽)'를 써준 점이 특기할 만하다.

또한《帛甲》과《帛乙》은 '깨끗할 정(精)' 대신에 '뜻 정(情)'을 써서 '마음의 작용'으로 표현한 점 역시 유의할 필요가 있다.

【미언】
《帛甲》그윽하고도 심오하나, 그중에 마음의 작용이 있다.
《帛乙》심원하고도 심오하나, 그중에 마음의 작용이 있다.
《河上》《王弼》심원하고도 심오하나, 그중에 정교함이 있다.

【대의】 대동사회의 통치 이념[道]이라는 것은 그윽하고도 아득하지만, 그럼에도 불구하고 어떠한 핵심이 존재한다.

21 - 6

《帛甲》其情甚眞, 其中□□。
　　　　기정심진, 기중□□.

《帛乙》其情甚眞, 其中有信。
　　　　기정심진, 기중유신.

《河上》其精甚眞, 其中有信。
　　　　기정심진, 기중유신.

《王弼》其精甚眞, 其中有信。
　　　　기정심진, 기중유신.

【분석】 이 구절 역시《帛甲》과《帛乙》은 '정할 정(精)' 대신에 '뜻 정(情)'을 써수었다.

【미언】

《帛甲》그 마음의 작용이란 대단히 진실되어, 그중에 □□□ □□.

《帛乙》그 마음의 작용이란 대단히 진실되어, 그중에 믿음이 있다.

《河上》《王弼》그 정교함이란 대단히 진실되어, 그중에 믿음이 있다.

【대의】 그러한 대동사회 통치 이념[道]의 핵심은 매우 진실되어서, 신뢰[信]라는 것이 반드시 내포되어 있다.

21 - 7

《帛甲》自今及古, 其名不去, 以順衆父。
자금급고, 기명불거, 이순중부.

《帛乙》自今及古, 其名不去, 以順衆父。
자금급고, 기명불거, 이순중부.

《河上》自古及今, 其名不去, 以閱衆甫。
자고급금, 기명불거, 이열중포.

《王弼》自古及今, 其名不去, 以閱衆甫。
자고급금, 기명불거, 이열중포.

【분석】 이 구절 역시 문장구조에 따라《帛甲》《帛乙》과《河上》《王弼》으로 나눌 수 있는데, 먼저《帛甲》과《帛乙》은 '自今及古(자금급고)'로 써준 반면《河上》과《王弼》은 '自古及今(자고급금)'의 어순을 써주고 있다.

또한《河上》과《王弼》은 '衆甫(중포)'로 표현한 반면《帛甲》과《帛

乙》은 '衆父(중부)'로 썼는데, '채마밭 포(甫)'는 '채소를 키우는 밭' 그리고 '아비 부(父)'는 '만물을 기르는 근본'이라는 의미를 지녔으므로, 사실 두 단어는 모두 '근본, 기본, 근간'이라는 동일한 의미를 나타내고 있다.

【미언】

《帛甲》《帛乙》지금부터 옛날까지, 그 이름은 사라지지 않으니, 그럼으로써 세상 온갖 것(만물)들을 기르는 근본을 따른다.

《河上》《王弼》옛날부터 지금까지, 그 이름은 사라지지 않으니, 그럼으로써 세상의 온갖 것(만물)들을 키우는 기반을 관찰한다.

【대의】 자고로 대동사회 통치 이념[道]은 끊임없이 내려왔기 때문에, 이를 통해서 세상 만물이나 다양한 제도 등의 모든 근본이 되는 것을 살펴볼 수 있다.

21 - 8

《帛甲》吾何以知衆父之然? 以此。
오하이지중부지연? 이차.

《帛乙》吾何以知衆父之然也? 以此。
오하이지중부지연야? 이차.

《河上》吾何以知衆甫之然哉? 以此。
오하이지중포지연재? 이차.

《王弼》吾何以知衆甫之狀哉? 以此。
오하이지중포지상재? 이차,

【분석】이 구절 역시《河上》과《王弼》은 '衆甫(중포)'로 표현한 반면,《帛甲》과《帛乙》은 '衆父(중부)'로 써서 '만물을 기르는 근본'이라고 표현하고 있다.

아울러서《帛甲》《帛乙》《河上》은 '그럴 연(然)'으로 써주고 있지만,《王弼》에서는 '형상 상(狀)'으로 써주고 있다는 점 역시 특기할 만하다. 하지만 전반적인 의미상으로는 큰 차이점이 없다고 봐야할 것이다.

【미언】

《帛甲》《帛乙》 내가 어찌 만물을 기르는 근본의 그러함을 알겠는가? 이 때문이다.

《河上》 내가 어찌 만물을 키우는 기반의 그러함을 알겠는가? 이 때문이다.

《王弼》 내가 어찌 만물을 키우는 기반의 상황을 알겠는가? 이 때문이다.

【대의】나 역시 일개 사람일진데, 어떻게 이렇듯 심오한 대동사회의 통치 이념[道]을 깨달을 수 있었겠는가? 바로 상고시대로부터 내려오는 덕치의 실례들을 살펴보고, 그 안에서 공통점을 이해했기 때문이다.

《簡甲》이나《簡乙》《簡丙》에는 22장 역시 남아 있지 않다.

노자는 22장에서 완곡하게나마 대동사회 통치 이념[道]의 두 가지 특징을 제시하고 있는데, 하나는 우리가 알고 있는 일반적인 통념과는 반대[反]로 향한다는 것이고, 또 하나는 오직 백성과 나라의 안위만을 생각하는 순일[一]함이 내포되어야 한다는 것이다.

《帛甲》曲則全, 枉則正, 洼則盈, 敝則新, 少則得, 多則惑。
곡즉전, 왕즉정, 와즉영, 폐즉신, 소즉득, 다즉혹.

《帛乙》曲則全, 枉則正, 洼則盈, 敝則新, 少則得, 多則惑。
곡즉전, 왕즉정, 와즉영, 폐즉신, 소즉득, 다즉혹.

《河上》曲則全, 枉則直, 窪則盈, 弊則新, 少則得, 多則惑。
곡즉전, 왕즉직, 와즉영, 폐즉신, 소즉득, 다즉혹.

《王弼》曲則全, 枉則直, 窪則盈, 敝則新, 少則得, 多則惑。
곡즉전, 왕즉직, 와즉영, 폐즉신, 소즉득, 다즉혹.

【분석】 이 구절에서 《帛甲》과 《帛乙》은 각각 '바를 정(正)' '웅덩이 와(洼)'를 사용한 반면, 《河上》과 《王弼》은 그에 상응하는 문자를 '곧을 직(直)' '웅덩이 와(窪)'로 써줬다. 특히 《河上》은 다른 판본들이 모두 '해질 폐(敝)'를 써준 것과 달리 유독 '폐단 폐(弊)'로 표기했는데, 사실 이들은 글자만 다를 뿐 각각 그 의미가 '올곧다.'와 '우묵하다.' 그리고 '해지다.'로 동일하게 해석되므로, 사실 의미상의 차이는 없다.

【미언】

《帛甲》《帛乙》《河上》《王弼》 굽히면 도리어 온전할 수 있고, 휘면 도리어 곧을 수 있으며, 움푹 파이면 도리어 가득 찰 수 있고, 낡고 해지면 도리어 잠신할 수 있으니, 섞으면 노리어 옅을 수 있고, 많으면 노리어 흘린다.

【대의】 대동의 통치 이념[道]을 따르게 되어 자신에게는 엄격하면서도 타인에게는 관대한 덕치로 다스리게 되면, 성기고 불완전해 보여서 불합리한 것 같지만 오히려 흠이 없이 나라를 온전히 다스릴 수 있다. 대동의 통치 이념[道]을 따르게 되면, 오히려 세상을 대함에 굳세고 당당해져 몸을 펼 수 있다. 움푹 파여서 빈 공간이 생기면, 오히려 가득 담을 수 있다. 쇠락하면 오히려 새로워지는 기회를 갖게 된다. 지도자가 자신을 버려서 적게 취하면, 오히려 더 많은 것들을 얻을 수 있다. 지도자가 사리사욕을 탐하여 많이 취하면, 오히려 그 마음이 현혹되어 결국 다 잃게 되는 것이다.

《帛甲》是以聖人執一, 以爲天下牧。不□是故明, 不自見故彰, 不自伐故有功, 弗矜故能長。夫唯不爭, 故莫能與之爭。

시이성인집일, 이위천하목. 불□시고명, 불자견고창, 불자벌고유공, 불긍고능장. 부유부쟁, 고막능여지쟁.

《帛乙》是以聖人執一, 以爲天下牧。不自是故彰, 不自見也故明, 不自伐故有功, 弗矜故能長。夫唯不爭, 故莫能與之爭。

시이성인집일, 이위천하목. 불자시고창, 불자견야고명, 불자벌고유공, 불긍고능장. 부유부쟁, 고막능여지쟁.

《河上》是以聖人抱一, 爲天下式。不自見故明, 不自是故彰, 不自伐故有功, 不自矜故長。夫惟不矜, 故天下莫能與之爭。

시이성인포일, 위천하식. 불자견고명, 불자시고창, 불자벌고유공, 불자긍고장. 부유불긍, 고천하막능여지쟁.

《王弼》是以聖人抱一, 爲天下式。不自見故明, 不自是故彰, 不自伐故有功, 不自矜故長。夫唯不爭. 故天下莫能與之爭。

시이성인포일, 위천하식. 불자견고명, 불자시고창, 불자벌고유공, 불자긍고장. 부유부쟁, 고천하막능여지쟁.

【분석】 이 구절에서 《帛甲》과 《帛乙》은 각각 '잡을 집(執)'과 '칠 목(牧)'을 써준 반면, 《河上》과 《王弼》은 '안을 포(抱)'와 '법 식(式)'을 써줬다. 하지만 이 문자들은 각각 '맡아 다스리다.'와 '법, 법도'라는 서로 같은 의미를 지니므로, 사실상 해석에 큰 영향을 미치지는 않는다.

또한 마지막에서 《河上》은 '나둘 생(甡)'이 아닌 '사냥할 렵(獵)'으로 저리한 점도 특기할 만하다.

【미언】

《帛甲》이 때문에 성인은 하나로 맡아 다스려, 그럼으로써 세상의 법도로 삼는다. 스스로 □□□ 여기지 않기 때문에 분명히 하고, 자기의 안목에만 의존하지 않기 때문에 명확하게 판단하며, 스스로 자랑하지 않기 때문에 공로가 있고, 거만하지 않기 때문에 서열이 높아진다. 무릇 다투지 않기 때문에, 그러므로 세상은 그와 다툴 수가 없다.

《帛乙》이 때문에 성인은 하나로 맡아 다스리니, 그럼으로써 세상의 법도로 삼는다. 자기의 안목에만 의존하지 않기 때문에 명확하게 판단하고, 스스로 옳다고 여기지 않기 때문에 분명히 하며, 스스로 자랑하지 않기 때문에 공로가 있고, 거만하지 않기 때문에 서열이 높아진다. 무릇 다투지 않기 때문에, 그러므로 세상은 그와 다툴 수가 없다.

《河上》이 때문에 성인은 하나로 파악하여, 세상을 다스리는 규범으로 삼는다. 자기의 안목에만 의존하지 않기 때문에 명확하게 판단하고, 스스로 옳다고 여기지 않기 때문에 분명히 하며, 스스로 자랑하지 않기 때문에 공로가 있고, 거만하지 않기 때문에 서열이 높아진다. 무릇 거만하지 않기 때문에, 그러므로 세상은 그와 다툴 수가 없다.

《王弼》이 때문에 성인은 하나로 파악하여, 세상을 다스리는 규범으로 삼는다. 자기의 안목에만 의존하지 않기 때문에 명확하게 판단하고, 스스로 옳다고 여기지 않기 때문에 분명히 하며, 스스로 자랑하지 않기 때문에 공로가 있고, 거만하지 않기 때문에 서열이 높아진다. 무릇 다투지 않기 때문에, 그러므로 세상은 그와 다툴 수가 없다.

【대의】 이러한 도리를 깨달았기 때문에, 대동사회를 이끈 지도자[聖人]들은 오로지 백성과 나라의 안위만을 생각하는 순일한 덕[一德]을 명확하게 이해하여 세상을 다스리는 규범으로 삼은 것이다. 자기의 안목에만 의지하지 않고 많은 이들에게 물어서 옳은지 그른지를 구별했기 때문에 명확하게 판단했고, 스스로 옳다고 여기지 않아서 항상 많은 이들에게 상의했기 때문에 시비를 분명히 가렸으며, 자기가 뛰어나다고 자랑하지 않고 항상 삼가여 노력했기 때문에 위대한 업적을 세울 수 있었고, 자신의 지위에 거만해 하지 않았기 때문에 오히려 남들보다 더 두각을 나타나게 되었다. 이처럼 자기를 뒤로하고 백성 아래에 두었기 때문에 백성이 그를 신뢰하고 지지하였으니, 세상 어느 누구 하나 감히 그에게 시비를 걸지 못하고 따르게 되었던 것이다.

22 - 3

《帛甲》古□□□□□□, □語哉?
고□□□□□□, □어재?

《帛乙》古之所謂曲全者, 豈語哉?
고지소위곡전자, 기어재?

《河上》古之所謂曲則全者, 豈虛言哉?
고지소위곡즉전자, 기허언재?

《王弼》古之所謂曲則全者, 豈虛言哉?
고지소위곡즉전자, 기허언재?

【문석】 이 구절은《河上》이나《王弼》이 '虛言(허언)'이라고 묘현한 것과 달리,《帛甲》과《帛乙》은 '말씀 어(語)'를 써서 '말씀, 말'이라고 표현한 점이 특기할 만하다.

【미언】

《帛甲》옛 □□□□ □□□ □□ □□ □□□□□ □□, □□ 말씀이겠는가?

《帛乙》옛사람들이 말하는 굽은 것이 온전하다는 것은, 어떤 말씀이겠는가?

《河上》《王弼》옛사람들이 말하는 굽히면 도리어 온전할 수 있다는 것이, 어찌 빈말이겠는가?

【대의】

《帛乙》옛사람들로부터 전해 내려온 "도를 따르게 되면 성기고 불완전해 보여서 불합리한 것 같지만, 오히려 흠이 없이 나라를 온전히 다스릴 수 있다." 는 말은, 과연 어떤 의미를 함축한 말씀이겠는가?

《河上》《王弼》옛사람들로부터 전해 내려온 "도를 따르게 되면 성기고 불완전해 보여서 불합리한 것 같지만, 오히려 흠이 없이 나라를 온전히 다스릴 수 있다." 는 말이, 어찌 틀린 말이겠는가?

《帛甲》誠全歸之。
　　성전귀지.

《帛乙》誠全歸之。
　　성전귀지.

《河上》故誠全而歸之。
　　고성전이귀지.

《王弼》誠全而歸之。
　　성전이귀지.

【분석】이 구절은《帛甲》이나《帛乙》과 달리,《河上》과《王弼》에
서 중간에 '말 이을 이(而)'를 써주어 순접(順接)의 의미를 명확하게 드러낸
점이 특기할 만하다.

【미언】
《帛甲》《帛乙》《王弼》진정으로 보존하면 그것으로 돌아간다.
《河上》그러므로, 진정으로 보존하면 그것으로 돌아간다.

【대의】그러므로 위에서 한 말들을 진심으로 이해하면, 대동사회의
통치 이념[道]을 깨닫고 실천할 수 있게 되는 것이다.

第23章

《簡甲》이나《簡乙》《簡丙》에는 23장이 남아 있지 않다.
노자는 23장에서 법률이나 제도로 통제하지 않는 '무위'의 중요성을 설명하고 있는데, 특히 지도
자가 '무위'를 실천하지 않으면 백성이 그를 신뢰하지 않는다고 경고하고 있다.

《帛甲》希言自然, 飄風不終朝, 暴雨不終日。
희언자연, 표풍부종조, 폭우부종일.

《帛乙》希言自然, 飄風不終朝, 暴雨不終日。
희언자연, 표풍부종조, 폭우부종일.

《河上》希言自然, 飄風不終朝, 驟雨不終日。
희언자연, 표풍부종조, 취우부종일.

《王弼》希言自然, 故飄風不終朝, 驟雨不終日。
희언자연, 고표풍부종조, 취우부종일.

【분석】 이 구절에서《帛甲》과《帛乙》은 '暴雨(폭우)'로 표기한 데 반해,《河上》과《王弼》은 '驟雨(취우)'라고 표현해주었다. 하지만 이 둘은 모두 '폭우'라는 의미를 지니므로, 사실상 차이점은 없다.

또한《王弼》만이 '飄風(표풍)' 앞에 '연고 고(故)'를 붙여서 '고로, 그러 므로'라는 의미를 드러낸 점은 특기할 만하다.

【미언】

《帛甲》《帛乙》《河上》《王弼》 말을 드물게 하는 것이 스스로 그러하 게 하는 것이니, 그러므로 광풍은 아침까지 불 수 없고, 폭우는 온종일 내 릴 수 없다.

【대의】 말이나 명령을 함부로 하지 않는 것이 바로 하늘이 부여한 천성에 따르는 것이다. 광풍이나 폭우 같은 자연의 난폭함조차도 오래 지 속될 수는 없는데, 하물며 사람이 만든 법률과 제도로 누르면 오래갈 수

있겠는가? 즉 억지로 작위 하던 일시적으로 작용할 뿐, 지속될 수는 없는
것이다.

23 - 2

《帛甲》孰爲此? 天地。
숙위차? 천지.

《帛乙》孰爲此? 天地。
숙위차? 천지.

《河上》孰爲此者? 天地。
숙위차자? 천지.

《王弼》孰爲此者? 天地。
숙위차자? 천지.

【분석】 이 구절은 《河上》과 《王弼》에서 '놈 자(者)'를 추가한 점이
다른데, 주지하다시피 '놈 자(者)'는 상황에 따라서 군이 해석을 해주지 않
는다. 따라서 이 문장이 전달하고자 하는 의미에는 판본별 차이점이 없다.

【미언】
《帛甲》《帛乙》《河上》《王弼》 누가 이렇게 하는가? 바로 천지이다.

【대의】 어떤 존재가 이처럼 억지로 작위 하지 말고, 천성에 따라 스
스로 그러하도록 시키는가? 바로 천지다.

《帛甲》□□□□, □□□□□!

《帛乙》而弗能久, 又況於人乎!

이불능구, 우황어인호!

《河上》天地尚不能久, 而況於人乎!

천지상불능구, 이황어인호!

《王弼》天地尚不能久, 而況於人乎!

천지상불능구, 이황어인호!

【분석】 이 구절은《帛乙》이《河上》이나《王弼》과 달리 '天地尙(천지상)'을 생략하고, 대신 '말 이을 이(而)'로 대체한 점이 특기할 만하다. 하지만 이 역시 전달하고자 하는 의미에는 판본별 차이점이 없다.

그리고 다른 판본들이 '말 이을 이(而)'를 써준 것과 달리,《帛乙》에서는 '또 우(又)'를 써서 '더욱이'라고 강조한 점도 유의할 필요가 있다.

【미언】

《帛乙》그래서 오래갈 수 없거늘, 더욱이 하물며 사람에 있어서야!

《河上》《王弼》천지의 난폭함조차도 오래갈 수 없거늘, 하물며 사람에 있어서야!

【대의】 이처럼 사람의 능력으로는 어찌할 수 없는 광풍과 폭우조차도 오래갈 수 없는 법인데, 하물며 일개 사람이 만든 법률과 제도로 통제하는 것이야 굳이 말할 나위가 있겠는가!

《帛甲》故從事而道者, 同於道, 德者同於德, 失者
同於失。同□□□, 道亦德之; 同於□者,
道亦失之。

고종사이도자, 동어도, 덕자동어덕, 실자동어실. 동□□□, 도역덕지; 동
어□자, 도역실지.

《帛乙》故從事而道者, 同於道, 德者同於德, 失者
同於失。同於德者, 道亦德之; 同於失者,
道亦失之。

고종사이도자, 동어도, 덕자동어덕, 실자동어실. 동어덕자, 도역덕지; 동
어실자, 도역실지.

《河上》故從事於道者, 道者同於道, 德者同於德,
失者同於失。同於道者, 道亦樂得之; 同於
德者, 德亦樂得之; 同於失者, 失亦樂得
之。

고종사어도자, 도자동어도, 덕자동어덕, 실자동어실. 동어도자, 도역락득
지; 동어덕자, 덕역락득지; 동어실자, 실역락득지.

《王弼》故從事於道者, 道者同於道, 德者同於德,
失者同於失。同於道者, 道亦樂得之; 同於
德者, 德亦樂得之; 同於失者, 失亦樂得
之。

고종사어도자, 도자동어도, 덕자동어덕, 실자동어실. 동어도자, 도역락득
지; 동어덕자, 덕역락득지; 동어실자, 실역락득지.

【분석】이 구절은 판본별 문장구조에 따라서《帛甲》《帛乙》과《河
上》《王弼》로 나눌 수 있다.

특히 《河上》《王弼》과 달리 《帛甲》《帛乙》은 '어조사 어(於)' 대신에 '말 이을 이(而)'로 대체한 점이 특기할 만하다. 하지만 이 역시 전달하고자 하는 의미인 '~에'로 해석되는 점에는 차이가 없다.

【미언】

《帛甲》 그러므로 도를 따르는 사람은 도에 부합되고, 덕을 따르는 자는 덕에 부합되며, 잃음을 구하는 자는 잃음에 부합된다. □□ 부합되는 □□□, 도 역시 그에게 베풀고; □□에 부합되는 사람은, 도 역시 그에게서 달아난다.

《帛乙》 그러므로 도를 따르는 사람은 도에 부합되고, 덕을 따르는 자는 덕에 부합되며, 잃음을 구하는 자는 잃음에 부합된다. 덕에 부합되는 사람은, 도 역시 그에게 베풀고; 잃음에 부합되는 사람은, 도 역시 그에게서 달아난다.

《河上》《王弼》 그러므로 도를 따르는 사람은 도에 부합되고, 덕을 따르는 자는 덕에 부합되며, 잃음을 구하는 자는 잃음에 부합된다. 도에 부합되는 사람은, 도 역시 기꺼이 그를 얻으려 하고; 덕에 부합되는 사람은 덕 역시 기꺼이 그를 얻으려 하며; 잃음에 부합되는 사람은, 잃음 역시 기꺼이 그를 얻으려 한다.

【대의】 따라서 삼가여 대동사회의 통치 이념[道]을 이해하고 실천하려고 노력하는 지도자는 결국 그렇게 된다. 덕치를 이해하고 실천하려고 노력하는 지도자는 결국 그렇게 된다. 억지로 작위 하여 천성에 따르지 않는 지도자는 결국 모든 것을 잃게 된다. 삼가여 대동사회의 통치 이념[道]을 실천하는 지도자는 결국 대동사회를 이룰 수 있게 되고, 삼가여 덕치를

실전하는 지도자는 결국 백성에게 넉을 베풀게 되며, 억지로 작위 하여 천성에 따르지 않는 지도자는 결국 모든 것을 잃게 되는 것이다.

《河上》信不足焉, 有不信焉。
신부족언, 유불신언.

《王弼》信不足焉, 有不信焉。
신부족언, 유불신언.

【분석】 이 구절은《帛甲》과《帛乙》에는 보이지 않는데, 이 구절이 17−3에도 나타나는 점을 감안하면 아마도 중복을 피하기 위함으로 추측할 수 있다.

【미언】
《河上》《王弼》믿음이 부족하면, 불신이 생긴다.

【대의】 지도자가 가장 기본적으로 갖춰야 할 미덕이 신뢰인데, 그러한 지도자가 백성에게 믿음을 보이지 못하면, 백성 역시 지도자를 믿지 못해서 따르지 않게 된다.

第24章

《簡甲》이나《簡乙》《簡丙》에는 24장 역시 남아 있지 않다.

노자는 24장에서도 '무위'에 대해 말하고 있는데, 특히 지도자의 겸손하고도 삼가여 노력하는 마음가짐이 중요하다고 강조하고 있다.

《帛甲》企者不立。
기자불립.

《帛乙》企者不立。
기자불립.

《河上》跂者不立, 跨者不行。
기자불립, 과자불행.

《王弼》企者不立, 跨者不行。
기자불립, 과자불행.

【분석】《帛甲》과《帛乙》에서는《河上》이나《王弼》의 뒷 구절이 보이지 않는다는 점이 특기할 만하다.

또한《河上》에서는 '발돋움할 기(跂)'로 표기된 반면, 나머지 판본들은 모두 '꾀할 기(企)'로 써주고 있다. 다만 두 문자 모두 '발돋움하다.'라는 공통적인 의미를 지니고 있다.

【미언】

《帛甲》《帛乙》까치발을 한 자는 똑바로 설 수 없다.

《河上》《王弼》까치발을 한 자는 똑바로 설 수 없고, 보폭을 크게 하여 걷는 자는 오래 걸을 수 없다.

【대의】 까치발을 하고 서 있으면 결국 자연스럽게 서 있는 상태가 아니기 때문에 오래 서 있을 수 없고, 자신의 타고난 보폭보다 더 크게 하여 걷는 사람은 결국 자연스럽게 걷는 상태가 아니기 때문에 오래 걸을 수 없다.

《帛甲》自是不彰, □見者不明, 自伐者無功, 自
矜者不長。

자시불창, □견자불명, 자벌자무공, 자긍자불장.

《帛乙》自是者不彰, 自見者不明, 自伐者無功, 自
矜者不長。

자시자불창, 자견자불명, 자벌자무공, 자긍자불장.

《河上》自見者不明, 自是者不彰, 自伐者無功, 自
矜者不長。

자견자불명, 자시자불창, 자벌자무공, 자긍자불장.

《王弼》自見者不明, 自是者不彰, 自伐者無功, 自
矜者不長。

자견자불명, 자시자불창, 자벌자무공, 자긍자불장.

【분석】 이 구절은 《帛甲》《帛乙》과 《河上》《王弼》의 첫 구절과
둘째 구절 어순이 뒤바뀌어 있음이 특기할 만하다.

또한 《帛甲》은 특이하게 첫 구절에서만 '놈 자(者)'가 생략되어 있는
데, 아마도 누락된 것으로 추정된다.

【미언】

《帛甲》 스스로 옳다고 여기는 이는 분명히 할 수 없고, □□□ 안목에
만 □□□□ 이는 명확하게 볼 수 없으며, 스스로 자랑하는 이는 공로가
없고, 거만한 이는 두각을 나타낼 수 없다.

《帛乙》 스스로 옳다고 여기는 이는 분명히 할 수 없고, 자신의 안목에

만 의존하는 이는 명확하게 볼 수 없으며, 스스로 자랑하는 이는 공로가 없고, 거만한 이는 두각을 나타낼 수 없다.

《河上》《王弼》 자신의 안목에만 의존하는 이는 명확하게 볼 수 없고, 스스로 옳다고 여기는 이는 분명히 할 수 없으며, 스스로 자랑하는 이는 공로가 없고, 거만한 이는 두각을 나타낼 수 없다.

【대의】 자기의 안목에만 의지하여 많은 이들에게 옳은지 그른지를 묻지 않는 지도자는 명확하게 판단하지 못하고, 스스로 옳다고 여겨서 많은 이들과 상의하지 않는 지도자는 시비를 분명히 가리지 못하게 되며, 자기가 뛰어나다고 자랑하는 지도자는 결국 위대한 업적을 세울 수 없게 되고, 자신의 지위에 거만해하는 지도자는 결국 남들보다 더 두각을 나타나지 못하게 된다.

《帛甲》其在道, 曰餘食贅行, 物或惡之, 故有裕者
□居。

기재도, 왈여식췌행, 물혹오지, 고유유자□거.

《帛乙》其在道也, 曰餘食贅行, 物或惡之, 故有裕
者弗居。

기재도야, 왈여식췌행, 물혹오지, 고유유자불거.

《河上》其於道也, 曰餘食贅行, 物或惡之, 故有道
者不處。

기재도야, 왈여식췌행, 물혹오지, 고유도자불처.

《王弼》其在道也, 曰餘食贅行, 物或惡之, 故有道
者不處。

기재도야, 왈여식췌행, 물혹오지, 고유도자불처.

【분석】 이 구절은 《河上》과 《王弼》이 '길 도(道)'와 '곳 처(處)'로 써
준데 반해, 《帛甲》과 《帛乙》은 '넉넉할 유(裕)'와 '살 거(居)'로 써준 점이
다르다. 하지만 판본별로 전하고자 하는 의미에는 큰 차이점이 없다.

【미언】
《帛甲》 그것은 도에 있어서, 먹다 남은 음식이나 군더더기라고 말하
여, 만물이 그들을 싫어하니, 그러므로 넉넉한 사람은 머물지 □□□.
《帛乙》 그것은 도에 있어서, 먹다 남은 음식이나 군더더기라고 말하
여, 만물이 그들을 싫어하니, 그러므로 넉넉한 사람은 머물지 않는다.
《河上》《王弼》 그것은 도에 있어서, 먹다 남은 음식이나 군더더기라고

말하여, 만물이 그들을 싫어하니, 그러므로 도가 있는 사람은 머물지 않는다.

【대의】 위에서 언급한 지도자의 태도는 대동사회 통치 이념[道]에 있어서 먹다 남은 음식이나 군더더기처럼 필요 없는 것이라고 말할 수 있으니, 하늘이 부여한 천성을 따르기를 바라는 만물은 그러한 태도를 싫어한다. 따라서 진정 대동사회의 통치 이념[道]을 깨닫고 실천하는 지도자[聖人]는 그렇게 행동하지 않는 것이다.

第25章

《簡乙》《簡丙》에는 25장이 남아 있지 않다.

노자는 25장에서 자신이 주장하는 통치 이념[道]이 법과 제도로 통제하지 않고 천성에 따라 스스로 그러하게 하는 무위(無爲)의 천도(天道)임을 명확하게 밝히고 있다.

《簡甲》有狀混成, 先天地生。
유상혼성, 선천지생.

《帛甲》有物混成, 先天地生。
유물혼성, 선천지생.

《帛乙》有物混成, 先天地生。
유물혼성, 선천지생.

《河上》有物混成, 先天地生。
유물혼성, 선천지생.

《王弼》有物混成, 先天地生。
유물혼성, 선천지생.

【분석】 이 구절은 다른 판본들이 모두 '물건 물(物)'로 표기한 데 반해, 《簡甲》만 '형상 상(狀)'을 써서 '형상, 모양'으로 표현했다는 점이 다르다. 하지만 의미에는 큰 차이가 없다.

【미언】
《簡甲》혼연일체인 형상이 있으니, 천지가 형성되기보다 앞선다.
《帛甲》《帛乙》《河上》《王弼》혼연일체인 사물이 있으니, 천지가 형성되기보다 앞선다.

【대의】 어느 누구 하나 버리지 않고 함께 함으로써 조화를 이루는 대동사회의 통치 이념[道]은, 세상이 만들어지기 이전부터 이미 존재해 왔다.

《簡甲》清寥, 獨立不改, 可以爲天下母。

청료, 독립불개, 가이위천하모.

《帛甲》寂呵寥呵, 獨立□□□, 可以爲天地母。

적아료아, 독립□□□, 가이위천지모.

《帛乙》寂呵寥呵, 獨立而不改, 可以爲天地母。

적아료아, 독립이불개, 가이위천지모.

《河上》寂兮寥兮, 獨立而不改, 周行而不殆, 可以 爲天下母。

적혜료혜, 독립이불개, 주행이불태, 가이위천하모.

《王弼》寂兮寥兮, 獨立不改, 周行而不殆, 可以爲 天下母。

적혜료혜, 독립불개, 주행이불태, 가이위천하모.

【분석】이 구절은 먼저 다른 판본들이 모두 '寂寥(적료)'로 표기한 데 반해,《簡甲》만이 '淸寥(청료)'라고 썼음에 유의할 필요가 있다. 하지만 '맑을 청(淸)' 역시 '고요하다.'라는 의미를 지니므로, 모두 '소리도 없고 공허하다.'로 해석된다.

이어서《河上》과《王弼》은 다른 판본들과 달리 '周行而不殆(주행이불태)'라는 구절을 삽입해준 점이 특기할 만하다.

【미언】

《簡甲》《帛乙》소리도 없고 공허하나, 독립되어 존재하여 변하지 않으니, 세상의 근본이 될 수 있다.

《帛甲》소리도 없고 공허하나, 독립되어 □□□□□ □□□□ □□□□, 세상의 근본이 될 수 있다.

《河上》《王弼》소리도 없고 공허하나, 독립되어 존재하여 변하지 않고, 주행하여 위태롭지 않으니, 세상의 근본이 될 수 있다.

【대의】 희미한 소리조차도 들을 수 없으니 텅 비어 있는 듯하지만, 다른 것들과 분리되어 독자적으로 변치 않고 존재해왔고, 만물에 두루 미쳐서 행해지므로 위험하지 않으므로, 세상의 근본이 될 수 있는 것이다.

25 - 3

《簡甲》未知其名, 字之曰道, 吾强爲之名曰大, 大曰逝, 逝曰遠, 遠曰返。
미지기명, 자지왈도, 오강위지명왈대, 대왈서, 서왈원, 원왈반.

《帛甲》吾未知其名, 字之曰道, 吾强爲之名曰大, 大曰逝, 逝曰□, □□□。
오미지기명, 자지왈도, 오강위지명왈대, 대왈서, 서왈□, □□□.

《帛乙》吾未知其名也, 字之曰道, 吾强爲之名曰大, 大曰逝, 逝曰遠, 遠曰返。
오미지기명야, 자지왈도, 오강위지명왈대, 대왈서, 서왈원, 원왈반.

《河上》吾不知其名, 字之曰道, 强名之曰大, 大曰逝, 逝曰遠, 遠曰反。
오부지기명, 자지왈도, 강명지왈대, 대왈서, 서왈원, 원왈반.

《王弼》吾不知其名, 字之曰道, 强爲之名曰大, 大曰逝, 逝曰遠, 遠曰反。
오부지기명, 자지왈도, 강위지명왈대, 대왈서, 서왈원, 원왈반.

【분석】 이 구절에서《簡甲》은 주어인 '나 오(吾)'를 생략해주었다. 또한《河上》《王弼》이 '아닐 불(不)'을 써준 데 반해,《簡甲》이나《帛甲》《帛乙》은 '아닐 미(未)'로 써준 점도 특기할 만하다.

아울러서《簡甲》과《帛乙》은 '돌이킬 반(返)'으로 그리고《河上》과《王弼》은 '돌이킬 반(反)'으로 써주었으나, 문자가 지니는 의미에는 차이점이 없다.

【미언】

《簡甲》《帛乙》《河上》《王弼》 나는 그 이름을 알지 못하는데, 그것을 일컬어 "도"라고 하고, 그것에 억지로 이름을 붙이니 "대(크다)"라고 하는데, "대"라는 것은 지나감을 일컫고, 지나감은 멀어짐을 일컬으며, 멀어짐은 반대로 됨을 일컫는다.

《帛甲》 나는 그 이름을 알지 못하는데, 그것을 일컬어 "도"라고 하고, 내가 그것에 억지로 이름을 붙이니 "대(크다)"라고 하는데, "대"라는 것은 지나감을 일컫고, 지나감은 □□□을 일컬으며, □□□□ □□□ □□□ □□□□.

【대의】 나는 그러한 존재의 구체적인 이름을 알지 못하는데, 그 존재를 대동사회의 통치 이념[道]이라고 일컫고, 그 존재에 굳이 억지로 이름을 붙여서 크다고 하는데, 크다는 것은 작음의 기준을 지나치는 것이고, 지나치게 되면 작음의 기준에서 멀어지게 되며, 작음의 기준에서 멀어지면 반대로 참된 도리에 가까워지는 것이 된다. 그러므로 대동사회의 통치 이념[道]은 일반적인 통념과는 정반대로 움직인다.

《簡甲》天大, 地大, 道大, 王亦大。
천대, 지대, 도대, 왕역대.

《帛甲》□□, 天大, 地大, 王亦大。
□□, 천대, 지대, 왕역대.

《帛乙》道大, 天大, 地大, 王亦大。
도대, 천대, 지대, 왕역대.

《河上》故道大, 天大, 地大, 王亦大。
고도대, 천대, 지대, 왕역대.

《王弼》故道大, 天大, 地大, 王亦大。
고도대, 천대, 지대, 왕역대.

【분석】 다른 판본들과 달리《河上》과《王弼》은 이 구절 맨 앞에 '연고 고(故)'를 써서 '그러므로'라고 표현해준 점만이 다르다.

【미언】

《簡甲》하늘이 크고, 땅이 크며, 도가 크고, 제왕 역시 크다.

《帛甲》□□ □□, 하늘이 크며, 땅이 크고, 제왕 역시 크다.

《帛乙》도가 크고, 하늘이 크며, 땅이 크고, 제왕 역시 크다.

《河上》《王弼》그러므로 도가 크고, 하늘이 크며, 땅이 크고, 제왕 역시 크다.

【대의】 이처럼 도는 만물에 미쳐서 행해지므로 도처에 존재하게 되니, 도 자체가 크고 도가 존재하는 하늘이 크며, 도가 존재하는 땅이 크고, 도가 존재하는 사람 역시 크다.

《簡甲》域中有四大, 而王居一焉。
역중유사대, 이왕거일언.

《帛甲》國中有四大, 而王居一焉。
국중유사대, 이왕거일언.

《帛乙》國中有四大, 而王居一焉。
국중유사대, 이왕거일언.

《河上》域中有四大, 王居其一焉。
역중유사대, 왕거기일언.

《王弼》域中有四大, 而王居其一焉。
역중유사대, 이왕거기일언.

【분석】 이 구절은 판본별로 세부적인 차이점이 보이지만, 사실상 전달하고자 하는 의미는 같다.

특히 다른 판본들과 달리《河上》과《王弼》이 '지경 역(域)'으로 '나라 국(國)'을 대신한 점은 특기할 만하다.

【미언】

《簡甲》《帛甲》《帛乙》《河上》《王弼》 세상에는 네 가지 큰 것이 있는데, 왕이 그중 하나를 차지한다.

【대의】 세상에는 도 자체와 도가 존재하는 하늘, 도가 존재하는 땅 그리고 도가 존재하는 사람이 존재하는데, 바로 도가 존재하는 지도자[王]가 네 가지 큰 것 중 하나가 된다.

《簡甲》人法地, 地法天, 天法道, 道法自然。
인법지, 지법천, 천법도, 도법자연.

《帛甲》人法地, 地法□, □□□, □□□□。
인법지, 지법□, □□□, □□□□.

《帛乙》人法地, 地法天, 天法道, 道法自然。
인법지, 지법천, 천법도, 도법자연.

《河上》人法地, 地法天, 天法道, 道法自然。
인법지, 지법천, 천법도, 도법자연.

《王弼》人法地, 地法天, 天法道, 道法自然。
인법지, 지법천, 천법도, 도법자연.

【분석】 이 구절은 모든 판본의 기록이 똑같다.

【미언】
《簡甲》《帛乙》《河上》《王弼》 사람은 땅을 본받고, 땅은 하늘을 본받으며, 하늘은 도를 본받고, 도는 스스로 그러함을 본받는다.
《帛甲》 사람은 땅을 본받고, 땅은 □□□ 본받으며, □□□ □□ □□□, □□ □□□ □□□□ □□□□.

【대의】 이처럼 네 가지 큰 존재 중에서, 도를 지닌 사람이 도가 존재하는 땅을 본받고, 그 땅은 도가 존재하는 하늘을 본받으며, 그 하늘은 도 자체를 본받고, 이러한 도는 법과 제도로 통제하지 않고 스스로 그러하게 하는, 즉 천성에 따르는 '무위'를 본받게 된다.

第26章

《簡甲》이나《簡乙》《簡丙》에는 26장이 남아 있지 않다.
노자는 26장에서 나라를 다스리는 지도자란 마땅히 경솔하지 않고 신중히 판단해야 한다고 강조
하고 있다.

《帛甲》重爲輕根, 靜爲躁君, 是以君子終日行, 不
　　　離其輜重。
중위경근, 정위조군, 시이군자종일행, 불리기치중.

《帛乙》重爲輕根, 靜爲躁君, 是以君子終日行, 不
　　　遠其輜重。
중위경근, 정위조군, 시이군자종일행, 불원기치중.

《河上》重爲輕根, 靜爲躁君, 是以聖人終日行, 不
　　　離輜重。
중위경근, 정위조군, 시이성인종일행, 불리치중.

《王弼》重爲輕根, 靜爲躁君, 是以聖人終日行, 不
　　　離輜重。
중위경근, 정위조군, 시이성인종일행, 불리치중.

【분석】 이 구절은 다른 판본들이 모두 '떠날 리(離)'로 기록한 반면, 《帛乙》만이 '멀 원(遠)'으로 써줌으로써 '멀리하다, 멀어지다.'라는 뜻을 나타낸 점이 특기할 만하다.

또한《帛甲》과《帛乙》은 문장의 주어를 '聖人(성인)'이 아닌 '君子(군자)'로 표현했음에 유의할 필요가 있다. 엄격하게 말하자면 성인과 군자에는 일정한 차이점*이 있고, 또 노자가 [도덕경]에서 말하고자 하는 것이 대

---

* 성인은 대동사회를 이끌었던 삼황오제(三皇五帝)로서, 세상의 시작과 더불어 나라를 다스렸던 인물들인데, 이들은 그 누구에게도 도(道)를 배운 적이 없으나, 스스로 깨달아 몸소 실천했다. 반면에 군자는 소강사회를 이끌었던 여섯 명(하나라 우왕, 상나라 탕왕, 주나라 문왕, 무왕, 주공, 성왕)의 지도자로서, 이들은 비록 성인과 같이 나면서부터 도를 깨달은 것은 아니지만, 성인의 도를 배워 역시 몸소 실천한 인물들이다. 또한 성인은 어떤 경우에도 무력을 사용하지 않지만, 군자는 부득이한 경우에 한해서 무력을 썼다는 차이점도 있다.

동사회의 통치 이념임을 감안한다면, 이는 《帛甲》과 《帛乙》의 기록상 오류라고 판단할 수밖에 없는 것이다. 만약 그러한 이유 때문이 아니라면, 31장의 '君子(군자)'와 마찬가지로 이 구절에는 '輜重(치중)', 즉 '군수물자를 실은 수레'라는 무력을 통한 전쟁의 의미가 있으므로, 기록자가 일부러 성인이 아닌 군자를 주어로 선택했을 가능성도 배제할 수는 없다.

다만 군자란 성인의 행적을 배워서 실천하려고 노력하는 지도자이므로, 전달하고자 하는 의미를 이해하는 데는 큰 무리가 없을 것이다.

【미언】

《簡甲》《帛乙》《河上》《王弼》 진중함은 경솔함의 뿌리이고, 고요함은 조급함의 군주라서, 이 때문에 성인은 온종일 길을 가지만, 군수물자를 실은 무거운 수레를 떠나지 않는다.

【대의】 진중함이라는 것은 경솔함의 바탕이 되고, 고요함이라는 것은 조급함을 지배하고 있기 때문에, 대동사회를 이끈 지도자[聖人]들은 일생 동안 진중함을 떠나지 않고 삼가여 지낸다.

《帛甲》雖有榮觀, 燕處□□若。
수유영관, 연처□□약.

《帛乙》雖有榮觀, 燕處則超若。
수유영관, 연처즉초약.

《河上》雖有榮觀, 燕處超然。
수유영관, 연처초연.

《王弼》雖有榮觀, 燕處超然。
수유영관, 연처초연.

【분석】 이 구절에서《河上》과《王弼》은 '超然(초연)'이라고 써준 데 반해,《帛乙》은 '超若(초약)'으로 써준 점이 특기할 만하다. 그런데 '같을 약(若)'은 '이와 같다.'는 의미를 지니고 있고, 이는 앞의 '영화로운 환경'을 가리킨다. 따라서 이는 '영화로운 환경을 뛰어넘어 멀리하다.'라는 의미를 지니므로, 사실상 같은 뜻이 된다는 점에 유의할 필요가 있다.

【미언】

《帛甲》 설령 영화로운 환경이 있더라도, 편안하게 처하여 □ 이처럼 영화로운 환경을 □□□□.

《帛乙》 설령 영화로운 환경이 있더라도, 편안하게 처하여 곧 이처럼 영화로운 환경을 멀리한다.

《河上》《王弼》 설령 영화로운 환경이 있더라도, 편안하게 처하여 초연하다.

【대의】대동사회를 이끈 지도자[聖人]들은 최고지도자의 지위에 올랐지만, 그 지위나 부귀영화에 집착하지 않고 하늘이 부여한 천성에 따라 마음을 편하게 하여 초연한 삶을 살았다.

26 — 3

《帛甲》若何萬乘之王, 而以身輕於天下?
약하만승지왕, 이이신경어천하?

《帛乙》若何萬乘之王, 而以身輕於天下?
약하만승지왕, 이이신경어천하?

《河上》奈何萬乘之主, 而以身輕於天下?
내하만승지주, 이이신경어천하?

《王弼》奈何萬乘之主, 而以身輕天下?
내하만승지주, 이이신경천하?

【분석】이 구절에서《河上》과《王弼》은 '임금 주(主)'로 써준 데 반해,《帛甲》과《帛乙》은 '임금 왕(王)'으로 써준 점이 특기할 만하다.

또한《河上》과《王弼》은 '奈何(내하)'라고 써준 데 반해《帛甲》과《帛乙》은 '若何(약하)'로 써줬는데, 이 둘은 결국 모두 '어떻게, 어찌'라는 뜻을 지니므로 사실 전달하려는 취지상으로는 판본별 차이점이 없다.

【미언】
《帛甲》《帛乙》《河上》《王弼》어찌 대국의 군주일진데, 그런 신분으로 세상을 경솔히 대하겠는가?

【대의】 대동사회를 이끈 지도자[聖人]들은 이처럼 신중에 신중을 기해서 나라를 다스렸는데, 사방을 다스리는 천자의 자리에 있는 지도자가, 어찌 세상을 경솔하게 다스릴 수 있겠는가?

26 - 4

《帛甲》輕則失本, 躁則失君。
경즉실본, 조즉실군.

《帛乙》輕則失本, 躁則失君。
경즉실본, 조즉실군.

《河上》輕則失臣, 躁則失君。
경즉실신, 조즉실군.

《王弼》輕則失本, 躁則失君。
경즉실본, 조즉실군.

【분석】 이 구절에서 다른 판본들은 모두 '근본 본(本)'으로 기록한 데 반해, 《河上》은 '신하 신(臣)'으로 써줬음에 유의할 필요가 있다.

【미언】
《帛甲》《帛乙》《王弼》 경솔하면 근본을 잃고, 경박하면 군주의 지위를 잃는다.
《河上》 경솔하면 신하를 잃고, 경박하면 군주의 지위를 잃는다.

【대의】 나라를 다스리는 지도자가 경솔하면 근본, 즉 진중함을 잃게 되고, 경박하면 고요함을 잃게 되어서, 결국 그 지위마저도 잃게 되는 것이다.

27장의 기록은《簡甲》과《簡乙》그리고《簡丙》에 남아 있지 않다.

노자는 27장에서 먼저 대동사회를 이끈 지도자[聖人]들의 통치 이념[道]을 소개하고 있다. 또한 비단 성인들의 업적을 배워야 할 뿐만 아니라, 나아가 성인들의 행적과 상반된 길을 걸은 이들의 행적 역시 교훈으로 삼아야 한다고 강조하고 있다.

《帛甲》 善行者無轍跡, □言者無瑕讁。
선행자무철적, □언자무하적.

《帛乙》 善行者無轍跡, 善言者無瑕讁。
선행자무철적, 선언자무하적.

《河上》 善行無轍跡, 善言無瑕讁。
선행무철적, 선언무하적.

《王弼》 善行無轍跡, 善言無瑕讁。
선행무철적, 선언무하적.

【분석】 이 구절은 문장구조상 판본별로 '놈 자(者)'가 있는 경우와 없는 경우로 나눌 수 있다.

또한 내용상으로는 "길을 잘 다니는 이는 수레바퀴로 남는 흔적이 없다."라는 첫 구절의 의미를 음미해볼 필요가 있는데, 이와 관련해서는 [좌전(左傳)] 〈소공(昭公) 12년〉의 기록을 살펴보면 그 의미가 확실해진다.

하루는 주(周)나라 천자(天子)인 목왕(穆王)이 "천하를 두루 다녀 모든 땅에 자신의 수레바퀴 자취를 남기고자 한다."라고 말하자, 제공(祭公) 모보(謀父)가 "임금의 덕이 울려 퍼지기를 기원하노니, 우리 임금께서 왕도를 생각하시어, 안일함에 빠지지 말고 백성을 잘 보살피기를 바랍니다."라는 취지의 시(詩) 〈기초(祈招)〉를 지어 목왕의 뜻을 막았다.

최고지도자인 목왕은 전국을 순회하며 각 지역을 시찰하고자 했다. 하지만 그렇게 되면 목왕이 당도하는 지방정부마다 모든 일손을 놓고 오직 천자를 맞이하는 일에 전념할 수밖에 없으니, 이는 차라리 안 하느니만 못하다. 따라서 수레바퀴로 남은 흔적이 없다는 말은 수레를 타고 전국을 순회하며 시찰하지 않는다는 뜻이니, 이것이 바로 무위자연 통치의 궁극이 되는 것이다.

【미언】

《帛甲》길을 잘 다니는 이는 수레바퀴로 남는 흔적이 없고, 말을 □ □ □ 이는 흠으로 책망당함이 없다.

《帛乙》길을 잘 다니는 이는 수레바퀴로 남는 흔적이 없고, 말을 잘 하는 이는 흠으로 책망당함이 없다.

《河上》《王弼》길을 잘 다니면 수레바퀴로 남는 흔적이 없고, 말을 잘 하면 흠으로 책망당함이 없다.

【대의】 대동사회를 이끈 지도자[聖人]들은 나라를 다스림에 있어 항상 신중에 신중을 기했기 때문에 무위자연의 통치에 위배되는 실수나 오류를 범하지 않았고, 또한 말과 명령을 함부로 내리지 않았기 때문에 백성의 원성을 사지 않았다.

《帛甲》善數者不以籌策, 善閉者無關鑰而不可啟
也, 善結者□□約而不可解也。

선수자불이주책, 선폐자무관약이불가계야, 선결자□□약이불가해야.

《帛乙》善數者不用籌策, 善閉者無關鑰而不可啟
也, 善結者無纆約而不可解也。

선수자불용주책, 선폐자무관약이불가계야, 선결자무묵약이불가해야.

《河上》善計不用籌策, 善閉無關鍵而不可開, 善
結無繩約而不可解。

선계불용주책, 선폐무관건이불가개, 선결무승약이불가해.

《王弼》善數不用籌策, 善閉無關楗而不可開, 善
結無繩約而不可解。

선수불용주책, 선폐무관건이불가개, 선결무승약이불가해.

【분석】 이 구절 역시 우선 판본별로 '놈 자(者)'가 있는 경우와 없는
경우로 나눌 수 있다.

또한《帛甲》은 '써 이(以)'를 써서 '~로 ~을 하다.'의 구조로 표현한 반
면, 나머지 판본들은 모두 '쓸 용(用)'을 써주었다.

나아가《帛甲》과《帛乙》은 '자물쇠 약(鑰)'과 '열 계(啟)'로 써준 반면,
《河上》은 '자물쇠 건(鍵)'과 '열 개(開)', 그리고《王弼》은 '문빗장 건(楗)'과
'열 개(開)'로 표기한 점 역시 유의할 필요가 있다.

끝으로 다른 판본들은 하나같이 '노끈 승(繩)'으로 써준 데 반해,《帛
乙》만은 '노끈 묵(纆)'으로 기록한 점 역시 특기할 만하다.

【미언】

《帛甲》 계산을 잘하는 이는 산가지를 쓰지 않고, 문을 잘 닫는 이는 자물쇠가 없어도 열 수 없도록 하며, 매듭을 잘 짓는 이는 밧줄로 □□□ □□□ 풀 수 없도록 한다.

《帛乙》 계산을 잘하는 이는 산가지를 쓰지 않고, 문을 잘 닫는 이는 자물쇠가 없어도 열 수 없도록 하며, 매듭을 잘 짓는 이는 밧줄로 묶음이 없어도 풀 수 없도록 한다.

《河上》《王弼》 계산을 잘하면 산가지를 쓰지 않고, 문을 잘 닫으면 빗장이 없어도 열 수 없도록 하며, 매듭을 잘 지으면 밧줄로 묶음이 없어도 풀 수 없도록 한다.

【대의】

대동사회를 이끈 지도자[聖人]들은 신중하게 덕치로 나라를 다스렸기 때문에 백성을 억압하는 법률과 제도들을 새로이 만들지 않았고, 재물을 탐하지 않고 베풀었기 때문에 백성 역시 사리사욕이 없어져 다른 이들의 것을 탐하지 않았으며, 어느 누구 하나 버리지 않고 함께하려 했기 때문에 백성이 굳이 다른 곳으로 이사하지 않고 조화로이 단결하게 되었다.

《帛甲》是以聖人恒善救人，而無棄人，物無棄材。
시이성인항선구인, 이무기인, 물무기재.

《帛乙》是以聖人恒善救人，而無棄人，物無棄材。
시이성인항선구인, 이무기인, 물무기재.

《河上》是以聖人常善救人，故無棄人；常善救物，
故無棄物。
시이성인상선구인, 고무기인; 상선구물, 고무기물.

《王弼》是以聖人常善救人，故無棄人；常善救物，
故無棄物。
시이성인상선구인, 고무기인; 상선구물, 고무기물.

【분석】 이 구절은 문장구조에 따라서 《帛甲》《帛乙》과 《河上》 《王弼》로 나눌 수 있다.

하지만 《帛甲》《帛乙》이 '항상 항(恒)'으로 써준 반면 《河上》《王弼》이 '항상 상(常)'을 써준 점을 제외하면, 사실 문맥상 전달하고자 하는 의미는 일치한다고 볼 수 있다.

【미언】

《帛甲》《帛乙》이 때문에 성인은 항상 사람을 잘 구제하여, 그래서 버려지는 사람이 없고, 사물은 재료(원료)를 버림이 없다.

《河上》《王弼》이 때문에 성인은 항상 사람을 잘 구제하여, 그러므로 버려지는 사람이 없고; 항상 사물을 잘 바로잡아, 그러므로 버려지는 사물이 없다.

【대의】이처럼 대동사회를 이끈 지도재[聖人]들은 어느 누구 하나 버리지 않고 함께 했기 때문에, 백성이 모두 조화롭게 살았다. 또한 하늘이 부여한 천성에 따라 다스렸기 때문에, 만물이 조화를 이루게 되었다.

27 – 4

《帛甲》是謂襲明。
시위습명.

《帛乙》是謂襲明。
시위습명.

《河上》是謂襲明。
시위습명.

《王弼》是謂襲明。
시위습명.

【분석】이 구절은 판본별 기록이 완벽하게 일치한다.

【미언】
《帛甲》《帛乙》《河上》《王弼》이를 "습명(도에 따라 순응함)"이라고 한다.

【대의】이러한 대동사회를 이끌었던 지도재[聖人]들의 자세를 일컬어 덕을 밝혀서 따른다고 하는 것이다.

《帛甲》故善□, □□之師; 不善人, 善人之資也。
고선□, □□지사; 불선인, 선인지자야.

《帛乙》故善人, 善人之師; 不善人, 善人之資也。
고선인, 선인지사; 불선인, 선인지자야.

《河上》故善人者, 不善人之師; 不善人者, 善人之資。
고선인자, 불선인지사; 불선인자, 선인지자.

《王弼》故善人者, 不善人之師; 不善人者, 善人之資。
고선인자, 불선인지사; 불선인자, 선인지자.

【분석】 이 구절의 핵심은《帛甲》과《帛乙》은 '선량한 이는 선량한 이의 스승이다.'라고 표현한 반면,《河上》과《王弼》은 '선량한 이는 선량하지 못한 이의 스승이다.'라는 점에 있다.

만약《帛甲》과《帛乙》의 기록이 맞는다면 이는 선대와 후대를 기준으로 나누어 비교한 것이 되고,《河上》과《王弼》의 기록이 맞는다면 반대로 동시대의 선과 악을 기준으로 나누어 비교한 것이 된다. 과연 어느 것이 더 옳은 것일까?

이제 이 두 내용을 살펴보면, 언뜻 보기에는 마치《河上》과《王弼》의 기록이 더 타당할 것처럼 보인다. 하지만 27-1부터 27-4의 내용들을 살펴보면 이는 분명히 선대 성인들에 대해서 설명한 것들임을 알 수 있을 것이다. 따라서 이 구절은《河上》과《王弼》의 기록에 오류가 있다고 보는 것이 더욱 타당할 것이다.

【미언】

《帛甲》그러므로 선량한 □는 □□한 이의 스승이고; 선량하지 못한 이는 선량한 이의 자원이다.

《帛乙》그러므로 선량한 이는 선량한 이의 스승이고; 선량하지 못한 이는 선량한 이의 자원이다.

《河上》《王弼》그러므로 선량한 이는 선량하지 못한 이의 스승이고; 선량하지 못한 이는 선량한 이의 자원이다.

【대의】

《帛甲》《帛乙》따라서 선대의 덕을 밝혀서 따른 성인들의 치적들은 후대의 덕을 밝혀서 따르는 이들의 스승이 되어 모범이 되는 것이고, 선대의 덕을 밝혀서 따르지 못하는 이들의 행적들은 후대의 덕을 밝혀서 따르는 이의 반면교사(反面敎師), 즉 밑바탕이 되는 것이니, 이 모두를 포용해야 한다.

《河上》《王弼》따라서 덕을 밝혀서 따르는 이는 그렇지 못한 이들의 스승이 되어 모범을 보이고, 덕을 밝혀서 따르지 못하는 이들은 덕을 밝혀서 따르는 이의 밑바탕이 되는 것이니, 이 모두를 포용해야 한다.

《帛甲》不貴其師, 不愛其資, 雖智乎大迷, 是謂妙要。

불귀기사, 불애기자, 수지호대미, 시위묘요.

《帛乙》不貴其師, 不愛其資, 雖智乎大迷, 是謂妙要。

불귀기사, 불애기자, 수지호대미, 시위묘요.

《河上》不貴其師, 不愛其資, 雖智大迷, 是謂要妙。

불귀기사, 불애기자, 수지대미, 시위요묘.

《王弼》不貴其師, 不愛其資, 雖智大迷, 是謂要妙。

불귀기사, 불애기자, 수지대미, 시위요묘.

【분석】 이 구절에서《帛甲》과《帛乙》은 '妙要(묘요)'라고 표현한 반면,《河上》과《王弼》은 '要妙(요묘)'라고 기록한 점이 특기할 만하다. 다만 두 단어는 기실 같은 의미이므로 큰 차이점은 없다고 하겠다.

【미언】

《帛甲》《帛乙》《河上》《王弼》 스승을 존중하지 않고, 자원을 사랑하지 않으면, 비록 총명하더라도 어리석게 될 수 있으니, 이것을 오묘한 도리라고 한다.

【대의】 선대의 덕을 밝혀서 따른 성인들의 치적들을 모범으로 삼지 않고, 선대의 덕을 밝혀서 따르지 못하는 이들의 행적들을 밑바탕으로 삼지 않으면, 비록 지혜롭다 하더라도 결국에는 길을 잃게 될 수 있으니, 이를 심오하다고 일컫는 것이다.

第28章

28장의 기록은《簡甲》과《簡乙》그리고《簡丙》에는 역시 남아 있지 않다.
노자는 28장에서 우선 긍정적인 것과 부정적인 것을 모두 아우르는 조화로움[和]의 중요성을 피
력하고, 나아가 대동사회의 지도자[聖人]들은 대동의 통치 이념[道]을 구성하는 요소들을 분리하
지 않고 유기적으로 조화롭게 실천했다고 강조하고 있다.

《帛甲》知其雄, 守其雌, 爲天下溪。
지기웅, 수기자, 위천하계.

《帛乙》知其雄, 守其雌, 爲天下溪。
지기웅, 수기자, 위천하계.

《河上》知其雄, 守其雌, 爲天下谿。
지기웅, 수기자, 위천하계.

《王弼》知其雄, 守其雌, 爲天下谿。
지기웅, 수기자, 위천하계.

【분석】 이 구절에서는《帛甲》과《帛乙》이 '시내 계(溪)'라고 기록한 반면,《河上》과《王弼》은 '시내 계(谿)'로 썼다는 점 외에 다른 차이점은 없다.

【미언】
《帛甲》《帛乙》《河上》《王弼》 그 강함을 알고, 그 부드러움을 지키면, 세상의 개울이 된다.

【대의】 지도자가 나라를 다스림에 있어서 굳건하고도 단호하지만 또 자애로움으로 포용하게 되면, 모든 백성이 그를 지지하고 따르게 된다.

《帛甲》爲天下溪, 恒德不雞。恒德不雞, 復歸嬰兒。

위천하계, 항덕불리. 항덕불리, 복귀영아.

《帛乙》爲天下溪, 恒德不離。恒德不離, 復□□□□。

위천하계, 항덕불리. 항덕불리, 복□□□□.

《河上》爲天下谿, 常德不離, 復歸於嬰兒。

위천하계, 상덕불리, 복귀어영아.

《王弼》爲天下谿, 常德不離, 復歸於嬰兒。

위천하계, 상덕불리, 복귀어영아.

【분석】 이 구절 역시 문장구조의 특성상《帛甲》《帛乙》과《河上》《王弼》로 나눌 수 있지만, 전달하고자 하는 의미에는 차이점이 없다.

【미언】

《帛甲》세상의 개울이 되면, 변치 않는 덕이 흩어지지 않는다. 변치 않는 덕이 흩어지지 않으면, 순수함을 지니는 상태로 다시 돌아가게 된다.

《帛乙》세상의 개울이 되면, 변치 않는 덕이 흩어지지 않는다. 변치 않는 덕이 흩어지지 않으면, □□□□ □□□ □□□ 다시 □□□□□ □□.

《河上》《王弼》세상의 개울이 되면, 변치 않는 덕이 흩어지지 않으니, 순수함을 지니는 상태로 다시 돌아가게 된다.

【대의】 모든 백성이 그를 지지하고 따르게 되면, 변치 않고 영원한 덕이 흩어지지 않고 머무르게 되니, 오로지 나라와 백성의 안위만을 생각하는 순일한 덕[一德]으로 나라를 다스리는 대동사회가 실현되는 것이다.

28 - 3

《帛甲》知其榮, 守其辱, 爲天下谷。
지기영, 수기욕, 위천하곡.

《帛乙》□其日, 守其辱, 爲天下谷。
□기일, 수기욕, 위천하곡.

《河上》知其白, 守其黑, 爲天下式。
지기백, 수기흑, 위천하식.

《王弼》知其白, 守其黑, 爲天下式。
지기백, 수기흑, 위천하식.

【분석】 이 구절은《帛甲》《帛乙》과《河上》《王弼》의 순서가 서로 뒤바뀌어져 있다. 다시 말해서《帛甲》과《帛乙》의 28-3은《河上》과《王弼》의 28-5에 나오고, 마찬가지로《河上》과《王弼》의 28-3은《帛甲》과《帛乙》의 28-5에 등장한다.

또한《帛甲》은 '영화 영(榮)'을 써준 반면《帛乙》은 '날 일(日)'로 써주고 있는데, 사실 이 두 단어는 모두 '밝음, 긍정'의 의미를 지니고 있으므로 의미상 큰 차이는 없다.

【미언】

《帛甲》그 밝음을 알고, 그 수치를 지키면, 세상의 골짜기가 된다.

《帛乙》그 밝음을 □□, 그 수치를 지키면, 세상의 골짜기가 된다.

《河上》《王弼》그 밝음을 알고, 그 어두움을 지키면, 세상의 규범이
된다.

【대의】 지도자가 세상의 긍정적인 면을 이해하고, 부정적인 면 역시
인정하고 보호하면, 모든 백성이 지도자의 뜻을 따르게 되어 세상의 기준
으로 삼게 된다.

28 - 4

《帛甲》爲天下谷, 恒德乃□, 恒德乃□, □□□
□。
위천하곡, 항덕내□, 항덕내□, □□□□.

《帛乙》爲天下谷, 恒德乃足, 恒德乃足, 復歸於
樸。
위천하곡, 항덕내족, 항덕내족, 복귀어박.

《河上》爲天下式, 常德不忒, 復歸於無極。
위천하식, 상덕불특, 복귀어무극.

《王弼》爲天下式, 常德不忒, 復歸於無極。
위천하식, 상덕불특, 복귀어무극.

【분석】 이 구절 역시《帛甲》《帛乙》과《河上》《王弼》의 순서가

서로 뒤바뀌어져 있다. 다시 말해서《帛甲》과《帛乙》의 28-4는《河上》과《王弼》의 28-6에 나오고, 마찬가지로《河上》과《王弼》의 28-4는《帛甲》과《帛乙》의 28-6에 등장한다.

【미언】

《帛甲》세상의 계곡이 되면, 변치 않는 덕이 이에 □□□□, 변치 않는 덕이 이에 □□□□, □□□□ 않은 □□□ □□□□ 된다.

《帛乙》세상의 계곡이 되면, 변치 않는 덕이 이에 충족되고, 변치 않는 덕이 이에 충족되면, 가공하지 않은 목재로 돌아가게 된다.

《河上》《王弼》세상의 규범이 되면, 변치 않는 덕이 지나치지 않게 되어, 무극으로 돌아가게 된다.

【대의】 백성이 지도자의 뜻을 따르게 되어 세상의 기준으로 삼게 되면, 변치 않는 덕이 오차 없이 제자리를 찾게 되어, 어느 한쪽으로 치우치지 않아 나라가 오랫동안 평안해진다.

《帛甲》知其, 守其黑, 爲天下式。
지기, 수기흑, 위천하식.

《帛乙》知其白, 守其黑, 爲天下式。
지기백, 수기흑, 위천하식.

《河上》知其榮, 守其辱, 爲天下谷。
지기영, 수기욕, 위천하곡.

《王弼》知其榮, 守其辱, 爲天下谷。
지기영, 수기욕, 위천하곡.

【분석】 이 구절에서는《帛甲》의 '知其(지기)' 뒤에 어떤 글자도 보이지 않는 점이 특기할 만한데, 아마도 기록자의 실수로 '흰 백(白)'이 누락된 것으로 판단된다.

【미언】
《帛甲》《帛乙》 그것을 알고, 그 어두움을 지키면, 세상의 규범이 된다.
《河上》《王弼》 그 영화로움을 알고, 그 수치를 지키면, 세상의 골짜기가 된다.

【대의】 지도자가 세상의 긍정적인 면을 이해하고, 부정적인 면 역시 인정하고 보호하면, 마치 움푹 파여 모든 것들을 수용하고 포용하는 골짜기와도 같은 규범이 된다.

《帛甲》爲天下式, 恒德不忒, 恒德不忒, 復歸於無極。

위천하식, 항덕불특, 항덕불특, 복귀어무극.

《帛乙》爲天下式, 恒德不忒, 恒德不忒, 復歸於無極。

위천하식, 항덕불특, 항덕불특, 복귀어무극.

《河上》爲天下谷, 常德乃足, 復歸於樸。

위천하곡, 상덕내족, 복귀어박.

《王弼》爲天下谷, 常德乃足, 復歸於樸。

위천하곡, 상덕내족, 복귀어박.

【분석】 이 구절은 이미 앞에서 언급했다시피《帛甲》과《帛乙》의 28-4가《河上》과《王弼》의 28-6에 나오고, 마찬가지로《河上》과《王弼》의 28-4는《帛甲》과《帛乙》의 28-6에 등장함에 유의할 필요가 있다.

【미언】
《帛甲》《帛乙》 세상의 규범이 되면, 변치 않는 덕이 지나치지 않게 되고, 변치 않는 덕이 지나치지 않게 되면, 무극으로 돌아가게 된다.
《河上》《王弼》 세상의 계곡이 되면, 상덕이 이에 충족되어, 가공하지 않은 목재로 돌아가게 된다.

【대의】 백성이 모두 그를 자애롭다고 여겨서 신뢰하고 지지하여 따

르게 되면, 영원한 덕이 이에 조건을 만족하게 되어, 순박하고도 순수한 덕으로 나라를 다스리는 대동사회가 실현되는 것이다.

28 - 7

《帛甲》樸散□□□，□人用則爲官長，夫大制無割。

박산□□□, □인용즉위관장, 부대제무할.

《帛乙》樸散則爲器，聖人用則爲官長，夫大制無割。

박산즉위기, 성인용즉위관장, 부대제무할.

《河上》樸散則爲器，聖人用之則爲官長，故大制不割。

박산즉위기, 성인용지즉위관장, 고대제불할.

《王弼》樸散則爲器，聖人用之則爲官長，故大制不割。

박산즉위기, 성인용지즉위관장, 고대제불할.

【분석】 이 구절은 판본별로 문장구조에 약간의 차이점이 존재하지만, 전달하고자 하는 취지는 일치하고 있다.

【미언】

《帛甲》가공하지 않은 목재가 흩어지면 □ □□□ □□, □인이 이용하면 곧 백관의 수장이 되니, 무릇 커다란 법도는 분할하지 않는다.

《帛乙》 가공하지 않은 목재가 흩어지면 곧 도구가 되고, 성인이 이용하면 곧 백관의 수장이 되니, 무릇 커다란 법도는 분할하지 않는다.

《河上》《王弼》 가공하지 않은 목재가 흩어지면 곧 도구가 되고, 성인이 그것을 이용하면 곧 백관의 수장이 되니, 그러므로 커다란 법도는 분할하지 않는다.

【대의】 오로지 나라와 백성의 안위만을 생각하는 순일한 덕[一德]이 공정함[中]과 조화로움[和]의 둘을 낳고, 이 둘이 자애로움[慈]과 검소함[儉] 그리고 겸손함[謙]의 셋을 낳으며, 이 셋이 만물에 고루 퍼져 존재하게 되는데, 이러한 순일한 덕[一德]은 각 구성요소들이 분할되어서는 안 된다. 만약 분할되면, 심지어 대동사회를 이끈 지도자[聖人]일지라도 한 분야에 뛰어난 전문가밖에는 못 되는 것이다. 대동사회를 이끈 지도자[聖人]들은 이러한 통치 이념[道]의 구성요소들을 유기적으로 잘 운영하여 분할하지 않았기 때문에 최고지도자가 될 수 있었던 것이니, 대동의 통치 이념[道]이라는 것은 이러한 긴밀한 연계성을 나누지 않고 하나로 모아 유기적으로 실천하는 것이다.

第29章

《簡甲》《簡乙》《簡丙》에는 29장의 기록이 남아 있지 않다.

노자는 29장에서 법률과 제도로 통제하지 않는 무위자연을 강조하고 있는데, 이를 위해서 지도자는 마땅히 과도함과 사치함 그리고 안락함을 경계해야 한다고 전제하고 있다.

《帛甲》將欲取天下而爲之, 吾見其弗□□。
장욕취천하이위지, 오견기불□□.

《帛乙》將欲取□□□□□, □□□□得已。
장욕취□□□□□, □□□□득이.

《河上》將欲取天下而爲之, 吾見其不得已。
장욕취천하이위지, 오견기부득이.

《王弼》將欲取天下而爲之, 吾見其不得已。
장욕취천하이위지, 오견기부득이.

【분석】 이 구절은 《帛甲》이 '아닐 불(弗)'을 쓴 데 반해, 《河上》《王弼》은 '아닐 불(不)'로 써준 점이 특기할 만하다.

【미언】

《帛甲》 장차 세상을 다스리고자 하면서 작위 하는 바가 있으면, 나는 그가 □□ □ 없다고 본다.

《帛乙》 장차 □□□ 다스리고자 하면서 □□ □□ □□ □□□, □□ □□ 얻을 수 □□□ □□.

《河上》《王弼》 장차 세상을 다스리고자 하면서 작위 하는 바가 있으면, 나는 그가 얻을 수 없다고 본다.

【대의】 장차 나라의 지도자가 되고자 하는 이가 백성이 바라는 바를 따르지 않고, 법률과 제도를 강화하여 억지로 통제하려 들면, 나는 그가 뜻대로 될 수 없다고 본다.

《帛甲》□□□□器也, 非可爲者也。
　　　　□□□□기야, 비가위자야.

《帛乙》夫天下神器也, 非可爲者也。
　　　　부천하신기야, 비가위자야.

《河上》天下神器, 不可爲也。
　　　　천하신기, 불가위야.

《王弼》天下神器, 不可爲也。
　　　　천하신기, 불가위야.

【분석】 이 구절은《帛甲》《帛乙》이 '아닐 비(非)'로 써준 데 반해,《河上》《王弼》은 '아닐 불(不)'을 썼다. 또한《帛乙》은 맨 앞에 '지아비 부(夫)'를 써서 '무릇, 대저'의 발어사로 처리한 점이 특기할 만하다.

【미언】

《帛甲》□□ □□□ □□□ 도구는, 작위 할 수 없다.

《帛乙》무릇 세상의 오묘한 도구는, 작위 할 수 없다.

《河上》《王弼》세상의 오묘한 도구는, 작위 할 수 없다.

【대의】 세상의 만물은 각자 하늘로부터 부여받은 천성이 있기 때문에, 그 천성에 거슬러 억지로 작위 할 수 없는 것이다.

《帛甲》爲者敗之, 執者失之。
위자패지, 집자실지.

《帛乙》爲之者敗之, 執之者失之。
위지자패지, 집지자실지.

《河上》爲者敗之, 執者失之。
위자패지, 집자실지.

《王弼》爲者敗之, 執者失之。
위자패지, 집자실지.

【분석】 이 구절은 다른 판본들과 달리,《帛乙》이 '갈 지(之)'를 써서 '그것'이라는 대명사로 처리해준 점이 특기할 만하다.

【미언】
《帛甲》《河上》《王弼》 작위 하면 실패하고, 집착하면 잃는다.
《帛乙》 그것을 작위 하면 실패하고, 그것에 집착하면 잃는다.

【대의】 주어진 천성을 따르지 않아 억지로 작위 하려 들면, 결국 만물을 잘 운영하지 못하게 되어 지도자의 자리를 지키지 못하게 된다. 또한 재물이나 권력에 집착하게 되면, 결국 모든 것을 잃게 되는 것이다.

《帛甲》物或行或隨, 或噓或□, □□□□, 或培
或墮。是以聖人去甚, 去泰, 去奢。

물혹행혹수, 혹허혹□, □□□□, 혹배혹휴. 시이성인거심, 거태, 거사.

《帛乙》故物或行或隨, 或噓或吹, 或培或墮。是以
聖人去甚, 去泰, 去奢。

고물혹행혹수, 혹허혹취, 혹배혹휴. 시이성인거심, 거태, 거사.

《河上》故物或行或隨, 或呴或吹, 或强或羸, 或載
或隳。是以聖人去甚, 去奢, 去泰。

고물혹행혹수, 혹구혹취, 혹강혹리, 혹대혹휴. 시이성인거심, 거사, 거태.

《王弼》故物或行或隨, 或歔或吹, 或强或羸, 或挫
或隳。是以聖人去甚, 去奢, 去泰。

고물혹행혹수, 혹허혹취, 혹강혹리, 혹좌혹휴. 시이성인거심, 거사, 거태.

【분석】 이 구절에서 노자가 피력하고자 하는 바는 다름 아닌 사물에
는 일정한 속성이 없다는 점이다. 따라서 판본별 표현법에 다소 차이점이
있기는 하지만, 그 전달하고자 하는 의도는 일치하고 있음을 알 수 있다.

또한 마지막 부분에서《帛甲》과《帛乙》이 '去泰, 去奢(거태, 거사)'라고
표현한 반면,《河上》과《王弼》이 '去奢, 去泰(거사, 거태)'로 써준 점은 특
기할 만하다.

【미언】

《帛甲》사물은 앞서기도 하고 뒤따르기도 하며, 가볍게 내쉬기도 하고
□□□ □□□□ 하며, □□□□□ □□ □□□□□ □□, 북을 돋

우기도 하고 파괴하기도 한다. 이 때문에 성인은 과도함을 멀리하고, 사치를 멀리하며, 안락함을 멀리한다.

《帛乙》그러므로 사물은 앞서기도 하고 뒤따르기도 하며, 가볍게 내쉬기도 하고 급하게 내뿜기도 하며, 북을 돋우기도 하고 파괴하기도 한다. 이 때문에 성인은 과도함을 멀리하고, 사치를 멀리하며, 안락함을 멀리한다.

《河上》그러므로 사물은 앞서기도 하고 뒤따르기도 하며, 가볍게 내쉬기도 하고 급하게 내뿜기도 하며, 강건하기도 하고 허약하기도 하며, 떠받들기도 하고 파괴하기도 한다. 이 때문에 성인은 과도함을 멀리하고, 사치를 멀리하며, 안락함을 멀리한다.

《王弼》그러므로 사물은 앞서기도 하고 뒤따르기도 하며, 가볍게 내쉬기도 하고 급하게 내뿜기도 하며, 강건하기도 하고 허약하기도 하며, 보듬어주기도 하고 파괴하기도 한다. 이 때문에 성인은 과도함을 멀리하고, 사치를 멀리하며, 안락함을 멀리한다.

【대의】 이처럼 하늘로부터 천성을 부여받은 각각의 만물은 따로 순서가 정해져 있지 않고, 일정한 흐름이 없으며, 고정된 모양이나 속성이 있지 않다. 따라서 대동사회를 이끈 지도재[聖人]들은 이렇듯 하늘의 뜻이 일정하지 않기 때문에 항상 삼가여 노력하였으니, 과도함과 사치함 그리고 나태함을 멀리한 것이다.

第30章

《簡乙》《簡丙》에는 30장의 기록이 전혀 남아 있지 않고,《簡甲》역시 두 구절이 누락되어 있다. 노자는 30장에서 무력을 통한 전쟁에 반대하고 있는데, 특히 무력이라는 것은 변치 않고 영원한 것이 아니기 때문에 대동의 통치 이념[道]에 부합되지 않는다고 강조하고 있다.

《簡甲》以道佐人主者, 不欲以兵強於天下。
이도좌인주자, 불욕이병강어천하.

《帛甲》以道佐人主, 不以兵□□天下, □□□
□。
이도좌인주, 불이병□□천하, □□□□.

《帛乙》以道佐人主, 不以兵強於天下, 其□□
□。
이도좌인주, 불이병강어천하, 기□□□.

《河上》以道佐人主者, 不以兵強天下, 其事好還。
이도좌인주자, 불이병강천하, 기사호환.

《王弼》以道佐人主者, 不以兵強天下, 其事好還。
이도좌인주자, 불이병강천하, 기사호환.

【분석】《簡甲》은 '아닐 불(不)'과 '써 이(以)' 사이에 '하고자 할 욕(欲)'
을 추가해주었다.

특히 다른 판본들의 이 구절 마지막 부분이 《簡甲》에서는 30−6에 놓
여있다는 점은 특기할 만하다.

【미언】

《簡甲》도로서 군주를 보좌하는 이는, 무기로 세상을 강박하려 들지
않는다.

《帛甲》도로서 군주를 보좌하면, 무기로 세상을 □□□□ □□□,
□□□ □□ □□ □□□ □□□.

《帛乙》 도로서 군주를 보좌하면, 무기로 세상을 강박하지 않으니, 그러한 □□ □□ □□□ □□□.

《河上》《王弼》 도로서 군주를 보좌하는 이는, 무기로 세상을 강박하지 않으니, 그러한 일은 좋은 보답을 받는다.

【대의】 대동사회의 통치 이념[道]으로 임금을 보필하는 이는 전쟁 등의 무력으로 세상을 억압하지 않고, 오히려 덕을 베풀어 모순을 해결했기 때문에, 결국 세상이 그들에게 감화되어 복종하게 되었다.

30 - 2

《帛甲》 □□所居, 楚棘生之。
□□소거, 초극생지.

《帛乙》 □□□□, □棘生之。
□□□□, □극생지.

《河上》 師之所處, 荊棘生焉。
사지소처, 형극생언.

《王弼》 師之所處, 荊棘生焉。
사지소처, 형극생언.

【분석】 우선 《簡甲》에는 이 구절이 보이지 않는다는 점에 유의할 필요가 있다.

또한 《帛甲》은 '楚棘(초극)'이라고 써줌으로써, 《河上》이나 《王弼》의 '荊棘(형극)'과는 다르게 표현했다. 하지만 '초나라 초(楚)'는 '가시나무 형

(荆)'과 마찬가지로 '가시나무, 가시.'라는 의미를 지니므로, 사실상 의미가 상통한다고 볼 수 있다.

【미언】

《帛甲》□□□ 주둔지에는, 가시덤불이 자란다.

《帛乙》□□□ □□□□□, 가시□□이 자란다.

《河上》《王弼》 군대의 주둔지에는, 가시덤불이 자란다.

【대의】 군대가 주둔한 지역은 전쟁으로 황폐해져서, 사람의 발길이 끊기게 되어 가시덤불이 자라게 된다.


```
 30 - 3
```

《河上》大軍之後, 必有凶年。

　　　　대군지후, 필유흉년.

《王弼》大軍之後, 必有凶年。

　　　　대군지후, 필유흉년.

【분석】 《簡甲》이나 《帛甲》《帛乙》에는 이 구절이 보이지 않는데, 그 이유는 30-3이 30-2에 대한 보다 구체적으로 풀어 쓴 보충 설명이기 때문에 생략된 것으로 보인다.

【미언】

《河上》《王弼》 큰 전쟁 후에는, 반드시 흉년이 든다.

【대의】 큰 전쟁이 일어나게 되면 농지가 쑥대밭이 되고, 또한 백성이 군대에 동원되어서 농사를 지을 수가 없게 되니, 흉년이 들 수밖에 없다.

30 − 4

《簡甲》善者果而已, 不以取强。
선자과이이, 불이취강.

《帛甲》善者果而已矣, 毋以取强焉。
선자과이이의, 무이취강언.

《帛乙》善者果而已矣, 毋以取强焉。
선자과이이의, 무이취강언.

《河上》善者果而已, 不敢以取强。
선자과이이, 불감이취강.

《王弼》善有果而已, 不敢以取强。
선유과이이, 불감이취강.

【분석】 이 구절은 두 부분에 유의할 필요가 있다. 첫 번째는《王弼》만이 '착할 선(善)' 뒤에 '놈 자(者)'를 붙여주지 않았다는 것이고, 두 번째는 다른 판본들이 모두 '아닐 불(不)'을 써준 데 반해《帛甲》과《帛乙》은 '말 무(毋)'로 표현했다는 점이다. 하지만 특히 '말 무(毋)'는 '아닐 불(不)'의 의미도 지니고 있으므로, 판본별로 전달하고자 하는 의미에는 큰 차이가 없다.

【미언】

《簡甲》《帛甲》《帛乙》《河上》병력을 잘 쓰는 이는 결과가 있으면 그뿐이지, 감히 그럼으로써 강제로 취하지 않는다.

《王弼》병력을 잘 쓰면 결과가 있으면 그뿐이지, 감히 그럼으로써 강제로 취하지 않는다.

【대의】

다른 방법으로 해결할 수 없는 부득이한 경우에만 전쟁을 하는 것인데, 설령 전쟁을 통해서 해결하더라도 거기에서 멈춰야지, 강압적으로 다른 사리사욕을 채워서는 안 된다.

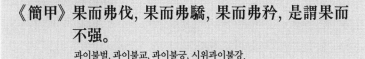

《簡甲》果而弗伐, 果而弗驕, 果而弗矜, 是謂果而
不强。

과이불벌, 과이불교, 과이불긍, 시위과이불강.

《帛甲》果而毋驕, 果而勿矜, 果而□□, 果而毋
得已居, 是謂□而不强。

과이무교, 과이물긍, 과이□□, 과이무득이거, 시위□이불강.

《帛乙》果而毋驕, 果而勿矜, 果□□伐, 果而毋
得已居, 是謂果而强。

과이무교, 과이무긍, 과□□벌, 과이무득이거, 시위과이강.

《河上》果而勿矜, 果而勿伐, 果而勿驕, 果而不得
已, 果而勿强。

과이물긍, 과이물벌, 과이물교, 과이부득이, 과이물강.

《王弼》果而勿矜, 果而勿伐, 果而勿驕, 果而不得
已, 果而勿强。

과이물긍, 과이물벌, 과이물교, 과이부득이, 과이물강.

【분석】 이 구절은 문장구조에 따라《簡甲》과《帛甲》《帛乙》그리
고《河上》《王弼》로 나눌 수 있다. 하지만 이들은 나열하는 순서가 다르
거나 어느 한 부분만 생략되었을 뿐, 각 판본마다 전하고자 하는 의미는
사실상 모두 동일하다.

다만 끝에서《帛甲》은 '不强(불강)'으로 표현한 반면《帛乙》은 '强(강)'
으로 표현함으로써 그 의미가 완전히 상반되는데, 이는《帛乙》의 기록자
가 잘못 기입하여 '아닐 불(不)'이나 '말 물(勿)'과도 같은 부정사를 누락시
킨 것으로 간주해야 마땅할 것이다.

【미언】

《簡甲》결과가 있어도 우쭐대지 말 것이고, 결과가 있어도 거만하지 말 것이며, 결과가 있어도 자랑하지 말아야 하니, 이를 일컬어서 결과가 있어도 강제로 하지 않는다고 한다.

《帛甲》결과가 있어도 거만하지 말 것이고, 결과가 있어도 자랑하지 말 것이며, 결과가 있어도 □□□□ 말 것이고, 결과가 있어도 부득이하게 그러한 처지에 있는 것으로 보아야 하니, 이를 일컬어서 □□□ □□□ 강제로 하지 않는다고 한다.

《帛乙》결과가 있어도 거만하지 말 것이고, 결과가 있어도 자랑하지 말 것이며, 결과가 있어도 우쭐대지 □ □□□, 결과가 있어도 부득이하게 그러한 처지에 있는 것으로 보아야 하니, 이를 일컬어서 결과가 있어도 강제로 한다고 한다.

《河上》《王弼》결과가 있어도 자랑하지 말 것이고, 결과가 있어도 우쭐대지 말 것이며, 결과가 있어도 거만하지 말 것이고, 결과가 있어도 부득이한 것으로 보며, 결과가 있어도 강제로 하지 말아야 한다.

【대의】 전쟁이라는 것은 부득이한 경우에만 모순을 해결하기 위해 쓰는 도구일 뿐이니, 설령 이기더라도 자랑할 만한 것이 못되고, 설령 이기더라도 우쭐댈 만한 것이 못되며, 설령 이기더라도 거만해서는 안 되고, 설령 이기더라도 아주 부득이하게 전쟁을 한 것으로 인식해야 하며, 설령 이기더라도 그 결과에 그쳐야지 억지로 전쟁을 일삼아서는 안 된다.

《簡甲》其事好長。
기사호장.

《帛甲》物壯而老, 是謂之不道, 不道早已。
물장이로, 시위지부도, 부도조이.

《帛乙》物壯而老, 謂之不道, 不道早已。
물장이로, 위지부도, 부도조이.

《河上》物壯則老, 是謂不道, 不道早已。
물장즉로, 시위부도, 부도조이.

《王弼》物壯則老, 是謂不道, 不道早已。
물장즉로, 시위부도, 부도조이.

【분석】《簡甲》을 제외하고는, 이 구절은 모든 판본이 기본적으로 같은 의미를 전달하고 있다.

【미언】

《簡甲》그러한 일은 좋게 나아간다.

《帛甲》사물이 강대하다가 쇠퇴하는 것, 이는 도에 부합되지 않는다고 일컫는데, 도에 부합되지 않으면 일찌감치 사라진다.

《帛乙》《河上》《王弼》사물이 강대해지면 곧 쇠퇴하니, 이는 도에 부합되지 않는다고 일컫는데, 도에 부합되지 않으면 일찌감치 사라진다.

【대의】

《簡甲》지도자가 그렇게 행하면, 결국 세상이 그들에게 감화되어 복종하게 된다.

《帛甲》《帛乙》《河上》《王弼》달이 차면 기우는 법인데, 이러한 현상은 대동의 통치 이념[道]에 부합되지 않는다고 말한다. 변치 않고 장구히 유지하는 것이 대동의 통치 이념[道]인데, 이처럼 강대해지면 곧 쇠퇴하는 것은 대동의 통치 이념[道]에 부합되지 않으니 일찌감치 사라지게 되는 것이다.

第31章

《簡甲》과《簡乙》에는 31장이 기록되어 있지 않다. 또한《簡丙》에는 처음 두 구절이 빠져 있다는 점도 특기할 만하다.

노자는 31장에서 무력을 통한 전쟁을 원칙적으로 반대하고 있다. 다만 상대방이 쳐들어오는 등의 부득이한 상황에서의 전쟁만을 용인하고 있는데, 한 가지 유의할 점은 [도덕경] 전체에서 주어를 군자(君子)로 쓴 부분은 바로 이 31장에서만 보인다는 사실이다. 즉 성인(聖人)은 어떠한 상황에서도 무력을 통한 전쟁으로 해결하지 않기 때문에, 부득이하게 여기서만 군자(君子)로 처리했음을 알 수 있는 것이다.

아울러서 노자는 전쟁으로 희생된 사람들을 상례(喪禮)로서 애도해야 한다고 말하고 있으니, 바로 여기서 노자는 예(禮) 전체를 싸잡아서 원천적으로 반대한 것이 아님을 엿볼 수 있다.

《帛甲》夫兵者, 不祥之器□。
부병자, 불상지기□.

《帛乙》夫兵者, 不祥之器也。
부병자, 불상지기야.

《河上》夫佳兵者, 不祥之器。
부가병자, 불상지기.

《王弼》夫佳兵者, 不祥之器。
부가병자, 불상지기.

【분석】 이 구절은 각 판본별 문장구조에 약간의 차이가 있지만, 사실상 전달하고자 하는 의미는 모두 일치하고 있다.

【미언】
《帛甲》《帛乙》 무릇 전쟁이라는 것은, 상서롭지 못한 기구다.
《河上》《王弼》 무릇 훌륭한 전쟁이라는 것은, 상서롭지 못한 기구다.

【대의】 대동의 통치 이념[道]은 만물에 퍼져 있어 존재하지 않는 곳이 없으니, 세상의 만물은 각자 하늘로부터 부여받은 천성이 있다. 물론 전쟁이라는 것 역시 하늘로 부여받은 천성이 있으나, 이는 그 본성이 상서롭지 못하여 세상에 도움이 되지 않는 존재다.

《帛甲》物或惡之, 故有裕者弗居。
물혹오지, 고유유자불거.

《帛乙》物或惡□, □□□□□□。
물혹오□, □□□□□□.

《河上》物或惡之, 故有道者不處。
물혹오지, 고유도자불처.

《王弼》物或惡之, 故有道者不處。
물혹오지, 고유도자불처.

【분석】 이 구절은 24-3에도 나온 바 있으니, 《河上》과 《王弼》이 '길 도(道)'와 '곳 처(處)'로 써준 데 반해, 《帛甲》은 '넉넉할 유(裕)'와 '살 거(居)'로 써준 점이 다르다. 하지만 판본별로 전하고자 하는 의미에는 큰 차이점이 없다.

【미언】

《帛甲》 세상 만물이 그것을 싫어하기에, 그러므로 넉넉한 이는 머물지 않는다.

《帛乙》 세상 만물이 □□□ 싫어하기에, □□□□ □□□□ □□ □□□ □□□□.

《河上》《王弼》 세상 만물이 그것을 싫어하기에, 그러므로 도가 있는 이는 머물지 않는다.

【대의】 전쟁은 세상 만물이 모두 꺼려하기 때문에, 대웅의 통지 이념[道]을 이해하는 지도자[聖人]는 이러한 무력을 멀리하는 것이다.

《簡丙》君子居則貴左, 用兵則貴右。
군자거즉귀좌, 용병즉귀우.

《帛甲》君子居則貴左, 用兵則貴右。
군자거즉귀좌, 용병즉귀우.

《帛乙》□□居則貴左, 用兵則貴右。
□□거즉귀좌, 용병즉귀우.

《河上》君子居則貴左, 用兵則貴右。
군자거즉귀좌, 용병즉귀우.

《王弼》君子居則貴左, 用兵則貴右。
군자거즉귀좌, 용병즉귀우.

【분석】이 구절은 모든 판본들의 기록이 동일하다. 아울러서 위의 두 구절과 달리,《簡丙》에는 이 구절부터 기록이 남아 있는 점이 특기할 만하다.

【미언】

《簡丙》《帛甲》《河上》《王弼》군자는 자리함에 곧 왼쪽을 귀히 여기고, 전쟁을 쓰는 이는 곧 오른쪽을 귀히 여긴다.

《帛乙》□□□ 자리함에 곧 왼쪽을 귀히 여기고, 전쟁을 쓰는 이는 곧 오른쪽을 귀히 여긴다.

【대의】상고시대의 예의와 풍습에서 왼편은 양(陽: 삶)을, 오른편은 음(陰: 죽음)을 나타냈다. 따라서 대동의 통치 이념[道]을 이해하고 나아가

실천하는 소강사회의 지도자[君子]는 길함을 나타내는 왼편을 중시하고, 전쟁을 일삼는 지도자는 불길함을 나타내는 오른편을 중시한다.

31 - 4

《簡丙》故曰: 兵者, □□□□□, □得已而用之, 恬淡爲上。

고왈: 병자, □□□□□, □득이이용지, 념담위상.

《帛甲》故兵者, 非君子之器也; □□, 不祥之器也, 不得已而用之, 恬淡爲上。

고병자, 비군자지기야; □□, 불상지기야, 부득이이용지, 념담위상.

《帛乙》故兵者, 非君子之器; 兵者, 不祥□器也, 不得已而用之, 恬淡爲上。

고병자, 비군자지기; 병자, 불상□기야, 부득이이용지, 념담위상.

《河上》兵者, 不祥之器, 非君子之器, 不得已而用之, 恬淡爲上。

병자, 불상지기, 비군자지기, 부득이이용지, 념담위상.

《王弼》兵者, 不祥之器, 非君子之器, 不得已而用之, 恬淡爲上。

병자, 불상지기, 비군자지기, 부득이이용지, 념담위상.

【분석】 이 구절은 판본별 문장구조에 약간의 차이는 있지만, 전달하고자 하는 취지는 일치한다.

아울러서 지금까지 줄곧 그리고 특히 26−1에서 간략하게 설명한 바

있듯이, 노자는 [도덕경]에서 일관되게 대동사회의 통치 이념[道]인 하늘의 도[天道]를 주장한다. 따라서 여기서도 어떠한 경우에도 무력을 사용하지 않는 대동사회의 지도자[聖人]가 아닌 소강사회의 지도자[君子]로 주어를 대체했음을 알 수 있다.

【미언】

《簡丙》그러므로 말하기를: 전쟁은, □□□□ □□ □□□□, □득이한 경우에 그것을 씀에, 사리사욕이 없음이 상위에 있게 된다.

《帛甲》그러므로 전쟁은, 군자의 기구가 아니고; □□□, 상서롭지 못한 기구이니, 부득이한 경우에 그것을 씀에, 사리사욕이 없음이 상위에 있게 된다.

《帛乙》그러므로 전쟁은, 군자의 기구가 아니고; 전쟁은, 상서롭지 못□ 기구이니, 부득이한 경우에 그것을 씀에, 사리사욕이 없음이 상위에 있게 된다.

《河上》《王弼》전쟁은, 상서롭지 못한 기구이니, 군자의 기구가 아니라서, 부득이한 경우에 그것을 씀에, 사리사욕이 없음이 상위에 있게 된다.

【대의】 전쟁이란 상서롭지 못하여 세상에 도움이 되지 않는 존재이니, 대동사회의 통치 이념[道]을 배워서 실천하는 소강사회의 지도자[君子] 역시 함부로 쓰지 않는다. 하지만 설혹 아주 부득이한 경우에 전쟁을 하더라도 최소한의 목적을 달성하는 데 그쳐야지, 이겨서 사리사욕을 채우거나 공을 세우려 하는 마음이 있어서는 안 되는 것이다.

《簡丙》弗美也, 美之, 是樂殺人。
불미야, 미지, 시락살인.

《帛甲》勿美也, 若美之, 是樂殺人也。
물미야, 약미지, 시락살인야.

《帛乙》勿美也, 若美之, 是樂殺人也。
물미야, 약미지, 시락살인야.

《河上》勝而不美, 而美之者, 是樂殺人。
승이불미, 이미지자, 시락살인.

《王弼》勝而不美, 而美之者, 是樂殺人。
승이불미, 이미지자, 시락살인.

【분석】 이 구절 역시 판본별 문장구조의 차이에도 불구하고, 전달하고자 하는 의미는 서로 통한다. 다만 《簡丙》에서는 '아닐 불(弗)'을 써준데 반해, 《帛甲》과 《帛乙》은 '말 물(勿)'로 써준 점이 특기할 만하다. 물론 '말 물(勿)'은 '아닐 불(弗)'의 의미도 포함하고 있으므로 같은 뜻으로 간주해도 무방할 것이다.

【미언】

《簡丙》 의기양양하지 않는데, 그것을 의기양양해 하면, 이는 살인을 즐기는 것이다.

《帛甲》《帛乙》 의기양양하지 말아야 하는데, 만약 그것을 의기양양해 하면, 이는 살인을 즐기는 것이다.

《河上》《王弼》 승리하여도 의기양양하지 않는데, 그러나 그것을 의기양양해 하는 자, 이는 살인을 즐기는 것이다.

【대의】 대동사회의 통치 이념[道]을 배워서 실천하는 소강사회의 지도자[君子]는 부득이한 전쟁에서 이기더라도 기뻐하여 의기양양해하지 않았으니, 전쟁에서 이겼다고 기뻐하며 의기양양하는 지도자는 살인을 즐기는 것이다.

31 - 6

《簡丙》夫樂□□, □□以得志於天下。
부락□□, □□이득지어천하.

《帛甲》夫樂殺人, 不可以得志於天下矣。
부락살인, 불가이득지어천하의.

《帛乙》夫樂殺人, 不可以得志於天下矣。
부락살인, 불가이득지어천하의.

《河上》夫樂殺人者, 則不可以得志於天下矣。
부락살인자, 즉불가이득지어천하의.

《王弼》夫樂殺人者, 則不可以得志於天下矣。
부락살인자, 즉불가이득지어천하의.

【분석】 이 구절 역시 판본별로 전달하고자 하는 의미는 일치하고 있다.

【미언】
《簡丙》 무릇 □□을 즐기면, 세상에서 뜻을 이룰 □ □□.
《帛甲》《帛乙》 무릇 살인을 즐기면, 세상에서 뜻을 이룰 수 없다.

《河上》《王弼》 무릇 살인을 즐기는 자는, 곧 세상에서 뜻을 이룰 수 없다.

【대의】 이처럼 전쟁에서 이겼다고 기뻐하며 의기양양해 하는 지도자는, 결국 세상이 그에게서 등을 돌리게 되어 지위를 오래 보존할 수 없게 된다.

31 - 7

《簡丙》故吉事上左, 喪事上右。
고길사상좌, 상사상우.

《帛甲》是以吉事上左, 喪事上右。
시이길사상좌, 상사상우.

《帛乙》是以吉事□□, □□□□。
시이길사□□, □□□□.

《河上》故吉事尚左, 凶事尚右。
고길사상좌, 흉사상우.

《王弼》吉事尚左, 凶事尚右。
길사상좌, 흉사상우.

【분석】 이 구절 역시 판본별 문장구조에는 차이가 있지만, 전달하고자 하는 의미에는 큰 차이가 없다. 다만 《河上》과 《王弼》은 '오히려 상(尚)'와 '흉할 흉(凶)'으로 써준 데 반해, 《簡丙》과 《帛甲》은 '윗 상(上)'과 '잃을 상(喪)'으로 써준 점은 유의할 필요가 있다.

【미언】

《簡丙》그러므로 좋은 일은 왼쪽을 올리고, 불행한 일은 오른쪽을 올린다.

《帛甲》이 때문에 좋은 일은 왼쪽을 올리고, 불행한 일은 오른쪽을 올린다.

《帛乙》이 때문에 좋은 일은 □□□ □□□, □□□ □□ □□□ □□□.

《河上》그러므로 좋은 일은 왼쪽을 존중하고, 불행한 일은 오른쪽을 존중한다.

《王弼》좋은 일은 왼쪽을 존중하고, 불행한 일은 오른쪽을 존중한다.

【대의】 왼편은 양(陽: 삶)을 그리고 오른편은 음(陰: 죽음)을 나타내기 때문에, 길한 일은 왼쪽을 중시하고, 불길한 일은 오른쪽을 중시한다.

《簡丙》是以偏將軍居左, 上將軍居右。

시이편장군거좌, 상장군거우.

《帛甲》是以偏將軍居左, 上將軍居右。

시이편장군거좌, 상장군거우.

《帛乙》是以偏將軍居左, 而上將軍居右。

시이편장군거좌, 이상장군거우.

《河上》偏將軍處左, 上將軍處右。

편장군처좌, 상장군처우.

《王弼》偏將軍居左, 上將軍居右。

편장군거좌, 상장군거우.

【분석】이 구절 역시《河上》이 '살 거(居)' 대신에 '곳 처(處)'를 써줬고,《帛乙》이 중간에 '말 이을 이(而)'를 추가한 점을 제외하면, 문장 전체가 주는 의미에는 큰 차이가 없다.

【미언】

《簡丙》《帛甲》《帛乙》이 때문에 편장군은 왼쪽에 있고, 상장군은 오른쪽에 있다.

《河上》《王弼》편장군은 왼쪽에 있고, 상장군은 오른쪽에 있다.

【대의】전쟁이란 본래 해서는 안 되지만, 상대방이 침략해 오는 등이 특수한 상황에서는 전쟁을 부득이한 경우로 여기고 최선을 다해 싸운다. 따라서 전쟁터에 직접 나가 싸우는 9품 하위직의 편장군은 왼편에 서

서 부득이한 전쟁에서 최선을 다해 싸우는 것이다. 반면에 군대를 통솔하여 명령하는 1품 고위직의 상장군은 오른편에 서서, 이 전쟁을 매우 불행한 것으로 여기고 조의를 표하는 상징적인 역할을 하는 것이다.

31 - 9

《簡丙》言以喪禮居之也。
언이상례거지야.

《帛甲》言以喪禮居之也。
언이상례거지야.

《帛乙》言以喪禮居之也。
언이상례거지야.

《河上》言以喪禮處之。
언이상례처지.

《王弼》言以喪禮處之。
언이상례처지.

【분석】이 구절에서《河上》《王弼》은 '곳 처(處)'를 써준 반면,《簡丙》《帛甲》《帛乙》은 '살 거(居)'로 처리했고, 나아가 마지막에 '어조사 야(也)'로 마무리 한 점이 다르다.

【미언】
《簡丙》《帛甲》《帛乙》《河上》《王弼》상례로서 그를 처리한다는 것을 이른다.

【대의】 전쟁은 부득이한 것이라서, 희생자가 생기면 아군과 적군을 불문하고 모두 상례로서 경건하게 애도의 뜻을 표하는 것이다.

31 − 10

《簡丙》故殺□□, 則以哀悲泣之。戰勝, 則以喪禮居之。

고살□□, 즉이애비읍지. 전승, 즉이상례거지.

《帛甲》殺人衆, 以悲哀泣之。戰勝, 以喪禮處之。

살인중, 이비애읍지. 전승, 이상례처지.

《帛乙》殺□□, □□□泣之。□勝而以喪禮處之。

살□□, □□□읍지. □승이이상례처지.

《河上》殺人之衆多, 以悲哀泣之。戰勝, 則以喪禮處之。

살인지중다, 이비애읍지. 전승, 즉이상례처지.

《王弼》殺人之衆, 以哀悲泣之。戰勝, 以喪禮處之。

살인지중, 이애비읍지. 전승, 이상례처지.

【분석】 이 구절은 판본별 문장구조에 다소 차이가 있지만, 전달하고자 하는 의미에는 큰 차이가 없다. 다만 다른 판본들은 모두 '곳 처(處)'를 써준 반면 《簡丙》은 '살 거(居)'로 처리했고, 《帛乙》은 중간에 '말 이을 이(而)'를 추가한 점이 특기할 만하다.

【미언】

《**簡丙**》그러므로 □□ □□□ 죽이면, 곧 애통함으로서 그것을 걱정한다. 전쟁에서 승리하면, 곧 상례로서 그를 처리한다.

《**帛甲**》《**河上**》《**王弼**》많은 사람을 죽이면, 애통함으로서 그것을 걱정한다. 전쟁에서 승리하면, 상례로서 그를 처리한다.

《**帛乙**》□□ □□□ 죽이면, □□□□□□ 그것을 걱정한다. □□ □□ 승리하더라도 상례로서 그를 처리한다.

【**대의**】적군을 많이 죽여 전쟁에서 승리하더라도, 오히려 사람을 많이 죽였다고 애통해한다. 또한 전쟁에서 이기더라도 기뻐하기보다는, 희생자들을 상례로서 경건하게 애도해야 하는 것이다.

第32章

《簡乙》과《簡丙》에는 32장이 기록되어 있지 않다.

노사는 32장에서 시비사가 세분화된 세도로 백성을 통제하지 말고 몸을 낮춰 그들이 원하는 바에 따라 통치하면, 마치 높은 계곡의 물이 아래의 강과 바다로 흘러들어 가듯이 오히려 백성이 지도자를 믿고 따르게 된다고 말하고 있다.

《簡甲》道恒亡名, 樸雖細, 天地弗敢臣。
도항무명, 박수세, 천지불감신.

《帛甲》道恒無名, 樸雖□□□□□□。
도항무명, 박수□□□□□□.

《帛乙》道恒無名, 樸雖小而天下弗敢臣。
도항무명, 박수소이천하불감신.

《河上》道常無名, 樸雖小, 天下不敢臣。
도상무명, 박수소, 천하불감신.

《王弼》道常無名, 樸雖小, 天下莫能臣也。
도상무명, 박수소, 천하막능신야.

【분석】《簡甲》《帛甲》《帛乙》에서는 '항상 상(常)'을 '항상 항(恒)'
으로 표기하였다. 또한《簡甲》《帛乙》은 '弗敢(불감)'으로 표기한 반면
《河上》은 '不敢(불감)'으로,《王弼》은 '莫能(막능)'으로 표기한 점도 특기할
만하다. 아울러서《簡甲》이 '작을 소(小)' 대신에 '가늘 세(細)'로, '天下(천
하)'를 '天地(천지)'로 표기한 점에도 유의할 필요가 있다.

【미언】
　《簡甲》《帛乙》《河上》도는 영원히 이름 지을 수 없으니, 질박하여 비
록 미약하지만, 세상이 감히 굴복시키지 못한다.
　《帛甲》도는 영원히 이름 지을 수 없으니, 질박하여 비록 미약□□□,
□□□ □□ □□□□□ □□□.

《王弼》도는 영원히 이름 지을 수 없으니, 질박하여 비록 미약하지만, 세상이 굴복시킬 수는 없다.

【대의】 대동의 통치 이념[道]은 세분화된 법률과 제도와도 같은 통제의 명분이 없으니, 소박하여서 비록 작게 보이지만, 세상 그 어떤 것에도 종속되지 않는다.

32 - 2

《簡甲》侯王如能守之, 萬物將自賓。
후왕여능수지, 만물장자빈.

《帛甲》□王若能守之, 萬物將自賓。
□왕약능수지, 만물장자빈.

《帛乙》侯王若能守之, 萬物將自賓。
후왕약능수지, 만물장자빈.

《河上》侯王若能守之, 萬物將自賓。
후왕약능수지, 만물장자빈.

《王弼》侯王若能守之, 萬物將自賓。
후왕약능수지, 만물장자빈.

【분석】 이 구절은 다른 판본들이 모두 '같을 약(若)'으로 써준 반면, 《簡甲》만은 '같을 여(如)'로 처리해준 점이 특기할 만하다.

【미언】

　《簡甲》《帛乙》《河上》《王弼》 천자와 제왕이 만약 이를 지킬 수 있다면, 만물이 장차 스스로 따를 것이다.

　《帛甲》 □□□ 제왕이 만약 이를 지킬 수 있다면, 만물이 장차 스스로 따를 것이다.

　【대의】 지도자가 이러한 대동의 통치 이념[道]을 이해하고 실천해 나가면, 세상이 그를 믿고 의지하며 따르게 될 것이다.

32 - 3

　《簡甲》天地相合也, 以輪甘露, 民莫之令而自均焉。
　　　천지상합야, 이수감로, 민막지령이자균언.

　《帛甲》天地相合, 以雨甘露, 民莫之□□□□焉。
　　　천지상합, 이우감로, 민막지□□□□언.

　《帛乙》天地相合, 以雨甘露, □□□令而自均焉。
　　　천지상합, 이우감로, □□□령이자균언.

　《河上》天地相合, 以降甘露, 民莫之令而自均。
　　　천지상합, 이강감로, 민막지령이자균.

　《王弼》天地相合, 以降甘露, 民莫之令而自均。
　　　천지상합, 이강감로, 민막지령이자균.

【분석】 이 구절은 판본별 문장구조에 약간의 차이가 있지만, 의미는 일치하고 있다. 다만《簡甲》은 '보낼 수(輸)'로,《帛甲》《帛乙》은 '비 우(雨)'로, 그리고《河上》《王弼》은 '내릴 강(降)'으로 각기 달리 쓰고 있는데, 사실 이 단어들은 모두 '떨어뜨리다, 떨어지다, 내리다.'라는 공통적인 의미를 지니고 있다.

【미언】

《簡甲》《河上》《王弼》 천지가 서로 합해지면, 그럼으로써 감로가 내리고, 백성은 명령하지 않아도 스스로 평등해진다.

《帛甲》 천지가 서로 합해지면, 그럼으로써 감로가 내리고, 백성은 □ □□□ 않아도 □□□ □□□□□.

《帛乙》 천지가 서로 합해지면, 그럼으로써 감로가 내리고, □□□ 명령하지 □□□ 스스로 평등해진다.

【대의】 세상의 음과 양, 강함과 부드러움, 긍정과 부정, 좋음과 나쁨이 차별 없이 서로 조화를 이뤄서 공존하게 되면, 이에 하늘이 각각에게 부여한 천성에 따르는 것이 되므로, 지도자가 명령을 내리지 않아도 백성 스스로 차별 없이 서로 조화를 이루는 대동사회가 실현된다.

《簡甲》始制有名, 名亦既有, 夫亦將知之, 知之所
以不殆。
시제유명, 명역기유, 부역장지지, 지지소이불태.

《帛甲》始制有□, □□□有, 夫□□□□, □
□所以不□。
시제유□, □□□유, 부□□□□, □□소이불□.

《帛乙》始制有名, 名亦既有, 夫亦將知止, 知止所
以不殆。
시제유명, 명역기유, 부역장지지, 지지소이불태.

《河上》始制有名, 名亦既有, 天亦將知之, 知之所
以不殆。
시제유명, 명역기유, 천역장지지, 지지소이불태.

《王弼》始制有名, 名亦既有, 夫亦將知止, 知止可
以不殆。
시제유명, 명역기유, 부역장지지, 지지가이불태.

【분석】 이 구절 중간 부분에서 다른 판본들이 모두 '지아비 부(夫)'를
써서 발어사로 처리해준 것과 달리,《河上》은 '하늘 천(天)'으로 표기했다.
이 점에 대해서는 아마도 '지아비 부(夫)'를 '하늘 천(天)'으로 잘못 기록한
것이 아닐까 추측할 수 있다.

또한 마지막 부분의 '알 지(知)' 뒤에서《帛乙》《王弼》은 '그칠 지(止)'
를 써준 반면,《簡甲》《河上》은 '갈 지(之)'를 써서 대명사로 처리해준 점
역시 유의할 필요가 있다.

그리고 다른 판본들은 마지막에서 '所以(소이)'라고 표기한 반면, 유독 《王弼》만은 '可以(가이)'라고 표현한 점이 특기할 만하다.

【미언】

《簡甲》통제하기 시작하면 이름이 있게 되고, 이름이 이미 있으면, 무릇 그것(도는 영원히 이름 지을 수 없음)을 장차 알게 될 것이니, 그것(도는 영원히 이름 지을 수 없음)을 알게 되면 그래서 위태롭지 않다.

《帛甲》통제하기 시작하면 □□□ 있게 되고, □□□ □□ □□□, 무릇 □□ □□ □ □□ □ □□□, □□ □ □□ 그래서 □□□□ 않다.

《帛乙》통제하기 시작하면 이름이 있게 되고, 이름이 이미 있으면, 무릇 장차 멈출 줄 알게 될 것이니, 멈출 줄 알면 그래서 위태롭지 않다.

《河上》통제하기 시작하면 이름이 있게 되고, 이름이 이미 있으면, 하늘이 그것(도는 영원히 이름 지을 수 없음)을 장차 알게 될 것이니, 그것(도는 영원히 이름 지을 수 없음)을 알게 되면 그래서 위태롭지 않다.

《王弼》통제하기 시작하면 이름이 있게 되고, 이름이 이미 있으면, 무릇 장차 멈출 줄 알게 될 것이니, 멈출 줄 알면 위태롭지 않을 수 있다.

【대의】 백성의 천성을 따르지 않고 억지로 통제하려 하니 법률과 제도들이 생기게 되고, 자꾸 법률과 제도들을 만들어 통제하면 백성의 원성이 높아진다. 따라서 세분화된 법률과 제도들을 만들어 통제하지 말아야 하는데, 이처럼 세분화된 법률과 제도를 만들어 백성을 통제하지 않고 그들의 천성에 따라 다스리게 되면, 백성이 지도자를 따르게 되어서 나라를 오랫동안 평안하게 유지할 수 있다.

《簡甲》譬道之在天下也, 猶小谷之與江海。
비도지재천하야, 유소곡지여강해.

《帛甲》譬道之在□□□, □□谷之與江海也。
비도지재□□□, □□곡지여강해야.

《帛乙》譬□□在天下也, 猶小谷之與江海也。
비□□재천하야, 유소곡지여강해야.

《河上》譬道之在天下, 猶川谷之與江海。
비도지재천하, 유천곡지여강해.

《王弼》譬道之在天下, 猶川谷之於江海。
비도지재천하, 유천곡지어강해.

【분석】 다른 판본들은 모두 '더불 여(與)'를 써서 '따르다'라고 표현한 반면, 《王弼》은 '之於(지어)'로 '~로 가다, 유입되다.'라고 처리한 점이 특기할 만하다. 또한 《簡甲》《帛乙》은 '小谷(소곡)'이라고 쓴 반면, 《河上》《王弼》은 '川谷(천곡)'이라고 표현한 점에도 유의할 필요가 있다.

【미언】

《簡甲》 비유컨대 도가 세상에 존재하는 것은, 마치 작은 계곡이 강과 바다를 따르는 것과도 같다.

《帛甲》 비유컨대 도가 □□□ 존재하는 것은, □□ □□ 계곡이 강과 바다를 따르는 것과도 같다.

《帛乙》 비유컨대 □□ □□에 존재하는 것은, 마치 작은 계곡이 강과 바다를 따르는 것과도 같다.

《河上》비유컨대 도가 세상에 존재하는 것은, 마치 하천과 계곡이 강과 바다를 따르는 것과도 같다.

《王弼》비유컨대 도가 세상에 존재하는 것은, 마치 하천과 계곡이 강과 바다로 유입되는 것과도 같다.

【대의】 지도자가 대동의 통치 이념[道]으로 백성의 천성에 따라 다스리게 되면, 백성이 그 지도자를 믿고 의지하여 따르게 되니, 이러한 도리를 비유적으로 말하자면, 마치 높은 곳에 있는 하천과 계곡의 물이 아래쪽에 있는 강과 바다로 흘러들어 가는 것과도 같은 것이다.

第33章

《簡甲》이니《簡乙》《簡丙》에는 33장이 기록되어 있지 않다.
노자는 33장에서 대동사회를 이끈 지도자[聖人]들의 자세에 대해서 약술하고, 나아가 그 핵심을
부각시키고 있다.

《帛甲》知人者智也, 自知□□□。
지인자지야, 자지□□□.

《帛乙》知人者智也, 自知明也。
지인자지야, 자지명야.

《河上》知人者智, 自知者明。
지인자지, 자지자명.

《王弼》知人者智, 自知者明。
지인자지, 자지자명.

【분석】 이 구절은 판본별 문장구조에는 다소 차이가 있지만, 그 의미는 모두 동일하다.

【미언】
《帛甲》 타인을 이해하는 이는 지혜롭고, 스스로를 이해하는 □□ □□□.
《帛乙》《河上》《王弼》 타인을 이해하는 이는 지혜롭고, 스스로를 이해하는 이는 고명하다.

【대의】 상대방의 마음을 이해하는 사람은 지혜롭고, 자기 스스로의 마음을 이해하는 사람은 현명하다.

《帛甲》□□者有力也, 自勝者□□。
□□자유력야, 자승자□□.

《帛乙》勝人者有力也, 自勝者强也。
승인자유력야, 자승자강야.

《河上》勝人者有力, 自勝者强。
승인자유력, 자승자강.

《王弼》勝人者有力, 自勝者强。
승인자유력, 자승자강.

【분석】 이 구절 역시 판본별 문장구조에는 다소 차이가 있지만, 그 의미는 역시 모두가 동일하다.

【미언】
《帛甲》□□□ □□□ 이는 힘이 있고, 스스로를 이기는 이는 □□ □□.
《帛乙》《河上》《王弼》 타인을 이기는 이는 힘이 있고, 스스로를 이기는 이는 굳건하다.

【대의】 상대방을 극복하는 사람은 능력이 있고, 자기 스스로를 극복하는 사람은 강하다.

《帛甲》□□□□也, 强行者有志也。
□□□□야, 강행자유지야.

《帛乙》知足者富也, 强行者有志也。
지족자부야, 강행자유지야.

《河上》知足者富, 强行者有志。
지족자부, 강행자유지.

《王弼》知足者富, 强行者有志。
지족자부, 강행자유지.

【분석】 이 구절 역시 판본별 문장구조에는 약간의 차이가 있지만, 그 의미는 일치하고 있다.

【미언】

《帛甲》□□□□ □□ □□ □□□□, 굳건히 행하는 자는 의지가 있다.

《帛乙》《河上》《王弼》 만족함을 아는 이는 풍요롭고, 굳건히 행하는 자는 의지가 있다.

【대의】 스스로 만족할 줄 아는 사람은 욕심이 없어서 마음이 풍요롭고, 변치 않고 실천하는 사람은 굳센 의지가 있다.

《帛甲》不失其所者久也, 死不亡者壽也。
부실기소자구야, 사불망자수야.

《帛乙》不失其所者久也。死而不亡者壽也。
부실기소자구야, 사이불망자수야.

《河上》不失其所者久, 死而不亡者壽。
부실기소자구, 사이불망자수.

《王弼》不失其所者久, 死而不亡者壽。
부실기소자구, 사이불망자수.

【분석】이 구절 역시 판본별 문장구조에 약간의 차이가 있음에도 불구하고, 그 의미는 일치하고 있다. 특히《帛甲》의 중간에 '말 이을 이(而)'가 없는 점은 특기할 만하다.

【미언】
《帛甲》《帛乙》《河上》《王弼》그 처한 위치를 잃지 않는 이는 오래 하고, 죽었으나 없어지지 않는 이는 장수한다.

【대의】자기가 처해 있는 지위를 이해하고 그 외의 것을 바라지 않는 사람은 그 지위를 오랫동안 보존할 수 있고, 육신은 사라졌으나 그 명성이 사라지지 않는 사람은 오랫동안 잊히지 않는다.

第34章

《簡甲》이나《簡乙》《簡丙》에는 34장이 기록되어 있지 않다.
노자는 34장에서 대동사회를 이끈 지도자[聖人]들과 그들의 통치 이념[道]의 구체적인 구성요소
들을 설명하고 있는데, 이는 바로 겸손함[謙]과 신중함[愼]인 것이다.

《帛甲》道□□, □□□□□。□□遂事而弗名
有也。萬物歸焉而弗爲主, 則恒無欲也, 可
名於小。萬物歸焉□□爲主, 可名於大。

도□□, □□□□□. □□수사이불명유야. 만물귀언이불위주, 즉항무
욕야. 가명어소. 만물귀언□□위주, 가명어대.

《帛乙》道氾呵, 其可左右也。成功遂□□弗名有
也。萬物歸焉而弗爲主, 則恒無欲也, 可名
於小。萬物歸焉而弗爲主, 可名於大。

도범아, 기가좌우야. 성공수□□불명유야. 만물귀언이불위주, 즉항무욕
야, 가명어소. 만물귀언이불위주, 가명어대.

《河上》大道汎兮, 其可左右。萬物恃之而生而不
辭, 功成而不名有, 愛養萬物而不爲主。常
無欲, 可名於小矣。萬物歸焉而不爲主, 可
名爲大矣。

대도범혜, 기가좌우. 만물시지이생이불사, 공성이불명유. 애양만물이불
위주, 상무욕, 가명어소의. 만물귀언이불위주, 가명위대의.

《王弼》大道氾兮, 其可左右。萬物恃之而生而不
辭, 功成不名有。衣養萬物而不爲主, 常無
欲, 可名於小。萬物歸焉而不爲主, 可名爲
大。

대도범혜, 기가좌우. 만물시지이생이불사, 공성불명유. 의양만물이불위
주, 상무욕, 가명어소. 만물귀언이불위주, 가명위대.

【분석】 이 구절은 문장구조와 내용에 따라서 《帛甲》《帛乙》과 《河
上》《王弼》로 나눌 수 있다. 하지만 '萬物恃之而生而不辭(만물시지이생

이불사' 부분의 유무를 제외하고, 그 전달하고자 하는 의미에는 큰 차이가 없다.

또한《河上》이 '넓을 범(汎)'과 '愛養(애양)'으로 표현한 반면,《王弼》에서 '넘칠 범(氾)'과 '衣養(의양)'으로 표현한 점은 특기할 만하다. 다만 이들 역시 다른 단어로만 써줬을 뿐, 해석상의 의미에는 큰 차이가 없다.

【미언】

《帛甲》도는 □□ □□□ □□□, □□ □□□ □ □□. □□ 이루지만 있다고 일컫지 않는다. 만물이 따르지만 스스로 주재자가 되지 않아서, 곧 늘 욕망이 없으니, 보잘것없다고 할 수 있다. 만물이 따르지만 □□□ 주재자가 되지 □□□, 위대하다고 할 수 있다.

《帛乙》도는 두루 미치기 때문에, 그가 지배할 수 있다. 공을 이루지만 있다고 일컫지 않는다. 만물이 따르지만 스스로 주재자가 되지 않아서, 곧 늘 욕망이 없으니, 보잘것없다고 할 수 있다. 만물이 따르지만 스스로 주재자가 되지 않으니, 위대하다고 할 수 있다.

《河上》큰 도는 두루 미치기 때문에, 그가 지배할 수 있다. 만물은 그에 의지하여 발생하지만 아무 말도 하지 않고, 공을 이루지만 있다고 일컫지 않는다. 만물을 사랑하여 기르지만 스스로 주재한다고 여기지 않고, 늘 욕망이 없으니, 보잘것없다고 할 수 있다. 만물이 따르지만 스스로 주재자가 되지 않으니 위대하다고 할 수 있다.

《王弼》큰 도는 두루 미치기 때문에, 그가 지배할 수 있다. 만물은 그에 의지하여 발생하지만 아무 말도 하지 않고, 공을 이루지만 있다고 일컫지 않는다. 만물을 덮어서 기르지만 스스로 주재한다고 여기지 않고, 늘 욕망이 없으니, 보잘것없다고 할 수 있다. 만물이 따르지만 스스로 주재자가 되지 않으니 위대하다고 할 수 있다.

【대의】 대동사회의 통치 이념[道]은 모든 만물에 퍼져있기 때문에, 세상 모든 것들을 다스릴 수 있다. 만물은 대동사회의 통치 이념[道]에 기대어 각자의 천성에 따르기 때문에 원망이나 불평하지 않고, 나라를 오랫동안 평안하게 유지하지만 자신의 공로라고 자처하지 않는다. 세상 만물을 이끌지만 각자의 천성에 따르는 것일 뿐이기에 자신이 이끈다고 자만하지 않고, 오직 삼가고 노력하여 사리사욕을 추구하지 않기 때문에 어쩌면 미약해 보일 수도 있다. 그리하여 세상이 모두 대동의 통치 이념[道]을 따르지만 또 자기가 통제한다고 생각하지 않으니 진정 위대하다고 할 수 있는 것이다.

34 - 2

《帛甲》是□聖人之能成大也, 以其不爲大也, 故能成大。
시□성인지능성대야, 이기불위대야, 고능성대.

《帛乙》是以聖人之能成大也, 以其不爲大也, 故能成大。
시이성인지능성대야, 이기불위대야, 고능성대.

《河上》是以聖人終不爲大, 故能成其大。
시이성인종불위대, 고능성기대.

《王弼》以其終不爲大, 故能成其大。
이기종불위대, 고능성기대.

【분석】 이 구절은 판본별 문장구조에 일정한 차이가 있지만, 그 전달하고자 하는 의미에는 큰 차이가 없다.

【미언】

《帛甲》이 □□□ 성인의 위대함을 이룰 수 있음은, 그것을 위대하다고 여기지 않기 때문이니, 그러므로 위대함을 이룰 수 있다.

《帛乙》이 때문에 성인의 위대함을 이룰 수 있음은, 그것을 위대하다고 여기지 않기 때문이니, 그러므로 위대함을 이룰 수 있다.

《河上》이 때문에 성인은 시종 위대하다고 여기지 않기 때문에, 그러므로 위대함을 이룰 수 있다.

《王弼》 시종 위대하다고 여기지 않기 때문에, 그러므로 위대함을 이룰 수 있다.

【대의】 항상 자만하지 않고 삼가여 노력하는 겸손한 자세를 취하기 때문에, 오히려 세상이 믿고 따르는 위대함을 이룰 수 있는 것이다.

第35章

《簡甲》과《簡乙》에는 35장이 기록되어 있지 않다.

노자는 35장에서 대동의 통치 이념[道]은 화려하거나 자극적이지는 않지만, 마치 사랑과도 같이 아무리 세상에 베풀어도 끊임이 없이 생성되어서 다 쓸 수가 없다고 말하고 있다.

《簡丙》執大象, 天下往; 往而不害, 安平大。
집대상, 천하왕; 왕이불해, 안평대.

《帛甲》執大象, □□往; 往而不害, 安平大。
집대상, □□왕; 왕이불해, 안평대.

《帛乙》執大象, 天下往; 往而不害, 安平大。
집대상, 천하왕; 왕이불해, 안평대.

《河上》執大象, 天下往; 往而不害, 安平泰。
집대상, 천하왕; 왕이불해, 안평태.

《王弼》執大象, 天下往; 往而不害, 安平太。
집대상, 천하왕; 왕이불해, 안평태.

【분석】 이 구절은 기본적으로 모든 판본의 내용이 일치하고 있다. 다만 판본별로 '클 대(大)'와 '클 태(泰)' 및 '클 태(太)'로 달리 써준 점은 특기할 만하다.

【미언】
《簡丙》《帛乙》《河上》《王弼》 커다란 도리를 지키면, 세상이 향하고; 향하여도 해를 입히지 않으니, 안녕하고 평화롭다.
《帛甲》 커다란 형상을 지키면, □□□ 향하고; 향하여도 해를 입히지 않으니, 안녕하고 평화롭다.

【대의】 커다란 도리, 즉 대동의 통치 이념[道]을 실천하면, 세상이 모두 지도자를 믿고 따르게 된다. 세상이 모두 지도자를 믿고 따르게 되면, 나라가 오랫동안 평화로움을 유지한다.

《簡丙》樂與餌, 過客止。
악여이, 과객지.

《帛甲》樂與餌, 過客止。
악여이, 과객지.

《帛乙》樂與□, 過客止。
악여□, 과객지.

《河上》樂與餌, 過客止。
악여이, 과객지.

《王弼》樂與餌, 過客止。
악여이, 과객지.

【분석】 이 구절은 훼손된 부분을 제외하면, 모든 판본 기록이 일치
하고 있다

【미언】
《簡丙》《帛甲》《河上》《王弼》음악과 음식은, 과객을 멈추게 한다.
《帛乙》음악과 □□□, 과객을 멈추게 한다.

【대의】 화려한 음악과 풍성한 음식의 자극적인 것들은 지도자가 백
성의 천성, 즉 원하는 바를 이해하고 따르지 못하게 한다.

《簡丙》故道□□□□淡呵其無味也。
고도□□□□담아기무미야.

《帛甲》故道之出言也, 曰淡呵其無味也。
고도지출언야, 왈담아기무미야.

《帛乙》故道之出言也, 曰淡呵其無味也。
고도지출언야, 왈담아기무미야.

《河上》道之出口, 淡乎其無味。
도지출구, 담호기무미.

《王弼》道之出口, 淡乎其無味。
도지출구, 담호기무미.

【분석】 이 구절은 판본별 문장구조에 차이가 있으나, 그 전달하고자 하는 의미에는 차이가 없다.

아울러서 《簡丙》의 경우, □로 처리한 부분을 다른 판본들과 비교했을 때 어느 곳에서 끊어야 할지 판단하기 어려우므로 그대로 붙여두었음을 밝혀둔다.

【미언】

《簡丙》 그러므로 도□ □□ □□□ 담백하여 그 맛이 없다.

《帛甲》《帛乙》 그러므로 도의 말이 나옴은, 담백하여 그 맛이 없다고 일컫는 것이다.

《河上》《王弼》 도의 입에서 나옴은, 담백하여 그 맛이 없다.

【대의】 대동사회의 통치 이념[道]을 설명하자면, 화려한 음악이나 풍성한 음식과는 달리 자극적이지 않고 수수할 따름이다.

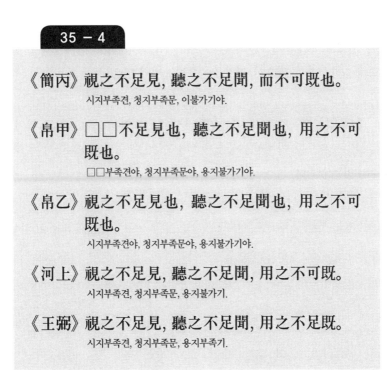

35 – 4

《簡丙》視之不足見, 聽之不足聞, 而不可既也。
시지부족견, 청지부족문, 이불가기야.

《帛甲》□□不足見也, 聽之不足聞也, 用之不可既也。
□□부족견야, 청지부족문야, 용지불가기야.

《帛乙》視之不足見也, 聽之不足聞也, 用之不可既也。
시지부족견야, 청지부족문야, 용지불가기야.

《河上》視之不足見, 聽之不足聞, 用之不可既。
시지부족견, 청지부족문, 용지불가기.

《王弼》視之不足見, 聽之不足聞, 用之不足既。
시지부족견, 청지부족문, 용지부족기.

【분석】 이 구절에서《簡丙》은 다른 판본들이 모두 '用之(용지)'라고 표현한 것과 달리 '말 이을 이(而)'로만 처리해줬다. 하지만 이 역시 전체 맥락에 크게 영향을 미치지는 않는다.

《**簡丙**》 그것을 보아도 충분히 볼 수 없고, 그것을 들어도 충분히 들을 수 없으니, 그래서 다할 수 없다.

《**帛甲**》 □□□ □□□ 충분히 볼 수 없고, 그것을 들어도 충분히 들을 수 없으며, 그것을 사용해도 다할 수 없다.

《**帛乙**》《**河上**》《**王弼**》 그것을 보아도 충분히 볼 수 없고, 그것을 들어도 충분히 들을 수 없으며, 그것을 사용해도 다할 수 없다.

【**대의**】 대동의 통치 이념[道]이라는 것은 보아도 보이지 않고, 들어도 들리지 않으며, 아무리 세상에 베풀어도 끊임이 없이 생성되어서 다 쓸 수가 없는 것이다.

第36章

《簡甲》이나 《簡乙》《簡丙》에는 36장이 남아 있지 않다.
노자는 36장에서 강압적으로 상대방을 제압하기보다는, 자애로움으로 감싸줘야 한다고 역설하
고 있다.

《帛甲》將欲翕之, 必固張之; 將欲弱之, □□强
之; 將欲去之, 必固擧之; 將欲奪之, 必固
予之, 是謂微明。

장욕흡지, 필고장지; 장욕약지, □□강지; 장욕거지, 필고거지; 장욕탈지,
필고여지, 시위미명.

《帛乙》將欲翕之, 必固張之; 將欲弱之, 必固强
之; 將欲去之, 必固擧之; 將欲奪之, 必固
予□, 是謂微明。

장욕흡지, 필고장지; 장욕약지, 필고강지; 장욕거지, 필고거지; 장욕탈지,
필고여□, 시위미명.

《河上》將欲歙之, 必固張之; 將欲弱之, 必固强
之; 將欲廢之, 必固興之; 將欲奪之, 必固
與之, 是謂微明。

장욕흡지, 필고장지; 장욕약지, 필고강지; 장욕폐지, 필고흥지; 장욕탈지,
필고여지, 시위미명.

《王弼》將欲歙之, 必固張之; 將欲弱之, 必固强
之; 將欲廢之, 必固興之; 將欲奪之, 必固
與之, 是謂微明。

장욕흡지, 필고장지; 장욕약지, 필고강지; 장욕폐지, 필고흥지; 장욕탈지,
필고여지, 시위미명.

【분석】 이 구절은 《帛甲》《帛乙》이 '합할 흡(翕)'로 '거두다.'라는
의미를 써주고 '갈 거(去)'와 '들 거(擧)'로 처리한 반면, 《河上》《王弼》은
'들이쉴 흡(歙)'과 '폐할 폐(廢)' '일 흥(興)'으로 처리한 점이 다르다. 하지만
전달하고자 하는 의미에는 차이가 없다.

【미언】

《帛甲》장차 그것을 줄이고자 하면, 잠시 그것을 확장해 주어야 하고; 장차 그것을 약화시키고자 하면, □□ 그것을 강화□□□□□ □□; 장차 그것을 제거하고자 하면, 잠시 그것을 등용해 주어야 하고; 장차 그것을 빼앗으려 한다면, 잠시 그것을 주어야 하니, 이를 희미하게 밝다고 한다.

《帛乙》장차 그것을 줄이고자 하면, 잠시 그것을 확장해 주어야 하고; 장차 그것을 약화시키고자 하면, 잠시 그것을 강화시켜 주어야 하며; 장차 그것을 제거하고자 하면, 잠시 그것을 등용해 주어야 하고; 장차 그것을 빼앗으려 한다면, 잠시 □□□ 주어야 하니, 이를 희미하게 밝다고 한다.

《河上》《王弼》장차 그것을 줄이고자 하면, 잠시 그것을 확장해 주어야 하고; 장차 그것을 약화시키고자 하면, 잠시 그것을 강화시켜 주어야 하며; 장차 그것을 제거하고자 하면, 잠시 그것을 등용해 주어야 하고; 장차 그것을 빼앗으려 한다면, 잠시 그것을 주어야 하니, 이를 희미하게 밝다고 한다.

【대의】대동의 통치 이념[道]은 진정 줄이고자 하면 먼저 잠시 확장해 주어야 하고, 진정 약화시키려면 먼저 잠시 강화시켜야 하며, 진정 없애고자 하면 먼저 잠시 일으켜 주어야 하고, 진정 뺏으려면 먼저 잠시 줘야 하는 것이니, 이를 은밀하게 덕을 밝히는 것이라고 일컫는다.

《帛甲》柔弱勝强。
유약승강.

《帛乙》柔弱勝强。
유약승강.

《河上》柔弱勝剛强。
유약승강강.

《王弼》柔弱勝剛强。
유약승강강.

【분석】 이 구절은 《帛甲》《帛乙》이 '勝强(승강)'으로 표현한 반면, 《河上》《王弼》은 '勝剛强(승강강)'으로 처리해 준 점이 특기할 만하다.

【미언】
《帛甲》《帛乙》《河上》《王弼》 유약함이 강직함을 이긴다.

【대의】 자애로움으로 통치하면 백성이 따르지만, 엄격한 법률이나 제도를 강화하여 누르려 하면 백성이 등을 돌리게 된다.

《帛甲》魚不□脫於淵, 邦利器不可以示人。

어불□탈어연, 방리기불가이시인.

《帛乙》魚不可脫於淵, 國利器不可以示人。

어불가탈어연, 국리기불가이시인.

《河上》魚不可脫於淵, 國之利器不可以示人。

어불가탈어연, 국지리기불가이시인.

《王弼》魚不可脫於淵, 國之利器不可以示人。

어불가탈어연, 국지리기불가이시인.

【분석】 이 구절은 《帛甲》이 '나라 국(國)' 대신에 '나라 방(邦)'을 써 준 점과 《河上》《王弼》이 '나라 국(國)' 뒤에 '갈 지(之)'를 첨가해 준 점을 제외하면, 모든 판본들의 기록이 일치하고 있다.

【미언】

《帛甲》 물고기는 깊은 물을 벗어나면 □□□, 나라를 마음대로 할 수 있는 권력은 남에게 보이면 안 된다.

《帛乙》《河上》《王弼》 물고기는 깊은 물을 벗어나면 안 되고, 나라를 마음대로 할 수 있는 권력은 남에게 보이면 안 된다.

【대의】 물고기가 깊은 물을 벗어나 모습을 드러내 보이면 쉽게 잡히듯이, 한 나라를 마음대로 할 수 있는 권력을 남에게 보이면 결국 원하는 바를 얻지 못하게 되므로, 이굴구신(以屈求伸: 움추림으로 폄을 구한다)의 도리를 깨달아야 한다.

第37章

《簡乙》과《簡丙》에는 37장이 기록되어 있지 않다.

지도자가 순박하면 백성이 순박해지고, 지도자가 사리사욕을 탐하면 백성 역시 사리사욕을 탐하게 되어 나라가 혼란스러워지기 마련이다. 따라서 노자는 지도자의 그릇에 따라 백성의 기질 역시 바뀌게 되므로, 지도자는 항상 대동사회 통치 이념[道]의 소박함으로 나라를 이끌어야 한다고 말하고 있다.

《簡甲》道恒亡爲也, 侯王能守之, 而萬物將自化。

도항무위야, 후왕능수지, 이만물장자화.

《帛甲》道恒無名, 侯王若守之, 萬物將自化。

도항무명, 후왕약수지, 만물장자화.

《帛乙》道恒無名, 侯王若能守之, 萬物將自化。

도항무명, 후왕약능수지, 만물장자화.

《河上》道常無爲而無不爲, 侯王若能守, 萬物將
自化。

도상무위이무불위, 후왕약능수, 만물장자화.

《王弼》道常無爲而無不爲, 侯王若能守之, 萬物
將自化。

도상무위이무불위, 후왕약능수지, 만물장자화.

【분석】 이 구절은 판본별 기록에 일정한 차이가 있지만, 무위의 통치와 무명의 통치는 사실상 일맥상통하므로, 전달하고자 하는 의미에는 큰 차이가 없다.

【미언】

《簡甲》도는 항상 억지로 행하는 바가 없으니, 천자와 제왕이 이를 지킬 수 있다면, 만물이 장차 스스로 변화할 것이다.

《帛甲》《帛乙》도는 항상 무명이니, 천자와 제왕이 만약 이를 지킨다면, 만물이 장차 스스로 변화할 것이다.

《河上》《王弼》도는 항상 행하는 바가 없으나 행하지 않는 바도 없으니, 천자와 제왕이 만약 이를 지킬 수 있다면, 만물이 장차 스스로 변화할 것이다.

【대의】

《簡甲》《河上》《王弼》 대동의 통치 이념[道]은 백성이 원하는 바대로 따르는 것이기 때문에, 억지로 그 천성을 거스르지 않는 '무위'로 다스리는 것이다. 따라서 언뜻 보았을 때 특별히 하는 것이 없어 보이지만, 사실 그 천성을 이해하고 삼가여 겸손하게 노력하는 것이니 최선을 다하는 것이다. 지도자가 만약 이러한 대동의 통치 이념[道]을 실천할 수 있다면, 세상의 모든 백성이 지도자를 믿고 따르게 되어 순박해질 것이다.

《帛甲》《帛乙》 대동의 통치 이념[道]은 지도자가 법률과 제도로 억압하지 않고[無名] 백성이 원하는 바대로 따라서, 억지로 그 천성을 거스르지 않는 '무위'로 다스리는 것이다. 지도자가 만약 이러한 대동의 통치 이념[道]을 실천할 수 있다면, 세상의 모든 백성이 지도자를 믿고 따르게 되어 순박해질 것이다.

《簡甲》化而欲作, 將正之以亡名之樸。
화이욕작, 장정지이무명지박.

《帛甲》化而欲□, □□□□□□名之樸。
화이욕□, □□□□□□명지박.

《帛乙》化而欲作, 吾將鎭之以無名之樸。
화이욕작, 오장진지이무명지박.

《河上》化而欲作, 吾將鎭之以無名之樸。
화이욕작, 오장진지이무명지박.

《王弼》化而欲作, 吾將鎭之以無名之樸。
화이욕작, 오장진지이무명지박.

【분석】 이 구절에서《簡甲》은 '바를 정(正)'으로 표현한 데 반해, 다른 판본들은 '진압할 진(鎭)'으로 써줬다.

【미언】

《簡甲》변하여 억지로 작위 하려 들면, 장차 무명의 질박함으로 그것을 억누를 것이다.

《帛甲》변하여 □□□ □□하려 들면, □□ □□□ □명의 질박함으로 □□□□ □□□□ □□□□.

《帛乙》《河上》《王弼》변하여 억지로 작위 하려 하면, 나는 장차 무명의 질박함으로 그것을 억누를 것이다.

【대의】 지도자가 억지로 작위 하여 법률과 제도로 통제하려고 들면,

나는 내봉사회를 이끈 지노재智老人늘저럼 순박함으로 지도자가 억지로 작위 하지 못하게 할 것이다.

《帛甲》□□□無名之樸, 夫將不欲。
□□□무명지박, 부장불욕.

《帛乙》鎭之以無名之樸, 夫將不欲。
진지이무명지박, 부장불욕.

《河上》無名之樸, 亦將不欲。
무명지박, 역장불욕.

《王弼》無名之樸, 夫亦將無欲。
무명지박, 부역장무욕.

【분석】 이 구절은 판본별 문장구조에 차이가 있지만, 전달하고자 하는 의미에는 변함이 없다. 또한《簡甲》에는 이 구절이 빠져 있음에 유의할 필요가 있다.

【미언】

《帛甲》무명의 질박함□□ □□□ □□□□, 무릇 또한 장차 (억지로 작위) 하지 못하게 한다.

《帛乙》무명의 질박함으로 그것을 억누르면, 무릇 또한 장차 (억지로 작위) 하지 못하게 한다.

《河上》무명의 질박함은, 또한 장차 (억지로 작위) 하지 못하게 한다.

《王弼》무명의 질박함은, 무릇 또한 장차 (억지로 작위) 하지 못하게 한다.

【대의】 이러한 대동사회 통치 이념[道]의 순박함은 지도자가 억지로 작위 하여 법률과 제도로 통제하지 못하게 하므로, 결국에는 나라를 평안하게 할 수 있다.

37 - 4

《簡甲》夫亦將知, 知足以靜, 萬物將自定。
부역장지, 지족이정, 만물장자정.

《帛甲》不欲以靜, 天地將自正。
불욕이정, 천지장자정.

《帛乙》不欲以靜, 天地將自正。
불욕이정, 천지장자정.

《河上》不欲以靜, 天下將自定。
불욕이정, 천하장자정.

《王弼》不欲以靜, 天下將自定。
불욕이정, 천하장자정.

【분석】 이 구절에서 《簡甲》의 앞부분 기록이 다른 판본들과 비교했을 때 확연히 다르지만, 역시 전달하고자 하는 전체적인 맥락은 서로 통한다고 할 수 있다.

【미언】

《簡甲》무릇 역시 장차 (이러한 도리를) 알고, 만족함을 앎으로써 평정을 찾게 되니, 만물은 장차 스스로 안정되게 된다.

《帛甲》《帛乙》《河上》《王弼》(억지로 작위) 하려 하지 않음으로써 평정을 찾게 되니, 세상은 장차 스스로 안정되게 된다.

【대의】지도자가 억지로 작위 하여 법률과 제도로 통제하지 않으면 평정을 찾게 되니, 세상은 다시 대동사회로 돌아가게 되어 평안해진다.

第38章

《簡甲》이나《簡乙》《簡丙》에는 38장이 남아 있지 않다.

노자는 38장에서 덕(德)과 인(仁), 의(義), 예(禮) 간의 상관관계에 대해서 설명하고 있는데, 이를 통해서 노자가 주장하는 통치 이념[道]은 소강(小康)이 아닌 대동(大同)으로의 복귀에 있음이 자명해진다.

《帛甲》□□□□, □□□□; □□□□□□, □□□德。

□□□□, □□□□; □□□□□□, □□□덕.

《帛乙》上德不德, 是以有德; 下德不失德, 是以無德。

상덕부덕, 시이유덕; 하덕부실덕, 시이무덕.

《河上》上德不德, 是以有德; 下德不失德, 是以無德。

상덕부덕, 시이유덕; 하덕부실덕, 시이무덕.

《王弼》上德不德, 是以有德; 下德不失德, 是以無德。

상덕부덕, 시이유덕; 하덕부실덕, 시이무덕.

【분석】 이 구절은 훼손된 부분들 제외한 모든 판본의 기록이 동일하다.

【미언】

《帛甲》□□□ □□ □□ □□□ □□□ □□, □ □□□ □□ □□, □□□ □□ □□ □□ □□□ □□, □ □□□ 덕이 □□.

《帛乙》《河上》《王弼》 상급의 덕은 덕이 있다고 여기지 않아, 이 때문에 덕이 있고, 하급의 덕은 덕을 잃지 않으려 하니, 이 때문에 덕이 없다.

【대의】 대동사회의 지도자[聖人]들은 천성에 따를 뿐 스스로 덕이

있나고 사처하지 않았기 때문에, 계속해서 덕치를 행할 수 있었다. 하지만 다른 지도자들은 법률과 제도를 강화하여 인위적인 덕치를 행하고자 했기 때문에, 오히려 덕치를 행할 수 없었다.

38 - 2

《帛甲》上德無□□無以爲也。
상덕무□□무이위야.

《帛乙》上德無爲而無以爲也。
상덕무위이무이위야.

《河上》上德無爲而無以爲。
상덕무위이무이위.

《王弼》上德無爲而無以爲。
상덕무위이무이위.

【분석】 이 구절은 판본별로 '어조사 야(也)'로 마무리했는지 아닌지의 차이점만이 존재한다.

【미언】
《帛甲》상급의 덕은 □□□□ 없어서 의도하는 바가 없다.
《帛乙》《河上》《王弼》상급의 덕은 작위함이 없어서 의도하는 바가 없다.

【대의】 대동사회의 덕치는 억지로 작위 하지 않는 '무위'로 다스리

는 것이기 때문에, 하늘이 부여한 천성에 따를 뿐 다른 의도하는 바가 없
는 것이다.

38 - 3

《河上》下德爲之而有以爲。
하덕위지이유이위.

《王弼》下德爲之而有以爲。
하덕위지이유이위.

【분석】 이 구절은《帛甲》과《帛乙》에 보이지는 않지만, 38−1의
내용과 사실상 중복되고 있다. 따라서《帛甲》과《帛乙》에 보이지 않는
다고 해서《河上》과《王弼》에서 새로 추가한 부분으로 볼 수는 없을 것
이다.

【미언】
《河上》《王弼》하급의 덕은 작위함이 있어서 의도하는 바가 있다.

【대의】 소강사회의 덕치는 법률과 제도로 통제하는 것이기 때문에,
하늘이 부여한 천성에 따르지 않고 억지로 작위 하여 다른 의도하는 바가
있는 것이다.

《帛甲》上仁爲之□□以爲也。
　　　상인위지□□이위야.

《帛乙》上仁爲之而無以爲也。
　　　상인위지이무이위야.

《河上》上仁爲之而無以爲。
　　　상인위지이무이위.

《王弼》上仁爲之而無以爲。
　　　상인위지이무이위.

【분석】 이 구절 역시 '어조야 야(也)'의 유무를 제외하고는, 모든 판본 기록이 일치하고 있다.

【미언】
《帛甲》 상급의 어짊은 작위 하는 바가 있□□ 의도하는 바가 □□.
《帛乙》《河上》《王弼》 상급의 어짊은 작위 하는 바가 있으나 의도하는 바가 없다.

【대의】 어짊이라는 것은 자신의 윗사람 나아가 군주를 진심으로 섬기고 따라야 한다는 것이니, 천성에 따르지 않고 억지로 작위 하는 것이다. 하지만 어짊 역시 결국에는 나라와 백성의 안위를 위하는 것을 최종목적으로 하고 있으므로, 그 밖에 다른 의도하는 바가 있는 것은 아니다.

《帛甲》上義爲之而有以爲也。
상의위지이유이위야.

《帛乙》上義爲之而有以爲也。
상의위지이유이위야.

《河上》上義爲之而有以爲。
상의위지이유이위.

《王弼》上義爲之而有以爲。
상의위지이유이위.

【분석】 이 구절도 '어조야 야(也)'의 유무를 제외하고는, 모든 판본 기록이 일치하고 있다.

【미언】
《帛甲》《帛乙》《河上》《王弼》 상급의 의로움은 작위 하는 바가 있어서 의도하는 바가 있다.

【대의】 의로움이라는 것은 계급상의 서열을 명확하게 하고 그 서열에서 마땅히 지켜야 할 바를 목숨을 걸고 지켜야 한다는 것이니, 이에는 열 가지 도리가 있다: 아버지는 자애롭고, 아들은 효도하며, 형은 착하고, 아우는 공경하며, 남편은 합당한 행동을 하고, 아내는 순종하며, 어른은 은혜를 베풀고, 어린이는 따르며, 임금은 진심으로 섬겨서 따르고, 신하는 충후해야 한다.

그런데 열 가지 의로움 중에서 아들과 아우, 아내, 어린이, 신하의 도리는 이젊과 일치하고 있으니, 어젊이란 나늠 아닌 의로움의 근본이 되기 때문이다. 다시 말해서 의로움의 존재 이유는 바로 어젊이니, 이처럼 의로움은 천성에 따르지 않고 억지로 작위하여 어젊을 지키는 것이므로, 나라와 백성의 안위를 위하는 것 외에 다른 의도하는 바가 있는 것이다.

38 - 6

《帛甲》上禮□□□□□□□, □攘臂而扔之。
상례□□□□□□□, □양비이잉지.

《帛乙》上禮爲之而莫之應也, 則攘臂而扔之。
상례위지이막지응야, 즉양비이잉지.

《河上》上禮爲之而莫之應, 則攘臂而仍之。
상례위지이막지응, 즉양비이잉지.

《王弼》上禮爲之而莫之應, 則攘臂而扔之。
상례위지이막지응, 즉양비이잉지.

【분석】 이 구절에서《河上》은 '인할 잉(仍)'을 써줌으로써 다른 판본들의 '부술 잉(扔)'과 확연히 구분된다. 그런데 '인할 잉(仍)'에는 '따르다, 기대다, 좇다.'라는 의미가 있고, 이대로 해석하면 문장 앞뒤의 내용에 모순이 생기므로, 이는 '부술 잉(扔)'을 잘못 기록한 것으로 판단할 수 있을 것이다.

【미언】
《帛甲》 상납의 예는 □□□□ □□ □□□ □□□□□ □□ □□,

□ 팔을 걷어붙이고 그것을 내버린다.

《帛乙》《王弼》상급의 예는 작위 하는 바가 있으나 응답하지 않을 때면, 곧 팔을 걷어붙이고 그것을 내버린다.

《河上》상급의 예는 작위하는 바가 있으나 응답하지 않을 때면, 곧 팔을 걷어붙이고 그것을 따른다.

【대의】예라는 것은 조화로움을 위해서 절제하고 통제해야 한다는 것이니, 억지로 작위 하는 것이다. 그런데 상대방이 자신의 예에 반응을 보이지 않게 되면 예를 버리고 곧 따지게 되니, 결국 예라는 것은 대단히 형식적인 것에 불과하다.

38 - 7

《帛甲》故失道而后德, 失德而后仁, 失仁而后義,
□□□□□。
고실도이후덕, 실덕이후인, 실인이후의, □□□□□.

《帛乙》故失道而后德, 失德而后仁, 失仁而后義,
失義而后禮。
고실도이후덕, 실덕이후인, 실인이후의, 실의이후예.

《河上》故失道而後德, 失德而後仁, 失仁而後義,
失義而後禮。
고실도이후덕, 실덕이후인, 실인이후의, 실의이후예.

《王弼》故失道而後德, 失德而後仁, 失仁而後義,
失義而後禮。
고실도이후덕, 실덕이후인, 실인이후의, 실의이후예.

【분석】 이 구절은 훼손된 부분을 제외한 모든 판본의 기록이 일치하고 있다.

【미언】

《帛甲》 그러므로 도를 잃은 후에 비로소 덕이 있고, 덕을 잃은 후에 인이 있으며, 인을 잃은 후에 의가 있고, □□ □□ □□ □□ □□.

《帛乙》《河上》《王弼》 그러므로 도를 잃은 후에 비로소 덕이 있고, 덕을 잃은 후에 인이 있으며, 인을 잃은 후에 의가 있고, 의를 잃은 후에 예가 있다.

【대의】 따라서 상위개념인 대동의 통치 이념[道]이 사라지게 되면 그 하위개념인 대동사회의 지도자[聖人]들이 행한 강함과 부드러움의 통치법을 조화롭게 실천하려는 절조[德]가 나타나고, 덕이 사라지면 그 하위개념인 어짊[仁]이 나타나며, 어짊이 사라지면 그 하위개념인 의로움[義]이 나타나고, 의로움이 사라지면 마지막으로 예[禮]가 나타난다.

《帛甲》□□□, □□□□□而亂之首也。
□□□, □□□□□이난지수야.

《帛乙》夫禮者, 忠信之薄也而亂之首也。
부예자, 충신지박야이난지수야.

《河上》夫禮者, 忠信之薄而亂之首。
부예자, 충신지박이난지수.

《王弼》夫禮者, 忠信之薄而亂之首。
부예자, 충신지박이난지수.

【분석】 이 구절 역시 '어조야 야(也)'의 유무를 제외하고는, 모든 판본 기록이 일치하고 있다.

【미언】
《帛甲》□□ □□□ □□, □□□□ □□□ □□□□□ 재난과 변란의 발단이다.

《帛乙》《河上》《王弼》무릇 예라는 것은, 공정함과 신뢰의 부족함이며 재난과 변란의 발단이다.

【대의】 이처럼 예라는 것은, 마음이 가운데를 지니는 공정하고도 객관적인 태도[忠]와 신뢰[信]가 부족해야 나타나는 것이고, 또한 국가 혼란의 도화선이 된다.

《帛甲》□□□, 道之華也, 而愚之首也。
□□□, 도지화야, 이우지수야.

《帛乙》前識者, 道之華也, 而愚之首也。
전식자, 도지화야, 이우지수야.

《河上》前識者, 道之華而愚之始。
전식자, 도지화이우지시.

《王弼》前識者, 道之華也, 而愚之始。
전식자, 도지화야, 이우지시.

【분석】이 구절에서《帛甲》과《帛乙》은 '머리 수(首)'로 기록한 반면,《河上》과《王弼》은 '비로소 시(始)'로 써줬다. 하지만 두 단어는 모두 '시작'이라는 뜻을 지니므로, 전달하고자 하는 의미에는 차이가 없다.

【미언】

《帛甲》□□□ □□ □□□, 도의 사치스러움이자, 우매함의 시작이다.

《帛乙》《河上》《王弼》앞서서 아는 것이란, 도의 사치스러움이자, 우매함의 시작이다.

【대의】대동의 통치 이념[道]은 삼가여 하늘이 부여한 천성에 따르면 되는 것이기에, 지도자가 굳이 앞일을 내다보려 하는 것은 불필요한 것이자 오히려 어리석게 되는 것이다.

《帛甲》是以大丈夫居其厚而不居其薄; 居其實不
居其華。
시이대장부거기후이불거기박; 거기실불거기화.

《帛乙》是以大丈夫居□□□□居其薄; 居其實
而不居其華。
시이대장부거□□□□거기박; 거기실이불거기화.

《河上》是以大丈夫處其厚不處其薄; 處其實不居
其華。
시이대장부처기후불처기박; 처기실불거기화.

《王弼》是以大丈夫處其厚不居其薄; 處其實不居
其華。
시이대장부처기후불거기박; 처기실불거기화.

【분석】 이 구절은 판본별로 '살 거(居)'와 '곳 처(處)'를 서로 달리 써준 점 외에, 별다른 차이점은 보이지 않는다.

【미언】

《帛甲》《河上》《王弼》 이 때문에 대장부는 돈후함에 머무르지 각박함에 머무르지는 않고, 내실을 기하려 하지 화려함을 쫓지 않는다.

《帛乙》 이 때문에 대장부는 □□□□ 머무르□ 각박함에 머무르지는 □□, 내실을 기하려 하지 화려함을 쫓지 않는다.

【대의】 이러한 이유로 참된 지도자는 공정하고도 객관적인 태도[忠]

와 신뢰[信] 그리고 자애로움[慈]으로 나라를 다스렸지 법률과 제도로 백
성을 통제하지 않았고, 대동사회 통치 이념[道]의 핵심인 천성에 따르려고
삼가 노력했지 불필요하게 앞일을 내다보려 하지 않았다.

38 - 11

《帛甲》故去彼取此。
고거피취차.

《帛乙》故去彼而取此。
고거피이취차.

《河上》故去彼取此。
고거피취차.

《王弼》故去彼取此。
고거피취차.

【분석】 이 구절은 판본별로 문장구조에 약간의 차이가 있지만, 전달
하고자 하는 의미에는 차이점이 보이지 않는다.

【미언】
《帛甲》《帛乙》《河上》《王弼》 그러므로 저것을 버리고 이것을 취하는
것이다.

【대의】 따라서 대동사회를 이끈 지도자[聖人]들은 후자인 각박함과
허황함을 버리고, 진자인 돈후함과 내실을 구함을 추구하였던 것이다.

第39章

《簡甲》이나《簡乙》《簡丙》에는 39장이 남아 있지 않다.

노자는 39장에서 지도자란 마땅히 순일한 덕을 품고, 또 자신을 백성 아래에 두는 겸손함을 갖춰야 한다고 강조하고 있다.

《帛甲》昔之得一者, 天得一以清, 地得□以寧, 神得一以靈, 谷得一以盈, 侯□□□而以爲□□正。

석지득일자, 천득일이청, 지득□이녕, 신득일이령, 곡득일이영, 후□□□이이위□□정.

《帛乙》昔得一者, 天得一以清, 地得一以寧, 神得一以靈, 谷得一盈, 侯王得一以爲天下正。

석득일자, 천득일이청, 지득일이녕, 신득일이령, 곡득일영, 후왕득일이위천하정.

《河上》昔之得一者, 天得一以清, 地得一以寧, 神得一以靈, 谷得一以盈, 萬物得一以生, 侯王得一以爲天下正。

석지득일자, 천득일이청, 지득일이녕, 신득일이령, 곡득일이영, 만물득일이생, 후왕득일이위천하정.

《王弼》昔之得一者, 天得一以清, 地得一以寧, 神得一以靈, 谷得一以盈, 萬物得一以生, 侯王得一以爲天下貞。

석지득일자, 천득일이청, 지득일이녕, 신득일이령, 곡득일이영, 만물득일이생, 후왕득일이위천하정.

【분석】《帛甲》《帛乙》에는 《河上》《王弼》의 '萬物得一以生(만물득일이생)' 구가 빠져 있다. 또한 《帛甲》에는 '谷得一以盈(곡득일이영)'으로 되어 있는 부분이 《帛乙》에서는 '谷得一盈(곡득일영)'으로 처리된 점도 특기할 만하다. 이를 제외하는 판본들의 모든 부분이 일치하고 있다.

【미언】

《帛甲》 옛날에 하나를 얻음에 있어, 하늘이 하나를 얻으면 청명하고, 땅이 □□□ 얻으면 평온하며, 오묘함이 하나를 얻으면 영험해지고, 계곡이 하나를 얻으면 넉넉해지고, 천자와 □□□ □□□ □□면 □□□ 충정이 된다.

《帛乙》 옛날에 하나를 얻음에 있어, 하늘이 하나를 얻으면 청명하고, 땅이 하나를 얻으면 평온하며, 오묘함이 하나를 얻으면 영험해지고, 계곡이 하나를 얻으면 넉넉해지고, 천자와 제후가 하나를 얻으면 세상의 충정이 된다.

《河上》《王弼》 옛날에 하나를 얻음에 있어, 하늘이 하나를 얻으면 청명하고, 땅이 하나를 얻으면 평온하며, 오묘함이 하나를 얻으면 영험해지고, 계곡이 하나를 얻으면 넉넉해지고, 만물이 하나를 얻으면 생동하고, 천자와 제후가 하나를 얻으면 세상의 충정이 된다.

【대의】 옛날부터 두 마음을 품지 않는 순일한 덕[一德]을 얻음에 있어서, 하늘이 순일한 덕을 품으면 사념이 없이 맑고도 밝아지고, 땅이 순일한 덕을 품으면 고요하고 평안해지며, 오묘함이 순일한 덕을 품으면 거룩하고도 슬기로워지고, 자애로움이 순일한 덕을 품으면 충만해져 여유가 있게 되며, 만물이 순일한 덕을 품으면 생기가 감돌게 되고, 지도자가 순일한 덕을 품으면 세상이 충실하고 올바르게 된다.

《帛甲》其誠之也, 謂天毋已淸將恐□, 謂地毋□
□將恐□, 謂神毋已靈□恐歇, 謂谷毋已
盈將恐竭, 謂侯王毋已貴□□□□□。

기계지야, 위천무이청장공□, 위지무□□장공□, 위신무이령□공헐, 위
곡무이영장공갈, 위후왕무이귀□□□□□.

《帛乙》其誠也, 謂天毋已淸將恐裂, 地毋已寧將
恐發, 神毋□□□恐歇, 谷毋已□將竭,
侯王毋已貴以高將恐蹶。

기계야, 위천무이청장공열, 지무이녕장공발, 신무□□□공헐, 곡무이□
장갈, 후왕무이귀이고장공궐.

《河上》其致之, 天無以淸將恐裂, 地無以寧將恐
發, 神無以靈將恐歇, 谷無以盈將恐竭, 萬
物無以生將恐滅, 侯王無以貴高將恐蹶。

기치지, 천무이청장공열, 지무이녕장공발, 신무이령장공헐, 곡무이영장
공갈, 만물무이생장공멸, 후왕무이귀고장공궐.

《王弼》其致之, 天無以淸將恐裂, 地無以寧將恐
發, 神無以靈將恐歇, 谷無以盈將恐竭, 萬
物無以生將恐滅, 侯王無以貴高將恐蹶。

기치지, 천무이청장공열, 지무이녕장공발, 신무이령장공헐, 곡무이영장
공갈, 만물무이생장공멸, 후왕무이귀고장공궐.

【분석】《河上》과《王弼》에서 '없을 무(無)'를 쓴 반면,《帛甲》과
《帛乙》에서는 '말 무(毋)'로 표기하여 '~하지 말다.'로 표현했다.

그리고《帛甲》《帛乙》에는《河上》《王弼》의 '萬物無以生將恐滅
(만물무이생장공멸)'구가 빠져 있다.

마지막으로 《帛甲》은 매번 앞에 '이를 위(謂)'를 써준 반면,《帛乙》은 맨 앞에서 한 번만 써준 점도 특기할 만하다.

【미언】

《帛甲》그것을 경계하노니, 하늘이 청명하지 않으면 □□□ 것이라 일컫고, 땅이 □□□□ 않으면 □□□ 것이라 일컬으며, 오묘함이 영험하지 않으면 멈출 □□□ 일컫고, 계곡이 넉넉하지 않으면 사라질 것이라 일컬으며, 천자와 제왕이 귀히 여기고 □□□□ 않으면 □□□ 것이라고 일컫는 것이다.

《帛乙》그것을 경계하노니, 하늘이 청명하지 않으면 무너질 것이고, 땅이 평온하지 않으면 흩어질 것이며, 오묘함이 □□□□ □□□ 멈출 □□□, 계곡이 □□□□ 않으면 사라질 것이며, 천자와 제왕이 귀히 여기고 숭상하지 않으면 와해될 것이라 일컫는다.

《河上》《王弼》그것을 그만두게 되어, 하늘이 청명하지 않으면 무너질 것이고, 땅이 평온하지 않으면 흩어질 것이며, 오묘함이 영험하지 않으면 멈출 것이고, 계곡이 넉넉하지 않으면 사라질 것이며, 만물이 생동하지 않으면 멸망할 것이고, 천자와 제왕이 귀히 여기고 숭상하지 않으면 와해될 것이다.

【대의】 두 마음을 품지 않는 순일한 덕을 얻지 못하여, 하늘이 맑고도 밝지 않으면 무너질 것이고, 땅이 고요하고 평안하지 않으면 흩어질 것이며, 오묘함은 거룩하고 슬기롭지 않으면 멈출 것이고, 자애로움은 충만하여 여유가 있지 않으면 사라질 것이며, 만물에 생기가 감돌지 않으면 멸망할 것이고, 지도자가 백성들을 귀히 여기고 숭상하지 않으면 나라가 와해될 것이다.

《帛甲》故必貴而以賤爲本, 必高矣而以下爲基。
고필귀이이천위본, 필고의이이하위기.

《帛乙》故必貴以賤爲本, 必高矣而以下爲基。
고필귀이천위본, 필고의이이하위기.

《河上》故貴以賤爲本, 高必以下爲基。
고귀이천위본, 고필이하위기.

《王弼》故貴以賤爲本, 高以下爲基。
고귀이천위본, 고이하위기.

【분석】 이 구절은 대체적으로 판본별 의미가 일치하고 있다. 다만 일부 판본에서 '반드시 필(必)'을 써줘서 문장을 강조하고, '말 이을 이(而)'를 써서 '그런데도'라고 해석하고 있는 점에는 유의할 필요가 있다.

【미언】
《帛甲》《帛乙》따라서 반드시 귀함은 그런데도 비천함을 근본으로 삼고, 반드시 높음은 그런데도 낮음을 기반으로 삼는다.
《河上》《王弼》따라서 귀함은 비천함을 근본으로 삼고, 높음은 낮음을 기반으로 삼는다.

【대의】 그러므로 지도자와 같이 귀한 신분은 반드시 자신을 낮춰서 백성을 나라의 근본으로 귀히 여기고, 지도자와 같이 높은 신분은 반드시 자신을 낮춰서 백성을 숭상해야 하는 것이다.

《帛甲》夫是以侯王自謂□寡不穀。
부시이후왕자위□과불곡.

《帛乙》夫是以侯王自謂孤寡不穀。
부시이후왕자위고과불곡.

《河上》是以侯王自謂孤寡不穀。
시이후왕자위고과불곡.

《王弼》是以侯王自謂孤寡不穀。
시이후왕자위고과불곡.

【분석】이 구절은《帛甲》과《帛乙》이 맨 앞에 '지아비 부(夫)'를 써서 발어사로 처리해 준 점이 특기할 만하다.

【미언】

《帛甲》무릇 이 때문에 천자와 제후는 스스로를 □, 과, 불곡이라고 칭하였다.

《帛乙》무릇 이 때문에 천자와 제후는 스스로를 고, 과, 불곡이라고 칭하였다.

《河上》《王弼》이 때문에 천자와 제후는 스스로를 고, 과, 불곡이라고 칭하였다.

【대의】이러한 이유 때문에, 지도자는 스스로를 외로운 존재, 작고 미약한 존재, 곡식만도 못하여 백성을 잘 기르지 못하는 존재라고 불렀던 것이다.

《帛甲》此其□□□□? □□?
　　차기□□□□? □□?

《帛乙》此其賤之本與? 非也?
　　차기천지본여? 비야?

《河上》此其以賤爲本耶? 非乎?
　　차기이천위본야? 비호?

《王弼》此非以賤爲本邪? 非乎?
　　차비이천위본야? 비호?

【분석】이 구절은 판본별 문장구조가 다르지만, 그 전달하고자 하는 의도는 일치하고 있다. 다만《王弼》을 제외한 나머지 판본들이 모두 '그 기(其)'를 써서 '아마도, 혹은'이라고 표현해준 점은 특기할 만하다.

【미언】

《帛甲》이것이 아마도 □□□ □□□ □□□? □□□□?
《帛乙》이것이 아마도 낮춤의 근본일 터이니? 아니한가?
《河上》《王弼》이는 비천함을 근본으로 삼는 것이 아닌가? 아니한가?

【대의】이것이야말로 지도자가 자신을 낮춰서 백성을 나라의 근본으로 귀히 여긴다는 것이 아니겠는가? 그렇지 않은가?

《帛甲》故致數譽無譽。
고치수예무예.

《帛乙》故致數譽無譽。
고치수예무예.

《河上》故致數車無車。
고치수거무거.

《王弼》故致數輿無輿。
고치수예무예.

【분석】《河上》에는 '명예 예(輿)' 또는 '명예 예(譽)'가 아닌 '수레 거(車)'로 표기되어 있는데, 이는 아마도 잘못 기록된 것으로 간주해야 할 것이다. 만약 그렇지 않다면 '수레 거(車)'는 '수레바퀴'로 해석되어야 하는데, 설령 '수레바퀴'로 해석해도 전달하고자 하는 의미에는 큰 차이가 없을 것으로 사료된다. 이와 관련해서는 27−1을 참고하면, 쉬이 이해가 될 것이다.

【미언】
《帛甲》《帛乙》《王弼》그러므로 최고의 영예에 이르면 영예가 없는 것이다.
《河上》그러므로 최고의(훌륭한) 수레바퀴에 이르면 수레바퀴가 없는 것이다.

【대의】 따라서 대동사회를 이끈 지도자[聖人]들처럼, 가장 훌륭한 지도자는 백성이 그가 존재함을 알 뿐인 것이다.

39 - 7

《帛甲》 是故不欲□□若玉, 硌□□□。
시고불욕□□약옥, 락□□□.

《帛乙》 是故不欲祿祿若玉, 硌硌若石。
시고불욕록록약옥, 락락약석.

《河上》 不欲碌碌如玉, 落落如石。
불욕록록여옥, 락락여석.

《王弼》 不欲琭琭如玉, 珞珞如石。
불욕록록여옥, 락락여석.

【분석】 이 구절은 판본별 문장구조가 일치한다. 다만 쓰인 단어가 각각 다른데, 전달하고자 하는 의미에는 큰 차이가 없다.

혹은 판본별로 기록하는 과정에서, 기록자들의 실수나 기억 상 오류로 인해서 글자가 바뀌었던 것으로 추측할 수도 있을 것이다.

【미언】

《帛甲》 이러한 이유 때문에 옥과 같이 □□□보다는, □□□ □□□ □□ 장대한 □□ □□.

《吊乙》이러한 이유 때문에 옥과 같이 복스럽기보다는, 차라리 돌과 같이 장대한 것이 낫다.

《河上》옥과 같이 푸르지만 무능하기보다는, 차라리 돌과 같이 볼품없지만 (뭔가를) 이루는 것이 낫다.

《王弼》옥과 같이 귀하기보다는, 차라리 돌과 같이 단단한 것이 낫다.

【대의】 이러한 연유 때문에, 지도자는 옥처럼 겉으로 화려함을 추구하기보다는, 차라리 돌처럼 겉은 보잘것없지만 속은 단단하여 내실이 있는 모습을 추구해야 하는 것이다. 아울러 대동의 통치 이념[道]의 핵심인 천성에 따르려고 삼가 노력해야지, 불필요하게 앞일을 내다볼 필요가 없는 것이다.

第40章

《簡乙》과《簡丙》에는 40장이 남아 있지 않다.

노자는 40장에서 순일한 덕으로 천성에 따르는 무위의 대동사회가, 제도로 통제하는 소강사회보다 더 우선하여 태고 때부터 존재해 왔다고 설명하고 있다.

《簡甲》返也者, 道動也; 弱也者, 道之用也。
반야자, 도동야; 약야자, 도지용야.

《帛甲》□□□, 道之動也; 弱也者, 道之用也。
□□□, 도지동야; 약야자, 도지용야.

《帛乙》反也者, 道之動也; □□者, 道之用也。
반야자, 도지동야; □□자, 도지용야.

《河上》反者, 道之動; 弱者, 道之用。
반자, 도지동; 약자, 도지용.

《王弼》反者, 道之動; 弱者, 道之用。
반자, 도지동; 약자, 도지용.

【분석】 이 구절은 판본별 문장구조가 전반적으로 비슷하다. 다만 《簡甲》은 다른 판본들과 달리 '돌이킬 반(返)'으로 써준 점에 유의할 필요가 있다.

【미언】
《簡甲》되돌아옴은, 도의 움직임이요; 유약함은, 도의 효용이다.
《帛甲》□□□, 도의 움직임이요; 유약함은, 도의 효용이다.
《帛乙》반대는, 도의 움직임이요; □□□은, 도의 효용이다.
《河上》《王弼》반대는, 도의 움직임이요; 유약함은, 도의 효용이다.

【대의】 우리가 상식적으로 맞는다고 여기는 개념과 반대되는 것이

대동의 통치 이념[道]이다. 또한 자애로움으로 감싸고 포용하는 것이 바로
대동의 통치 이념[道]이 추구하는 바를 만족시키는 구체적인 효능이 된다.

40 - 2

《簡甲》天下之物生於有, 生於亡。
천하지물생어유, 생어무.

《帛甲》天□□□□□□, □□□□。
천□□□□□, □□□□.

《帛乙》天下之物生於有, 有□於無。
천하지물생어유, 유□어무.

《河上》天下萬物生於有, 有生於無。
천하만물생어유, 유생어무.

《王弼》天下萬物生於有, 有生於無。
천하만물생어유, 유생어무.

【분석】 이 구절은 판본별 문장구조에 약간의 차이가 존재하지만, 전
달하고자 하는 의미는 일치하고 있다.

【미언】
《簡甲》 세상 만물은 유에서 생겨나고, (유는) 무에서 생겨난다.
《帛甲》 세□ □□□ □□□ □□□□, □□ □□□ □□□□.
《帛乙》 세상 만물은 유에서 생겨나고, 유는 무에서 □□□□.

《河上》《王弼》 세상 만물은 유에서 생겨나고, 유는 무에서 생겨난다.

【대의】 세상 만물이 여럿으로 나뉘어 서로 분리된 이유는, 소강사회에서 통제를 강화하기 위해 제도를 세분화했기 때문이다. 그런데 이렇듯 통제의 명분이 되는 제도를 강화하고 세분화하는 소강사회는, 제도를 강화하거나 세분화하지 않았던 태고의 대동사회 이후에야 생겨난 것이다.

第41章

《簡甲》과 《簡丙》에는 41장이 기록되어 있지 않다.

노자는 41장에서 대동의 통치 이념[道]이 우리가 상식적으로 생각하는 것과 반대 방향으로 향한다고 전제하고, 나아가 이러한 대동의 통치 이념[道]은 너무나도 커서 그 끝을 알 수 없다고 말하며, 아울러서 이러한 통치 이념[道]으로 다스려야 만이 대동사회로 돌아갈 수 있다고 역설하고 있다.

《簡乙》上士聞道, 勤能行於其中。
상사문도, 근능행어기중.

《帛甲》□□□□, □□□□。

《帛乙》上□□道, 勤能行之。
상□□도, 근능행지.

《河上》上士聞道, 勤而行之。
상사문도, 근이행지.

《王弼》上士聞道, 勤而行之。
상사문도, 근이행지.

【분석】 이 구절은 각 판본별 문장구조에 약간의 차이는 있지만, 전달하고자 하는 의미는 일치하고 있다.

【미언】
《簡乙》 수준이 높은 선비가 도를 들으면, 부지런히 그 (도의 범위) 안에서 행할 수 있도록 한다.
《帛乙》 수준이 □□ □□□ 도를 □□□, 부지런히 그것을 행할 수 있도록 한다.
《河上》《王弼》 수준이 높은 선비가 도를 들으면, 부지런히 그것을 행한다.

【대의】 수준이 높은 사람은 대동의 통치 이념[道]을 접하게 되면, 삼가여 실천하려고 노력한다.

《簡乙》中士聞道, 若存若亡。

중사문도, 약존약무.

《帛甲》□□□□, □□□□。

《帛乙》中士聞道, 若存若亡。

중사문도, 약존약무.

《河上》中士聞道, 若存若亡。

중사문도, 약존약무.

《王弼》中士聞道, 若存若亡。

중사문도, 약존약무.

【분석】 이 구절은 훼손된 부분을 제외한 모든 판본의 기록이 동일하다.

【미언】

《簡乙》《帛乙》《河上》《王弼》 수준이 중간인 선비가 도를 들으면, 있는 듯 없는 듯하다.

【대의】 평범한 사람은 대동의 통치 이념[道]을 접하게 되면, 반신반의하게 된다.

《簡乙》下士聞道, 大笑之。
하사문도, 대소지.

《帛甲》□□□□, □□□。

《帛乙》下士聞道, 大笑之。
하사문도, 대소지.

《河上》下士聞道, 大笑之。
하사문도, 대소지.

《王弼》下士聞道, 大笑。
하사문도, 대소.

【분석】 이 구절은《王弼》을 제외한 나머지 판본들의 기록이 모두 일치하고 있다.

【미언】
《簡乙》《帛乙》《河上》 수준이 낮은 선비가 도를 들으면, 그것(도)을 크게 비웃는다.
《王弼》 수준이 낮은 선비가 도를 들으면, 크게 비웃는다.

【대의】 수준이 낮은 사람은 대동의 통치 이념[道]을 접하게 되면, 도저히 이해할 수 없어서 세상에 그런 게 어디 있느냐고 비웃기조차 한다.

《簡乙》弗大笑, 不足以爲道矣。
불대소, 부족이위도의.

《帛甲》□□, □□□□□。

《帛乙》弗笑, □□以爲道。
불소, □□이위도.

《河上》不笑, 不足以爲道。
불소, 부족이위도.

《王弼》不笑, 不足以爲道。
불소, 부족이위도.

【분석】 이 구절 역시 각 판본별 문장구조에 약간의 차이는 있지만, 전달하고자 하는 의미는 일치하고 있다.

【미언】
《簡乙》크게 비웃지 않으면, 도라고 하기에 부족하다.
《帛乙》비웃지 않으면, 도라고 하기에 □□□□.
《河上》《王弼》비웃지 않으면, 도라고 하기에 부족하다.

【대의】 비웃지 않으면 오히려 대동의 통치 이념[道]이라고 하기에 부족한 것이니, 이처럼 대동의 통치 이념[道]은 아무나 이해하고 실천할 수 있는 것이 아니다.

《簡乙》是以建言有之; 明道如悖, 遲夷道□□,
□道若退。

시이건언유지; 명도여패, 지이도□□, □도약퇴.

《帛甲》□□□□□□□; □□□□, □□□
□, □□□□。

《帛乙》是以建言有之曰; 明道如昧, 進道如退, 夷
道如類。

시이건언유지왈; 명도여매, 진도여퇴, 이도여뢰.

《河上》故建言有之; 明道若昧, 進道若退, 夷道若
類。

고건언유지; 명도약매, 진도약퇴, 이도약뢰.

《王弼》故建言有之; 明道若昧, 進道若退, 夷道若
纇。

고건언유지; 명도약매, 진도약퇴, 이도약뢰.

【분석】《簡乙》은 '거스를 패(悖)'를 써서 '가리다, 엄폐하다.'로 표현
했고, '더딜 지(遲)'를 앞에 써주어 '이에, 이리하여'라고 처리한 점이 특기
할 만하다.

또한《帛乙》과《河上》은 '치우칠 뢰(類)'로 써준 점 역시 유의할 필요
가 있다.

【미인】

《簡乙》이 때문에 그것이 있음을 건의하노니; 밝은 도는 마치 가린 듯하고, 더디고도 평탄한 도는 □□ □□□ □□ □□□, □□□□ 도는 마치 물러서는 것과 같다.

《帛乙》이 때문에 그것이 있음을 건의하노니 말하자면; 밝은 도는 마치 어두운 듯하고, 나아가는 도는 마치 물러서는 것과 같으며, 평탄한 도는 마치 치우친 듯하다.

《河上》그러므로 그것이 있음을 건의하노니; 밝은 도는 마치 어두운 듯하고, 나아가는 도는 마치 물러서는 것과 같으며, 평탄한 도는 마치 치우친 듯하다.

《王弼》그러므로 그것이 있음을 건의하노니; 밝은 도는 마치 어두운 듯하고, 나아가는 도는 마치 물러서는 것과 같으며, 평탄한 도는 마치 결점이 있는 듯하다.

【대의】

따라서 다음과 같이 의견을 제시한다. 밝은 대동의 통치 이념[道]은 언뜻 보기에 어두운 듯하고, 앞으로 나아가는 대동의 통치 이념[道]은 언뜻 보기에 뒤로 물러서는 듯하며, 위와 아래 음과 양이 조화를 이루는 대동의 통치 이념[道]은 언뜻 보기에 부족해 보이는 듯하다.

《簡乙》上德如谷, 大白如辱。
상덕여곡, 대백여욕.

《帛甲》□□□□, □□□□。

《帛乙》上德如谷, 大白如辱。
상덕여곡, 대백여욕.

《河上》上德若谷, 大白若辱。
상덕약곡, 대백약욕.

《王弼》上德若谷, 大白若辱。
상덕약곡, 대백약욕.

【분석】 이 구절은 판본별로 '같을 여(如)' 혹은 '같을 약(若)'을 써준 차이점만이 존재할 뿐, 나머지는 모두 똑같다.

【미언】
《簡乙》《帛乙》《河上》《王弼》 높은 덕은 마치 계곡과 같고, 대단히 깨끗한 것은 마치 욕된 듯하다.

【대의】 고상한 덕을 지닌 지도자는 밑에 처해 있는 계곡과도 같이 자애로움으로 모두를 포용하고 나아가 자신을 백성 아래에 놓으며, 때 묻지 않고 순박한 지도자는 욕보이는 듯이 백성을 위해 수치스러움을 감수한다.

《簡乙》廣德如不足, 建德如□。
　　　　광덕여부족, 건덕여□.

《帛甲》□□□□□, □□□□□。

《帛乙》廣德如不足, 建德如□。
　　　　광덕여부족, 건덕여□.

《河上》廣德若不足, 建德若偸。
　　　　광덕약부족, 건덕약투.

《王弼》廣德若不足, 建德若偸。
　　　　광덕약부족, 건덕약투.

【분석】 이 구절 역시 판본별로 '같을 여(如)' 혹은 '같을 약(若)'을 써 준 차이점만이 존재할 뿐, 나머지는 모두 같다.

【미언】
《簡乙》《帛乙》넓은 덕은 마치 부족한 듯하고, 덕을 세움은 마치 □□ □ □□ 듯하다.

《河上》《王弼》넓은 덕은 마치 부족한 듯하고, 덕을 세움은 마치 남몰 래 하는 듯하다.

【대의】 세세한 법률과 제도로 일일이 통제하지 않고 하늘이 부여한 천성에 따라 세상을 모두 수용하는 지도자는 언뜻 보기에는 허술한 듯하고, 백성에게 순일한 덕[一德]을 베풀 때 드러내지 않고 남몰래 슬그머니

하는 지도자는 마치 한 것이 없는 듯하다. 그렇기 때문에 대동사회의 지도자聖人는 세상을 위해 한 바가 없지만 하지 않는 바도 없는 것이다.

41 - 8

《簡乙》 □眞如渝。
□진여유.

《帛甲》 □□□□。

《帛乙》 質□□□。
질□□□.

《河上》 質眞若渝。
질진약유.

《王弼》 質眞若渝。
질진약유.

【분석】 위의 두 구절과 마찬가지로, 이 역시 판본별로 '같을 여(如)' 혹은 '같을 약(若)'을 써준 차이점만이 존재할 뿐이다.

【미언】
《簡乙》 □□□□ 진실한 것은 마치 대충대충 하는 듯하다.
《帛乙》 질박하고 □□□ □□ □□ □□□□ □□ □□□.
《河上》《王弼》 질박하고 진실한 것은 마치 대충대충 하는 듯하다.

【대의】 소박하고도 진실한 것은 언뜻 보기에 소홀한 면이 있어 보이는데, 그렇기 때문에 순일한 덕[一德]으로 나라를 다스리면 엉성하여 부족한 듯해 보인다. 하지만 사실은 그렇지 않은 것이다.

41 - 9

《簡乙》遲大方亡隅, 大器曼成, 大音希聲, 天象亡
形。
지대방무우, 대기만성, 대음희성, 천상무형.

《帛甲》□□□□, □□□□, □□□□, □□
□□, □□□□。

《帛乙》大方無隅, 大器免成, 大音希聲, 大象無
形, 道褒無名。
대방무우, 대기면성, 대음희성, 대상무형, 도포무명.

《河上》大方無隅, 大器晚成, 大音希聲, 大象無
形, 道隱無名。
대방무우, 대기만성, 대음희성, 대상무형, 도은무명.

《王弼》大方無隅, 大器晚成, 大音希聲, 大象無
形, 道隱無名。
대방무우, 대기만성, 대음희성, 대상무형, 도은무명.

【분석】 이 구절에서도 《簡乙》은 '더딜 지(遲)'를 앞에 써주어 '이에, 이리하여'라고 표현했다.

또한 《帛乙》에서 '기릴 포(褒)'를 써서 '넓다, 크다.'라고 표현해 준 점과,《簡乙》에서 '길게 끌 만(瞞)'으로 '없다.'라는 의미를 써준 점이 특기할 만하다.

그 밖에 판본별로 약간의 차이는 있지만, 전달하고자 하는 의미에는 큰 차이가 없다.

【미언】

《簡乙》이에 대단히 큰 사각형은 모퉁이가 없고, 대단히 큰 기구는 이루어짐이 없으며, 대단히 큰 소리는 잘 들리지 않고, 하늘의 형상은 형체가 없다.

《帛乙》대단히 큰 사각형은 모퉁이가 없고, 대단히 큰 기구는 이루어짐이 없으며, 대단히 큰 소리는 잘 들리지 않고, 대단히 큰 형상은 형체가 없으며, 도는 커서 이름이 없다.

《河上》《王弼》대단히 큰 사각형은 모퉁이가 없고, 대단히 큰 기구는 이루어짐이 없으며, 대단히 큰 소리는 잘 들리지 않고, 대단히 큰 형상은 형체가 없으며, 도는 분명하지 않아 이름이 없다.

【대의】너무나도 큰 사각형은 그 모퉁이를 볼 수 없고, 너무나도 큰 기구는 만들 수 없으며, 너무나도 큰 소리는 들을 수 없고, 너무나도 큰 형상은 형체가 없으며, 대동의 통치 이념[道]은 너무나도 큰 것이어서 뭐라고 이름 지을 수 없는 것이다.

《簡乙》道□□□□□。
도□□□□□.

《帛甲》□□道, 善□□□□。
□□도, 선□□□□.

《帛乙》夫唯道, 善始且善成。
부유도, 선시차선성.

《河上》夫唯道, 善貸且成。
부유도, 선대차성.

《王弼》夫唯道, 善貸且成。
부유도, 선대차성.

【분석】 이 구절은 《河上》 《王弼》과 《帛乙》의 문장구조가 다르다. 하지만 전달하고자 하는 의미에는 큰 차이점이 없다.

【미언】

《簡乙》 도□□ □□□ □ □□□ □ □□□□□.

《帛甲》 □□ 도□□, 잘 □□□□ □□ □ □□□□□.

《帛乙》 무릇 도만이, 잘 시작하고 또한 잘 완성시킨다.

《河上》《王弼》 무릇 도만이, 관용을 잘 베풀고 또 완성시킨다.

【대의】 따라서 지도자가 이처럼 대동의 통치 이념[道]으로 나라를 다스려야만이, 모든 백성을 포용하여 다시금 대농사회로 놀아갈 수 있다.

第42章

《簡甲》과《簡乙》그리고《簡丙》에는 42장이 남아 있지 않다.

노자는 42장에서 먼저 대동의 통치 이념[道]이 어떻게 세상 만물에 퍼지는지 설명하고, 이어서 지도자는 반드시 자신을 백성 아래에 두고 삼가여 겸손하게 다스려야지, 그렇지 않으면 아무리 높은 자리에 있는 이라고 할지라도 결국 비참한 최후를 맞이하게 된다고 경고하고 있다.

《帛甲》□□□, □□□, □□□, □□□□。

《帛乙》道生一, 一生二, 二生三, 三生□□。
도생일, 일생이, 이생삼, 삼생□□.

《河上》道生一, 一生二, 二生三, 三生萬物。
도생일, 일생이, 이생삼, 삼생만물.

《王弼》道生一, 一生二, 二生三, 三生萬物。
도생일, 일생이, 이생삼, 삼생만물.

【분석】 이 구절은 훼손된 부분을 제외하면, 판본별 차이점이 보이지 않는다.

【미언】

《帛乙》 도는 하나를 낳고, 하나는 둘을 낳으며, 둘은 셋을 낳고, 셋은 □□□ 낳는다.

《河上》《王弼》 도는 하나를 낳고, 하나는 둘을 낳으며, 둘은 셋을 낳고, 셋은 만물을 낳는다.

【대의】 대동의 통치 이념[道]은 순일한 덕[一德]을 낳고, 이러한 순일한 덕은 객관적이고도 공정한 태도[中]와 어느 누구 하나 버리지 않고 조화롭게 가는 태도[和]를 낳으며, 이 둘은 다시 자애로움[慈]과 검소함[儉] 그리고 감히 세상의 앞에 나서지 않는 겸손함[不敢爲天下先]을 낳고, 셋에서 세상 만물이 파생되어 나오게 된다.

《帛甲》□□□□□□□, 沖氣以爲和。
□□□□□□□, 충기이위화.

《帛乙》□□□□□□□, □□以爲和。
□□□□□□□, □□이위화.

《河上》萬物負陰而抱陽, 沖氣以爲和。
만물부음이포양, 충기이위화.

《王弼》萬物負陰而抱陽, 沖氣以爲和。
만물부음이포양, 충기이위화.

【분석】이 구절 역시 훼손된 부분을 제외하고는, 판본별 차이점이 보이지 않는다.

【미언】

《帛甲》□□□ □□ □□ □□ □□□ □□□, 기운이 합해져 그럼으로써 조화롭게 된다.

《帛乙》□□□ □□ □□ □□ □□□ □□□, □□□ □□□ 그럼으로써 조화롭게 된다.

《河上》《王弼》만물은 음을 등에 업고 양으로 향하며, 기운이 합해져 그럼으로써 조화롭게 된다.

【대의】세상 만물은 부드러움과 부정적인 것들을 함께 짊어지고 강함과 긍정적인 것들을 향해 나아가니, 이 두 기운이 합쳐져 결국 어느 누구 하나 버려지지 않고 모두가 조화롭게 어울린다.

《帛甲》天下之所惡, 唯孤寡不穀, 而王公以自名也。

천하지소오, 유고과불곡, 이왕공이자명야.

《帛乙》人之所惡, 唯□寡不□, 而王公以自□□。

인지소오, 유□과불□, 이왕공이자□□.

《河上》人之所惡, 惟孤寡不穀, 而王公以爲稱。

인지소오, 유고과불곡, 이왕공이위칭.

《王弼》人之所惡, 唯孤寡不穀, 而王公以爲稱。

인지소오, 유고과불곡, 이왕공이위칭.

【분석】 이 구절은 판본별 문장구조에 차이가 있지만, 전달하고자 하는 의미는 일치한다. 다만《河上》에서는 '오직 유(唯)'가 아닌 '생각할 유(惟)'로 표기한 점이 특기할 만하다.

【미언】

《帛甲》세상이 싫어하는 것은 고, 과, 불곡이나, 천자와 제후는 그럼으로써 스스로를 지칭했다.

《帛乙》사람들이 싫어하는 것은 □ 과 불□이나, 천자와 제후는 그럼으로써 스스로를 □□□□.

《河上》《王弼》사람들이 싫어하는 것은 고, 과, 불곡이나, 천자와 제후는 그럼으로써 호칭을 삼았다.

【대의】 사람들이 싫어하여 꺼리는 것이 외롭다, 미약하다, 곡식만도 못하다는 말인데, 참된 지도재聖人들은 오히려 이러한 말들로 호칭을 삼아서 스스로를 백성 아래에 놓은 것이다.

42 - 4

《帛甲》物或損之□□, □之而損。
　　　　물혹손지□□□, □지이손.

《帛乙》□□□□□損, 損之而益。
　　　　□□□□□손, 손지이익.

《河上》故物或損之而益, 或益之而損。
　　　　고물혹손지이익, 혹익지이손.

《王弼》故物或損之而益, 或益之而損。
　　　　고물혹손지이익, 혹익지이손.

【분석】 이 구절은 판본별 문장구조에 다소 차이가 있으나, 전달하고자 하는 의미에는 큰 차이가 없다. 다만《帛甲》과《帛乙》의 어순이《河上》《王弼》과 반대로 되어 있음은 유의할 필요가 있다.

【미언】
《帛甲》사물은 때로는 손해를 입는 것이 □□□ □□□ □□ □ □□, □□□ □□ □□ 오히려 손해를 입을 수 있다.

《帛乙》□□□ □□□ □□□ □□ □□ □□□ 손해를 입을 수 있고, 손해를 입는 것이 오히려 이익을 얻을 수 있다.

《河上》《王弼》그러므로 사물은 때로는 손해를 입는 것이 오히려 이익을 얻을 수 있고, 때로는 이익을 얻는 것이 오히려 손해를 입을 수 있다.

【대의】 이처럼 대동사회를 이끈 지도자[聖人]들은 자신을 백성 아래에 두었지만 오히려 백성의 신뢰와 지지로 위에 오를 수 있었고, 폭군들은 자신을 백성 위에 두려다가 그 자리를 잃게 된 것이다.

42 - 5

《帛甲》古人□□教, 亦我而教人.
고인□□교, 역아이교인.

《帛乙》□□□□, □□□□.

《河上》人之所教, 我亦教之.
인지소교, 아역교지.

《王弼》人之所教, 我亦教之。
인지소교, 아역교지.

【분석】 다른 판본들과 달리《帛甲》은 '古人(고인)'으로 표현했거니와, '我亦(아역)'이 아닌 '亦我(역아)' 그리고 '教之(교지)'가 아닌 '教人(교인)'으로 표기해준 점이 특기할 만하다. 하지만 판본별로 전달하고자 하는 의미에는 큰 차이점이 없다.

【미언】

《帛甲》 옛사람들이 가르치는 □□□, 역시 나도 사람들에게 가르친다.

《河上》《王弼》 사람들이 가르치는 바대로, 나 역시 그것을 가르친다.

【대의】 나는 사관(史官)의 신분으로 고대의 문헌들을 통해서 대동사회를 이끌었던 지도자[聖人]들의 통치 이념[道]을 이해했고, 이제 나 역시 그러한 가르침을 세상에 알려주려고 한다.

42 - 6

《帛甲》 故强梁者不得死, 我□以爲學父。
고강량자부득사, 아□이위학부.

《帛乙》 □□□□□□□□, □將以□□父。
□□□□□□□□, □장이□□부.

《河上》 强梁者不得其死, 吾將以爲教父。
강량자부득기사, 오장이위교부.

《王弼》 强梁者不得其死, 吾將以爲教父。
강량자부득기사, 오장이위교부.

【분석】 이 구절은《帛甲》이 '가르칠 교(教)' 대신에 '배울 학(學)'으로 표기해준 점이 특기할 만하다. 그런데 '배울 학(學)'에는 '가르침'이라는 의미가 있으므로, 다른 판본들의 내용과 같은 맥락으로 해석하기 위해서 이를 '가르침'으로 번역하기로 한다.

【미언】

《帛甲》 포악한 자는 그 죽음을 얻지 못하게 되니, 나는 □□ 그럼으로써 가르침의 규범으로 삼는다.

《帛乙》 □□□ □□ □ □□□ □□ □□□ □□, □□ 장차 그럼으로써□□□□ 규범으로 □□□.

《河上》《王弼》 포악한 자는 그 죽음을 얻지 못하게 되니, 나는 장차 그럼으로써 가르침의 규범으로 삼는다.

【대의】 법률과 제도로 백성을 억압하는 폭군들은 그 자리를 보존하지 못할뿐더러 비명횡사하게 되었으니, 나는 고대의 문헌들을 통해서 그러한 대동사회의 통치 이념[道]을 이해하여 세상에 알리는 규범으로 삼는다.

第43章

《簡甲》과《簡乙》그리고《簡丙》에는 43장이 남아 있지 않다.
노자는 말이나 명령을 함부로 하지 않고 스스로 그러하도록 환경을 조성해주는 것이 진정한 대동의 통치 이념[道]이니, 법률과 제도로 통제하지 말고 자애로움의 덕치를 행해야 한다고 말하고 있다.

《帛甲》天下之至柔, □騁於天下之至堅。
천하지지유, □빙어천하지지견.

《帛乙》天下之至□, 馳騁於天下□□□。
천하지지□, 치빙어천하□□□.

《河上》天下之至柔, 馳騁天下之至堅。
천하지지유, 치빙천하지지견.

《王弼》天下之至柔, 馳騁天下之至堅。
천하지지유, 치빙천하지지견.

【분석】 이 구절은 판본별로 '天下(천하)' 앞에 '어조사 어(於)'가 있느냐 없느냐의 차이만이 존재할 뿐, 문장이 전달하고자 하는 의미는 일치하고 있다.

【미언】
《帛甲》 세상의 지극히 유약한 것이, 세상의 지극히 단단한 것을 □어 한다.
《帛乙》 세상의 지극히 □□□ □이, 세상□ □□□ □□□ □을 제어한다.
《河上》《王弼》 세상의 지극히 유약한 것이, 세상의 지극히 단단한 것을 제어한다.

【대의】 자애로움의 덕치로 세상을 다스리는 것이, 법률과 제도로 백성들을 통제하는 것보다 더 훌륭한 정치다.

《帛甲》無有入於無間。
무유입어무간.

《帛乙》□□□□無間。
□□□□무간.

《河上》無有入於無間。
무유입어무간.

《王弼》無有入無間。
무유입무간.

【분석】 이 구절 역시 판본별로 '무간(無間)' 앞에 '어조사 어(於)'가 있느냐 없느냐의 차이만이 존재할 뿐, 문장이 전달하고자 하는 의미는 일치하고 있다.

【미언】
《帛甲》《河上》《王弼》 형태가 없는 것이 공간이 없는 틈에 들어간다.
《帛乙》□□□ □□ □□ 공간이 없는 틈□ □□□□.

【대의】 부드러운 것이 단단한 것의 틈에 들어가 메울 수 있듯이, 자애로움의 덕치로 백성을 다스리게 되면 법률과 제도로는 해결할 수 없는 어려움을 극복할 수 있는 것이다.

《帛甲》吾是以知無爲□□益也。
오시이지무위□□익야.

《帛乙》吾是以□□□□□□也。
오시이□□□□□□야.

《河上》吾是以知無爲之有益。
오시이지무위지유익.

《王弼》吾是以知無爲之有益。
오시이지무위지유익.

【분석】 이 구절은 판본별로 끝에 '어조사 야(也)'가 있느냐 없느냐의 차이만이 존재한다.

【미언】
《帛甲》 나는 이 때문에 무위□ 이로움□ □□□ 안다.
《帛乙》 나는 이 때문에 □□□ □□□□ □□□ □□.
《河上》《王弼》 나는 이 때문에 무위의 이로움이 있음을 안다.

【대의】 나는 그러한 이유 때문에, 하늘이 부여한 천성에 따라 자애로운 덕치를 행하는 무위가 더 세상에 이롭다는 것을 알 수 있는 것이다.

《帛甲》不□□教, 無爲之益, □下希能及之矣。
불□□교, 무위지익, □하희능급지의.

《帛乙》不□□□, □□□□, □□□□□□□
矣。
불□□□, □□□□, □□□□□□□의.

《河上》不言之敎, 無爲之益, 天下希及之。
불언지교, 무위지익, 천하희급지.

《王弼》不言之敎, 無爲之益, 天下希及之。
불언지교, 무위지익, 천하희급지.

【분석】 이 구절 역시 판본별로 끝에 '능할 능(能)' 및 어조사 의(矣)'가 있느냐 없느냐의 차이만이 존재할 뿐, 전달하고자 하는 의미에는 전혀 차이가 없다.

【미언】
《帛甲》 불□□ 가르침, 무위의 이로움, □상에는 능히 이에 미치는 것이 드물다.
《帛乙》 불□□ □□□, □□□ □□□, □□□□ □□ □□ □□□ □□□ □□□□.
《河上》《王弼》 불언의 가르침, 무위의 이로움, 세상에는 이에 미치는 것이 드물다.

【대의】 사관(史官)의 신분으로 역사적 고증을 통해 깨달은 대동의 통치 이념[道]은, 말이나 명령을 함부로 하지 않고 스스로 그러할 수 있도록 [自然] 환경을 조성해주는 것이다. 따라서 세상에는 이러한 대동의 통치 이념[道]과 견줄 수 있는 것이 없다.

第44章

《簡乙》과《簡丙》에는 44장이 기록되어 있지 않다.
노자는 44장에서 지도자의 마음가짐에 대해서 언급하고 있는데, 그 자리에 집착하면 오히려 잃
게 되고, 만족하면 더 오랫동안 보존할 수 있다고 강조하고 있다.

《簡甲》名與身孰親? 身與貨孰多? 得與亡孰病?

명여신숙친? 신여화숙다? 득여망숙병?

《帛甲》名與身孰親? 身與貨孰多? 得與亡孰病?

명여신숙친? 신여화숙다? 득여망숙병?

《帛乙》名與□□□? □□□□□? □□□□□?

명여□□□? □□□□□? □□□□□?

《河上》名與身孰親? 身與貨孰多? 得與亡孰病?

명여신숙친? 신여화숙다? 득여망숙병?

《王弼》名與身孰親? 身與貨孰多? 得與亡孰病?

명여신숙친? 신여화숙다? 득여망숙병?

【분석】 이 구절은《簡甲》은《帛乙》의 훼손된 부분을 제외하고는
기록이 모두 일치하고 있다.

【미언】

《簡甲》《帛甲》《河上》《王弼》 명예와 몸 중에서 어느 것이 친밀한가?
몸과 재물 중에서 어느 것이 중요한가? 득과 실, 이 중에서 어느 것이 해를
끼치는가?

《帛乙》 명예와 □ □□□ □□ □□ □□□□? □□ □□ □□□
□□ □□ □□□□? □□ □ □ □□□ □□ □□ □□ □□□□?

【대의】 길이 사라지지 않는 명예와 곧 사라지는 육체 중에서 어느 것이 더 사랑할 만한가? 생명과 재물 중에서 어느 것이 더 중시되어야 하는가? 얻는다는 것과 잃는다는 것, 이 중에서 어느 것이 더 해로운 것인가?

44 - 2

《簡甲》甚愛必大費, 厚藏必多亡。
심애필대비, 후장필다망.

《帛甲》甚□□□□, □□□□亡。
심□□□□, □□□□망.

《帛乙》□□□□□, □□□□□。

《河上》甚愛必大費, 多藏必厚亡。
심애필대비, 다장필후망.

《王弼》是故甚愛必大費, 多藏必厚亡。
시고심애필대비, 다장필후망.

【분석】 이 구절에서 《簡甲》은 다른 판본들과 달리 '두터울 후(厚)'와 '많을 다(多)'의 어순을 바꿔 써준 점이 특기할 만하다. 하지만 전달하려는 의미에는 차이점이 전혀 없다.

【미언】
《簡甲》《河上》《王弼》이 때문에 지나치게 아끼면 반드시 큰 소비가 있고, 과다하게 보관하면 큰 손실이 있다.

《帛甲》지나치게 □□□ □□□ □ □□□ □□, □□□□□ □□
□□□ □ 손실이 □□.

【대의】 그러한 이유 때문에, 쓰지 않으려고 하면 더 크게 쓰게 되는
것이고, 숨겨두면 더 크게 잃는 것이다.

44 - 3

《簡甲》故知足不辱, 知止不殆, 可以長久。
고지족불욕, 지지불태, 가이장구.

《帛甲》故知足不辱, 知止不殆, 可以長久。
고지족불욕, 지지불태, 가이장구.

《帛乙》□□□□□, □□□□, □□□□。

《河上》知足不辱, 知止不殆, 可以長久。
지족불욕, 지지불태, 가이장구.

《王弼》知足不辱, 知止不殆, 可以長久。
지족불욕, 지지불태, 가이장구.

【분석】 이 구절은 《河上》《王弼》과 달리, 《簡甲》《帛甲》이 문장
맨 앞에 '연고 고(故)'를 써준 차이점만이 존재한다.

【미언】

《簡甲》《帛甲》 그러므로 만족할 줄 알면 욕되지 않고, 그칠 줄을 알면 위험하지 않으니, 오래 할 수 있다.

《河上》《王弼》 만족할 줄 알면 욕되지 않고, 그칠 줄을 알면 위험하지 않으니, 오래 할 수 있다.

【대의】 따라서 지도자가 욕심을 탐하지 않고 그 자리에 만족하면 곤욕스럽지 않을 수 있고, 더 큰 것을 바라지 않고 멈출 줄 알면 백성의 신뢰와 지지를 받게 되니, 오랫동안 그 자리를 보존할 수 있고 나아가 백성에게서 잊히지 않게 되는 것이다.

第45章

《簡甲》과《簡丙》에는 45장이 기록되어 있지 않다.

노자는 45장에서 무위를 행하는 대동의 통치 이념[道]이 엉성하고도 부족한 듯하지만, 실제로는 더 이상적인 사회를 구현할 수 있다고 설명하고 있다.

《簡乙》大成若缺, 其用不敝。
대성약결, 기용불폐.

《帛甲》大成若缺, 其用不敝。
대성약결, 기용불폐.

《帛乙》□□□□, □□□□。

《河上》大成若缺, 其用不弊。
대성약결, 기용불폐.

《王弼》大成若缺, 其用不弊。
대성약결, 기용불폐.

【분석】 이 구절은 '해질 폐(敝)'로 쓴 판본과 '폐단 폐(弊)'로 쓴 판본으로 나눌 수 있는데, 사실 두 단어는 통용되므로 전달하려는 의미에는 차이가 없다.

【미언】
《簡乙》《帛甲》《河上》《王弼》크게 이룸은 마치 결함이 있는 듯하지만, 그 쓰임에는 폐해가 없다.

【대의】 세세한 법률과 제도로 백성을 통제하지 않고, 천성에 따라 스스로 그러할 수 있도록 환경을 조성해주는 무위의 대동 통치 이념[道]은 언뜻 보기에는 엉성하고 부족한 듯하지만, 실제로는 백성의 뜻에 따라 다스리는 것이기 때문에, 그들의 원망이나 불만을 사지 않게 되어 나라를 오랫동안 평안하게 유지할 수 있다.

《簡乙》大盈若盅, 其用不窮。
　　　대영약충, 기용불궁.

《帛甲》大盈若盅, 其用不窮。
　　　대영약충, 기용불궁.

《帛乙》□盈如盅, 其□□□。
　　　□영여충, 기□□□.

《河上》大盈若沖, 其用不窮。
　　　대영약충, 기용불궁.

《王弼》大盈若沖, 其用不窮。
　　　대영약충, 기용불궁.

【분석】 이 구절은 판본에 따라 '빌 충(盅)' 혹은 '빌 충(沖)'으로 표기되어 있는데, 두 단어의 의미는 사실상 같다.

【미언】
　《簡乙》《帛甲》《河上》《王弼》 아주 가득 찬 것은 마치 비어 있는 듯하지만, 그 쓰임에는 다함이 없다.
　《帛乙》□□ 가득 찬 것은 마치 비어 있는 듯하지만, 그 □□□□ □□□ □□□.

【대의】 자애로운 덕으로 충만하여 아낌없이 백성에게 베푸는 대동의 통치 이념[道]은, 군이 채우려고 하지 않아서 언뜻 보기에는 비어 있는 듯하지만, 베풀수록 더 끊임없이 용솟음치므로 오히려 다 쓸 수가 없다.

《簡乙》大巧若拙, 大呈若詘, 大直若屈。
대교약졸, 대정약굴, 대직약굴.

《帛甲》大直如詘, 大巧如拙, 大嬴如肭。
대직여굴, 대교여졸, 대영여눌.

《帛乙》□□□□, □□如拙, □□□肭。
□□□□, □□여졸, □□□눌.

《河上》大直若屈, 大巧若拙, 大辯若訥。
대직약굴, 대교약졸, 대변약눌.

《王弼》大直若屈, 大巧若拙, 大辯若訥。
대직약굴, 대교약졸, 대변약눌.

【분석】 이 구절은 판본별로 어순이 뒤바뀐 부분이 있고, 또한 사용된 단어 역시 다소 차이가 있다. 하지만 문장 전체가 전달하고자 하는 바는 결국 판본과 상관없이 일맥상통한다.

【미언】

《簡乙》아주 정교함은 마치 서툰 듯하고, 아주 잘 드러냄은 마치 굽힌 듯하며, 아주 곧음은 마치 굽은 듯하다.

《帛甲》아주 곧음은 마치 굽은 듯하고, 아주 정교함은 마치 서툰 듯하며, 아주 잘 자라는 것은 마치 살찐 듯하다.

《帛乙》□□ □□□ □□ □□ □□□, □□ □□□□ 마치 서툰 듯하며, □□ □ □□□ □□ □□ 살찐 □□□.

《河上》《王弼》아주 곧음은 마치 굽은 듯하고, 아주 정교함은 마치 서 툰 듯하고, 아주 잘 변론함은 마치 말을 더듬는 듯하다.

【대의】 굳세고 당당하여 세상에 몸을 펴는 것은 대동의 통치 이념 [道]에 따르기 때문이니 언뜻 보기에 굴복한 듯하고, 천성에 따라 자애로 움의 덕으로 무위의 통치를 펴는 것은 언뜻 보기에 엉성하고 빈틈이 많은 듯하며, 진심에서 우러나오는 충언으로 간하는 것은 언뜻 보기에 말을 더 듬는 듯하다. 이처럼 세분화된 법률과 제도로 통제하지 않는 무위의 대동 사회는 언뜻 보기에는 엉성한 듯하지만, 실제로는 지나치게 엄격한 법률 이나 제도로 통제하는 것보다 더 곧고 정교하며 폐해가 없다.

45 - 4

《簡乙》燥勝滄, 清勝熱, 清靜爲天下正。
조승창, 청승열, 청정위천하정.

《帛甲》趮勝寒, 靜勝熱, 清靜可以爲天下正。
조승한, 정승열, 청정가이위천하정.

《帛乙》趮勝寒, □□□, □□□□□□□□□。
조승한, □□□, □□□□□□□□.

《河上》躁勝寒, 靜勝熱, 清靜爲天下正。
조승한, 정승열, 청정위천하정.

《王弼》躁勝寒, 靜勝熱, 清靜爲天下正。
조승한, 정승열, 청정위천하정.

【분석】이 구절은 판본별로 사용된 단어들에 다소 차이가 있다. 하지만 문장 전체가 전달하고자 하는 바는 역시 일맥상통한다.

【미언】
《簡乙》애태움(초조함)은 추위를 이기지만, 고요함은 더위를 이기니, 청정함이 세상을 올바르게 한다.

《帛甲》조급함은 추위를 이기지만, 고요함은 더위를 이기니, 청정함이 세상을 올바르게 할 수 있다.

《帛乙》조급함은 추위를 이기지만, □□□□ □□□ □□□, □□ □□ □□□ □□□□ □ □ □□.

《河上》《王弼》분주함은 추위를 이기지만, 고요함은 더위를 이기니, 청정함이 세상을 올바르게 한다.

【대의】법률과 제도를 강화하여 분주하게 뛰어다님으로써 백성을 억지로 통제하면 일시적으로 그 상황을 해결할 뿐이지만, 말과 명령을 함부로 하지 않고 억지로 작위 하지 않는 무위자연의 천성에 따르는 대동의 통치 이념[道]을 따르면 오랫동안 나라를 평온하게 할 수 있으니, 말과 명령을 함부로 하지 않는 순일한 덕[一德]으로 다스리면 세상이 제자리를 찾아 안정된다.

第46章

《簡乙》과《簡丙》에는 46장이 기록되어 있지 않다. 다만《簡甲》에 46장의 한 구절이 남아 있는
점은 특기할 만하다.

노자는 46장에서 대동의 통치 이념[道]으로 다스리면, 세상 만물이 각각 제자리를 찾게 되어 오랫
동안 평온하게 나라를 유지할 수 있다고 설명하고 있다.

《帛甲》天下有□, □走馬以糞。
천하유□, □주마이분.

《帛乙》□□□道, 卻走馬□糞。
□□□도, 각주마□분.

《河上》天下有道, 却走馬以糞。
천하유도, 각주마이분.

《王弼》天下有道, 卻走馬以糞。
천하유도, 각주마이분.

【분석】 이 구절은《帛乙》과《王弼》이 '물리칠 각(卻)'으로 써준 반면《河上》은 그 속자(俗字)인 '물리칠 각(却)'으로 표기해준 점을 제외하면, 나머지 부분들은 모두 일치하고 있다.

【미언】

《帛甲》세상에 □□ 있게 되면, 군마를 □□□□ 하여 그럼으로써 거름을 준다.

《帛乙》□□□ 도가 □□ □□, 군마를 돌아가게 하여 □□□□□ 거름을 준다.

《河上》《王弼》세상에 도가 있게 되면, 군마를 돌아가게 하여 그럼으로써 거름을 준다.

【대의】 대동의 통치 이념[道]을 견지하여 세상이 평온해지면, 전쟁

이 없어지게 되어 전쟁에 쓰이는 말들조차도 논밭에 거름을 주는 역할을
하게 된다.

46 − 2

《帛甲》天下無道, 戎馬生於郊。
　　　천하무도, 융마생어교.

《帛乙》無道, 戎馬生於郊。
　　　무도, 융마생어교.

《河上》天下無道, 戎馬生於郊。
　　　천하무도, 융마생어교.

《王弼》天下無道, 戎馬生於郊。
　　　천하무도, 융마생어교.

【분석】 이 구절은《帛乙》이 다른 판본들과 달리 '天下(천하)'를 생략
한 점을 제외하면, 나머지는 모두 완벽하게 일치하고 있다.

【미언】
《帛甲》《河上》《王弼》세상에 도가 없게 되면, 군마가 변방에서 (새끼
를) 낳는다.
《帛乙》도가 없게 되면, 군마가 변방에서 (새끼를) 낳는다.

【대의】 내동의 동치 이념[道]을 베풀지 않아 세상이 혼란스러워지
면, 세상이 너나 할 것 없이 서로 사리사욕을 탐하게 되어 전쟁이 빈번하

게 발생하게 되니, 말이 차분하게 새끼를 낳아야 할 시기조차도 전쟁에 동원되어 결국 전쟁터에서 새끼를 낳게 된다.

46 - 3

《簡甲》罪莫厚於甚欲, 咎莫僉於欲得, 禍莫大乎不知足。知足之爲足, 此恒足矣。
죄막후어심욕, 구막첨어욕득, 화막대호부지족. 지족지위족, 차항족의.

《帛甲》罪莫大於可欲, 禍莫大於不知足, 咎莫憯於欲得。□□□□□, 恒足矣。
죄막대어가욕, 화막대어부지족, 구막참어욕득. □□□□□, 항족의.

《帛乙》罪莫大可欲, 禍□□□□□□, □□□□□□。□□□□□□, □足矣。
죄막대가욕, 화□□□□□□, □□□□□□. □□□□□□, □족의.

《河上》罪莫大於可欲, 禍莫大於不知足, 咎莫大於欲得。故知足之足, 常足矣。
죄막대어가욕, 화막대어부지족, 구막대어욕득. 고지족지족, 상족의.

《王弼》禍莫大於不知足, 咎莫大於欲得。故知足之足, 常足矣。
화막대어부지족, 구막대어욕득. 고지족지족, 상족의.

【분석】 이 구절은 판본별로 문장구조나 어순 표현법에서 약간 차이가 나지만, 그 전달하고자 하는 의미에는 큰 차이점을 보이지 않고 있다.

【미언】

《簡甲》 허물은 지나친 욕망보다 더 많은 것이 없고, 환난은 얻고자 하는 욕망보다 더 간사한 것이 없으며, 재앙은 만족할 줄 모르는 것보다 더 큰 것이 없다. 만족의 넉넉함이 됨을 알면, 이에 영원히 넉넉하다.

《帛甲》 허물은 욕망을 허락하는 것보다 더 많은 것이 없고, 재앙은 만족할 줄 모르는 것보다 더 큰 것이 없으며, 환난은 얻고자 하는 욕망보다 더 많은 것이 없다. □□□□ □□□ □□□□ □□, 영원히 넉넉하다.

《帛乙》 허물은 욕망을 허락하는 것보다 더 많은 것이 없고, 재앙은 □□□ □ □□□ □□□ □ □ □□ □□□, □□□ □□□ □□ □ □□□ □ □□ □□ □□□. □□□□ □□□ □□□□ □□, □□ □ 넉넉하다.

《河上》 허물은 욕망을 허락하는 것보다 더 많은 것이 없고, 재앙은 만족할 줄 모르는 것보다 더 큰 것이 없으며, 환난은 얻고자 하는 욕망보다 더 많은 것이 없다. 그러므로 만족의 넉넉함을 알면 영원히 넉넉하다.

《王弼》 재앙은 만족할 줄 모르는 것보다 더 큰 것이 없고, 환난은 얻고자 하는 욕망보다 더 큰 것이 없다. 그러므로 만족의 넉넉함을 알면, 영원히 넉넉하다.

【대의】 지도자가 자신의 자리에 만족하지 않으면 전쟁과도 같은 엄청난 재앙을 일으키게 되고, 자꾸만 사리사욕을 탐하면 결국 백성이 등을 돌려서 그 자리조차도 지킬 수 없게 되는 것이다. 따라서 지도자가 자신의 자리를 지키고 욕심을 가지지 않게 되면, 백성이 믿고 따르게 되어 오랫동안 나라를 평온하게 다스릴 수 있다.

第47章

《簡甲》과 《簡乙》 그리고 《簡丙》에는 47장이 기록되어 있지 않다.

노자는 47장에서 대농사회의 지도자[聖人]들이 대동의 통치 이념[道]을 오롯이 이해하여 원칙을 지키는 데 힘썼기 때문에, 천성에 따라 '무위'로 다스림으로써 세상을 오랫동안 평안하게 유지할 수 있었던 것이라고 설명하고 있다.

《帛甲》不出於戶, 以知天下; 不窺於牖, 以知天道。

불출어호, 이지천하; 불규어유, 이지천도.

《帛乙》不出於戶, 以知天下; 不窺於□, □知天道。

불출어호, 이지천하; 불규어□, □지천도.

《河上》不出戶, 以知天下; 不窺牖, 見天道。

불출호, 이지천하; 불규유, 견천도.

《王弼》不出戶, 知天下; 不窺牖, 見天道。

불출호, 지천하; 불규유, 견천도.

【분석】 이 구절은 문장구조와 단어에서 약간의 차이를 보이고 있지만, 전달하고자 하는 의미에는 큰 차이가 없다.

【미언】

《帛甲》대문에서 나가지 않아도, 그럼으로써 세상을 알게 되고; 창문에서 보지 않아도, 그럼으로써 하늘의 도를 알게 된다.

《帛乙》대문에서 나가지 않아도, 그럼으로써 세상을 알게 되고; □□에서 보지 않아도, □□□□□ 하늘의 도를 알게 된다.

《河上》대문을 나가지 않아도, 그럼으로써 세상을 알게 되고; 창문을 통해서 보지 않아도, 하늘의 도를 보게 된다.

《王弼》대문을 나가지 않아도, 세상을 알게 되고; 창문을 통해서 보지 않아도, 하늘의 도를 보게 된다.

【대의】대동의 통치 이념[道]을 진정으로 이해하면, 굳이 대문을 열거나 창문을 통해서 나아가 다른 것들을 보지 않아도 세상의 돌아가는 모든 이치를 이해할 수 있으니, 천성에 따라 무위로 다스리면 굳이 번거롭게 법률과 제도를 강화하여 일일이 관여하고 통제하지 않더라도, 백성은 자신이 처한 바를 알고 만족하게 된다.

47 - 2

《帛甲》其出也彌遠, 其□□□。
기출야미원, 기□□□.

《帛乙》其出彌遠者, 其知彌□。
기출미원자, 기지미□.

《河上》其出彌遠, 其知彌少。
기출미원, 기지미소.

《王弼》其出彌遠, 其知彌少。
기출미원, 기지미소.

【분석】이 구절 역시 문장구조와 단어에서 약간의 차이를 보이고 있지만, 전달하고자 하는 의미에는 큰 차이가 없다.

【미언】
《帛甲》나가는 것이 멀수록, 그 □□ □□ □□□□.
《帛乙》나가는 것이 멀수록, 그 아는 것이 □□진다.
《河上》《王弼》나가는 것이 멀수록, 그 아는 것이 적어진다.

【대의】 번거롭게 법률과 제도를 강화하여 일일이 관여하고 통제하려 들면, 오히려 대동의 통치 이념[道]을 깨닫지 못하게 된다.

47 - 3

《帛甲》 □□□□□□□□, □□□□, □爲而□。
□□□□□□□□, □□□□, □위이□.

《帛乙》 □□□□□□□□, □□而名, 弗爲而成。
□□□□□□□□, □□이명, 불위이성.

《河上》 是以聖人不行而知, 不見而名, 不爲而成。
시이성인불행이지, 불견이명, 불위이성.

《王弼》 是以聖人不行而知, 不見而名, 不爲而成。
시이성인불행이지, 불견이명, 불위이성.

【분석】 이 구절은 다른 판본들이 '아닐 불(不)'로 써준 반면,《帛乙》은 '아닐 불(弗)'로 써준 점이 특기할 만하다.

【미언】

《帛甲》 □ □□□ □□□ □□□□ □□□ □ □ □□, □□ □ □□ □□□ □ □□□, 행하지 □고도 □□ □ 있다.

《帛乙》 □ □□□ □□□ □□□□ □□□ □ □ □□, □□ □고도 장악할 수 있으며, 행하지 않고도 이룰 수 있다.

《河上》《王弼》이 때문에 성인은 왕래하지 않고도 알 수 있고, 보지 않고도 장악할 수 있으며, 행하지 않고도 이룰 수 있다.

【대의】 그러한 까닭에, 대동사회를 이끈 지도재[聖人]들은 굳이 나아가 다른 것들을 보지 않아도 세상의 돌아가는 모든 이치를 이해할 수 있어서, 천성에 따라 무위로 다스림으로써 세상을 오랫동안 평안하게 유지할 수 있었던 것이다.

第48章

《簡乙》에는 48장이 기록되어 있다.

노자는 47장에 이어서, 노자는 48장에서도 '무위'에 대해서 설명하고 있는데, 특히 무위의 개념에 대해 비교적 상세하게 풀어쓰고 있는 점에 주목할 만하다.

《簡乙》學者日益, 爲道者日損。損之或損, 以至亡
爲也, 亡爲而亡不爲。

학자일익, 위도자일손. 손지혹손, 이지무위야, 무위이무불위.

《帛甲》□□□□□, □□□□□□。□□□□,
□□□□□□, □□□□□□□。取天下也
恒□□, □□□□□, □□□□□□□。

□□□□□, □□□□□. □□□□, □□□□□, □□□□□□□. 취
천하야항□□, □□□□□, □□□□□□.

《帛乙》爲學者日益, 聞道者日損。損之又損, 以至
於無□, □□□□□□□。取天下恒無事,
及其有事也, □足以取天□。

위학자일익, 문도자일손. 손지우손, 이지어무□, □□□□□□□. 취천하
항무사, 급기유사야, □족이취천□.

《河上》爲學日益, 爲道日損。損之又損, 以至於無
爲, 無爲而無不爲。取天下常以無事, 及其
有事, 不足以取天下。

위학일익, 위도일손. 손지우손, 이지어무위, 무위이무불위. 취천하상이무
사, 급기유사, 부족이취천하.

《王弼》爲學日益, 爲道日損。損之又損, 以至於無
爲, 無爲而無不爲。取天下常以無事, 及其
有事, 不足以取天下。

위학일익, 위도일손. 손지우손, 이지어무위, 무위이무불위. 취천하상이무
사, 급기유사, 부족이취천하.

【분석】《簡乙》에는 다른 판본들의 맨 마지막 부분이 아예 보이지 않

음에 유의할 필요가 있다. 또한 다른 판본들과 달리 맨 앞의 '할 위(爲)'도 보이지 않는데, 이는 바로 뒷 구절의 '爲道者(위도자)'로 보았을 때 기록자의 실수로 인한 탈락으로 추측된다.

【미언】

《簡乙》배움에 종사하면 날로 늘어나고, 도에 종사하면 날로 줄어든다. 줄어들고 또 줄어들어, 무위에까지 도달하는데, 무위하지만 행하지 않은 것이 없다.

《帛甲》□□□ □□□□ □□ □□□□, □□ □□□□ □□ □□□□. □□□□ □ □□□□, □□□□□ □□□□□, □□□□ □ □□□ □□ □□ □□. 세상을 다스림에 늘 □□ □□□ □ □□, □□ □□□ □□, □□□ □□□□□ □□□□.

《帛乙》배움에 종사하면 날로 늘어나고, 도를 깨우치면 날로 줄어든다. 줄어들고 또 줄어들어, 무□에까지 도달하는데, □□□□□ □□□ □□ □□ □□. 세상을 다스림에 늘 일을 만들면 안 되니, 일을 만들게 되면, 세□을 다스리기에 □족하다.

《河上》《王弼》배움에 종사하면 날로 늘어나고, 도에 종사하면 날로 줄어든다. 줄어들고 또 줄어들어, 무위에까지 도달하는데, 무위하지만 행하지 않은 것이 없다. 세상을 다스림에 늘 일을 만들면 안 되니, 일을 만들게 되면, 세상을 다스리기에 부족하다.

【대의】 작은 앎이나 얕은꾀를 추구하게 되면 점점 백성을 통제할 궁리가 많아지게 되어, 더 많은 제도를 만들고 강화하여 통제하려 든다. 하지만 대동의 통치 이념[道]으로서 다스리면, 백성을 통제하는 제도가 갈수록 필요 없게 된다. 스스로 그러할 수 있는 환경을 조성해주기만 하면 되

므로, 명령이 자연스럽게 줄어들게 되어 결국 무위의 통치를 할 수 있게 되는 것이다. 이러한 무위의 통치는 천성에 따라 스스로 그러하도록 하는 것이라서, 지도자가 행하는 바가 없는 것 같지만 사실은 항상 삼가여 노력하는 것이라서 행하지 않는 바도 없다. 이처럼 억지로 작위 하여 제도로 백성을 통제해서는 안 되니, 억지로 통제하려 들면 백성이 지도자를 따르지 않는다.

第49章

《簡甲》과《簡乙》그리고《簡丙》에는 49장이 기록되어 있지 않다.
노자는 49장에서 대동사회를 이끈 지도자[聖人]들은 천성에 따르고 어느 누구 하나 버리지 않고
함께하는 조화로움[和]을 몸소 실천했다고 소개하고 있다.

《帛甲》□□□□□, 以百□之心爲□。
□□□□□, 이백□지심위□.

《帛乙》□人恒無心, 以百姓之心爲心。
□인항무심, 이백성지심위심.

《河上》聖人無常心, 以百姓心爲心。
성인무상심, 이백성심위심.

《王弼》聖人無常心, 以百姓心爲心。
성인무상심, 이백성심위심.

【분석】 이 구절은 판본별로 세 가지 차이점에 주목할 필요가 있다. 하나는《帛乙》이 '항상 항(恒)'을 써준 반면 다른 판본들은 '항상 상(常)'으로 표기했다는 점이고, 또 하나는《帛甲》과《帛乙》이 '갈 지(之)'로 '마음 심(心)'을 수식하고 있는 반면 나머지 판본들은 모두 '갈 지(之)'를 생략했다는 점이다. 그리고 마지막으로《帛乙》의 '없을 무(無)'의 위치가 다른 두 판본과 다르다. 하지만 이러한 차이점들이 문장 내용에 큰 영향을 미치지는 않는다.

【미언】
《帛甲》□□□ □ □□□ □□□, 백□의 마음을 □□□ 삼는다.
《帛乙》□인은 늘 의지가 없어서, 백성의 마음을 의지로 삼는다.
《河上》《王弼》성인은 일반적인(정해진) 의지가 없어서, 백성의 마음을 의지로 삼는다.

【대의】 대동사회를 이끈 지도재[聖人]들은 자신의 주관적인 생각이나 의지를 주장하지 않고, 백성의 뜻을 깊이 헤아려서 실천하였다. 이처럼 백성이 바라는 바를 본인이 바라는 바로 삼아서 그들의 뜻에 따르는 것이 바로 주어진 천성에 따르는 것이다.

49 - 2

《帛甲》善者善之, 不善者亦善□, □□□。
선자선지, 불선자역선□, □□□.

《帛乙》善□□□, □□□□□□□, □善也。
선□□□, □□□□□□□, □선야.

《河上》善者吾善之, 不善者吾亦善之, 德善。
선자오선지, 불선자오역선지, 덕선.

《王弼》善者吾善之, 不善者吾亦善之, 德善。
선자오선지, 불선자오역선지, 덕선.

【분석】 이 구절은 판본별로 '나 오(吾)'가 있는지의 여부만이 유일한 차이점으로 작용하고 있다.

【미언】

《帛甲》 선량한 자는 그를 선량하게 대하고, 선량하지 못한 자도 □□ 선량하게 대하면, □□ □□□□.

《帛乙》 선량한 □□ □□ □□□□ □□□, □□□□□ □□ □□ □□ □□□□ □□□, □□ 선해진다.

《河上》《王弼》 선량한 자는 내가 그를 선량하게 대하고, 선량하지 못한 자도 내가 그를 선량하게 대하면, 덕이 선해진다.

【대의】 지도자가 선량한 이를 선하게 대우하고, 선량하지 못한 이조차도 선하게 대우하면, 그 지도자의 덕이 순박해진다.

49 - 3

《帛甲》□□□□, □□□□□□□, □信也。
□□□□, □□□□□□□, □신야.

《帛乙》信者信之, 不信者亦信之, 德信也。
신자신지, 불신자역신지, 덕신야.

《河上》信者吾信之, 不信者吾亦信之, 德信。
신자오신지, 불신자오역신지, 덕신.

《王弼》信者吾信之, 不信者吾亦信之, 德信也。
신자오신지, 불신자오역신지, 덕신야.

【분석】 이 구절 역시 판본별로 '나 오(吾)'가 있는지의 여부만이 유일한 차이점으로 작용하고 있다.

【미언】
《帛甲》□□ □ □□ □□ □□ □□□□, □□ □ □□ □□ □□ □ □□□□, □□ 신의가 있어진다.
《帛乙》믿을 수 있는 자는 그를 신임하고, 믿을 수 없는 자도 그를 신임하면, 덕에 신의가 있어진다.

《河上》《王弼》믿을 수 있는 자는 내가 그를 신임하고, 믿을 수 없는 자도 내가 그를 신임하면, 덕에 신의가 있어진다.

【대의】지도자가 믿을 수 있는 이를 믿고, 믿을 수 없는 이조차도 믿으면, 그 지도자의 덕에 믿음이 생긴다.

49 − 4

《帛甲》□□之在天下愉愉焉，爲天下渾心。百姓皆屬耳目焉，聖人□□□。
□□지재천하흡흡언, 위천하혼심. 백성개속이목언, 성인□□□.

《帛乙》聖人之在天下也欲欲焉，□□□□□。□□皆注其□□□，□□□□□。
성인지재천하야흡합언, □□□□□. □□개주기□□□, □□□□□.

《河上》聖人在天下怵怵，爲天下渾其心。百姓皆注其耳目，聖人皆孩之。
성인재천하출출, 위천하혼기심. 백성개주기이목, 성인개해지.

《王弼》聖人在天下歙歙，爲天下渾其心。聖人皆孩之。
성인재천하흡흡, 위천하혼기심. 성인개해지.

【분석】이 구절은 판본별로 '흡사할 흡(愉)'과 '들이마실 합(欲)' 그리고 '두려워할 출(怵)'과 '들이쉴 흡(歙)' 등의 각기 다른 단어로 표현해준 점

에 유의할 필요가 있다. 하지만 그럼에도 불구하고, 각각의 문장이 나타내고자 하는 의미에는 큰 차이가 없다.

또한 《王弼》을 제외한 다른 판본들은 모두 '百姓皆屬耳目焉(백성개속이목언)'이나 '百姓皆注其耳目(백성개주기이목)' 구가 있는 점은 특기할 만하다.

【미언】

《帛甲》□□은 세상을 살핌에 (모두를) 융화시켜서, 세상이 그 뜻을 뒤섞이도록 한다. 백성 모두가 그 귀와 눈을 기울이면, 성인은 □□ □□ □ □□□ □□□.

《帛乙》성인은 세상을 살핌에 (모두를) 한데 아우르니, □□□ □ □□ □ □□□□□ □□. □□ 모두가 그 □□ □□ 기울이면, □□□ □ □ □□□ □□□.

《河上》성인은 세상을 살핌에 (모두를) 가엾게 여겨서, 세상이 그 뜻을 뒤섞이도록 한다. 백성 모두가 그 귀와 눈을 기울이면, 성인은 그들 모두를 어르고 달랜다.

《王弼》성인은 세상을 살핌에 (모두를) 거두어서, 세상이 그 뜻을 뒤섞이도록 한다. 성인은 그들 모두를 어르고 달랜다.

【대의】 대동사회를 이끈 지도자[聖人]들은 선하고 믿을 수 있는 이와 그렇지 못한 이들을 다 포용함으로써, 세상이 한데 어우러져 조화를 이루도록 하였다. 이처럼 대동사회의 지도자[聖人]들은 백성을 어르고 달래어서, 어느 누구 하나 버리지 않고 모두 함께하였던 것이다.

第50章

《簡甲》《簡乙》《簡丙》에는 50장 역시 기록되어 있지 않다.

노자는 50장에서 대동사회의 지도자[聖人]들은 항상 겸손하고노 삼가며 오직 나라와 백성의 안위만을 생각하는 순일한 덕[一德]을 쌓았기 때문에, 그 자리를 오랫동안 보존할 수 있었다고 설명하고 있다.

《帛甲》 □生□□, □□□□有□, □□徒十有
三, 而民生生動皆之死地之, 十有三。夫何
故也? 以其生生也。

□생□□, □□□□유□, □□도십유삼, 이민생생동개지사지지, 십유
삼. 부하고야? 이기생생야.

《帛乙》 □生入死, 生之□□□□, □之徒十有
三, 而民生生動皆之死地之, 十有三。□
何故也? 以其生生。

□생입사, 생지□□□□, □지도십유삼, 이민생생동개지사지지, 십유
삼. □하고야? 이기생생.

《河上》 出生入死, 生之徒十有三, 死之徒十有三,
人之生動之死地, 十有三。夫何故? 以其求
生生之厚也。

출생입사, 생지도십유삼, 사지도십유삼, 인지생동지사지, 십유삼. 부하
고? 이기구생생지후야.

《王弼》 出生入死, 生之徒十有三, 死之徒十有三,
人之生動之死地, 亦十有三。夫何故? 以其
生生之厚。

출생입사, 생지도십유삼, 사지도십유삼, 인지생동지사지, 역십유삼. 부하
고? 이기생생지후.

【분석】 이 구절은 판본별 문장구조에 약간의 차이를 보이고 있으나,
전반적으로 전달하고자 하는 의미는 대동소이(大同小異)하다.

【미언】

《帛甲》□□□□ 살고 □□□□ □□□, □□ □□ □□ □□ 있고, □□ 이가 열에 셋 있으며, 그리고 민생(백성의 삶)이 삶에서 움직여 모두 사지에 도달하는 것이, 열에 셋이 있다. 무릇 어떤 연유인가? 생계(에의 욕심)가 생겨나기 때문이다.

《帛乙》□□□□ 살고 얽매이면 죽는데, 사는 □□ □□ □□ □□, □□ 이가 열에 셋 있으며, 그리고 민생(백성의 삶)이 삶에서 움직여 모두 사지에 도달하는 것이, 열에 셋이 있다. □□ 어떤 연유인가? 생계(에의 욕심)가 생겨나기 때문이다.

《河上》초탈하면 살고 얽매이면 죽는데, 사는 이가 열에 셋이 있고, 죽는 이가 열에 셋 있으며, 사람의 삶이 사지로 움직이는 이, 역시 열에 셋이 있다. 무릇 어떤 연유인가? 생계에 대한 중시가 생겨나 욕심을 부리기 때문이다.

《王弼》초탈하면 살고 얽매이면 죽는데, 사는 이가 열에 셋이 있고, 죽는 이가 열에 셋 있으며, 사람의 삶이 사지로 움직이는 이, 역시 열에 셋이 있다. 무릇 어떤 연유인가? 생계에 대한 중시가 생겨나기 때문이다.

【대의】 지도자가 세속적인 것에서 벗어나 대동의 통치 이념[道]을 실천하면 그 자리를 보존하고 반대로 집착하면 잃게 되는데, 그 지도자의 자리를 지키는 이가 열에 셋이고, 잃는 이 역시 열에 셋이며, 본래 그 자리를 지킬 수 있었는데도 대동의 통치 이념[道]을 실천하지 못하여 결국 잃게 되는 이 역시 열에 셋이다. 이는 어떤 까닭에서일까? 세속적인 삶과 재물 등 사사로운 이익에 집착하기 때문이다.

《帛甲》蓋□□攝生者, 陵行不□兕虎, 入軍不被甲兵。

개□□섭생자, 능행불□시호, 입군불피갑병.

《帛乙》蓋聞善攝生者, 陵行不避兕虎, 入軍不被兵甲。

개문선섭생자, 능행불피시호, 입군불피갑병.

《河上》蓋聞善攝生者, 陸行不遇兕虎, 入軍不被甲兵。

개문선섭생자, 육행불우시호, 입군불피갑병.

《王弼》蓋聞善攝生者, 陸行不遇兕虎, 入軍不被甲兵。

개문선섭생자, 육행불우시호, 입군불피갑병.

【분석】 이 구절에서《帛甲》《帛乙》이 '언덕 능(陵)'으로 써준 반면, 《河上》《王弼》은 '뭍 육(陸)'으로 써줬다. 하지만 두 단어가 모두 '언덕' 의 의미를 가지고 있는 점을 감안하면, 사실상 판본별 차이점은 보이지 않는다.

또한《河上》《王弼》이 '만날 우(遇)'를 써준 반면,《帛乙》은 '피할 피(避)'를 써서 '꺼리다.'라고 표현해준 점 역시 유의할 필요가 있다. 하지만 이 역시 문장 전체의 의미상으로는 큰 차이점이 없다.

【미언】
《帛甲》무릇 □□□ 양생을 □□□ 이는, 언덕을 가도 코뿔소나 맹호를 □□□ 않고, 군대에 가도 무기가 미치지 않는다.

《帛乙》무릇 듣건대 양생을 잘하는 이는, 언덕을 가도 코뿔소나 맹호를 꺼리지 않고, 군대에 가도 무기가 미치지 않는다.

《河上》《王弼》무릇 듣건대 양생을 잘하는 이는, 언덕을 가도 코뿔소나 맹호를 만나지 않고, 군대에 가도 무기가 미치지 않는다.

【대의】 사관(史官)의 신분으로 고문헌을 살펴보았더니, 대동사회를 이끈 지도자[聖人]들은 순일한 덕[一德]을 계속해서 쌓음으로써, 어떠한 상황에서도 고난이나 위험에 맞닥뜨리지 않는다고 하였다.

50 − 3

《帛甲》兕無所投其角, 虎無所措其爪, 兵無所容 □□, □何故也? 以其無死地焉.

시무소투기각, 호무소조기조, 병무소용□□, □하고야? 이기무사지언.

《帛乙》兕無□□□□, □□□□□其爪, 兵□□ □□□, □□□□也? 以其無□□□.

시무□□□□, □□□□기조, 병□□□□□, □□□야? 이기무□□ □.

《河上》兕無所投其角, 虎無所措其爪, 兵無所容 其刃, 夫何故? 以其無死地.

시무소투기각, 호무소조기조, 병무소용기인, 부하고? 이기무사지.

《王弼》兕無所投其角, 虎無所措其爪, 兵無所容 其刃, 夫何故? 以其無死地.

시무소투기각, 호무소조기조, 병무소용기인, 부하고? 이기무사지.

【분석】 이 구절은 '어조야 야(也)'와 '어찌 언(焉)'의 사용 유무 외에는 다른 차이점이 보이지 않는다.

【미언】

《帛甲》코뿔소도 그 뿔을 휘두르지 못하고, 맹호도 그 발톱을 쓰지 못하며, 병기도 □ □□□ 용납하지 못하니, □□ 어떤 까닭인가? 그가 사지에 들어서지 않았기 때문이다.

《帛乙》코뿔소도 □ □□ □□□□ 못하고, □□□ 그 발톱을 □□ □□□, 병기도 □ □□□ □□□□ □□□, □□ □□ □□□□? 그가 □□□ □□□□ 않았기 때문이다.

《河上》《王弼》코뿔소도 그 뿔을 휘두르지 못하고, 맹호도 그 발톱을 쓰지 못하며, 병기도 그 칼날을 용납하지 못하니, 무릇 어떤 까닭인가? 그가 사지에 들어서지 않았기 때문이다.

【대의】 대동사회의 지도자[聖人]들은 어떠한 상황에서도 고난이나 위험에 맞닥뜨리지 않았으니, 이는 어떠한 연유에서인가? 그들이 항상 삼가여 순일한 덕[一德]을 쌓음으로써, 지도자의 지위를 망각하지 않았기 때문이다.

第51章

《簡甲》《簡乙》《簡丙》에는 51장이 기록되어 있지 않다.
노자는 51장에서 대동의 통치 이념[道]과 자애로움의 순수한 덕이라는 것이 세상의 모든 것을 낳
고 주관하지만 결코 집착하거나 소유하려 들지 않기 때문에, 비로소 세상이 숭상하고 중시한다
고 말하고 있다.

《帛甲》道生之而德畜之; 物形之而器成之。
　　도생지이덕휵지; 물형지이기성지.

《帛乙》道生之, 德畜之; 物形之而器成之。
　　도생지, 덕휵지; 물형지이기성지.

《河上》道生之, 德畜之; 物形之, 勢成之。
　　도생지, 덕휵지; 물형지, 세성지.

《王弼》道生之, 德蓄之; 物形之, 勢成之。
　　도생지, 덕축지; 물형지, 세성지.

【분석】 이 구절은 판본별로 '기를 휵(畜)' 혹은 '모을 축(畜)'을 써준 경우, 또 '말 이을 이(而)'의 사용 유무만이 차이점으로 남아 있을 뿐, 전달하고자 하는 의미에는 큰 차이가 없다.

　아울러서 이 구절은 1−1과 그 맥락이 상통하니 함께 엮어서 이해할 필요가 있다.

【미언】

　《帛甲》《帛乙》《河上》도는 그것을 낳고 덕은 그것을 기르지만; 외부 환경은 그것을 정형화하고 도구는 그것을 완성시킨다.

　《王弼》도는 그것을 낳고, 덕은 그것을 품지만; 외부 환경은 그것을 정형화하고, 정세는 그것을 완성시킨다.

【대의】 말로 쉽게 정의할 수 없는 대동의 통치 이념[道]은 만물을 낳지만 소유하려 들지 않고, 순일한 덕[一德]은 만물을 품어 기를 따름이지

구체화하여 말로 쉽게 설명하려 들지 않는다. 반면에 대동의 통치 이념 [道]과 상반된 외부 환경은 만물의 틀을 억지로 만들어서 일일이 정의하려 들고, 정세나 동향은 만물의 성격을 구체적으로 결정하여 굳이 드러나게 하려 든다.

51 - 2

《帛甲》是以萬物尊道而貴□。
시이만물존도이귀□.

《帛乙》是以萬物尊道而貴德。
시이만물존도이귀덕.

《河上》是以萬物莫不尊道而貴德。
시이만물막불존도이귀덕.

《王弼》是以萬物莫不尊道而貴德。
시이만물막불존도이귀덕.

【분석】 이 구절은 판본별로 '莫不(막불)'의 이중 부정 형식을 취했는 지 아니면 그렇지 않은지의 여부만이 유일한 차이점으로 남아 있다.

【미언】
《帛甲》이 때문에 만물은 도를 숭상하고 □□ 중시한다.
《帛乙》이 때문에 만물은 도를 숭상하고 덕을 중시한다.
《河上》《王弼》이 때문에 만물은 도를 숭상하고 덕을 중시하지 않는 것이 없다.

【대의】그러한 까닭에, 만물은 대동의 통치 이념[道]을 숭상하고 순일한 덕[一德]을 중시할 뿐, 억지로 정의하고 드러내기만 하는 외부 환경이나 정세를 중시하지는 않는 것이다.

51 - 3

《帛甲》□之尊，德之貴也，夫莫之爵而恒自然也。

□지존, 덕지귀야, 부막지작이항자연야.

《帛乙》道之尊也，德之貴也，夫莫之爵也，而恒自然也。

도지존야, 덕지귀야, 부막지작야, 이항자연야.

《河上》道之尊，德之貴，夫莫之命而常自然。

도지존, 덕지귀, 부막지명이상자연.

《王弼》道之尊，德之貴，夫莫之命而常自然。

도지존, 덕지귀, 부막지명이상자연.

【분석】《帛甲》과《帛乙》은 '목숨 명(命)'으로 '명령'이라고 표현하지 않고, '벼슬 작(爵)'을 써서 '벼슬의 위계, 벼슬의 등급'이라고 표현한 점이 특기할 만하다. 아울러서 '莫之(막지)'에서의 '갈 지(之)'는 '쓰다, 사용하다.'라는 의미로 풀이됨에 유의할 필요가 있다.

즉《帛甲》과《帛乙》의 '莫之爵(막지작)'은 '벼슬의 등급(높음)을 사용하지 않다, 권력으로 누르고 명령하다.'라고 풀이해야 하는 것이다.

【미언】

《帛甲》□가 존숭받고, 덕이 귀히 여겨지니, 무릇 벼슬의 위계를 쓰지 않고 항상 스스로 자연스럽게 한다.

《帛乙》도가 존숭받고, 덕이 귀히 여겨지니, 무릇 벼슬의 위계를 쓰지 않고 항상 스스로 자연스럽게 한다.

《河上》《王弼》도가 존숭받고, 덕이 귀히 여겨지니, 무릇 명령하지 않고 항상 스스로 자연스럽게 한다.

【대의】 이처럼 대동의 통치 이념[道]이 숭상을 받고 순일한 덕이 중시되니, 대동사회의 지도자[聖人]들은 함부로 말이나 명령을 하지 않고, 만물이 항상 타고난 천성에 따라 스스로 그러하도록 한 것이다.

《帛甲》道生之, 畜之, 長之, 育之, 亭□, □□,
□□, □□。

도생지, 축지, 장지, 육지, 정□, □□, □□, □□.

《帛乙》道生之, 畜□, □□, □之, 亭之, 毒之,
養之, 覆之。

도생지, 축□, □□, □지, 정지, 독지, 양지, 복지.

《河上》故道生之, 德畜之, 長之, 育之, 成之, 孰
之, 養之, 覆之。

고도생지, 덕축지, 장지, 육지, 성지, 숙지, 양지, 복지.

《王弼》故道生之, 德畜之, 長之, 育之, 亭之, 毒
之, 養之, 覆之。

고도생지, 덕축지, 장지, 육지, 정지, 독지, 양지, 복지.

【분석】 이 구절은《帛甲》《帛乙》에서 '큰 덕(德)'이 생략되고, 특히
《河上》의 몇몇 단어는 다르기조차 하지만, 전달하려는 의미에는 큰 차이
점이 없다.

【미언】

《帛甲》그러므로 도는 그것을 낳고, 그것을 기르며, 그것을 자라게 하
고, 그것을 배양하며, □□□ 알맞게 하고, □□□ □□□□ □□, □□
□ □□□, □□□ □□□.

《帛乙》그러므로 도는 그것을 낳고, 그것을 기르며, □□□ □□□
□□, 그것을 □□□□, 그것을 알맞게 하고, 그것을 강인하게 하며, 그
것을 키우고, 그것을 덮는다.

《河上》그러므로 도는 그것을 낳고, 덕은 그것을 기르며, 그것을 자라게 하고, 그것을 배양하며, 그것을 살찌게 하고, 그것을 여물게 하며, 그것을 키우고, 그것을 덮는다.

《王弼》그러므로 도는 그것을 낳고, 덕은 그것을 기르며, 그것을 자라게 하고, 그것을 배양하며, 그것을 알맞게 하고, 그것을 강인하게 하며, 그것을 키우고, 덮는다.

【대의】따라서 대동의 통치 이념[道]은 만물을 낳고, 자애로움의 순일한 덕[一德]이 만물을 기르며, 자라게 하고, 배양하며, 어느 한쪽으로 치우치지 않게 하고, 강인하게 하며, 키우고, 보호하는 것이다.

51 – 5

《帛甲》□□弗有也, 爲而弗恃也, 長而弗宰也, 此之謂玄德。
□□불유야, 위이불시야, 장이부재야, 차지위현덕.

《帛乙》□□□□, □□□□, □□弗宰, 是謂玄德。
□□□□, □□□□, □□부재, 시위현덕.

《河上》生而不有, 爲而不恃, 長而不宰, 是謂玄德。
생이불유, 위이불시, 장이부재, 시위현덕.

《王弼》生而不有, 爲而不恃, 長而不宰, 是謂玄德。
생이불유, 위이불시, 장이부재, 시위현덕.

【**분석**】판본별로 표현에 약간의 차이는 있지만, 그 전달하고자 하는 의미는 완벽하게 일치하고 있다.

【**미언**】

《**帛甲**》□□□ 소유하지 않고, 행하지만 의지하지 않으며, 자라게 하지만 지배하지 않으니, 이를 현덕이라고 이른다.

《**帛乙**》□□□ □□□□ □□, □□□□ □□□□ □□□, □□□ □□□□ 지배하지 않으니, 이를 현덕이라고 이른다.

《**河上**》《**王弼**》낳지만 소유하지 않고, 행하지만 의지하지 않으며, 자라게 하지만 지배하지 않으니, 이를 현덕이라고 이른다.

【**대의**】이처럼 대동사회의 통치 이념[道]은 만물을 낳지만 자신의 것으로 여겨 소유하려 들지 않았고, 통치하지만 통치를 잘하고 있다고 자부하지 않았으며, 그들의 타고난 천성에 따르도록 하였지만 엄격하고도 세분화된 법률과 제도로 누르고 강압하지는 않았으니, 이를 바로 대동사회의 심오한 덕이라고 하는 것이다.

第52章

52장은《簡甲》과《簡丙》에 기록되어 있지 않고,《簡乙》에는 두 구절만이 남아 있다.
노자는 52장에서 어느 누구 하나 버리시 않고 사애로운 믹으로 포용하여 각사의 천싱에 따라 다
스리게 되면, 백성들이 그 지도자를 따르게 되어 오랫동안 나라를 평안하게 다스릴 수 있으니, 대
동의 통치 이념[道]을 깨달아야 한다고 다시 한 번 강조하고 있다.

《帛甲》天下有始, 以爲天下母。
천하유시, 이위천하모.

《帛乙》天下有始, 以爲天下母。
천하유시, 이위천하모.

《河上》天下有始, 以爲天下母。
천하유시, 이위천하모.

《王弼》天下有始, 以爲天下母。
천하유시, 이위천하모.

【분석】 이 구절은 모든 판본의 기록이 동일하다.

【미언】
《帛甲》《帛乙》《河上》《王弼》 세상에는 시작이 있으니, 그럼으로써 세상의 근본이 된다.

【대의】 세상이 시작되면서부터, 이미 대동사회의 통치 이념[道]은 존재했다.

《帛甲》既得其母, 以知其□, 復守其母, 沒身不
殆。

기득기모, 이지기□, 복수기모, 몰신불태.

《帛乙》既得其母, 以知其子; 既知其子, 復守其
母, 沒身不殆。

기득기모, 이지기자; 기지기자, 복수기모, 몰신불태.

《河上》既知其母, 復知其子; 既知其子, 復守其
母, 沒身不殆。

기지기모, 이지기자; 기지기자, 복수기모, 몰신불태.

《王弼》既得其母, 以知其子; 既知其子, 復守其
母, 沒身不殆。

기득기모, 이지기자; 기지기자, 복수기모, 몰신불태.

【분석】 이 구절에서《帛甲》은 다른 판본들과 달리 '既知其子(기지기
자)' 부분을 생략한 점에 유의할 필요가 있다. 하지만 이러한 차이점이 문
자의 전반적인 의미에 큰 영향을 주지는 않는다.

【미언】

《帛甲》 이미 그 근본을 얻게 되면, 그럼으로써 그 □□□ □을 알게
되고, (그렇게 되면) 다시 그 근본을 지키게 되니, 평생 위험이 없다.

《帛乙》《河上》《王弼》 이미 그 근본을 얻게 되면, 그럼으로써 그 파생
된 것을 알게 되고; 이미 그 파생된 깃을 일게 되면, 다시 그 근본을 지키게
되니, 평생 위험이 없다.

【대의】 지도자가 대동의 통치 이념[道]을 깨달으면, 이에 대동의 통치 이념[道]에서 파생된 만물의 천성을 이해하게 되고, 대동의 통치 이념[道]에서 파생된 만물의 천성을 이해하면, 다시 대동의 통치 이념[道]을 지키게 되니, 나라를 오랫동안 보존할 수 있고 지도자 역시 그 자리에 오래 있을 수 있거니와 어떠한 위험도 생기지 않게 되는 것이다.

52 - 3

《簡乙》閉其門, 塞其兌, 終身不痗。
폐기문, 색기태, 종신불매.

《帛甲》塞其兌, 閉其門, 終身不勤。
색기태, 폐기문, 종신불근.

《帛乙》塞其兌, 閉其門, 終身不勤。
색기태, 폐기문, 종신불근.

《河上》塞其兌, 閉其門, 終身不勤。
색기태, 폐기문, 종신불근.

《王弼》塞其兌, 閉其門, 終身不勤。
색기태, 폐기문, 종신불근.

【분석】 다른 판본들과 달리,《簡乙》의 첫 부분과 두 번째 부분의 어순이 바뀌어있다. 또한 '근심할 근(勤)' 대신에 '앓을 매(痗)'를 써서 '괴로워하다.'라고 표현한 점도 특기할 만하다. 하지만 이 역시 다른 판본들의 의미와 비교했을 때 큰 차이점은 없다고 할 수 있다.

【미언】

《簡乙》그 문을 닫고, 그 통함을 막으면, 평생 괴로워하지 않는다.

《帛甲》《帛乙》《河上》《王弼》그 통함을 막고, 그 문을 닫으면, 평생 근심하지 않는다.

【대의】 그 작은 지식의 통로를 막아서 사리사욕을 탐하는 마음을 없애고, 그 문을 닫아서 참된 대동의 통치 이념[道]에 전념하여 이해하고 실천하면, 위험이 없어져 오랫동안 평안한 상태를 유지할 수 있다.

52 − 4

《簡乙》啟其兌, 賽其事, 終身不治。
계기태, 새기사, 종신불치.

《帛甲》啟其兌, 濟其事, 終身□□。
계기태, 제기사, 종신□□.

《帛乙》啟其兌, 濟其□, □□不救。
계기태, 제기□, □□불구.

《河上》開其兌, 濟其事, 終身不救。
개기태, 제기사, 종신불구.

《王弼》開其兌, 濟其事, 終身不救。
개기태, 제기사, 종신불구.

【분석】 이 구절에서도 《簡乙》은 다른 판본들과 다르게 '굿할 새(賽)'로 '우열을 겨루다.' 및 '다스릴 치(治)'로 '질서 등이 바로잡히다.'라고 표현

했지만, 그 전달하고자 하는 의미에는 역시 큰 차이점이 보이지 않는다.

【미언】

《簡乙》그 통함을 열고, 그 일에 (집착하여) 우열을 겨루면, 평생 바로
잡히지 못한다.

《帛甲》그 통함을 열고, 그 일을 이루면, 평생 □□□□ □□□□ □
□□.

《帛乙》그 통함을 열고, 그 □□ 이루면, □□ 위험에서 구제되지 못
한다.

《河上》《王弼》그 통함을 열고, 그 일을 이루면, 평생 위험에서 구제되
지 못한다.

【대의】

작은 지식의 통로를 열어서 사리사욕을 탐하는 마음을 생기
게 하고, 그로 인해서 천성에 따르지 않고 오히려 제도로 억압하려 들면,
백성이 등을 돌리게 된다.

《帛甲》□小曰□, 守柔曰强。
□소왈□, 수유왈강.

《帛乙》見小曰明, 守□□强。
견소왈명, 수□□강.

《河上》見小曰明, 守柔曰强。
견소왈명, 수유왈강.

《王弼》見小曰明, 守柔曰强。
견소왈명, 수유왈강.

【분석】이 구절은 훼손된 부분을 제외한 모든 판본들의 기록이 동일하다.

【미언】

《帛甲》세밀한 것을 □□□□ □□ □□□□ 이르고, 연약한 것을 지키는 것을 강하다고 이른다.

《帛乙》세밀한 것을 관찰하는 것을 밝음이라 이르고, □□□ □□ 지키는 것을 강하다고 □□□.

《河上》《王弼》세밀한 것을 관찰하는 것을 밝음이라 이르고, 연약한 것을 지키는 것을 강하다고 이른다.

【대의】백성이 진정 원하는 바가 무엇인지 세심하게 살피는 것을 순일한 딕[一德]을 밝히는 것이라고 일컫고, 자애로움의 덕으로 일관하여 백성을 다스리는 것을 진정 강하다고 하는 것이다.

《帛甲》用其光, 復歸其明, 毋遺身殃, 是謂襲常。
용기광, 복귀기명, 무유신앙, 시위습상.

《帛乙》用□□, □□□□, □遺身殃, 是謂□常。
용□□, □□□□, □유신앙, 시위□상.

《河上》用其光, 復歸其明, 無遺身殃, 是謂習常。
용기광, 복귀기명, 무유신앙, 시위습상.

《王弼》用其光, 復歸其明, 無遺身殃, 是爲習常。
용기광, 복귀기명, 무유신앙, 시위습상.

【분석】이 구절은 판본별로 '말 무(毋)'와 '없을 무(無)' 그리고 '엄습할 습(襲)'과 '익힐 습(習)' 등 약간씩 다른 단어들이 사용되었지만, 전반적으로 전달하려는 의미에는 큰 차이가 없다.

【미언】
《帛甲》그 광채를 발휘하고, 그 밝음으로 돌아가면, 자신에게 재앙을 남기지 않으니, 이것을 일컬어서 변치 않음을 따른다고 하는 것이다.

《帛乙》□ □□□ 발휘하고, □ □□□□ □□□□, 자신에게 재앙을 남기지 □□□, 이것을 일컬어서 변치 않음을 □□□□ 하는 것이다.

《河上》그 광채를 발휘하고, 그 밝음으로 돌아가면, 자신에게 재앙을 남기지 않으니, 이것을 일컬어서 변치 않음을 익힌다고 하는 것이다.

《王弼》그 광채를 발휘하고, 그 밝음으로 돌아가면, 자신에게 재앙을 남기지 않으니, 이것이 변치 않음을 익히는 것이다.

【대의】 모든 긍정적인 것과 부정적인 것들의 기세를 조화롭게[和] 하여 발휘하고, 순일한 덕[一德]을 밝혀서 천성에 따라 다스리게 되면, 백성이 그 지도자를 믿고 따르게 되어 오랫동안 나라를 평안하게 다스릴 수 있으니, 이것이 바로 변치 않고 오랫동안 평안하게 나라를 다스리는 대동의 통치 이념[道]을 따르는 것이다.

第53章

《簡甲》《簡乙》《簡丙》에는 53장이 기록되어 있지 않다.

노자는 53장에서 오늘날 지도자들이 대동의 통치 이념[道]을 망각하여, 백성을 탄압하고 있다고 신랄하게 비판하고 있다.

《帛甲》使我挈有知, □□大道, 唯□□□。
사아설유지, □□대도, 유□□□.

《帛乙》使我挈有知, 行於大道, 唯迆是畏。
사아설유지, 행어대도, 유이시외.

《河上》使我介然有知, 行於大道, 唯施是畏。
사아개연유지, 행어대도, 유시시외.

《王弼》使我介然有知, 行於大道, 唯施是畏。
사아개연유지, 행어대도, 유시시외.

【분석】 이 구절은《帛甲》과《帛乙》이 '손에 들 설(挈)'로 '몸에 지니다.'라고 표현하고, 또《帛乙》은 '비스듬할 이(迆)'로 '굽이지다.'라고 표현한 점이 특기할 만하다. 다만 전체 문장이 시사하는 바에는 큰 차이점이 없다.

【미언】

《帛甲》나로 하여금 몸에 지니는(잊히지 않는) 앎이 있게 한다면, 큰 길을 □□□ □□, □□□□□ □□□ 할 뿐이다.

《帛乙》나로 하여금 몸에 지니는(잊히지 않는) 앎이 있게 한다면, 큰 길을 걸음에 있어, (길이) 굽이졌음을 두려워할 뿐이다.

《河上》《王弼》나로 하여금 변하지 않는 앎이 있게 한다면, 큰 길을 걸음에 있어, 억지로 가함을 두려워할 뿐이다.

【대의】 나에게 변치 않는 앎이 있다면, 그것은 바로 대동의 통치 이념[道]을 실천함에 있어서, 결코 천성을 거슬러서 법이나 제도 등으로 억지로 백성을 통제하지 말아야 한다는 것이다.

53 - 2

《帛甲》□□甚夷, 民甚好徑。
□□심이, 민심호경.

《帛乙》大道甚夷, 民甚好徑。
대도심이, 민심호경.

《河上》大道甚夷, 而民好徑。
대도심이, 이민호경.

《王弼》大道甚夷, 而民好徑。
대도심이, 이민호경.

【분석】 이 구절은 문장구조에 따라 《帛甲》《帛乙》과 《河上》《王弼》로 나눌 수 있다. 하지만 전달하고자 하는 의미에는 큰 차이가 없다.

【미언】
《帛甲》□ □□ 대단히 평탄한데, 사람들은 좁은 길을 좋아함이 심하다.

《帛乙》 큰 길은 대단히 평탄한데, 사람들은 좁은 길을 좋아함이 심하다.

《河上》《王弼》큰 길은 대단히 평탄한데, 사람들은 좁은 길을 좋아
한다.

【대의】 대동의 통치 이념[道]은 각자 부여받은 천성에 따라 스스로
그러할 수 있도록 자애로운 덕으로 포용하는 것이라서 평탄하고 평온한
데, 오늘날의 지도자들은 끊임없이 법률과 제도 등을 세분화하고 강화시
켜서 억지로 백성을 통제하려고 하니, 이는 대단히 위험한 일이다.

53 - 3

《帛甲》朝甚除, 田甚蕪, 倉甚虛。
조심제, 전심무, 창심허.

《帛乙》朝甚除, 田甚蕪, 倉甚虛。
조심제, 전심무, 창심허.

《河上》朝甚除, 田甚蕪, 倉甚虛。
조심제, 전심무, 창심허.

《王弼》朝甚除, 田甚蕪, 倉甚虛。
조심제, 전심무, 창심허.

【분석】 이 구절은 모든 판본의 기록이 일치하고 있다.

【미언】
《帛甲》《帛乙》《河上》《王弼》 조정은 관직을 줌이 심하고, 밭에는 잡

초가 무성함이 심하며, 창고는 비어 있음이 심하다.

【대의】 나라의 조정은 공정하게 관리를 선발해야 함에도 불구하고 부패하기가 그지없고, 백성이 전쟁에 동원되어 밭을 갈지 못하니 온통 잡초투성이가 되었으며, 지도자가 사치하여 나라의 창고는 텅 비어 있다.

53 - 4

《帛甲》服文采, 帶利□, □□食, □□□□。
복문채, 대리□, □□식, □□□□.

《帛乙》服文采, 帶利劍, 厭食而資財□□。
복문채, 대리검, 암식이자재□□.

《河上》服文綵, 帶利劍, 厭飲食, 財貨有餘。
복문채, 대리검, 암음식, 재화유여.

《王弼》服文綵, 帶利劍, 厭飲食, 財貨有餘。
복문채, 대리검, 암음식, 재화유여.

【분석】 이 구절은 판본별로 약간의 차이를 보이고 있으나, 전반적인 의미에는 별 차이가 없다. 다만 《帛甲》과 《帛乙》이 '비단 채(綵)' 대신에 '풍채 채(采)'를 써서 '무늬(의 옷)'로 표현해준 점은 특기할 만하다. 아울러서 '財貨(재화)' 대신에 '資財(자재)'로 표현해 준 점에도 주목할 필요가 있을 것이다.

【미언】

《帛甲》화려한 무늬(의 옷)를 입고, 날카로운 □□ 차며, □식에 □□□, □□□ □□□□.

《帛乙》화려한 무늬(의 옷)을 입고, 날카로운 검을 차며, 음식에 빠지고도 재물은 □□□□.

《河上》《王弼》화려한 비단을 입고, 날카로운 검을 차며, 음식에 빠지고, 재물은 넘쳐난다.

【대의】지도자가 차는 검은 그저 지도자의 상징물이기에 그 끝이 무디다. 하지만 오늘날의 지도자는 사치스러움에 빠져서 나라를 돌보지 않고 착취하며, 자애로운 덕으로 다스리지 않고 오히려 전쟁을 일삼거나 강압적인 수단으로 백성을 통제하려 드니, 언제든지 쓸 수 있도록 그 검의 끝을 날카롭게 갈아두는 것이다.

---

53 - 5

《帛甲》□□□□, □□, □□□。

《帛乙》□□□竽, 非□□□。
□□□우, 비□□□!

《河上》是謂盜誇, 盜誇, 非道也哉!
시위도과, 도과, 비도야재!

《王弼》是謂盜夸, 非道也哉!
시위도과, 비도야재!

【분석】이 구절은《帛乙》이 다른 판본들과 달리 '피리 우(竽)'를 써서 직설적으로 '두목'이라고 표현한 점이 특기할 만하다.

【미언】

《帛乙》□□ □□□ □□□ 두목□□□ □□, □□ 아니다!

《河上》이를 일컬어 훔쳐서 자랑한다고 하니, 훔쳐서 자랑하는 것은, 도가 아니다!

《王弼》이를 일컬어 훔쳐서 자랑한다고 하니, 도가 아니다!

【대의】이처럼 지도자가 백성을 착취하여 호의호식하는 것을 일컬어서 남의 것을 훔쳐서 자랑한다고 하니, 이는 대동사회의 통치 이념[道]과 너무나도 거리가 먼 것이다!

54장은《簡甲》과《簡丙》에 기록되어 있지 않지만,《簡乙》에는 모든 구절이 남아 있다.

노사는 54장에서 작게는 자신으로부터 밀게는 세상에 이르기까지, 대동의 통치 이념[道]을 적용하게 되면 다스리지 못할 것이 없다고 설명하고 있다. 특히 노자는 여기서 공자와 같은 수신제가 치국평천하(修身齊家治國平天下)의 도리를 강조하고 있음에 유의할 필요가 있다.

《簡乙》善建者不拔, 善抱者不脱, 子孫以其祭祀
不輟。

선건자불발, 선포자불탈, 자손이기제사불철.

《帛甲》善建□□拔, □□□□□, 子孫以祭祀
□□。

선건□□발, □□□□□, 자손이제사□□.

《帛乙》善建者□□, □□□□□, 子孫以祭祀
不絕。

선건자□□, □□□□□, 자손이제사불절.

《河上》善建者不拔, 善抱者不脱, 子孫以祭祀不
輟。

선건자불발, 선포자불탈, 자손이제사불철.

《王弼》善建者不拔, 善抱者不脱, 子孫以祭祀不
輟。

선건자불발, 선포자불탈, 자손이제사불철.

【분석】 이 구절에서 다른 판본들이 모두 '그칠 철(輟)'을 써준 것과
달리, 유독《帛乙》만은 '끊을 절(絕)'을 써준 점이 특기할 만하다. 하지만
이로 인해서 전달하려는 의미가 변하지는 않는다.

【미언】

《簡乙》잘 세운 것은 뽑히지 않고, 잘 에워싼 것은 벗겨지지 않으니,
자손은 그럼으로써 그 제사가 단절되지 않게 한다.

《帛甲》잘 세운 □□ 뽑히지 □□, □ □□□ □□ □□□□ □□□, 자손은 그럼으로써 제사가 □□□□ □□ □□.

《帛乙》잘 세운 것은 □□□ □□, □ □□□ □□ □□□□ □□□, 자손은 그럼으로써 제사가 단절되지 않게 한다.

《河上》《王弼》잘 세운 것은 뽑히지 않고, 잘 에워싼 것은 벗겨지지 않으니, 자손은 그럼으로써 제사가 단절되지 않게 한다.

【대의】 항상 삼가여 순일한 덕[一德]을 쌓고 백성의 뜻을 자신의 뜻으로 삼는 지도자는, 백성이 믿음으로 의지하고 따르기 때문에, 그 명성이 흔들리지 않게 된다. 그뿐만 아니라 자손 역시 대대손손 번창하여, 그에게 제사를 지낼 수 있게 되는 것이다.

《簡乙》修之身, 其德乃眞。
　　　　수지신, 기덕내진.

《帛甲》□□□, □□□□。

《帛乙》脩之身, 其德乃眞。
　　　　수지신, 기덕내진.

《河上》修之於身, 其德乃眞。
　　　　수지어신, 기덕내진.

《王弼》修之於身, 其德乃眞。
　　　　수지어신, 기덕내진.

【분석】 이 구절은 판본별로 '어조사 어(於)'가 있는 경우와 없는 경우가 있는데, 해석에 큰 영향을 미치지는 않는다.

아울러서 이 구절부터 아래에 나오는 '갈 지(之)'는 모두 '(영향을) 끼치다, 쓰다, 사용하다, 행하다.'라는 의미의 동사로 해석됨에 유의할 필요가 있다.

【미언】
《簡乙》《帛乙》《河上》《王弼》 잘 닦아 자신에게 행하면, 그 덕은 이에 진실해진다.

【대의】 이러한 이치를 자신에게 적용하여 닦으면, 그 덕은 두 마음을 품지 않는 순일한 덕[一德]이 된다.

《簡乙》修之家, 其德有餘。
수지가, 기덕유여.

《帛甲》□□□, □□□餘。
□□□, □□□여.

《帛乙》脩之家, 其德有餘。
수지가, 기덕유여.

《河上》修之於家, 其德乃餘。
수지어가, 기덕내여.

《王弼》修之於家, 其德乃餘。
수지어가, 기덕내여.

【분석】 이 구절 역시 판본별로 '어조사 어(於)'가 있는 경우와 없는 경우만이 차이점으로 남아 있을 뿐, 의미에는 차이점이 보이지 않는다.

【미언】

《簡乙》《帛乙》잘 닦아 가정에 행하면, 그 덕은 남음이 있게 된다.

《帛甲》□ □□ □□□ □□□, □ □□ 남음이 □□ □□.

《河上》《王弼》잘 닦아 가정에 행하면, 그 덕은 이에 남음이 있게 된다.

【대의】 이러한 이치를 가정에 적용하여 닦으면, 그 덕은 베풀어서 넘쳐나게 된다.

《簡乙》修之鄉, 其德乃長; 修之邦, 其德乃豐。
수지향, 기덕내장; 수지방, 기덕내풍.

《帛甲》脩之□, □□□□; □□□, □□□□。
수지□, □□□□; □□□, □□□□.

《帛乙》脩之鄉, 其德乃長; 脩之國, 其德乃豐。
수지향, 기덕내장; 수지국, 기덕내풍.

《河上》修之於鄉, 其德乃長; 修之於國, 其德乃豐。
수지어향, 기덕내장; 수지어국, 기덕내풍.

《王弼》修之於鄉, 其德乃長; 修之於國, 其德乃豐。
수지어향, 기덕내장; 수지어국, 기덕내풍.

【분석】 이 구절도 판본별로 '어조사 어(於)'가 있는 경우와 없는 경우만이 차이점으로 남아 있을 뿐, 의미에는 차이점이 보이지 않는다. 다만 판본별로 '나라 국(國)'과 '나라 방(邦)'을 달리 써준 점은 특기할 만하다.

【미언】
《簡乙》《帛乙》《河上》《王弼》 잘 닦아 마을에 행하면, 그 덕은 이에 커갈 것이고; 잘 닦아 나라에 행하면, 그 덕은 이에 풍요로워진다.
《帛甲》 잘 닦아 □□□ 행하면, □ □□ □□ □□ □□□; □ □□ □□□ □□□, □ □□ □□ □□□□□.

【대의】 이러한 이치를 마을에 적용하여 닦으면, 그 덕이 베풀어져

더욱 위대해질 것이며, 이러한 이치를 나라에 적용하여 닦으면, 그 덕이
베풀어져 온 나라에 걸쳐 넉넉해진다.

54 - 5

《簡乙》修之天下, □□□□。
수지천하, □□□□.

《帛甲》□□□□, □□□□。

《帛乙》脩之天下, 其德乃博。
수지천하, 기덕내박.

《河上》修之於天下, 其德乃普。
수지어천하, 기덕내보.

《王弼》修之於天下, 其德乃普。
수지어천하, 기덕내보.

【분석】 이 구절 역시 판본별로 '어조사 어(於)'가 있는 경우와 없는
경우가 있다.

아울러서 《河上》《王弼》은 '넓을 보(普)'를 써서 '두루 미치다.'라고 표
현해준 반면,《帛乙》은 '넓을 박(博)'을 써서 '넓히다.'라고 표현해 준 점은
유의할 필요가 있다. 하지만 이 역시 전체 맥락상 큰 차이를 보인다고는
할 수 없을 것이다.

【미언】
《簡乙》잘 닦아 세상에 행하면, □ □□ □□ □□□□□ □□ □
□□ □□.

《帛乙》잘 닦아 세상에 행하면, 그 덕은 두루 (세상으로) 넓히게 된다.

《河上》《王弼》잘 닦아 세상에 행하면, 그 덕은 이에 보편적으로 두루 미치게 된다.

【대의】 이러한 이치를 온 세상에 적용하여 닦으면, 그 덕이 베풀어 져 세상의 모든 만물에 퍼지게 된다.

54 − 6

《簡乙》□□□□, □□□家, 以鄕觀鄕, 以邦觀邦, 以天下觀天下。
□□□□, □□□가, 이향관향, 이방관방, 이천하관천하.

《帛甲》以身□身, 以家觀家, 以鄕觀鄕, 以邦觀邦, 以天□□□□。
이신□신, 이가관가, 이향관향, 이방관방, 이천□□□□.

《帛乙》以身觀身, 以家觀□, □□□國, 以天下觀天下。
이신관신, 이가관□, □□□국, 이천하관천하.

《河上》故以身觀身, 以家觀家, 以鄕觀鄕, 以國觀國, 以天下觀天下。
고이신관신, 이가관가, 이향관향, 이국관국, 이천하관천하.

《王弼》故以身觀身, 以家觀家, 以鄕觀鄕, 以國觀國, 以天下觀天下。
고이신관신, 이가관가, 이향관향, 이국관국, 이천하관천하.

【분석】 이 구절은 판본별로 사용된 단어에 약간의 차이점이 있고 또 훼손된 부분이 더러 있기는 하지만, 전체적으로 판본들이 전달하고자 하는 의미는 모두 일치한다고 볼 수 있다.

【미언】

《簡乙》□□□□ □□ □□□□, □□□ □□□□□ □□ 가정을 □□□□, 자신의 마을로서 다른 마을을 관찰하고, 자신의 나라로서 다른 나라를 관찰하며, 세상으로서 세상을 관찰한다.

《帛甲》 자신으로 남을 □□□□, 자신의 가정으로 남의 가정을 관찰하며, 자신의 마을로서 다른 마을을 관찰하고, 자신의 나라로서 다른 나라를 관찰하며, 세□으로서 □□□ □□□□.

《帛乙》 자신으로 남을 관찰하고, 자신의 가정으로 □□ □□□ 관찰하며, □□□ □□□□ 다른 나라를 □□□□, 세상으로서 세상을 관찰한다.

《河上》《王弼》 그러므로 자신으로 남을 관찰하고, 자신의 가정으로 남의 가정을 관찰하며, 자신의 마을로서 다른 마을을 관찰하고, 자신의 나라로서 다른 나라를 관찰하며, 세상으로서 세상을 관찰한다.

【대의】 따라서 이러한 이치를 이해하고 실천하는 지도자는 자신을 살핌으로써 남을 이해할 수 있고, 자신의 가정을 살핌으로써 남의 가정을 이해할 수 있으며, 자신의 마을을 살핌으로써 남의 마을을 이해할 수 있고, 자신의 나라를 살핌으로써 남의 나라를 이해할 수 있으며, 자신의 세상을 살핌으로써 다른 세상을 이해할 수 있는 것이니, 굳이 멀리 나가서 찾지 않는 것이나.

《簡乙》吾何以知天□□□□? □□。
오하이지천□□□□? □□.

《帛甲》□□□□□□□□□? □□。

《帛乙》□□□□天下之然哉? 以□。
□□□□천하지연재? 이□.

《河上》吾何以知天下之然哉? 以此。
오하이지천하지연재? 이차.

《王弼》吾何以知天下之然哉? 以此。
오하이지천하지연재? 이차.

【분석】 이 구절은 훼손된 부분을 제외하면, 모든 판본들의 문장구조가 일치한다.

【미언】
《簡乙》 내가 어찌 세□□ □□□□ 알겠는가? □ □□□□.
《帛乙》 □□ □□ 세상이 그러함을 □□□□? □ 때문이다.
《河上》《王弼》 내가 어찌 세상이 그러함을 알겠는가? 이 때문이다.

【대의】 내가 어떻게 이렇듯 오묘한 세상의 도리를 깨달을 수 있었겠는가? 바로 상고시대로부터 내려오는 덕치의 실례(實例)들을 보고, 그 안에서 공통점을 이해했기 때문이다.

第55章

55장은 《簡乙》과 《簡丙》에 기록되어 있지 않지만, 《簡甲》에는 모든 구절이 남아 있다.
노자는 55장에서 순일한 덕[一德]을 갓난아이에 비유하여 상세하게 풀이하고 있다.

《簡甲》含德之厚者, 比於赤子。
함덕지후자, 비어적자.

《帛甲》□□之厚□, 比於赤子。
□□지후□, 비어적자.

《帛乙》含德之厚者, 比於赤子。
함덕지후자, 비어적자.

《河上》含德之厚, 比於赤子。
함덕지후, 비어적자.

《王弼》含德之厚, 比於赤子。
함덕지후, 비어적자.

【분석】 이 구절은 판본별로 '含德之厚(함덕지후)' 뒤에 '놈 자(者)'가 있는 경우와 없는 경우로 나눌 수 있는데, 사실 이러한 차이점이 문장의 의미에 큰 영향을 미치지는 않는다.

【미언】
《簡甲》《帛乙》 덕의 넉넉함을 품은 이는, 갓난아이에 비견된다.
《帛甲》 □의 넉넉함을 □□ □□, 갓난아이에 비견된다.
《河上》《王弼》 덕의 넉넉함을 품는 것은, 갓난아이에 비견된다.

【대의】 오로지 나라와 백성의 안위만을 생각하는 순일한 덕[一德]은 아무리 베풀어도 끊임없이 넘쳐 나오므로, 이러한 덕을 품는다는 것은 마치 사심 없이 마음을 정성스럽게 하여 갓난아이를 품는 것과도 같이 무

한한 자애로움으로 백성을 돌보는 것이다. 따라서 이제 갓난아이로 그 순일한 덕[一德]을 비유하고자 한다.

55 － 2

《簡甲》蜂蠆虺蛇弗螫, 攫鳥猛獸弗搏。
봉채훼사불석, 확조맹수불박.

《帛甲》蜂蠆虺蛇弗螫, 攫鳥猛獸弗搏。
봉채훼사불석, 확조맹수불박.

《帛乙》螽蠆虺蛇弗螫, 據鳥猛獸弗搏。
종채훼사불석, 확조맹수불박.

《河上》毒蟲不螫, 猛獸不據, 玃鳥不搏。
독충불석, 맹수불거, 확조불박.

《王弼》蜂蠆虺蛇不螫, 猛獸不據, 攫鳥不搏。
채훼사불석, 맹수불거, 확조불박.

【분석】 이 구절은 판본별로 표현 방식에 약간의 차이가 있으나, 전달하고자 하는 의미에는 큰 차이가 없다.

【미언】
《簡甲》《帛甲》 벌과 전갈, 독사가 쏘지 않고, 맹금과 맹수가 덮치지 않는다.
《帛乙》 메뚜기의 전갈, 독사가 쏘지 않고, 맹금과 맹수가 덮치지 않는다.

《河上》독을 지닌 벌레가 쏘지 않고, 맹수가 달려들지 않으며, 맹금이 덮치지 않는다.

《王弼》벌과 전갈, 독사가 쏘지 않고, 맹수가 달려들지 않으며, 맹금이 덮치지 않는다.

【대의】 이처럼 갓난아이와도 같은 순일한 덕을 품은 지도자[聖人]는, 그 어떤 불행함도 비켜갈 수 있다.

55 - 3

《簡甲》骨弱筋柔而捉固, 未知牝牡之合朘怒, 精之至也。
골약근유이착고, 미지빈모지합선노, 정지지야.

《帛甲》骨弱筋柔而握固, 未知牝牡□□□□□, 精□至也。
골약근유이악고, 미지빈모□□□□□, 정□지야.

《帛乙》骨筋弱柔而握固, 未知牝牡之會而朘怒, 精之至也。
골근약유이악고, 미지빈모지회이선노, 정지지야.

《河上》骨弱筋柔而握固, 未知牝牡之合而朘作, 精之至也。
골약근유이악고, 미지빈모지합이준작, 정지지야.

《王弼》骨弱筋柔而握固, 未知牝牡之合而全作, 精之至也。
골약근유이악고, 미지빈모지합이전작, 정지지야.

【분석】이 구절 역시 판본별로 표현방식에 약간의 차이가 있으나, 전달하고자 하는 의미에는 큰 차이가 없다.

【미언】

《簡甲》뼈대는 약하고 근육은 부드러우나 굳건히 움켜잡고, 강함과 부드러움의 어울림은 알지 못하나 (잘) 오그라지고 곤두서니, 정교함의 절정이다.

《帛甲》뼈대는 약하고 근육은 부드러우나 굳건히 움켜쥐고, 강함과 부드러움□ □□□ 알지 못하나 □□□□□ □□□□, 정교함□ 절정이다.

《帛乙》뼈대와 근육은 약하고 부드러우나 굳건히 움켜쥐고, 강함과 부드러움의 만남은 알지 못하나 (잘) 오그라지고 곤두서니, 정교함의 절정이다.

《河上》뼈대는 약하고 근육은 부드러우나 굳건히 움켜쥐고, 강함과 부드러움의 어울림은 알지 못하나 훌륭하게 작용하니, 정교함의 절정이다.

《王弼》뼈대는 약하고 근육은 부드러우나 굳건히 움켜쥐고, 강함과 부드러움의 어울림은 알지 못하나 완전하게 작용하니, 정교함의 절정이다.

【대의】갓난아이의 뼈대는 아직 약하고 또 근육은 한없이 부드럽지만 꽉 움켜쥔 손만큼은 너무나도 굳건해서 비록 강함과 부드러움의 조화가 무엇인지조차 이해하지 못하지만 부지불식간에 양 극단을 조화롭게[和] 하는 것이니, 이처럼 갓난아이와도 같은 순일한 덕[一德]을 품은 지도자[聖人]는 그 강함과 부드러움이 조화를 이루는 절조[德]의 핵심이 최고조에 이른 것이다.

《簡甲》終日呼而不嚘, 和之至也。
종일호이불우, 화지지야.

《帛甲》終日號而不嚘, 和之至也。
종일호이불우, 화지지야.

《帛乙》終日號而不嚘, 和□□□。
종일호이불우, 화지지야.

《河上》終日號而不嗄, 和之至也。
종일호이불사, 화지지야.

《王弼》終日號而不嗄, 和之至也。
종일호이불사, 화지지야.

【분석】 이 구절에서《簡甲》은 '부를 호(呼)'를 쓴 반면, 다른 판본들은 모두 '부르짖을 호(號)'를 써줬다. 또한《簡甲》과《帛甲》그리고《帛乙》은 '탄식할 우(嚘)'를 써서 '목이 메다.'라고 표현한 반면,《河上》과《王弼》은 '잠길 사(嗄)'로 '목이 잠기다.'라고 표현한 점이 특기할 만하다. 하지만 이러한 차이점에도 불구하고, 각 판본들이 전달하고자 하는 의미에는 큰 차이점이 없다.

【미언】
《簡甲》온종일 부르짖어도 목이 메지 않으니, 조화로움의 절정이다.
《帛甲》온종일 소리 질러도 목이 메지 않으니, 조화로움의 절정이다.
《帛乙》온종일 소리 질러도 목이 메지 않으니, 조화로움□ □□□□.

《河上》《王弼》 온종일 소리 질러도 목이 잠기지 않으니, 조화로움의 절정이다.

【대의】 또한 갓난아이는 하루 종일 울어대도 목이 잠기지 않는데, 이는 억지로 작위 하는 것이 아니라 그 천성을 따르기 때문인 것이니, 이처럼 갓난아이와도 같은 순일한 덕[一德]을 품은 지도자[聖人]는 그 강함과 부드러움의 조화를 이루는 절조[德]가 최고조에 달한 것이다.

55 - 5

《簡甲》 和曰常, 知和曰明, 益生曰祥, 心使氣曰强。
화왈상, 지화왈명, 익생왈상, 심사기왈강.

《帛甲》 和曰常, 知常曰明, 益生曰祥, 心使氣曰强。
화왈상, 지상왈명, 익생왈상, 심사기왈강.

《帛乙》 □□□常, 知常曰明, 益生□祥, 心使氣曰强。
□□□상, 지상왈명, 익생□상, 심사기왈강.

《河上》 知和曰常, 知常曰明, 益生曰祥, 心使氣曰强。
지화왈상, 지상왈명, 익생왈상, 심사기왈강.

《王弼》 知和曰常, 知常曰明, 益生曰祥, 心使氣曰强。
지화왈상, 지상왈명, 익생왈상, 심사기왈강.

【분석】이 구절에서 다른 판본들은 모두 '常曰明(상왈명)'이라고 표현한 반면, 오직《簡甲》만이 '和曰明(화왈명)'이라고 표기해준 점에 유의할 필요가 있다.

그 밖에도 판본별 기록마다 미묘한 차이점이 보이기는 하지만, 사실 전달하고자 하는 의미에는 큰 차이가 없다.

【미언】

《簡甲》'화(조화로움)'를 '상(늘 그러함)'이라고 하고, '화(조화로움)'를 아는 것을 '명(덕을 밝힘)'이라고 하며, 삶을 이롭게 하는 것을 '상(상서로움)'이라고 하고, 마음이 기백을 따르는 것을 '강(강함)'이라고 한다.

《帛甲》'화(조화로움)'를 '상(늘 그러함)'이라고 하고, '상(늘 그러함)'을 아는 것을 '명(덕을 밝힘)'이라고 하며, 삶을 이롭게 하는 것을 '상(상서로움)'이라고 하고, 마음이 기백을 따르는 것을 '강(강함)'이라고 한다.

《帛乙》□□ □□ □□ '상(늘 그러함)'□□□ □□, '화(조화로움)'를 아는 것을 '명(덕을 밝힘)'이라고 하며, 삶을 이롭게 하는 것을 '상(상서로움)'□□ □ □□, 마음이 기백을 따르는 것을 '강(강함)'이라고 한다.

《河上》《王弼》'화(조화로움)'를 아는 것을 '상(늘 그러함)'이라고 하고, '상(늘 그러함)'을 아는 것을 '명(덕을 밝힘)'이라고 하며, 삶을 이롭게 하는 것을 '상(상서로움)'이라고 하고, 마음이 기백을 따르는 것을 '강(강함)'이라고 한다.

【대의】어느 누구 하나 버리지 않고 함께하는 조화로움[和]을 아는 것이 바로 변치 않는다[常]는 것이고, 그러한 변치 않음[常]을 깨닫는 것이야말로 순일한 덕[一德]을 밝히는 것[明]이며, 백성의 생계를 이롭게 하는 것을 상서로움[祥]이라 하고, 마음속의 의지가 기백을 따르는 것을 이르러 자애로움이 내포된 단호함[强]이라고 한다.

《簡甲》物壯則老, 是謂不道。
물장즉로, 시위부도.

《帛甲》□□即老, 謂之不道, 不道□□。
□□즉로, 위지부도, 부도□□.

《帛乙》物□則老, 謂之不道, 不道早已。
물□즉로, 위지부도, 부도조이.

《河上》物壯則老, 謂之不道, 不道早已。
물장즉로, 위지부도, 부도조이.

《王弼》物壯則老, 謂之不道, 不道早已。
물장즉로, 위지부도, 부도조이.

【분석】《簡甲》은 다른 판본들과 달리 뒷부분의 '不道早已(부도조이)'라는 표현이 없음에 유의할 필요가 있다. 또한 다른 판본들이 모두 '곧 즉(則)'을 써준 반면,《帛甲》은 '곧 즉(即)'으로 써준 점도 특기할 만하다. 하지만 이러한 것들이 뜻의 변화에 영향을 미치지는 않으니, 판본별로 전달하고자 하는 의미에는 큰 차이가 없다.

【미언】
《簡甲》사물이 강대해지면 곧 쇠퇴하니, 이를 일컬어 도에 부합되지 않는다고 한다.
《帛甲》□□□ □□□□□ 곧 쇠퇴하니, 그것을 일컬어 도에 부합되지 않는다고 하는데, 도에 부합되지 않으면 □□□□ □□□□.

《帛乙》사물이 □□□□□ 곧 쇠퇴하니, 그것을 일컬어 도에 부합되지 않는다고 하는데, 도에 부합되지 않으면 일찌감치 사라진다.

《河上》《王弼》사물이 강대해지면 곧 쇠퇴하니, 그것을 일컬어 도에 부합되지 않는다고 하는데, 도에 부합되지 않으면 일찌감치 사라진다.

【대의】달이 차면 기우는 법인데, 이러한 현상은 대동의 통치 이념[道]에 부합되지 않는다고 말한다. 변치 않고 장구히 유지하는 것[常]이 대동의 통치 이념[道]인데, 이처럼 강대해지면 곧 쇠퇴하는 것은 대동의 통치 이념[道]에 부합되지 않으니 일찌감치 사라지게 되는 것이다.

第56章

《簡乙》과 《簡丙》에는 56장의 내용이 보이지 않는다.
노자는 56장에서 객관적이고 공정함[中]의 중요성에 대해서 설명하고 있다.

《簡甲》知之者弗言, 言之者弗知。
지지자불언, 언지자부지.

《帛甲》□□弗言, 言者弗知。
□□불언, 언자부지.

《帛乙》知者弗言, 言者弗知。
지자불언, 언자부지.

《河上》知者不言, 言者不知。
지자불언, 언자부지.

《王弼》知者不言, 言者不知。
지자불언, 언자부지.

【분석】 이 구절은《簡甲》이 '놈 자(者)' 앞에 '갈 지(之)'를 추가해준 점만 다르다.

【미언】

《簡甲》그것(도)을 아는 이는 말하지 않고, 그것(도)을 말하는 이는 알지 못한다.

《帛甲》□□ □□ 말하지 않고, 말하는 이는 알지 못한다.

《帛乙》《河上》《王弼》아는 이는 말하지 않고, 말하는 이는 알지 못한다.

【대의】 대동의 통치 이념[道]을 이해하는 지도자는 함부로 말하거나 명령을 내리지 않고, 함부로 말하거나 명령을 내리는 지도자는 대동의 통치 이념[道]을 이해하지 못한다.

《簡甲》閉其兌, 塞其門, 和其廣, 同其塵, 畜其銳,
解其忿, 是謂玄同。

폐기태, 색기문, 화기광, 동기진, 축기예, 해기분, 시위현동.

《帛甲》塞其垗, 閉其□, □其光, 同其塵, 挫其
銳, 解其紛, 是謂玄同。

색기태, 폐기□, □기광, 동기진, 좌기예, 해기분, 시위현동.

《帛乙》塞其垗, 閉其門, 和其光, 同其塵, 銼其銳
而解其紛, 是謂玄同。

색기태, 폐기문, 화기광, 동기진, 좌기예이해기분, 시위현동.

《河上》塞其兌, 閉其門, 挫其銳, 解其紛, 和其光,
同其塵, 是謂玄同。

색기태, 폐기문, 좌기예, 해기분, 화기광, 동기진, 시위현동.

《王弼》塞其兌, 閉其門, 挫其銳, 解其分, 和其光,
同其塵, 是謂玄同。

색기태, 폐기문, 좌기예, 해기분, 화기광, 동기진, 시위현동.

【분석】 이 구절은 판본별로 몇몇 단어와 어순이 다르지만, 전달하
고자 하는 의미에 큰 차이점은 없다. 특히《簡甲》은 '빛 광(光)' 대신에 '넓
을 광(廣)'으로 '빛남'을, '꺾을 좌(挫)'나 '가마 좌(銼)' 대신에 '쌓을 축(畜)'으
로 '제지하다, 말리다.'를, 그리고 '어지러울 분(紛)'이나 '나눌 분(分)' 대신
에 '성낼 분(忿)'으로 '원망, 원한'이라고 표현하였지만, 이 역시 문장 전체
를 아우르는 의미에 큰 영향을 주지는 않음에 유의할 필요가 있다.

【미언】

《簡甲》그 통함을 막고, 그 문을 닫으며, 그 빛남을 조화롭게 하고, 그 더러움과 함께하며, 그 날카로움을 제지하고, 그 원한을 해결하니, 이를 현동이라고 이른다.

《帛甲》그 통함을 막고, 그 □□ 닫으며, 그 영화로움을 □□□□ □□, 그 더러움과 함께하며, 그 날카로움을 억누르게 하고, 그 분규를 해결하니, 이를 현동이라고 이른다.

《帛乙》그 통함을 막고, 그 문을 닫으며, 그 영화로움을 조화롭게 하고, 그 더러움과 함께하며, 그 날카로움을 억누르게 하고, 그 분규를 해결하니, 이를 현동이라고 이른다.

《河上》《王弼》그 통함을 막고, 그 문을 닫으며, 그 날카로움을 억누르게 하고, 그 분규를 해결하며, 그 영화로움을 조화롭게 하고, 그 더러움과 함께하니, 이를 현동이라고 이른다.

【대의】그 작은 지식(얕은꾀)의 통로를 막아서 사리사욕을 탐하는 마음을 없애고, 그 문을 닫아서 참된 대동의 통치 이념[道]을 이해하고 실천하며, 날카로운 사회의 모순을 억눌러 둥글게 하고, 그 혼란과 어지러움을 원만하게 해결하며, 영화로운 것들의 기세를 조화롭게 하고 더러움과 한데 어우러짐으로써 어느 누구 하나 버리지 않고 함께하니, 이를 심오한 화합이라고 일컫는다.

《簡甲》故不可得而親, 亦不可得而疏; 不可得而利, 亦不可得而害; 不可得而貴, 亦不可得而賤, 故爲天下貴。

고불가득이친, 역불가득이소; 불가득이리, 역불가득이해; 불가득이귀, 역불가득이천, 고위천하귀.

《帛甲》故不可得而親, 亦不可得而疏; 不可得而利, 亦不可得而害; 不可□而貴, 亦不可得而賤, 故爲天下貴。

고불가득이친, 역불가득이소; 불가득이리, 역불가득이해; 불가□이귀, 역불가득이천, 고위천하귀.

《帛乙》故不可得而親也, 亦□□□而□; □□□而利, □□□得而害; 不可得而貴, 亦不可得而賤, 故爲天下貴。

고불가득이친야, 역□□□이□; □□□이리, □□□득이해; 불가득이귀, 역불가득이천, 고위천하귀.

《河上》故不可得而親, 亦不可得而踈; 不可得而利, 亦不可得而害; 不可得而貴, 亦不可得而賤, 故爲天下貴。

고불가득이친, 역불가득이소; 불가득이리, 역불가득이해; 불가득이귀, 역불가득이천, 고위천하귀.

《王弼》故不可得而親, 不可得而疏; 不可得而利, 不可得而害; 不可得而貴, 不可得而賤, 故爲天下貴。

고불가득이친, 불가득이소; 불가득이리, 불가득이해; 불가득이귀, 불가득이천, 고위천하귀.

【분석】 이 구절은 판본별로 '또 역(亦)'을 써준 경우와 그렇지 않은 경우가 있다. 또한 다른 판본들이 '소통할 소(疏)'로 써준 것과는 달리,《河上》만 '트일 소(疎)'로 '소원해지다, 멀어지다.'라고 표현해준 점은 특기할 만하다.

【미언】

《簡甲》《王弼》 그러므로 친하다고 할 수 없고, 또 멀다고도 할 수 없으며; 이롭다고 할 수 없고, 또 해가 된다고도 할 수 없거니와; 귀하다고 할 수 없고, 또 천하다고도 할 수 없으니, 그러므로 세상이 귀히 여긴다.

《帛甲》 그러므로 친하다고 할 수 없고, 또 멀다고도 할 수 없으며; 이롭다고 할 수 없고, 또 해가 된다고도 할 수 없거니와; 귀하다□ 할 수 없고, 또 천하다고도 할 수 없으니, 그러므로 세상이 귀히 여긴다.

《帛乙》 그러므로 친하다고 할 수 없고, 또 □□□□□ □ □ □ □□ □; 이롭다□ □ □ □□, □ 해가 된다고도 □ □ □□□□; 귀하다고 할 수 없고, 또 천하다고도 할 수 없으니, 그러므로 세상이 귀히 여긴다.

《河上》 그러므로 친하다고 할 수 없고, 소원하다고 할 수 없으며; 이롭다고 할 수 없고, 해가 된다고 할 수 없거니와; 귀하다고 할 수 없고, 천하다고 할 수 없으니, 그러므로 세상이 귀히 여긴다.

【대의】 이처럼 대동사회의 통치 이념[道]은 객관적이고도 공정[中]해서 어느 누구와 친하지도 그렇다고 소원하지도 않고, 일방적으로 이롭다고도 또는 해가 된다고도 할 수 없으며, 무조건 귀중하다고 볼 수도 천박하다고 볼 수도 없기 때문에, 세상이 모두 수긍하고 따르게 되는 것이다.

第57章

《簡乙》과《簡丙》에는 57장의 내용이 보이지 않는다.

노자는 57장에서 대동의 통치 이념[道]에 대해서 구체적으로 풀이하고 있는데, 이는 바로 두 마음을 품지 않고 오직 나라와 백성의 인위민을 생각하는 순일한 데[一德]을 베푸는 것과 억지로 작위하지 않고 천성에 따르는 것, 말이나 명령을 함부로 내리지 않는 것, 사리사욕을 탐하지 않는 것 그리고 강제적인 수단으로 상대방을 억압하지 않는 것이다.

《簡甲》以正治邦, 以奇用兵, 以亡事取天下。
이정치방, 이기용병, 이무사취천하.

《帛甲》以正治邦, 以奇用兵, 以無事取天下。
이정치방, 이기용병, 이무사취천하.

《帛乙》以正治國, 以奇用兵, 以無事取天下。
이정치국, 이기용병, 이무사취천하.

《河上》以正治國, 以奇用兵, 以無事取天下。
이정치국, 이기용병, 이무사취천하.

《王弼》以正治國, 以奇用兵, 以無事取天下。
이정치국, 이기용병, 이무사취천하.

【분석】 이 구절은 판본별로 '나라 국(國)'이나 '나라 방(邦)', 혹은 '없을 무(無)'나 '없을 무(亡)'를 써준 것 외에 다른 차이점들은 보이지 않는다.

【미언】
《簡甲》《帛甲》《帛乙》《河上》《王弼》 올바름으로 나라를 다스리고, 느닷없음으로 군대를 쓰며, 일을 만듦이 없음으로 세상을 다스린다.

【대의】 객관적이고도 공정함[中] 그리고 어느 누구 하나 버리지 않고 다 함께하려는 마음[和]을 기반으로 하는 순일한 덕[一德]으로 나라를 다스리고, 부득이한 경우에만 일을 해결하기 위해 전쟁을 하며, 엄격하고도 세분화된 법률과 제도로 백성을 통제하지 않고, 백성의 뜻에 따라 나라를 다스리는 것이다.

《簡甲》吾何以知其然也?
오하이지기연야?

《帛甲》吾何□□□□也哉?
오하□□□□야재?

《帛乙》吾何以知其然也哉?
오하이지기연야재?

《河上》吾何以知天下之然哉? 以此.
오하이지천하지연재? 이차.

《王弼》吾何以知其然哉? 以此.
오하이지기연재? 이차.

【분석】 이 구절은 판본별로 표현법상 약간의 차이점들이 보이기는
하지만, 문장이 전달하려는 전반적인 맥락에는 큰 차이점이 없다.

【미언】
《簡甲》《帛乙》 내가 어찌 그것이 그러함을 알겠는가?
《帛甲》 내가 어찌 □□□ □□□□ □□□□?
《河上》 내가 어찌 세상의 그러함을 알겠는가? 이 때문이다.
《王弼》 내가 어찌 그것이 그러함을 알겠는가? 이 때문이다.

【대의】 내가 어떻게 그러한지 알 수 있었겠는가? 바로 상고시대로
부터 내려오는 덕치의 실례들을 보고, 그 안에서 공통점을 이해했기 때문
이다.

《簡甲》夫天多忌諱, 而民彌叛。
부천다기휘, 이민미반.

《帛甲》夫天下□□□, 而民彌貧。
부천하□□□, 이민미빈.

《帛乙》夫天下多忌諱, 而民彌貧。
부천하다기휘, 이민미빈.

《河上》天下多忌諱, 而民彌貧。
천하다기휘, 이민미빈.

《王弼》天下多忌諱, 而民彌貧。
천하다기휘, 이민미빈.

【분석】 이 구절은 판본별로 표현법상 약간의 차이점이 존재하지만, 그 대의에는 변함이 없다.

【미언】

《簡甲》 무릇 임금이 금기를 많아지게 하면, 백성이 더욱 떨어져 나간다(달아난다).

《帛甲》 무릇 세상에 □□□ □□□□, 백성이 더욱 빈궁해진다.

《帛乙》 무릇 세상에 금기가 많아지면, 백성이 더욱 빈궁해진다.

《河上》《王弼》 세상에 금기가 많아지면, 백성이 더욱 빈궁해진다.

【대의】 법률과 제도를 더욱 세분화하고 강화하여 백성을 통제하면, 그들의 생활이 더욱 궁핍해져서 결국 지도자에게 불만을 품게 된다.

《簡甲》民多利器, 而邦滋昏。
　　민다리기, 이방자혼.

《帛甲》民多利器, 而邦家滋昬。
　　민다리기, 이방가자혼.

《帛乙》民多利器, □□□□昬。
　　민다리기, □□□□혼.

《河上》民多利器, 國家滋昏。
　　민다리기, 국가자혼.

《王弼》民多利器, 國家滋昏。
　　민다리기, 국가자혼.

【분석】 이 구절은 《帛甲》과 《帛乙》이 '어두울 혼(昏)' 대신에 '어두울 혼(昬)'으로 표기한 점이 특기할 만하다. 또한 《帛甲》은 '邦家(방가)'로 표현하고 있는데, 이는 영토와 국민과 주권을 갖춘 사회(가문과 나라)를 뜻하므로, 결국 '나라 방(邦)'이나 '나라 국(國)'과 동일한 의미를 지닌다.

그리고 '많을 다(多)'는 여기서 '중히 여기다.'로 풀이해야 할 것이다.

아울러서 36-3에도 '利器(리기: 마음대로 할 수 있는 권력)'라는 단어가 등장하는데, 문장 전체의 맥락상 여기서는 날카로운 병기로 풀이하는 것이 더 적합할 듯하다.

【미언】
《簡甲》《帛甲》《河上》《王弼》 백성이 무기를 중히 여기면, 국가에 혼란이 증가한다.

《帛乙》백성이 무기를 중히 여기면, □□□ 혼란이 □□□□.

【대의】 지도자가 빈번하게 전쟁을 일으켜서 백성을 전쟁터로 내몰게 되면, 결국 자신의 생계를 도모하지 못하게 되어 나라가 어수선해지고 혼란스러워진다.

57 - 5

《簡甲》人多智, 而奇物滋起。
　　　인다지, 이기물자기.

《帛甲》人多知, 而奇物滋□。
　　　인다지, 이기물자□.

《帛乙》□□□□, □□□□□。

《河上》人多技巧, 奇物滋起。
　　　인다기교, 기물자기.

《王弼》人多伎巧, 奇物滋起。
　　　인다기교, 기물자기.

【분석】 이 구절 역시 판본별로 표현법상 약간의 차이점은 있지만, 전체적인 의미에는 변함이 없다.

【미언】
《簡甲》사람에게 얕은꾀(모략)가 많아지면, 기이한 일들이 증가하기 시작한다.

《帛甲》사람에게 얕은꾀가 많아지면, 기이한 일들이 증가하기 □□
□□.

《河上》《王弼》사람에게 기교가 많아지면, 기이한 일들이 증가하기 시
작한다.

【대의】 지도자가 대동의 통치 이념[道]을 따르지 않고, 오히려 얕은
꾀를 쓰거나 사리사욕을 탐하게 되면, 나라가 혼란스러워져서 상서롭지
못한 일들이 많아진다.

57 - 6

《簡甲》法物滋章, 盜賊多有。
　　　　법물자장, 도적다유.

《帛甲》□□□□, □盜賊□□。
　　　　□□□□, □도적□□.

《帛乙》□物滋彰, 而盜賊□□。
　　　　□물자창, 이도적□□.

《河上》法物滋彰, 盜賊多有。
　　　　법물자창, 도적다유.

《王弼》法令滋彰, 盜賊多有。
　　　　법령자창, 도적다유.

【분석】 이 구절에서는《簡甲》이 '드러날 창(彰)' 대신에 '글 장(章)'
을 써준 점에 주목할 필요가 있는데, 사실 이 두 단어는 모두 '드러나다, 나

타나다.'는 의미를 지니므로 의미상의 차이점은 보이지 않는다. 또한《王弼》만 '法令(법령)'이라고 했을 뿐 다른 판본들은 모두 '法物(법물)'이라고 표현하고 있는데, 이 역시 의미상으로는 차이점이 없다고 하겠다.

【미언】
《簡甲》법의 종류가 현저하게 증가하면, 도적들이 많아진다.
《帛甲》□□ □□□ □□□□ □□□□, □□□ 도적들이 □□□□.
《帛乙》법의 종류가 현저하게 증가하면, 그러면 도적들이 □□□□.
《河上》《王弼》법령이 현저하게 증가하면, 도적들이 많아진다.

【대의】지도자가 자꾸 법률과 제도를 만들어 통제를 강화하게 되면, 백성은 오히려 이를 교묘하게 피해서 더 많은 부정을 저지르게 된다.

《簡甲》是以聖人之言曰: 我無事而民自富, 我亡
爲而民自化, 我好靜而民自正, 我欲不欲
而民自樸。

시이성인지언왈: 아무사이민자부, 아무위이민자화, 아호정이민
자정, 아욕불욕이민자박.

《帛甲》□□□□□□□: 我無爲也而民自化,
我好靜而民自正, 我無事民□□, □□□
□□□□□。

□□□□□□□: 아무위야이민자화, 아호정이민자정, 아무사민
□□, □□□□□□□.

《帛乙》是以□人之言曰: 我無爲而民自化, 我好
靜而民自正, 我無事而民自富, 我欲不欲
而民自樸。

시이□인지언왈: 아무위이민자화, 아호정이민자정, 아무사이민
자부, 아욕불욕이민자박.

《河上》故聖人云: 我無爲而民自化, 我好靜而民
自正, 我無事而民自富, 我無欲而民自樸。

고성인운: 아무위이민자화, 아호정이민자정, 아무사이민자부,
아무욕이민자박.

《王弼》故聖人云: 我無爲而民自化, 我好靜而民
自正, 我無事而民自富, 我無欲而民自樸。

고성인운: 아무위이민자화, 아호정이민자정, 아무사이민자부,
아무욕이민자박.

【분석】 이 구절은《簡甲》이 다른 판본들과 다른 어순을 취하는 등
의 약간의 차이점이 존재하지만, 전달하고자 하는 전반적인 의미에는 변
함이 없다.

【미언】

《簡甲》이 때문에 성인의 말씀에 이르기를: 내가 일을 만들지 않으면 백성들이 스스로 풍요롭게 되고, 내가 작위함이 없으면 백성들이 스스로 교화되며, 내가 고요함을 좋아하면 백성들이 스스로 바로잡고, 내가 욕망을 부리지 않고자 하면 백성들이 스스로 소박해진다.

《帛甲》□ □□□ □□□ □□□□ □□□□: 내가 작위함이 없으면 백성들이 스스로 교화되고, 내가 고요함을 좋아하면 백성들이 스스로 바로잡으며, 내가 일을 만들지 않으면 백성들이 □□□ □□□□ □□, □ □ □□□ □□□ □□□ □□ □□□□ □□□ □□□□□.

《帛乙》이 때문에 □인의 말씀에 이르기를: 내가 작위함이 없으면 백성들이 스스로 교화되고, 내가 고요함을 좋아하면 백성들이 스스로 바로잡으며, 내가 일을 만들지 않으면 백성들이 스스로 풍요롭게 되고, 내가 욕망을 부리지 않고자 하면 백성들이 스스로 소박해진다.

《河上》《王弼》그러므로 성인이 이르기를: 내가 작위함이 없으면 백성들이 스스로 교화되고, 내가 고요함을 좋아하면 백성들이 스스로 바로잡으며, 내가 일을 만들지 않으면 백성들이 스스로 풍요롭게 되고, 내게 욕망이 없으면 백성들이 스스로 소박해진다.

【대의】
따라서 대동사회를 이끈 지도자[聖人]들은 말한다. 지도자가 억지로 작위 하지 않으면 백성이 그 천성에 따라 스스로 그러하게 되고, 지도자가 말이나 명령을 함부로 하지 않으면 백성이 다른 마음을 품지 않게 되며, 지도자가 법률이나 제도로서 억지로 통제하지 않으면 백성 스스로가 해야 할 일을 하게 되어 삶이 넉넉해지게 되고, 지도자가 사리사욕을 탐하지 않으면 백성이 지도자를 본받아서 소박하게 지낸다고.

第58章

58장의 내용은 《簡甲》《簡乙》《簡丙》에서 모두 찾아볼 수 없다.
노자는 58장에서 재앙과 복이라는 것이 언제, 어떻게 올지 모르기 때문에, 대동사회를 이끈 지도
자[聖人]들은 항상 삼가고 겸손하게 백성의 뜻에 따라서 다스렸다고 강조하고 있다.

《帛甲》□□□□, □□□□; 其政察察, 其民狭
狭。
　□□□□, □□□□, 기정찰찰, 기민쾌쾌.

《帛乙》其政悶悶, 其民惇惇; 其政察察, 其□□
□。
　기정민민, 기민돈돈, 기정찰찰, 기□□□.

《河上》其政悶悶, 其民醇醇; 其政察察, 其民缺
缺。
　기정민민, 기민순순, 기정찰찰, 기민결결.

《王弼》其政悶悶, 其民淳淳; 其政察察, 其民缺
缺。
　기정민민, 기민순순, 기정찰찰, 기민결결.

【분석】 이 구절은 판본별로 조금씩 다른 단어를 선택한 점이 특기할
만한데, '도타울 돈(惇)'과 '전국술 순(醇)' 또는 '순박할 순(淳)' 등 각기 다른
문자를 사용했다. 하지만 이들은 모두 '도탑다.'라는 의미로 풀이됨에 유
의할 필요가 있다.

또한 판본별로 역시 '터놓을 쾌(夬)'와 '이지러질 결(缺)'의 각기 다른 단
어를 사용했지만, 이 역시 모두 '흩어지다, 나누다, 가르다.' 및 '이지러지
다.'라는 부정적인 의미로 풀이된다는 점에서 일맥상통한다고 볼 수 있을
것이다.

【미언】

《帛甲》□ □□□□ □□ □□□, □ □□□□ □□□□□, 그 다스림에 너무 자세하면, 그 백성은 갈라진다.

《帛乙》그 다스림에 매우 딱하면, 그 백성들은 도타워지고, 그 다스림에 너무 자세하면, 그 □□□ □□□□.

《河上》《王弼》그 다스림에 매우 딱하면, 그 백성들은 도타워지고, 그 다스림에 너무 자세하면, 그 백성은 이지러진다.

【대의】 나라를 다스림에 일일이 따지며 간섭하지 않고, 아무것도 모르는 것처럼 천성에 따라서 스스로 그러하도록 하는 대동의 통치 이념[道]을 펴서 다스리면, 백성이 편안하게 지도자를 따르게 된다. 반면에 나라를 다스림에 법률과 제도로 통제하려 들면, 백성이 지도자에게 불만을 품게 되어서, 결국 지도자에게 등을 돌리게 된다.

《帛甲》禍, 福之所倚; 福, 禍之所伏, □□□□?
화, 복지소의; 복, 화지소복, □□□□?

《帛乙》□, □□□□; □, □□所伏, 孰知其極?
□, □□□□; □, □□소복, 숙지기극?

《河上》禍兮福之所倚, 福兮禍之所伏, 孰知其極?
화혜복지소의, 복혜화지소복, 숙지기극?

《王弼》禍兮福之所倚, 福兮禍之所伏, 孰知其極?
화혜복지소의, 복혜화지소복, 숙지기극?

【분석】 이 구절은 판본별로 미세한 문장구조의 차이점이 보이기는 하나, 전달하려는 의미에는 전혀 영향을 미치지 않는다.

【미언】

《帛甲》화는, 복이 의지하는 바이고; 복에는, 화가 숨어 있는 바이니, □□ □ □□ □□□□?

《帛乙》□□, □□ □□□□ □□□; □□□, □□ 숨어 있는 바이니, 누가 그 끝을 알겠는가?

《河上》《王弼》화는 복이 의지하는 바이고, 복에는 화가 숨어 있는 바이니, 누가 그 끝을 알겠는가?

【대의】 재앙과 복은 따로 떨어져 있는 것이 아니라 항상 뒤섞여 있기 때문에, 어느 누구도 함부로 예측할 수 없는 것이다.

《帛甲》□□□□, □□□□, □□□□, □□□□, □□□□□。

《帛乙》□無正也, 正□□□, 善復爲□, □之迷也, 其日固久矣。

□무정야, 정□□□, 선복위□, □지미야, 기일고구의.

《河上》其無正, 正復爲奇, 善復爲訞, 人之迷, 其日固久。

기무정, 정복위기, 선복위요, 인지미, 기일고구.

《王弼》其無正, 正復爲奇, 善復爲妖, 人之迷, 其日固久。

기무정, 정복위기, 선복위요, 인지미, 기일고구.

【분석】 이 구절은《河上》이 '요사할 요(訞)'를 쓴 반면,《王弼》은 '요사할 요(妖)'로 써준 점에 유의할 필요가 있다. 다만 두 단어의 의미에는 차이점이 없다.

【미언】

《帛乙》□□□□ 표준이 없어서, 올바름□ □□□□ □□, 선함도 □□□□ 되니, □□□□ 미혹됨은, 그 시간들이 이미 오래되었도다.

《河上》《王弼》그것에는 표준이 없어서, 올바름도 기이함이 되고, 선함도 요상함이 되니, 사람들이 미혹됨은, 그 시간들이 이미 오래되었도다.

【대의】 이처럼 재앙과 복은 언제 어떻게 온다는 고정된 기준이 없기

때문에, 때로는 객관적이고 공정하게 조화를 이뤄 나라를 다스려도 재앙이 오기도 하고, 자애로운 덕을 베풀어도 재앙이 오기도 하니, 이에 지도자들은 길을 잃고 헤맨 지 오래되었다.

58 - 4

《帛甲》□□□□□□, □□□□, □□□□,
□□□□。

《帛乙》是以方而不割, 廉而不刺, 直而不肆, 光而
不耀。
시이방이불할, 렴이불자, 직이불사, 광이불요.

《河上》是以聖人方而不割, 廉而不害, 直而不肆,
光而不耀。
시이성인방이불할, 렴이불해, 직이불사, 광이불요.

《王弼》是以聖人方而不割, 廉而不劌, 直而不肆,
光而不耀。
시이성인방이불할, 렴이불귀, 직이불사, 광이불요.

【분석】 이 구절은 중간 부분에서 판본별로 각각 '찌를 자(刺)'와 '해할 해(害)' 그리고 '상처 입힐 귀(劌)'로 달리 표현했으나, 이들은 모두 '타인에게 피해를 입히다.'라는 공통적인 의미를 지니고 있다.

【미언】
《帛乙》이 때문에 성인은 바르지만 남을 상하게 하지 않고, 청렴하지만 남을 나무라지 않으며, 솔직하지만 제멋대로 하지 않고, 빛나지만 과시하지 않는다.

《河上》《王弼》이 때문에 성인은 바르지만 남을 상하게 하지 않고, 청렴하지만 남을 다치게 하지 않으며, 솔직하지만 제멋대로 하지 않고, 빛나지만 과시하지 않는다.

【대의】 따라서 대동사회를 이끈 지도재[聖人]들은 반듯했지만 백성에게 피해가 가지 않았고, 삼가 검소하게 생활했지만 백성에게 상처를 입히지 않았으며, 굳세고 당당하게 몸을 폈지만 방자하지 않았고, 모든 긍정적인 것과 부정적인 것들의 기세를 조화[和]롭게 했지만 자신의 업적을 드러내지는 않았던 것이다.

第59章

《簡甲》과《簡丙》에는 59장의 내용이 보이지 않는다.

노자는 59장에서 오로지 나라와 백성의 안위만을 생각하는 순일한 덕[一德]을 베풀어 나라를 오랫동안 평안하게 다스리는 것이, 지도자에게 요구되는 가장 기본적인 자질이라고 강조하고 있다.

《簡乙》治人事天莫若嗇, 夫唯嗇, 是以早□, 早
服是謂□□□。

치인사천막약색, 부유색, 시이조□, 조복시위□□□.

《帛甲》□□□□□□□, □□□, □□□□,
□□□□□□□。

《帛乙》治人事天莫若嗇, 夫唯嗇, 是以早服, 早服
是謂重積□。

치인사천막약색, 부유색, 시이조복, 조복시위중적□.

《河上》治人事天莫若嗇, 夫唯嗇, 是謂早服, 早服
謂之重積德。

치인사천막약색, 부유색, 시위조복, 조복위지중적덕.

《王弼》治人事天莫若嗇, 夫唯嗇, 是謂早服, 早服
謂之重積德。

치인사천막약색, 부유색, 시위조복, 조복위지중적덕.

【분석】 이 구절은 판본별 기록에 약간의 차이점이 있으나, 전체적인 맥락과 표현에 있어서는 큰 차이점이 보이지 않는다.

【미언】
《簡乙》백성을 다스리고 하늘을 섬김에 있어 인색한 것만 한 것이 없는데, 무릇 인색함, 이 때문에 앞서서 □□□ 것이니, 앞서서 따름 이는 □□ □□ □□ □□□□□ 것을 이른다.

《帛乙》백성을 다스리고 하늘을 섬김에 있어 인색한 것만 한 것이 없는데, 무릇 인색함, 이 때문에 앞서서 따르는 것이니, 앞서서 따름 이는 □ □ 쌓는 것을 중시한다는 것을 이른다.

《河上》《王弼》 백성을 다스리고 하늘을 섬김에 있어 인색한 것만 한 것이 없는데, 무릇 인색함, 이는 앞서서 따름을 일컫는 것이니, 앞서서 따름 그것은 덕을 쌓는 것을 중시한다는 것을 이른다.

【대의】 천성에 따라 스스로 그러하도록 백성을 다스리는 데 있어 인색한 것보다 더 좋은 것이 없는데, 인색함이란 남들보다 앞서서 따르는 것을 말하는 것이니, 앞서서 따른다는 것은 바로 덕을 쌓는 것을 중시한다는 뜻이다.

59 - 2

《簡乙》 □□□□□□□, □不克則莫知其極。
□□□□□□□, □불극즉막지기극.

《帛甲》 □□□□□□□, □□□□□□□□□。

《帛乙》 重積□□□□□, □□□□莫知其□。
중적□□□□□, □□□□막지기□.

《河上》 重積德則無不剋, 無不剋則莫知其極。
중적덕즉무불극, 무불극즉막지기극.

《王弼》 重積德則無不克, 無不克則莫知其極。
중적덕즉무불극, 무불극즉막지기극.

【분석】 이 구절은 판본별로 판독이 불가한 문자들을 제외하면, 기록상의 차이점이 보이지 않는다.

아울러서《河上》의 '이길 극(尅)'과《王弼》의 '이길 극(克)'은 이형동의자(異形同意字)임을 참고하기로 한다.

【미언】

《簡乙》□□ □□ □□ □□□□□ □□ □ □□□ □□ □□ □ □□ □□□, 이기지 못할 것이 □□□ □□《 곧 그 끝을 알 수 없다는 것이다.

《帛乙》□□ 쌓는 것을 중시한다는 것은 □ □□□ □□ □□ □□ □ □□□, □□□ □□ □□ □□□ □□ □ 그 □□ 알 수 없다는 것이다.

《河上》《王弼》 덕을 쌓는 것을 중시한다는 것은 곧 이기지 못할 것이 없다는 것이니, 이기지 못할 것이 없다는 것은 곧 그 끝을 알 수 없다는 것이다.

【대의】 덕을 쌓는 것을 중시한다는 것은 바로 극복하지 못할 것이 없다는 것이니, 극복하지 못할 것이 없다는 것은, 나라를 변치 않고 오랫동안 평안하게 할 수 있다는 뜻이다.

《簡乙》莫知其極, 可以有國。
막지기극, 가이유국.

《帛甲》□□□□, 可以有國。
□□□□, 가이유국.

《帛乙》莫知其□, □□有國。
막지기□, □□유국.

《河上》莫知其極, 則可以有國。
막지기극, 즉가이유국.

《王弼》莫知其極, 可以有國。
막지기극, 가이유국.

【분석】 이 구절은《河上》만이 중간에 '곧 즉(則)'을 써줬다는 점이 특기할 만하다.

【미언】

《簡乙》《王弼》그 끝을 알지 못하면, 나라를 가질 수 있는 것이다.

《帛甲》□ □□ □□ □□□, 나라를 가질 수 있는 것이다.

《帛乙》그 □□ 알지 못하면, 나라를 가질 □ □□ □□□.

《河上》그 끝을 알지 못하면, 곧 나라를 가질 수 있는 것이다.

【대의】 덕치를 펴서 나라를 변치 않고 오랫동안 평안하게 할 수 있는 이는, 나라를 책임질 지도자가 될 수 있는 것이다.

《簡乙》有國之母, 可以長□。
유국지모, 가이장□.

《帛甲》有國之母, 可以長久。
유국지모, 가이장구.

《帛乙》有國之母, 可□□□。
유국지모, 가□□□.

《河上》有國之母, 可以長久。
유국지모, 가이장구.

《王弼》有國之母, 可以長久。
유국지모, 가이장구.

【분석】 이 구절 역시 판본별로 판독이 불가한 문자들을 제외하면, 기록상의 차이점이 보이지 않는다.

【미언】

《簡乙》나라를 가질 수 있음의 근본은, 길고 □□□ 수 있는 것이다.

《帛甲》《河上》《王弼》나라를 가질 수 있음의 근본은, 길고 오래 할 수 있는 것이다.

《帛乙》나라를 가질 수 있음의 근본은, □□ □□□ 수 있는 것이다.

【대의】 나라를 책임질 지도자에게 요구되는 근본적인 자질이, 바로 나라를 오랫동안 평안하게 유지하는 것이다.

《簡乙》□□□□□□, 長生久視之道也。
□□□□□□, 장생구시지도야.

《帛甲》是謂深根固柢, □□□□□道也。
시위심근고저, □□□□□도야.

《帛乙》是謂□根固柢, 長生久視之道也。
시위□근고저, 장생구시지도야.

《河上》是謂深根固蒂, 長生久視之道。
시위심근고대, 장생구시지도.

《王弼》是謂深根固柢, 長生久視之道。
시위심근고저, 장생구시지도.

【분석】 이 구절에서 다른 판본들이 모두 '뿌리 저(柢)'를 써준 반면, 《河上》은 '밑 대(蒂)'로 표현한 점이 특기할 만하다. 하지만 두 단어는 모두 '뿌리, 기초, 밑'이라는 동일한 의미를 가지고 있으므로, 문장이 전달하는 의미에는 큰 차이가 없다.

【미언】

《簡乙》 □□ □□□ □□□ □□□□□ □□, 오랫동안 유지하는 도리다.

《帛甲》 이를 일컬어 기초가 튼튼하다고 하니, □□□□ □□□□ 도리다.

《帛乙》 이를 일컬어 기초가 □튼하다고 하니, 오랫동안 유지하는 도리다.

《河上》《王弼》 이를 일컬어 기초가 튼튼하다고 하니, 오랫동안 유지하는 도리다.

【대의】 이것을 일컬어서 지도자에게 요구되는 근본적인 자질이 탄탄하다고 하는 것이니, 바로 나라를 오랫동안 평안하게 유지하는 도리인 것이다.

第60章

《簡甲》과《簡乙》《簡丙》에는 모두 60장의 내용이 보이지 않는다.

노자는 큰 나라를 다스리는 지도자가 삼가여 대동의 통치 이념[道]을 실천하면 백성이 피해를 입지 않게 되고, 이에 순일한 덕[一德]이 다시 조화를 이루게 되어 대동의 통치 이념[道]을 회복할 수 있다고 피력하고 있다.

《帛甲》□□□□□□□, □□□天下, 其鬼不
神。
□□□□□□□, □□□천하, 기귀불신.

《帛乙》治大國若烹小鮮, 以道莅天下, 其鬼不神。
치대국약팽소선, 이도리천하, 기귀불신.

《河上》治大國若烹小鮮, 以道涖天下, 其鬼不神。
치대국약팽소선, 이도리천하, 기귀불신.

《王弼》治大國若烹小鮮, 以道莅天下, 其鬼不神。
치대국약팽소선, 이도리천하, 기귀불신.

【분석】 이 구절은 다른 판본들이 모두 '다다를 리(莅)'를 써준 반면,
《河上》만이 '다다를 리(涖)'로 써준 점이 특기할 만하다. 다만 '다다를 리
(涖)'는 '다다를 리(莅)'의 속자(俗字)이므로, 전달하고자 하는 의미에는 전혀
차이가 없다.

【미언】
《帛甲》□□□ □□□□ □□ □□ □□□ □□ □□ □□□, □
□ □□□ 세상에 □□□ 흉계가 오묘해지지 못한다.

《帛乙》《河上》《王弼》 대국을 다스리는 것은 작은 생선을 굽는 것과
같으니, 도를 가지고 세상에 임하면 흉계가 오묘해지지 못한다.

【대의】 큰 나라를 통치하는 것은 마치 작은 생선을 구울 때처럼 신
중에 신중을 기해야만 한다. 생선을 급하게 익히려 들면 태우기 십상이므

로, 천천히 세심하게 구워야 골고루 제대로 익힐 수 있는 것이다. 따라서 규모가 큰 나라는 섣불리 달려들었다가는 마치 생선이 타버리는 것처럼 일을 그르칠 수 있기 때문에, 신중에 또 신중을 기울여야 하니, 이러한 대동의 통치 이념[道]으로 나라를 다스리면 간사한 계략이 통하지 않는다.

60 - 2

《帛甲》非其鬼不神也, 其神不傷人也。
비기귀불신야, 기신불상인야.

《帛乙》非其鬼不神也, 其神不傷人也。
비기귀불신야, 기신불상인야.

《河上》非其鬼不神, 其神不傷人。
비기귀불신, 기신불상인.

《王弼》非其鬼不神, 其神不傷人。
비기귀불신, 기신불상인.

【분석】 이 구절은 판본별로 '어조사 야(也)'의 유무 차이점만이 존재한다.

【미언】
《帛甲》《帛乙》《河上》《王弼》 그 흉계가 오묘해지지 못하면, 그 오묘함이 사람을 해치지 못한다.

【대의】 간사한 계략이 통하지 않으면, 그 음흉한 기운이 백성에게 피해를 주지 못한다.

《帛甲》非其神不傷人也, 聖人亦弗傷□。
비기신불상인야, 성인역불상□.

《帛乙》非其神不傷人也, □□□弗傷也。
비기신불상인야, □□□불상야.

《河上》非其神不傷人, 聖人亦不傷人。
비기신불상인, 성인역불상인.

《王弼》非其神不傷人, 聖人亦不傷人。
비기신불상인, 성인역불상인.

【분석】 이 구절에서《帛乙》은 '다칠 상(傷)' 뒤에 '사람 인(人)'을 생략해 준 점에 유의할 필요가 있다.

【미언】
《帛甲》그 신묘함이 사람을 해치지 않으면, 반드시 성인 역시 해치지 못한다.

《帛乙》그 신묘함이 사람을 해치지 않으면, 반드시 □□ □□ 해치지 못한다.

《河上》《王弼》그 신묘함이 사람을 해치지 않으면, 반드시 성인 역시 사람을 해치지 못한다.

【대의】 간사한 계략의 음흉함이 백성에게 피해를 주지 못하면, 대동의 통치 이념[道]을 이해하고 실천하는 지도자[聖人] 역시 백성을 감히 해치지 못한다.

《帛甲》□□不相□, □德交歸焉。

□□불상□, □덕교귀언.

《帛乙》夫兩□相傷, 故德交歸焉。

부양□상상, 고덕교귀언.

《河上》夫兩不相傷, 故德交歸焉。

부양불상상, 고덕교귀언.

《王弼》夫兩不相傷, 故德交歸焉。

부양불상상, 고덕교귀언.

【분석】 이 구절은 훼손된 부분을 제외하고는, 모든 판본들의 기록이 동일하다.

【미언】

《帛甲》□□ □□ 서로 □□□ 않으니, □□□□ 덕이 함께 돌아 간다.

《帛乙》무릇 둘이 서로 해치지 □□□, 그러므로 덕이 함께 돌아간다.

《河上》《王弼》무릇 둘이 서로 해치지 않으니, 그러므로 덕이 함께 돌 아간다.

【대의】 간사한 계략과 대동사회의 지도자[聖人]가 모두 백성에게 피해를 입히지 못하니, 따라서 오직 나라와 백성의 안위만을 생각하는 순일한 덕[一德]을 회복하게 되는 것이다.

第61章

《簡甲》과《簡乙》 그리고《簡丙》에는 61장의 기록이 남아 있지 않다.
노자는 61장에서 그간의 정치에 대한 견해를 외교적 관점으로 확대하여 서술하고 있다.

《帛甲》大邦者下流也, 天下之牝, 天下之交也。
대방자하류야, 천하지빈, 천하지교야.

《帛乙》大國□□□□, □□□牝也, 天下之交
也。
대국□□□□, □□□빈야, 천하지교야.

《河上》大國者下流, 天下之交, 天下之牝。
대국자하류, 천하지교, 천하지빈.

《王弼》大國者下流, 天下之交, 天下之牝。
대국자하류, 천하지교, 천하지빈.

【분석】이 구절은《帛甲》《帛乙》과 다른 판본들의 어순이 뒤바뀌어져 있음에 유의할 필요가 있다. 아울러서《帛甲》은 '나라 국(國)'이 아닌 '나라 방(邦)'으로 표기한 점 역시 특기할 만하다.

【미언】
《帛甲》대국은 하류이므로, 세상의 모성이요, 세상의 교착점이다.
《帛乙》대국은 □□□□□, □□□ 모성이요, 세상의 교착점이다.
《河上》《王弼》대국은 하류이므로, 세상의 교착점이요, 세상의 모성이다.

【대의】마치 강물의 하류가 모든 줄기의 물을 수용하는 것과도 같이, 큰 나라는 긍정적인 것과 부정적인 것을 다 뒤섞어 포용하니, 이는 바로 부드러움과 자애로움의 결정체다.

《帛甲》牝恒以靜勝牡, 爲其靜□, □宜爲下。
빈항이정승모, 위기정□, □의위하.

《帛乙》牝恒以靜勝牡, 爲其靜也, 故宜爲下也。
빈항이정승모, 위기정야, 고의위하야.

《河上》牝常以靜勝牡, 以靜爲下。
빈상이정승모, 이정위하.

《王弼》牝常以靜勝牡, 以靜爲下。
빈상이정승모, 이정위하.

【분석】이 구절은 문장구조에 따라《帛甲》《帛乙》과《河上》《王弼》으로 나눌 수 있는데, 사실 전달하고자 하는 의미에는 큰 차이가 없다.

【미언】

《帛甲》모성이 항상 고요함으로 부성을 제압하는 것은, 그 고요함 때문이니, □□□□ 마땅히 아래에 처해야 한다.

《帛乙》모성이 항상 고요함으로 부성을 제압하는 것은, 그 고요함 때문이니, 그러므로 마땅히 아래에 처해야 한다.

《河上》《王弼》모성이 항상 고요함으로 부성을 제압하는 것은, 고요함으로 아래에 처하기 때문이다.

【대의】백성은 법과 제도로 억압하여 통제하는 지도자보다 항상 말과 명령을 함부로 하지 않고 자애로운 덕을 베푸는 지도자를 더욱 따르는데, 그 이유는 바로 지도자가 말과 명령을 함부로 하지 않고 항상 자신을 백성 아래에 두기 때문이다.

《帛甲》大邦□下小□, 則取小邦; 小邦以下大邦,
則取於大邦。

대방□하소□, 즉취소방; 소방이하대방, 즉취어대방.

《帛乙》故大國以下□國, 則取小國; 小國以下大
國, 則取於大國。

고대국이하□국, 즉취소국; 소국이하대국, 즉취어대국.

《河上》故大國以下小國, 則取小國; 小國以下大
國, 則聚大國。

고대국이하소국, 즉취소국; 소국이하대국, 즉취대국.

《王弼》故大國以下小國, 則取小國; 小國以下大
國, 則取大國。

고대국이하소국, 즉취소국; 소국이하대국, 즉취대국.

【분석】이 구절은 판본별로 문장구조나 사용한 단어에 약간의 차이점이 있으나, 전달하고자 하는 의미에는 큰 차이가 없다. 다만《河上》은 다른 판본들이 모두 '가질 취(取)'를 써준 것과 달리, '모을 취(聚)'를 써서 '함께하다.'라고 표현한 점은 특기할 만하다.

【미언】

《帛甲》대국은 소□에게 낮춤□□□, 곧 소국을 얻고; 소국은 대국에게 낮춤으로써, 곧 대국에게 받아들여진다.

《帛乙》그러므로 대국은 □국에게 낮춤으로써, 곧 소국을 얻고; 소국은 대국에게 낮춤으로써, 곧 대국에게 받아들여진다.

《河上》그러므로 대국은 소국에게 낮춤으로써, 곧 소국을 얻고; 소국은 대국에게 낮춤으로써, 곧 대국과 함께한다.

《王弼》그러므로 대국은 소국에게 낮춤으로써, 곧 소국을 얻고; 소국은 대국에게 낮춤으로써, 곧 대국을 얻는다.

【대의】 따라서 큰 나라는 작은 나라에 낮춤으로써 작은 나라가 따르게 하고; 작은 나라는 큰 나라에 낮춤으로써 큰 나라의 지지를 얻는 것이니, 서로 삼가여 존중해야 한다.

61 – 4

《帛甲》故或下以取, 或下而取。
고혹하이취, 혹하이취.

《帛乙》故或下□□, □下而取。
고혹하□□, □하이취.

《河上》故或下以取, 或下而聚。
고혹하이취, 혹하이취.

《王弼》故或下以取, 或下而取。
고혹하이취, 혹하이취.

【분석】 이 구절은 다른 판본들이 모두 '가질 취(取)'를 써준 것과 달리,《河上》만이 '모을 취(聚)'를 써서 '함께하다.'라고 표현한 점만 다를 뿐이다.

【미언】

《帛甲》《王弼》 그러므로 어떤 경우에는 낮춤으로써 얻게 되고, 어떤 경우에는 낮추지만 얻는다.

《帛乙》 그러므로 어떤 경우에는 낮춤□□□ □□ □□, □□ □□ □□ 낮추지만 얻는다.

《河上》 그러므로 어떤 경우에는 낮춤으로써 얻게 되고, 어떤 경우에는 낮추지만 함께하게 되는 것이다.

【대의】 따라서 상대방에게 낮춤으로써 오히려 따르게 하고, 상대방에게 낮추지만 오히려 지지를 얻게 된다.

61 - 5

《帛甲》 □大邦者不過欲兼畜人, 小邦者不過欲入事人。
□대방자불과욕겸휵인, 소방자불과욕입사인.

《帛乙》 故大國者不□欲並畜人, 小國不過欲入事人。
고대국자불□욕병휵인, 소국불과욕입사인.

《河上》 大國不過欲兼畜人, 小國不過欲入事人。
대국불과욕겸휵인, 소국불과욕입사인.

《王弼》 大國不過欲兼畜人, 小國不過欲入事人。
대국불과욕겸휵인, 소국불과욕입사인.

【분석】이 구절은 판본별로 문장구조나 사용한 단어에 약간의 차이점이 있으나, 전달하고자 하는 의미에는 큰 차이가 없다. 다만《帛乙》은 다른 판본들이 모두 '겸할 겸(兼)'을 써준 것과 달리, '나란히 병(並)'을 써서 '아우르다.'라고 표현한 점은 특기할 만하다.

【미언】

《帛甲》□□□□ 대국은 마땅히 사람을 포용하여 사랑해야 할 따름이고, 소국은 마땅히 사람에 들어가 섬겨야 할 따름이다.

《帛乙》그러므로 대국은 마땅히 사람을 아울러서 사랑해야 할 따□이고, 소국은 마땅히 사람에 들어가 섬겨야 할 따름이다.

《河上》《王弼》대국은 마땅히 사람을 포용하여 사랑해야 할 따름이고, 소국은 마땅히 사람에 들어가 섬겨야 할 따름이다.

【대의】큰 나라는 작은 나라의 사람들을 자애로움으로 포용해야 하고, 작은 나라는 큰 나라의 사람들을 믿고 따라야 한다.

《帛甲》夫皆得其欲, □□□爲下。
부개득기욕, □□□위하.

《帛乙》夫□□其欲, 則大者宜爲下。
부□□기욕, 즉대자의위하.

《河上》夫兩者各得其所欲, 大者宜爲下。
부양자각득기소욕, 대자의위하.

《王弼》夫兩者各得其所欲, 大者宜爲下。
부양자각득기소욕, 대자의위하.

【분석】 이 구절 역시 판본별 기록에 약간의 차이점이 있으나, 전달하고자 하는 의미에는 큰 차이점이 없다.

【미언】
《帛甲》무릇 모두가 그 바라는 바를 얻게 될 것이니, □□□ □□□ 아래에 처해□ □□.
《帛乙》무릇 □□□ 그 바라는 바를 □□ □ □□□, 곧 대국은 마땅히 아래에 처해야 한다.
《河上》《王弼》무릇 양자는 각기 그 바라는 바를 얻게 될 것이니, 대국은 마땅히 아래에 처해야 한다.

【대의】 그렇게 되면 큰 나라와 작은 나라 모두 각자가 원하는 바를 얻게 될 것이니, 큰 나라는 자신을 낮춰야 한다.

第62章

《簡甲》과《簡乙》그리고《簡丙》에는 62장의 기록 역시 남아 있지 않다.

노자는 62장에서 대농의 통지 이념[道]은 선량하지 잃거나 고귀헌 행동을 히지 않는다고 내칠 수는 없다고 말함으로써, 다시 한 번 어느 것 하나 버리지 않고 다 같이 함께하는 조화로움[和]을 강조하고 있다.

《帛甲》□者萬物之主也, 善人之寶也, 不善人之
所保也。
□자만물지주야, 선인지보야, 불선인지소보야.

《帛乙》道者萬物之主也, 善人之寶也, 不善人之
所保也。
도자만물지주야, 선인지보야, 불선인지소보야.

《河上》道者萬物之奧, 善人之寶, 不善人之所保。
도자만물지오, 선인지보, 불선인지소보.

《王弼》道者萬物之奧, 善人之寶, 不善人之所保。
도자만물지오, 선인지보, 불선인지소보.

【분석】 이 구절은 판본별 기록에 약간의 차이점이 있으나, 전달하
고자 하는 의미에는 큰 차이점이 없다. 다만 다른 판본들은 모두 '깊을 오
(奧)'를 써서 '깊숙한 안쪽, 아랫목'이라고 표현한 반면,《帛甲》《帛乙》은
'주인 주(主)'를 써서 '주체'라고 표현한 점이 다르다.

【미언】
《帛甲》□는 만물의 주체로서, 선량한 이의 보물이고, 선량하지 못한
이가 지켜야 하는 바다.
《帛乙》도는 만물의 주체로서, 선량한 이의 보물이고, 선량하지 못한
이가 지켜야 하는 바다.
《河上》《王弼》도는 만물의 오묘함으로서, 선량한 이의 보물이고, 선
량하지 못한 이가 지켜야 하는 바다.

【대의】 대동의 통치 이념[道]은 만물의 깊숙한 안쪽에 존재하는 주체가 되므로, 덕을 쌓는 지도자가 보물로 여기고, 그렇지 못한 지도자 역시 반드시 지켜야 한다.

62 - 2

《帛甲》 美言可以市, 尊行可以加人。
미언가이불, 존행가이가인.

《帛乙》 美言可以市, 尊行可以加人。
미언가이불, 존행가이가인.

《河上》 美言可以市, 尊行可以加人。
미언가이불, 존행가이가인.

《王弼》 美言可以市, 尊行可以加人。
미언가이불, 존행가이가인.

【분석】 이 구절은 모든 판본의 기록이 동일하다. 그런데 이 구절의 "市"는 '저자 시(市)'가 아닌 '슬갑 불(市)'과 통하는 문자로서, 다름 아닌 고대의 예복(禮服) 혹은 관복(官服)에 청색과 검정색을 반반씩 수놓은 꽃무늬를 뜻하는 '수 불(黻)'을 뜻한다. 다시 말해서, "市"는 바로 흉배(胸背)를 가리키는 것이다.

따라서 노자가 여기서 "아름다운(훌륭한) 말은 예복에 청색과 검정색을 반반씩 수(繡)놓은 꽃무늬일 수(아름답게 수놓을 수) 있다."고 한 취지는 "아름다운 말이란 옛사람의 도리와 일월성신을 관찰하여 얻은 정화(精華)이니,

이를 흉배로 수놓아 신하들이 성인들의 말씀을 항상 마음에 새겨서 실천함으로써 세상과 사람들을 이롭게 할 수 있다.”라고 설명하는 것임을 알 수 있는 것이다. 참고적으로 설명하자면, 한국 조선시대에는 세종대왕 때 이 흉배를 수놓으려고 했었으나, 황희 정승이 이는 도(道)의 중요한 구성요소 중 하나인 검소함(儉)에 위배된다며 반대하여 채택되지 못했다. 따라서 조선시대는 세종대왕 이후의 관복에만 이 흉배가 보인다.

【미언】
《帛甲》《帛乙》《河上》《王弼》 아름다운 말은 예복에 청색과 검정색을 반반씩 수놓은 꽃무늬일 수 있고, 고귀한 행동은 남에게 보탬이 될 수 있다.

【대의】 아름다운 말이란 대동사회를 이끈 지도자[聖人]들의 말씀과 일월성신(해와 달 그리고 별자리)의 운행을 관찰하여 얻은 정화, 즉 하늘의 명[天命]이고, 또한 이를 관복에 문양으로 수놓은 것이 흉배이니, 신하들은 관복에 수놓아진 흉배를 통하여 옛 성인들의 도리를 잊지 않고 마음속에 새겨 실천함으로써 세상 사람들을 이롭게 할 수 있는 것이다. 또한 대동사회를 이끈 지도자[聖人]들의 삼가여 순일한 덕[一德]을 베풀었던 자세는 지도자가 올바른 길을 걷도록 인도할 수 있다.

《帛甲》人之不善也, 何□□有?
인지불선야, 하□□유.

《帛乙》人之不善, 何□□□?
인지불선, 하□□□.

《河上》人之不善, 何棄之有?
인지불선, 하기지유.

《王弼》人之不美, 何棄之有?
인지불미, 하기지유.

【분석】이 구절은 다른 판본들이 모두 '착할 선(善)'을 써준 반면, 《王弼》만이 '아름다울 미(美)'로 표기해준 점이 특기할 만하다.

【미언】
《帛甲》사람이 선하지 못하다고 해서, 어찌 □□ □□ □ 있겠는가?
《帛乙》사람이 선하지 못하다고 해서, 어찌 □□ □□ □ □□□□?
《河上》사람이 선하지 못하다고 해서, 어찌 그를 버릴 수 있겠는가?
《王弼》사람이 아름답지 못하다고 해서, 어찌 그를 버릴 수 있겠는가?

【대의】하지만 이러한 대동의 통치 이념[道]을 깨닫지 못한 사람이라고 해서, 어떻게 그를 포기하여 배척할 수 있겠는가?

《帛甲》故立天子, 置三卿, 雖有拱之璧以先駟馬, 不若坐而進此。

고립천자, 치삼경, 수유공지벽이선사마, 불약좌이진차.

《帛乙》□立天子, 置三卿, 雖有□□璧以先駟馬, 不若坐而進此。

□립천자, 치삼경, 수유□□벽이선사마, 불약좌이진차.

《河上》故立天子, 置三公, 雖有拱璧以先駟馬, 不如坐進此道。

고립천자, 치삼공, 수유공벽이선사마, 불여좌진차도.

《王弼》故立天子, 置三公, 雖有拱璧以先駟馬, 不如坐進此道。

고립천자, 치삼공, 수유공벽이선사마, 불여좌진차도.

【분석】 이 구절의 가장 큰 특징은 《帛甲》《帛乙》이 '三卿(삼경)'으로 표기한 반면, 《河上》《王弼》은 '三公(삼공)'으로 표기했다는 점이다. '三卿(삼경)'은 주대(周代)의 세 집정대신인 司徒(사도)와 司馬(사마) 그리고 司公(사공)을 뜻하고, '三公(삼공)'은 주대의 세 최고위 대신인 太師(태사)와 太傅(태부) 그리고 太保(태보), 즉 영의정과 우의정 그리고 좌의정을 뜻한다. 따라서 엄밀히 말하면 '삼경'과 '삼공'은 다르지만, 이 구절에서 말하고자 하는 바는 벼슬을 임명하는 형식적인 의식을 비판한 것이므로, 두 표현이 전혀 다른 의미를 지닌다고 볼 수는 없을 것이다.

【미언】

《帛甲》따라서 천자를 세우고, 주대(周代)의 세 집정대신인 사도(司徒)와 사마(司馬) 그리고 사공(司公)의 삼경을 설치함에, 비록 두 손으로 귀한 옥을 맞잡음으로써 앞에 가고 말 네 필이 모는 수레가 뒤따르는 것이, 앉아서 이러한 도를 진상함보다 못하다.

《帛乙》□□□ 천자를 세우고, 주대(周代)의 세 집정대신인 사도(司徒)와 사마(司馬) 그리고 사공(司公)의 삼경을 설치함에, 비록 □ □□□ 귀한 옥을 □□□으로써 앞에 가고 말 네 필이 모는 수레가 뒤따르는 것이, 앉아서 이러한 도를 진상함보다 못하다.

《河上》《王弼》따라서 천자를 세우고, 주대(周代)의 세 최고위 대신인 태사(太師)와 태부(太傅) 그리고 태보(太保)의 삼공을 설치함에, 비록 두 손으로 귀한 옥을 맞잡음으로써 앞에 가고 말 네 필이 모는 수레가 뒤따르는 것이, 앉아서 이러한 도를 진상함보다 못하다.

【대의】따라서 천자를 옹립하고 또 그를 보좌하는 최고의 벼슬인 삼공(또는 삼경)을 설치하는 데 있어서, 진귀한 옥을 두 손으로 맞잡은 이가 앞에 가고 그 뒤로 성대한 규모의 행렬이 따름으로써 진상을 하는 등의 형식적인 예절을 중시하는 것보다, 내실을 기하여 훌륭한 인물을 관리로 등용하고, 그들로 하여금 곁에서 이러한 대동의 통치 이념[道]을 충언으로 아뢰게 하는 것이 더 중요하다.

《帛甲》古之所以貴此者何也?
고지소이귀차자하야?

《帛乙》古□□□□□□□□?
고□□□□□□□□?

《河上》古之所以貴此道者何?
고지소이귀차도자하?

《王弼》古之所以貴此道者何?
고지소이귀차도자하?

【분석】 이 구절은 다른 판본들과 달리《帛甲》이 '이 차(此)' 뒤의 '길 도(道)'를 생략해 준 점이 특기할 만하다.

【미언】
《帛甲》 예부터 이러한 것을 귀히 여김은 어찌 된 것인가?
《帛乙》 예부터 □□□ □□ □□ □□□ □□□ □□□?
《河上》《王弼》 예부터 이러한 도를 귀히 여김은 어찌 된 것인가?

【대의】 왜 예로부터 대동의 통치 이념[道]을 그토록 중시했던 것일까?

《帛甲》不謂□□得, 有罪以免與!
불위□□득, 유죄이면여!

《帛乙》不謂求以得, 有罪以免與!
불위구이득, 유죄이면여!

《河上》不曰以求得, 有罪以免耶!
불왈이구득, 유죄이면야!

《王弼》不曰以求得, 有罪以免邪!
불왈이구득, 유죄이면야!

【분석】 이 구절의 '有罪(유죄)'는 '고귀한 행동을 하지 않다.'라고
해석해야 하니, "有罪(유죄)"는 오늘날의 "죄가 있다"라는 뜻이 아니라,
62-2의 '尊行(존행)', 즉 '고귀한 행동'을 하지 않는 것을 일컫는다.

또한 《帛甲》과 《帛乙》의 '이를 위(謂)'는 '알리다, 고하다.'라고 해석
됨으로써, '가로 왈(曰)'과 통용되고, 《河上》의 '어조사 야(耶)' 역시 '그런가
야(邪)'와 통용된다.

아울러서 《帛甲》《帛乙》의 마지막에 나오는 '더불 여(與)'는 어조사로
쓰였음에 유의할 필요가 있다.

【미언】
《帛甲》(아름다운 말을) 고하지 않아도 □□□□□ 얻게 □□, 고귀
한 행동을 하지 않아도 피하게 되는 것이다!

《帛乙》(아름다운 말을) 고하지 않아도 구함으로써 얻게 되고, 고귀한
행동을 하지 않아도 피하게 되는 것이다!

《河上》《王弼》(아름다운 말을) 말하지 않아도 얻음을 구하게 되고, 고귀한 행동을 하지 않아도 재앙을 피하게 되는 것이다!

【대의】 대동사회를 이끈 지도자[聖人]들의 도리와 일월성신(해와 달 그리고 별자리)의 운행을 관찰하여 얻은 정화, 즉 하늘의 명[天命]과 같은 훌륭한 말을 하지 못해도 버려지지 않고, 이러한 성인들의 삼가여 순일한 덕[一德]을 베풀었던 태도를 실천하지는 못해도 위험을 피할 수 있는 것이다.

62 - 7

《帛甲》 故爲天下貴。
고위천하귀.

《帛乙》 故爲天下貴。
고위천하귀.

《河上》 故爲天下貴。
고위천하귀.

《王弼》 故爲天下貴。
고위천하귀.

【분석】 이 구절은 모든 파본의 기록이 동일하다.

【미언】
《帛甲》《帛乙》《河上》《王弼》 그러므로 세상이 귀히 여긴다.

【대의】 따라서 세상이 이처럼 대동의 통치 이념[道]을 중시하고 따르는 것이다.

第63章

《簡乙》과《簡丙》에는 63장이 기록되어 있지 않고,《簡甲》에도 전체 6구절 중 절반인 3구절만 기록되어 있다.

노자는 63장에서 대동의 통치 이념[道]이라는 것이 작은 것에서 큰 것으로 실천해 나가야 한다고 설명함으로써, 대동사회를 이끈 지도자[聖人]들은 일이 작을 때 사전에 해결함으로써 후환을 남기지 않았다고 역설하고 있다.

《簡甲》爲亡爲, 事亡事, 味亡味, 大小之。

위무위, 사무사, 미무미, 대소지.

《帛甲》爲無爲, 事無事, 味無味, 大小, 多少, 報
怨以德。

위무위, 사무사, 미무미, 대소, 다소, 보원이덕.

《帛乙》爲無爲, □□□, □□□, □□, □□,
□□□□。

위무위, □□□, □□□, □□, □□, □□□□.

《河上》爲無爲, 事無事, 味無味, 大小, 多少, 報
怨以德。

위무위, 사무사, 미무미, 대소, 다소, 보원이덕.

《王弼》爲無爲, 事無事, 味無味, 大小, 多少, 報
怨以德。

위무위, 사무사, 미무미, 대소, 다소, 보원이덕.

【분석】 이 구절은《簡甲》을 제외한 나머지 판본의 기록이 모두 동일하다. 또한《簡甲》에서는 '없을 무(無)' 대신에 '없을 무(亡)'로 써준 점이 특기할 만하다. 아울러서《簡甲》의 마지막 '갈 지(之)'는 어조사로 쓰였음에 유의할 필요가 있다.

【미언】

《簡甲》무위를 하고, 일이 없음으로 행하며, 무미함을 맛보고, 작은 것을 중히 여긴다.

《帛甲》《河上》《王弼》무위를 하고, 일이 없음으로 행하며, 무미함을

맛보고, 작은 것을 중히 여기고, 적은 것을 중히 여기며, 원한을 갚음은 덕
으로서 한다.

《帛乙》무위를 하고, □□ □□□□ □□□, □□□□□ □□□, □
□ □□ □□ □□□, □□ □□ □□ □□□, □□□ □□□ □□
□□ □□.

【대의】 억지로 작위 하거나 만들어서 천성을 위배하지 않고, 화려하
고 사치스러운 것들을 피해서 평온함을 유지하며, 자신을 아래에 둠으로
써 백성을 두려워하고 공경하며, 자기에게는 엄격하게 대하는 반면 타인
의 허물은 관대하게 용서함[德]으로써, 긍정적인 것과 부정적인 것들을 모
두 포용[和]하여 함께 한다.

63 - 2

《簡甲》多易必多難。
다이필다난.

《帛甲》圖難乎□□□, □□□□□□□。
도난호□□□, □□□□□□□.

《帛乙》□□□□□□□, □□乎其細也。
□□□□□□□, □□호기세야.

《河上》圖難於其易, 爲大於其細。
도난어기이, 위대어기세.

《王弼》圖難於其易, 爲大於其細。
도난어기이, 위대어기세.

【분석】《簡甲》의 이 구절은 다른 판본의 63–5에 기록되어 있음에 유의할 필요가 있다. 또한《簡甲》을 제외한 나머지 판본들은 기록상 미세한 차이점을 보이기는 하지만, 전달하고자 하는 의미에는 변함이 없다.

【미언】
《簡甲》지나치게 쉽게 보면 반드시 재난이 많아진다.
《帛甲》어려운 일을 도모하려면 □□□ □□ □□ □□ □□, □□ □ □□□ □□□ □□□ □ □□ □□.
《帛乙》□□□ □□ □□□□□ □□□ □□ □□ □□ □□, □ □□ □□□ 그것이 자잘한 때 해야 한다.
《河上》《王弼》어려운 일을 도모하려면 그것이 쉬울 때 해야 하고, 큰일을 하려면 그것이 자잘한 때 해야 한다.

【대의】행하기 어려운 일은 행하기 쉬울 때 착수해야 하고, 큰일을 하려면 작은 일부터 시작해야 한다.

《帛甲》天下之難作於易, 天下之大作於細。
천하지난작어이, 천하지대작어세.

《帛乙》天下之□□□易, 天下之大□□□。
천하지□□□이, 천하지대□□□.

《河上》天下難事必作於易, 天下大事必作於細。
천하난사필작어이, 천하대사필작어세.

《王弼》天下難事必作於易, 天下大事必作於細。
천하난사필작어이, 천하대사필작어세.

【분석】 이 구절 역시 판본별 기록에 미세한 차이점이 보이기는 하지만, 전달하고자 하는 의미는 대체로 같다.

【미언】

《帛甲》 세상의 어려움은 쉬운 데서 비롯되고, 세상의 큰 것은 자잘한 데서 비롯된다.

《帛乙》 세상의 □□□□ 쉬운 □□ □□□□, 세상의 큰 것은 □□□ □□ □□□□.

《河上》《王弼》 세상의 어려운 일은 반드시 쉬운 데서 비롯되고, 세상의 큰일은 반드시 자잘한 데서 비롯된다.

【대의】 세상에는 처음부터 어렵거나 큰일이란 존재하지 않는다. 따라서 모는 어려운 일은 분녕히 쉬울 때 해결하시 않아서 어려워진 것이고, 모든 큰일은 분명히 작을 때 해결하지 않아서 커진 것이다.

《帛甲》是以聖人終不爲大, 故能□□□。
시이성인종불위대, 고능□□□.

《帛乙》□□□□□□□□, □□□□□。

《河上》是以聖人終不爲大, 故能成其大。
시이성인종불위대, 고능성기대.

《王弼》是以聖人終不爲大, 故能成其大。
시이성인종불위대, 고능성기대.

【분석】 판독이 불가한 부분들을 제외하면, 이 구절은 모든 판본의 기록이 동일하다.

【미언】

《帛甲》이 때문에 성인은 시종 큰일을 하지 않으니, 그러므로 □□□ □□ 수 있다.

《河上》《王弼》이 때문에 성인은 시종 큰일을 하지 않으니, 그러므로 큰일을 이룰 수 있다.

【대의】 이러한 까닭에 대동사회를 이끈 지도자[聖人]들은 일이 커지기를 기다렸다가 하지 않았으니, 유비무환(有備無患)의 자세를 견지했기 때문에 큰일을 이룰 수 있었던 것이다.

《帛甲》□□□□□□, □□必多難。
　　　　□□□□□□, □□필다난.

《帛乙》夫輕諾□□信, 多易必多難。
　　　　부경낙□□신, 다이필다난.

《河上》夫輕諾必寡信, 多易必多難。
　　　　부경낙필과신, 다이필다난.

《王弼》夫輕諾必寡信, 多易必多難。
　　　　부경낙필과신, 다이필다난.

【분석】 이 구절 역시 판독이 불가한 부분들을 제외하고는 모든 판본의 기록이 동일하다.

【미언】

《帛甲》□□ □□ □□□□ □□□ □□□ □□□□, □□□□ □□ □□ 반드시 재난이 많아진다.

《帛乙》무릇 쉬이 승낙하면 □□□ 신용이 □□□□, 지나치게 쉽게 보면 반드시 재난이 많아진다.

《河上》《王弼》무릇 쉬이 승낙하면 반드시 신용이 적어지고, 지나치게 쉽게 보면 반드시 재난이 많아진다.

【대의】 마찬가지의 도리로, 지도자가 쉬이 승낙하게 되면 나중에 백성이 그를 믿지 못하게 되고, 일을 하찮게 여기면 나중에 더 큰 재난이 계속해서 발생하게 된다.

《簡甲》是以聖人猷難之, 故終亡難。
시이성인유난지, 고종무난.

《帛甲》是□□人猶難之, 故終於無難。
시□□인유난지, 고종어무난.

《帛乙》是以聖人□□之, 故□□□□。
시이성인□□지, 고□□□□.

《河上》是以聖人猶難之, 故終無難。
시이성인유난지, 고종무난.

《王弼》是以聖人猶難之, 故終無難矣。
시이성인유난지, 고종무난의.

【분석】 이 구절 또한 판독이 불가한 부분들을 제외하고는 모든 판본의 기록이 동일하다.

【미언】

《簡甲》《河上》《王弼》이 때문에 성인은 오히려 그것을 어려워하니, 그러므로 시종 어려움이 없다.

《帛甲》이 □□□ □인은 오히려 그것을 어려워하니, 그러므로 시종 어려움이 없다.

《帛乙》이 때문에 성인은 □□□ 그것을 □□□□□, 그러므로 □□ □□□□ □□.

【대의】 대동사회를 이끈 지도자[聖人]들은 결코 일이 작거나 쉽다고 해서 얕보지 않고 신중하게 처리했기 때문에, 항상 큰 어려움 없이 나라를 오랫동안 평온하게 할 수 있었던 것이다.

第64章

《簡乙》에는 64장이 기록되어 있지 않다. 또한《簡丙》역시 첫 두 구절의 기록이 보이지 않음에 유의할 필요가 있다.

노자는 63장에 이어서 64장에서도 유비무환(有備無患)의 도리를 설명하고, 이어서 일을 처리할 때는 특히 억지로 하지 않는 '무위'로 해야 함을 강조하고 있다.

《簡甲》其安也易持也, 其未兆也易謀也, 其脆也
易判也, 其幾也易踐也, 爲之於其亡有也,
治之於其未亂。

기안야이지야, 기미조야이모야, 기취야이판야, 기기야이천야,
위지어기무유야, 치지어기미란.

《帛甲》其安也易持也, □□□□□□□□, □□
□□□□□, □□□□□□□, □□□□
□□□□, □□□□□□□□□。

기안야이지야, □□□□□□□, □□□□□□, □□□□□□,
□□□□□□□, □□□□□□.

《帛乙》□□□□□□, □□□□□□□□, □
□□□□□□, □□□□□□□, □□□
□□, □□□□□□。

《河上》其安易持, 其未兆易謀, 其脆易破, 其微易
散, 爲之於未有, 治之於未亂。

기안이지, 기미조이모, 기취이파, 기미이산, 위지어미유, 치지
어미란.

《王弼》其安易持, 其未兆易謀, 其脆易泮, 其微易
散, 爲之於未有, 治之於未亂。

기안이지, 기미조이모, 기취이반, 기미이산, 위지어미유, 치지
어미란.

【분석】이 구절은 판본별로 쓰인 단어에 약간의 차이점이 보이지만,
전달하고자 하는 의미는 대체로 같다. 다만《簡甲》은 '판단할 판(判)'으로
'흩뜨리다, 가르다.'라고 표현했고, '몇 기(幾)'로 '기미, 낌새, 조짐, 징조를

보이다.'라고 표현했으며, '밟을 천(踐)'으로 '베다, 손상하다, 해치다.'라고
표현한 점은 유의할 필요가 있다.

아울러서 《河上》은 '깨뜨릴 파(破)'를 써서 '흩뜨리다, 제거하다.'라고
표현한 점 역시 특기할 만하다.

【미언】

《簡甲》 그것이 안정적일 때 유지하기 쉽고, 그것이 징조를 보이지 않
을 때 도모하기가 쉬우며, 그것이 무를 때 흩뜨리기가 쉽고, 그것이 기미
를 보일 때 베기가 쉬우니, 있기 전에 그것을 처리하고, 혼란스럽기 전에
그것을 다스려야 한다.

《帛甲》 그것이 안정적일 때 유지하기 쉽고, □□□ □□□□ □□□□
□□ □ □□□□□ □□□, □□□ □□ □ □□□□□ □□, □□
□ □□□ □ □□□□□ □□□, □□ □□ □□□ □□□□, □□
□□□ □□ □□□ □□□□ □□.

《河上》 그것이 안정적일 때 유지하기 쉽고, 그것이 징조를 보이지 않
을 때 도모하기가 쉬우며, 그것이 무를 때 흩뜨리기가 쉽고, 그것이 미약
할 때 없어지기가 쉬우니, 있기 전에 그것을 처리하고, 혼란스럽기 전에
그것을 다스려야 한다.

《王弼》 그것이 안정적일 때 유지하기 쉽고, 그것이 징조를 보이지 않
을 때 도모하기가 쉬우며, 그것이 무를 때 해소하기가 쉽고, 그것이 미약
할 때 없어지기가 쉬우니, 있기 전에 그것을 처리하고, 혼란스럽기 전에
그것을 다스려야 한다.

【대의】 상황이 안정적일 때 유지하기 쉬운 법이고, 사건이 징조를
보이지 않을 때 도모하여 준비하기가 쉬우며, 사물이 아직 굳지 않고 무를

때 녹이거나 풀기가 쉽고, 일이 아직 커지지 않고 미약할 때 사라지기가 쉬우니, 사건이 발생하기 전에 그것을 처리하고, 세상이 동요하기 전에 그것을 다스려야 한다.

64 - 2

《簡甲》合□□□, □□□末。九層之臺, 作□□
□。□□□□, □□足下。
합□□□, □□□말. 구층지대. 작□□□. □□□□. □□족하.

《帛甲》□□□□, □□毫末。九層之臺, 作於虆
土。百仞之高, 始於足□。
□□□□. □□호말. 구층지대. 작어나토. 백인지고. 시어족□.

《帛乙》□□□木, 作於毫末。九層之臺, 作於虆
土。百仞之高, 始於足下。
□□□목. 생어호말. 구층지대. 작어나토. 백인지고. 시어족하.

《河上》合抱之木, 生於毫末。九層之臺, 起於累
土。千里之行, 始於足下。
합포지목. 생어호말. 구층지대. 기어누토. 천리지행. 시어족하.

《王弼》合抱之木, 生於毫末。九層之臺, 起於累
土。千里之行, 始於足下。
합포지목. 생어호말. 구층지대. 기어누토. 천리지행. 시어족하.

【분석】《帛甲》《帛乙》은 '삼태기 나(虆)'를 써서 '흙을 담아 나르는 그릇'으로 표현했고, '길 인(仞)'을 써서 '깊이나 높이를 재는 단위인 길'로

표현한 점이 특기할 만하다. 하지만 이러한 차이점들이 문장 전체의 의미에 큰 영향을 미치지는 않는다.

【미언】

《簡甲》아름□□□ □ □□□, □□□ 작은 □□□ □□□□. 구층의 누각은, □□ □□ □□□□□□ □□□□. □□ □□ □□ □□ 발아래□□ □□□□ □□□.

《帛甲》□□□□□ □ □□□, 지극히 작은 것□□ □□□□. 구층의 누각은, 한 삼태기의 흙에서 시작된다. 백 길이나 되는 높은 것도, 발□□에서 시작되는 것이다.

《帛乙》□□□□□ □ 나무는, 지극히 작은 것에서 생겨난다. 구층의 누각은, 한 삼태기의 흙에서 시작된다. 백 길이나 되는 높은 것도, 발아래에서 시작되는 것이다.

《河上》《王弼》아름드리의 큰 나무는, 지극히 작은 것에서 생겨난다. 구층의 누각은, 흙을 쌓는 데에서부터 시작된다. 천 리 길을 가는 것은, 발아래에서 시작되는 것이다.

【대의】 둘레가 한 아름이 넘는 큰 나무는 작은 묘목에서부터 크는 것이다. 높은 누각은 흙을 쌓아 기초를 다지는 데서 시작되는 것이다. 천 리 길을 가려면 먼저 첫 걸음을 떼어야 하는 것이다.

《簡甲》爲之者敗之, 執之者失之。
위지자패지. 집지자실지.

《簡丙》爲之者敗之, 執之者失之。
위지자패지. 집지자실지.

《帛甲》□□□□□, □□□□。

《帛乙》爲之者敗之, 執者失之。
위지자패지. 집자실지.

《河上》爲者敗之, 執者失之。
위자패지. 집자실지.

《王弼》爲者敗之, 執者失之。
위자패지. 집자실지.

【분석】 이 구절은 판본별로 '갈 지(之)'가 있는 경우와 그렇지 않은 경우로 나눌 수 있다. 하지만 여기서 '갈 지(之)'는 어조사(語助辭)로 쓰였으므로, 사실 이러한 차이점이 의미에 변화를 주지는 않는다.

【미언】
《簡甲》《簡丙》《帛乙》《河上》《王弼》 작위 하는 이는 그것을 망치고, 집착하는 이는 그것을 잃는다.

【대의】 천성을 어기고 억지로 통제하는 지도자는 결국 일을 그르치고, 사리사욕을 탐하는 지도자는 결국 모든 것을 잃게 된다.

《簡甲》是以聖人亡爲, 故亡敗; 亡執, 故亡失。
시이성인무위, 고무패; 무집, 고무실.

《簡丙》聖人無爲, 故無敗也; 無執, 故□□□。
성인무위, 고무패야; 무집, 고□□□.

《帛甲》□□□□□□也, □無敗□; 無執也, 故
無失也。
□□□□□□야, □무패□; 무집야, 고무실야.

《帛乙》是以聖人無爲□, □□□□; □□□, □
□□□。
시이성인무위□, □□□□; □□□, □□□□.

《河上》聖人無爲, 故無敗; 無執, 故無失。
성인무위, 고무패; 무집, 고무실.

《王弼》是以聖人無爲, 故無敗; 無執, 故無失。
시이성인무위, 고무패; 무집, 고무실.

【분석】 이 구절은 판본별로 '없을 무(無)'로 표현한 경우와 '없을 무
(亡)'로 써준 경우로 나눌 수 있다.

또한《簡丙》와《河上》은 맨 앞의 '是以(시이)'를 써주지 않았다는 점
이 특기할 만하다.

【미언】

《簡甲》《王弼》이 때문에 성인은 작위 하지 않아, 그러므로 실패함이
없고; 집착하지 않아서, 그러므로 잃지 않는다.

《簡丙》성인은 작위 하지 않아, 그러므로 실패함이 없고; 집착하지 않아서, 그러므로 □□ □□□.

《帛甲》□ □□□□ □□□□ □□□□□ □□, □□□□□ 실패함이 없고; 집착하지 않아서, 그러므로 잃지 않는다.

《帛乙》이 때문에 성인은 작위 하지 않아, □□□□ □□□□ □□; □□□□ □□□, □□□□ □□ □□□.

《河上》성인은 작위 하지 않아, 그러므로 실패함이 없고; 집착하지 않아서, 그러므로 잃지 않는다.

【대의】 따라서 대동사회를 이끈 지도자[聖人]들은 백성이 천성에 따라서 스스로 그러하도록 했으므로 나라를 오랫동안 평안하게 할 수 있었고, 사리사욕을 탐하지 않아서 자신의 자리를 보존할 수 있었던 것이다.

《簡甲》臨事之紀, 愼終如始, 此亡敗事矣。
　　　　　임사지기, 신종여시, 차무패사의.

《簡丙》愼終若始, 則無敗事矣。人之敗也, 恒於幾
　　　　且成也敗之。
　　　　　신종약시, 즉무패사의. 인지패야, 항어기저성야패지.

《帛甲》民之從事也, 恒於幾成事而敗之。故愼終
　　　　若始, 則□□□□。
　　　　　민지종사야, 항어기성사이패지. 고신종약시, 즉□□□□.

《帛乙》民之從事也, 恒於幾成而敗之。故曰 : 愼終
　　　　若始, 則無敗事矣。
　　　　　민지종사야, 항어기성이패지. 고왈: 신종약시, 즉무패사의.

《河上》民之從事, 常於幾成而敗之, 愼終如始, 則
　　　　無敗事。
　　　　　민지종사, 상어기성이패지, 신종여시, 즉무패사.

《王弼》民之從事, 常於幾成而敗之, 愼終如始, 則
　　　　無敗事。
　　　　　민지종사, 상어기성이패지, 신종여시, 즉무패사.

【분석】이 구절은 판본별 기록마다 차이점이 있지만, 전달하고자 하는 의미는 서로 통한다.

　아울러서《簡丙》'且'는 '어조사 저(且)'로 읽고 해석해야 함에 유의할 필요가 있다.

【미언】

《**簡甲**》 일에 임하는 밑바탕은, 시작할 때처럼 끝까지 신중한 것이니, 이리하면 일을 그르침이 없다.

《**簡丙**》 시작할 때처럼 끝까지 신중하면, 곧 일을 그르치지 않는다. 사람이 그르치는 것은, 항상 거의 완성될 즈음에 그것을 그르치는 것이다.

《**帛甲**》 사람들이 일을 함에, 항상 거의 완성될 즈음에 그것을 그르친다. 그러므로 이르기를: 시작할 때처럼 끝까지 신중하면, 곧 □□ □□□□ □ □□□.

《**帛乙**》 사람들이 일을 함에, 항상 거의 완성될 즈음에 그것을 그르친다. 그러므로 이르기를: 시작할 때처럼 끝까지 신중하면, 곧 일을 그르치지 않는다.

《**河上**》《**王弼**》 사람들이 일을 함에, 항상 거의 완성될 즈음에 그것을 그르치니, 시작할 때처럼 끝까지 신중하면, 곧 일을 그르치지 않는다.

【**대의**】 사람들이 일을 처리할 때 종종 거의 끝에서 망치는 경우가 생기는데, 이처럼 초지일관(初志一貫)하여 신중에 신중을 기하면 결코 일을 망치지 않는다.

《簡甲》聖人欲不欲, 不貴難得之貨; 教不教, 復衆
之所過。是故聖人能尃萬物之自然, 而弗
能爲。

성인욕불욕, 불귀난득지화; 교불교, 복중지소과. 시고성인능부
만물지자연, 이불능위.

《簡丙》是以□人欲不欲, 不貴難得之貨; 學不學,
復衆之所過。是以能輔萬物之自然, 而弗
敢爲。

시이□인욕불욕, 불귀난득지화; 학불학, 복중지소과. 시이능보
만물지자연, 이불감위.

《帛甲》□□□□欲不欲, 而不貴難得之貨; 學
不學, 而復衆人之所過; 能輔萬物之自□,
□弗敢爲。

□□□□욕불욕, 이불귀난득지화; 학불학이, 복중인지소과; 능
보만물지자□, □불감위.

《帛乙》是以聖人欲不欲, 而不貴難得之貨; 學不
學, 復衆人之所過; 能輔萬物之自然, 而弗
敢爲。

시이성인욕불욕, 이불귀난득지화; 학불학, 복중인지소과; 능보
만물지자연, 이불감위.

《河上》是以聖人欲不欲, 不貴難得之貨; 學不學,
復衆人之所過; 以輔萬物之自然, 而不敢
爲。

시이성인욕불욕, 불귀난득지화; 학불학, 복중인지소과; 이보만
물지자연, 이불감위.

《王弼》是以聖人欲不欲, 不貴難得之貨; 學不學,
復衆人之所過; 以輔萬物之自然, 而不敢
爲。

시이성인욕불욕, 불귀난득지화; 학불학, 복중인지소과; 이보만
물지자연, 이불감위.

【분석】 이 구절 역시 판본별 기록마다 차이점이 있지만, 전달하고자 하는 의미는 서로 통한다.

【미언】

《簡甲》성인은 하고자 하지 않는 것을 하고자 하고, 얻기 어려운 물건을 귀히 여기지 않으며; 가르치지 않고자 하는 것을 가르치고, 백성의 허물을 되돌린다. 이러한 고로 성인은 능히 만물의 자연스러움을 펼치지, 능히 작위 하지는 않는다.

《簡丙》이 때문에 □인은 하고자 하지 않는 것을 하고자 하고, 얻기 어려운 물건을 귀히 여기지 않으며; 배우지 않고자 하는 것을 배우고, 백성의 허물을 되돌린다. 그럼으로써 만물의 자연스러움을 보조하지, 감히 작위 하지는 않는다.

《帛甲》□ □□□ □□□ 하고자 하지 않는 것을 하고자 하고, 얻기 어려운 물건을 귀히 여기지 않으며; 배우지 않고자 하는 것을 배우고, 여러 사람들의 허물을 되돌려; 능히 만물의 자□□□을 보조□□, 감히 작위 하지는 않는다.

《帛乙》이 때문에 성인은 하고자 하지 않는 것을 하고자 하고, 얻기 어려운 물건을 귀히 여기지 않으며; 배우지 않고자 하는 것을 배우고, 여러 사람들의 허물을 되돌려; 능히 만물의 자연스러움을 보조하지, 감히 작위 하지는 않는다.

《河上》《王弼》이 때문에 성인은 하고자 하지 않는 것을 하고자 하고, 얻기 어려운 물건을 귀히 여기지 않으며; 배우지 않고자 하는 것을 배우고, 여러 사람들의 허물을 되돌려; 그럼으로써 만물의 자연스러움을 보조하지, 감히 작위 하지는 않는다.

【대의】 따라서 대동사회를 이끈 지도자[聖人]들은 백성이 마다하는 일을 하였고, 사리사욕을 탐하지 않았으며, 대동의 통치 이념[道]을 이해하려고 노력하고, 백성의 잘못을 바로잡음으로써 만물이 스스로 그러하도록 도왔을 뿐, 감히 억지로 제도를 만들어 통제하려 들지 않은 것이다.

第65章

《簡甲》과《簡乙》그리고《簡丙》에는 65장의 기록이 남아 있지 않다.
노자는 65장에서 대동의 통치 이념[道]이란 일반적인 속세의 가치관과 상반되는 것이기 때문에,
기민함과 얕은꾀를 쓸수록 오히려 나라와 백성을 해치게 된다고 설명하고 있다.

《帛甲》故曰：爲道者, 非以明民也, 將以愚之也。
고왈: 위도자, 비이명민야, 장이우지야.

《帛乙》古之爲道者, 非以明□□, □□□之也。
고지위도자, 비이명□□, □□□지야.

《河上》古之善爲道者, 非以明民, 將以愚之。
고지선위도자, 비이명민, 장이우지.

《王弼》古之善爲道者, 非以明民, 將以愚之。
고지선위도자, 비이명민, 장이우지.

【분석】 이 구절은 판본별 기록마다 약간의 차이점이 있지만, 전달하고자 하는 의미는 일치하고 있다.

【미언】

《帛甲》 그러므로 이르기를: 도를 행하는 이는, 백성을 밝음으로 이끌지 않고, 장차 우매함으로 이끌려고 하였다.

《帛乙》 옛날에 도를 행하는 이는, □□□ 밝음으로 □□□ 않고, □□ □□□□□ □□□□ 하였다.

《河上》《王弼》 옛날에 도를 잘 행하는 이는, 백성을 밝음으로 이끌지 않고, 장차 우매함으로 이끌려고 하였다.

【대의】 대동사회의 통치 이념[道]을 이해하고 실천했던 지도자[聖人]들은 백성이 기민함이나 얕은꾀를 쓰지 않고, 우직함과 순박함을 갖추도록 이끌었다.

《帛甲》民之難□□, □□智也。
민지난□□, □□지야.

《帛乙》夫民之難治也, 以其智也。
부민지난치야, 이기지야.

《河上》民之難治, 以其智多。
민지난치, 이기지다.

《王弼》民之難治, 以其智多。
민지난치, 이기지다.

【분석】 이 구절 역시 판본별 기록마다 약간의 차이점이 있지만, 전달하고자 하는 의미는 일치하고 있다.

【미언】
《帛甲》백성을 □□□□ 어려운 것은, □ □□□ 때문이다.
《帛乙》무릇 백성을 다스리기 어려운 것은, 그 기민함 때문이다.
《河上》《王弼》백성을 다스리기 어려운 것은, 그 기민함이 많기 때문이다.

【대의】 백성을 다스리기가 어려운 이유는, 지도자가 사리사욕을 탐하고 제도로 억압하니, 백성 역시 얕은꾀를 써서 피하려고 하기 때문이다.

《帛甲》故以智治邦, 邦之賊也; 以不智治邦, □□德也。

고이지치방, 방지적야; 이부지치방, □□덕야.

《帛乙》故以智治國, 國之賊也; 以不智治國, 國之德也。

고이지치국, 국지적야; 이부지치국, 국지덕야.

《河上》以智治國, 國之賊; 不以智治國, 國之福。

이지치국, 국지적; 불이지치국, 국지복.

《王弼》故以智治國, 國之賊; 不以智治國, 國之福。

고이지치국, 국지적; 불이지치국, 국지복.

【분석】 이 구절도 판본별 기록마다 약간의 차이점이 있지만, 의미에는 별 차이가 없다.

【미언】

《帛甲》 그러므로 기민함으로 국가를 다스리는 것은, 국가의 재앙이요; 기민하지 않음으로 국가를 다스리는 것은, □□□ 덕이다.

《帛乙》 그러므로 기민함으로 국가를 다스리는 것은, 국가의 재앙이요; 기민하지 않음으로 국가를 다스리는 것은, 국가의 덕이다.

《河上》 기민함으로 국가를 다스리는 것은, 국가의 재앙이요; 기민함으로 국가를 다스리지 않는 것은, 국가의 복이다.

《王弼》그러므로 기민함으로 국가를 다스리는 것은, 국가의 재앙이요; 기민함으로 국가를 다스리지 않는 것은, 국가의 복이다.

【대의】 따라서 천성을 어기고 사리사욕과 제도로 억압하는 통치는 결국 나라에 재앙을 불러일으키게 되지만, 대동의 통치 이념[道]으로 백성을 다스리면 결국 나라를 오랫동안 평온하게 유지할 수 있는 것이다.

65 – 4

《帛甲》恒知此兩者, 亦稽式也; 恒知稽式, 此謂玄德。
항지차양자, 역계식야; 항지계식, 차위현덕.

《帛乙》恒知此兩者, 亦稽式也; 恒知稽式, 是謂玄德。
항지차양자, 역계식야; 항지계식, 시위현덕.

《河上》知此兩者, 亦稽式; 常知稽式, 是謂玄德。
지차양자, 역계식; 상지계식, 시위현덕.

《王弼》知此兩者, 亦稽式; 常知稽式, 是謂玄德。
지차양자, 역계식; 상지계식, 시위현덕.

【분석】 이 구절 역시 판본별 기록상의 큰 차이점은 거의 보이지 않는다. 다만《帛甲》《帛乙》이 앞에서 '항상 항(恒)'을 써준 점과, 맨 뒷부분에서《帛甲》은 '이 차(此)'를 써준 반면《帛乙》은 '이 시(是)'로 처리해준 점은 특기할 만하다.

《**帛甲**》《**帛乙**》 항상 이 두 가지를 이해하는 것, 역시 준칙이니; 항상 준칙을 이해하는 것, 이를 현덕이라고 일컫는다.

《**河上**》《**王弼**》 이 두 가지를 이해하는 것, 역시 준칙이니; 항상 준칙을 이해하는 것, 이를 현덕이라고 일컫는다.

【**대의**】 통제하는 정치는 망하고 순리에 따르는 정치는 흥한다는 이 두 가지를 이해하는 것 역시 준칙이 되는 것이니, 늘 이 준칙을 잊지 않고 실천하는 것을 심오한 덕이라고 한다.

65 - 5

《**帛甲**》玄德深矣, 遠矣, 與物□矣, 乃至大順。
현덕심의, 원의, 여물□의, 내지대순.

《**帛乙**》玄德深矣, 遠矣, □物反也, 乃至大順。
현덕심의, 원의, □물반야, 내지대순.

《**河上**》玄德深矣, 遠矣, 與物反矣, 然後乃至於大順。
현덕심의, 원의, 여물반의, 연후내지어대순.

《**王弼**》玄德深矣, 遠矣, 與物反矣, 然後乃至大順。
현덕심의, 원의, 여물반의, 연후내지대순.

【분석】이 구절도 위의 구절들과 마찬가지로, 판본별 기록상의 큰 차이점은 보이지 않는다.

【미언】

《帛甲》현덕은 심오하고, 아득하여, 사물과 □□되니, 이에 대순에 이른다.

《帛乙》현덕은 심오하고, 아득하여, 사물□ 반대되니, 이에 대순에 이른다.

《河上》《王弼》현덕은 심오하고, 아득하여, 사물과 반대되니, 그러한 후에야 대순에 이른다.

【대의】심오한 덕은 깊이 감춰져 있고, 너무나도 아득하여, 보편타당하다고 여기는 것들과는 정반대로 움직이니, 이렇게 된 후에야 지극히 자연에 순응하는 경지에 도달하게 된다.

第66章

《簡乙》과《簡丙》에는 66장이 기록되어 있지 않다.

노자는 66장에서 지도자란 마땅히 백성을 두려워하고 공경해야 하며, 백성의 뜻을 자신의 뜻보다 앞에 두어야 한다고 강조하고 있다.

《簡甲》江海所以爲百谷王, 以其能爲百谷下, 是
以能爲百谷王。

강해소이위백곡왕, 이기능위백곡하, 시이능위백곡왕.

《帛甲》□海之所以能爲百谷王者, 以其善下之,
是以能爲百谷王。

□해지소이능위백곡왕자, 이기선하지, 시이능위백곡왕.

《帛乙》江海所以能爲百谷□□, □其□下之也,
是以能爲百谷王。

강해소이능위백곡□□, □기□하지야, 시이능위백곡왕.

《河上》江海所以能爲百谷王者, 以其善下之, 故
能爲百谷王。

강해소이능위백곡왕자, 이기선하지, 고능위백곡왕.

《王弼》江海所以能爲百谷王者, 以其善下之, 故
能爲百谷王。

강해소이능위백곡왕자, 이기선하지, 고능위백곡왕.

【분석】 이 구절은 판본별 표현법에 있어 약간의 차이점이 있으나,
전달하고자 하는 의미에는 전혀 차이가 없다.

【미언】

《簡甲》강과 바다가 모든 계곡의 우두머리가 되는 것은, 그것이 능히
모든 계곡의 아래에 있기 때문이니, 이 때문에 모든 계곡의 우두머리가 될
수 있다.

《帛甲》□□ 바다가 모든 계곡의 우두머리가 될 수 있는 것은, 그것이 능숙하게 그 아래에 있기 때문이니, 이 때문에 모든 계곡의 우두머리가 될 수 있다.

《帛乙》강과 바다가 모든 계곡□ □□□□가 될 수 있는 것은, 그것이 □□□□ 그 아래에 있기 □□□□, 이 때문에 모든 계곡의 우두머리가 될 수 있다.

《河上》《王弼》강과 바다가 모든 계곡의 우두머리가 될 수 있는 것은, 그것이 능숙하게 그 아래에 있기 때문이니, 그러므로 모든 계곡의 우두머리가 될 수 있다.

【대의】계곡에서 나오는 모든 물줄기가 강이나 바다로 흘러들어 가는 이유는 바로 강과 바다가 계곡 아래에 처해 있기 때문이니, 그럼으로써 강과 바다는 모든 계곡의 우두머리가 될 수 있는 것이다.

《簡甲》聖人之在民前也, 以身後之; 其在民上也, 以言下之。
성인지재민전야, 이신후지; 기재민상야, 이언하지.

《帛甲》是以聖人之欲上民也, 必以其言下之; 其欲先□□, 必以其身後之。
시이성인지욕상민야, 필이기언하지; 기욕선□□, 필이기신후지.

《帛乙》是以聖人之欲上民也, 必以其言下之; 其欲先民也, 必以其身後之。
시이성인지욕상민야, 필이기언하지; 기욕선민야, 필이기신후지.

《河上》是以聖人欲上民, 必以言下之; 欲先民, 必以身後之。
시이성인욕상민, 필이언하지; 욕선민, 필이신후지.

《王弼》是以欲上民, 必以言下之; 欲先民, 必以身後之。
시이욕상민, 필이언하지; 욕선민, 필이신후지.

【분석】 이 구절은 판본별로 달리 표현한 부분들이 적잖이 있으나, 전달하고자 하는 의미에는 별 차이가 없다.

【미언】

《簡甲》 성인이 백성의 앞에 처함은, 몸을 그 뒤에 두기 때문이고; 그가 백성의 위에 처함은, 몸을 그 아래에 두기 때문이다.

《帛甲》 이 때문에 성인이 백성의 위에 처하려면, 반드시 말을 함에 있

어 그에게 낮춰야 하고; □□□ 영도하려면, 반드시 몸을 그 뒤에 두어야
한다.

《帛乙》이 때문에 성인이 백성의 위에 처하려면, 반드시 말을 함에 있
어 그에게 낮춰야 하고; 백성을 영도하려면, 반드시 몸을 그 뒤에 두어야
한다.

《河上》이 때문에 성인이 백성의 위에 처하려면, 반드시 말을 함에 있
어 그에게 낮춰야 하고; 백성을 영도하려면, 반드시 몸을 그 뒤에 두어야
한다.

《王弼》이 때문에 백성의 위에 처하려면, 반드시 말을 함에 있어 그에
게 낮춰야 하고; 백성을 영도하려면, 반드시 몸을 그 뒤에 두어야 한다.

【대의】 이러한 까닭에, 지도자가 백성을 통치하려면 말과 명령을 함
부로 하지 않음으로써 그들을 두려워하고 공경해야 하며, 지도자가 백성
앞에서 이끌려면 반드시 백성의 뜻을 자신의 뜻보다 앞에 두어야 하는 것
이다.

《簡甲》其在民上也, 民弗厚也; 其在民前也, 民弗
害也。天下樂進而弗厭。以其不爭也, 故天
下莫能與之爭。

기재민상야, 민불후야; 기재민전야, 민불해야. 천하락진이불염.
이기부쟁야, 고천하막능여지쟁.

《帛甲》故居前而民弗害也, 居上而民弗重也。天
下樂推而弗厭也。非以其無爭與? □□□
□□□爭。

고거전이민불해야, 거상이민부중야. 천하락퇴이불염야. 비이기
무쟁여? □□□□□□쟁.

《帛乙》故居上而民弗重也, 居前而民弗害。天下
皆樂推而弗厭也。不以其無爭與? 故□下
莫能與爭。

고거상이민부중야, 거전이민불해. 천하개락퇴이불염야. 불이기
무쟁여? 고□하막능여쟁.

《河上》是以聖人處民上而不重, 處前而民不害。
是以天下樂推而不厭。以其不爭, 故天下
莫能與之爭。

시이성인처민상이부중, 처전이민불해. 시이천하락퇴이불염. 이
기부쟁, 고천하막능여지쟁.

《王弼》是以聖人處上而民不重, 處前而民不害。
是以天下樂推而不厭。以其不爭, 故天下
莫能與之爭。

시이성인처상이민부중, 처전이민불해. 시이천하락퇴이불염. 이
기부쟁, 고천하막능여지쟁.

【분석】이 구절은 판본별 표현에 다소 차이가 있지만, 전달하고자 하는 의미에는 큰 차이가 없다. 다만《簡甲》이 다른 판본들과 달리 '무거울 중(重)' 대신에 '두터울 후(厚)'로 '무겁다.'를, '밀 퇴(推)'로 '공경하다, 받들다.'라고 쓰는 대신에 '나아갈 진(進)'으로 '다가오다.'라고 표현한 점은 특기할 만하다.

【미언】

《簡甲》그가 백성 위에 있지만, 백성이 무겁다고 하지 않고; 그가 백성 앞에 있지만, 백성이 해롭다고 여기지 않는다. 세상이 기쁘게 다가오고 싫어하지 않는다. 그가 다투지 않기 때문에, 그러므로 세상에는 감히 그와 서로 다툴 이가 없다.

《帛甲》그러므로 앞에 처하지만 백성이 해롭다고 여기지 않고, 위에 처하지만 백성이 무겁다고 하지 않는다. 세상이 기쁘게 추대하고 싫어하지 않는다. 그가 다투지 않기 때문이 아닌가? □□□□ □□□□ □□ □□ 다툴 □□ □□.

《帛乙》그러므로 위에 처하지만 백성이 무겁다고 하지 않고, 앞에 처하지만 백성이 해롭다고 여기지 않는다. 세상이 모두 기쁘게 추대하고 싫어하지 않는다. 그가 다투지 않기 때문이 아닌가? 그러므로 □상에는 감히 서로 다툴 이가 없다.

《河上》이 때문에 성인은 백성 위에 처하지만 무겁다고 하지 않고, 앞에 처하지만 백성이 해롭다고 여기지 않는다. 이 때문에 세상이 기쁘게 추대하고 싫어하지 않는다. 그가 다투지 않기 때문에, 세상에는 감히 그와 서로 다툴 이가 없다.

《王弼》이 때문에 성인은 위에 처하지만 백성이 무겁다고 하지 않고, 앞에 처하지만 백성이 해롭다고 여기지 않는다. 이 때문에 세상이 기쁘게 추대하고 싫어하지 않는다. 그가 다투지 않기 때문에, 세상에는 감히 그와 서로 다툴 이가 없다.

【대의】 이러한 까닭에, 대동사회를 이끈 지도자[聖人]들은 백성 위에서 통치했지만 백성이 부담스러워하지 않았고, 백성 앞에서 이끌었지만 방해가 된다고 생각하지 않았다. 이러한 까닭에, 세상 모든 이들이 그를 지도자로 기꺼이 추대하고 저버리지 않았던 것이다. 지도자가 사리사욕을 탐하거나 억지로 백성을 누르지 않아서 불만이 없게 되었으니, 세상 어느 누구 하나 감히 그에게 시비를 걸지 못하게 되어 따르게 되었던 것이다.

《簡甲》과 《簡乙》 그리고 《簡丙》에는 67장의 기록이 남아 있지 않다.
노자는 67장에서 대동의 통치 이념[道]이 다른 어떤 것으로도 비유할 수 없는 위대한 것이라고 말하고, 이를 지키고 보호하기 위해서는 자애로움[慈]과 검소함[儉] 감히 세상의 앞에 나서지 않는 (不敢爲天下先) 겸손함[謙]이 필요하다고 강조하고 있다.

《帛甲》□□□□□□, □□□□。

《帛乙》天下□謂我大, 大而不肖。
천하□위아대, 대이불초.

《河上》天下皆謂我大, 似不肖。
천하개위아대, 사불초.

《王弼》天下皆謂我道大, 似不肖。
천하개위아도대, 사불초.

【분석】 이 구절은 판본별 표현법이 약간 다르지만, 그 의미에는 큰 차이가 없다.

【미언】

《帛乙》 세상은 □□ 내(나의 도)가 크다고 말하는데, 크니 비슷한 것이 없는 것이다.

《河上》 세상은 모두 내(나의 도)가 커서, 마치 비슷한 것이 없는 것 같다고 말한다.

《王弼》 세상은 모두 나의 도가 커서, 마치 비슷한 것이 없는 것 같다고 말한다.

【대의】 세상 사람들은 내가 주장하는 대동의 통치 이념[道]이 너무나 이상적이어서, 다른 비슷한 개념이나 사물로 비유할 수 없다고 말한다.

《帛甲》夫唯□, 故不肖。
　　　　부유□, 고불초.

《帛乙》夫唯不肖, 故能大。
　　　　부유불초, 고능대.

《河上》夫唯大, 故似不肖。
　　　　부유대, 고사불초.

《王弼》夫唯大, 故不肖。
　　　　부유대, 고불초.

【분석】 이 구절 역시 판본별 표현법은 약간 다르지만, 그 의미에는 큰 차이가 없다.

【미언】

《帛甲》무릇 □□□, 그러므로 비슷한 것이 없다.

《帛乙》무릇 비슷한 것이 없기에, 그러므로 클 수 있는 것이다.

《河上》무릇 크기에, 그러므로 마치 비슷한 것이 없는 것 같다.

《王弼》무릇 크기에, 그러므로 비슷한 것이 없다.

【대의】 대동의 통치 이념[道]은 너무나 이상적인 것이라서, 다른 어떤 것과도 비유할 수가 없다.

《帛甲》若肖, 細久矣。
약초, 세구의.

《帛乙》若肖, 久矣其細也夫。
약초, 구의기세야부.

《河上》若肖, 久矣其細夫。
약초, 구의기세부.

《王弼》若肖, 久矣其細也夫。
약초, 구의기세야부.

【분석】 이 구절도 위와 마찬가지로, 판본별 표현법은 약간 다르지만 그 의미에는 큰 차이가 없다.

【미언】
《帛甲》 만약 비슷하다면, 작아진 지 오래다.
《帛乙》《河上》《王弼》 만약 비슷하다면, 오래전에 그것은 작아졌다.

【대의】 만약 세상에서 비유할 수 있는 것이 있었다면, 그것은 일찌감치 본연의 의미를 상실하여 이상적인 통치 이념이 될 수 없다.

《帛甲》我恒有三寶, 之。
아항유삼보, 지.

《帛乙》我恒有三寶, 持而寶之。
아항유삼보, 지이보지.

《河上》我有三寶, 持而保之。
아유삼보, 지이보지.

《王弼》我有三寶, 持而保之。
아유삼보, 지이보지.

【분석】 이 구절에서《帛甲》은 다른 판본들과 비교했을 때, 이는 필사자의 실수로 인해 '持而寶(지이보)'가 누락된 것으로 짐작된다.

【미언】

《帛甲》나에게는 늘 세 가지 보물이 있으니, 그것이다.

《帛乙》나에게는 늘 세 가지 보물이 있어, 그것을 지키고 귀히 여긴다.

《河上》《王弼》나에게는 세 가지 보물이 있어, 그것을 지키고 보호한다.

【대의】 나에게는 이러한 이상적인 대동의 통치 이념[道]을 지키고 보호하는 세 가지 보물이 있다.

《帛甲》一曰慈, 二曰儉, □□□□□□□□。
일왈자, 이왈검, □□□□□□□□.

《帛乙》一曰慈, 二曰儉, 三曰不敢爲天下先。
일왈자, 이왈검, 삼왈불감위천하선.

《河上》一曰慈, 二曰儉, 三曰不敢爲天下先。
일왈자, 이왈검, 삼왈불감위천하선.

《王弼》一曰慈, 二曰儉, 三曰不敢爲天下先。
일왈자, 이왈검, 삼왈불감위천하선.

【분석】 이 구절은 모든 판본의 기록이 동일하다.

【미언】

《帛甲》 첫 번째는 자애로움을 말하고, 두 번째는 검소함을 말하며, □
□□□ □□ □□□ □□ □□ □□□ □□□.

《帛乙》《河上》《王弼》 첫 번째는 자애로움을 말하고, 두 번째는 검소
함을 말하며, 세 번째는 감히 세상의 앞에 서지 않음을 말한다.

【대의】 그 첫 번째는 지도자가 관용을 베푸는 자애로운 태도[慈]이
고, 두 번째는 사치와 향락에 빠지지 않고 검소한 태도[儉]며, 세 번째는 백
성의 뜻을 자신의 뜻보다 앞에 놓는 겸손한 태도[謙]다.

《帛甲》□□, □□□; □, 故能廣; 不敢爲天下
先, 故能爲成事長。
□□, □□□; □, 고능광; 불감위천하선, 고능위성사장.

《帛乙》夫慈, 故能勇; 儉, 故能廣; 不敢爲天下先,
故能爲成器長。
부자, 고능용; 검, 고능광; 불감위천하선, 고능위성기장.

《河上》夫慈, 故能勇; 儉, 故能廣; 不敢爲天下先,
故能成器長。
부자, 고능용; 검, 고능광; 불감위천하선, 고능성기장.

《王弼》慈, 故能勇; 儉, 故能廣; 不敢爲天下先,
故能成器長。
자, 고능용; 검, 고능광; 불감위천하선, 고능성기장.

【분석】 이 구절은 다른 판본들이 모두 '그릇 기(器)'를 써준 것과 달리, 《帛甲》만이 '일 사(事)'로 기록한 점에 유의할 필요가 있다. 하지만 '일 사(事)'는 '그릇 기(器)'와 마찬가지로 '관직'이라는 의미를 지녔으므로, '모든 관직들의 우두머리'라는 의미에는 변함이 없다.

【미언】
《帛甲》□□ □□□□ □□□ □□□ □ □□; □□□□ 때문에 넓힐 수 있으며; 감히 세상의 앞에 서지 않기 때문에, 천하의 우두머리가 될 수 있다.

《帛乙》《河上》 무릇 자애롭기 때문에 용감할 수 있고; 검소하기 때문에 넓힐 수 있으며; 감히 세상의 앞에 서지 않기 때문에, 천하의 우두머리가 될 수 있다.

《王弼》 자애롭기 때문에 용감할 수 있고; 검소하기 때문에 넓힐 수 있으며; 감히 세상의 앞에 서지 않기 때문에, 천하의 우두머리가 될 수 있다.

【대의】 대동사회를 이끈 지도자[聖人]들은 자애로웠기 때문에 당당할 수 있었고, 검소한 생활을 함으로써 덕을 쌓아 백성의 신망을 얻었으며, 백성의 마음을 자신의 마음으로 여겼기 때문에 그들이 따르게 되었던 것이다.

67 - 7

《帛甲》今捨其慈且勇, 捨其後且先, 則必死矣。
금사기자차용, 사기후차선, 즉필사의.

《帛乙》今捨其慈且勇, 捨其儉且廣, 捨其後且先, 則死矣。
금사기자차용, 사기검차광, 사기후차선, 즉사의.

《河上》今舍慈且勇, 舍其儉且廣, 舍後且先, 死矣。
금사자차용, 사기검차광, 사후차선, 사의.

《王弼》今舍慈且勇, 舍儉且廣, 舍後且先, 死矣。
금사자차용, 사검차광, 사후차선, 사의.

【분석】이 구절 역시 판본별 기록에는 큰 차이가 없다. 다만《帛甲》은 중간의 '捨其儉且廣(사기검차광)' 부분이 생략되어 있음에 유의할 필요가 있다.

【미언】

《帛甲》오늘날 자애로움은 버리고 용감함만을 우선시하고, 뒤로 물러남을 버리고 나설 것만을 우선시하니, 곧 반드시 사경에 이른다.

《帛乙》오늘날 자애로움은 버리고 용감함만을 우선시하고, 검소함을 버리고 넓히는 것만을 우선시하며, 뒤로 물러남을 버리고 나설 것만을 우선시하니, 곧 사경에 이른다.

《河上》《王弼》오늘날 자애로움은 버리고 용감함만을 우선시하고, 검소함을 버리고 넓히는 것만을 우선시하며, 뒤로 물러남을 버리고 나설 것만을 우선시하니, 사경에 이른다.

【대의】오늘날의 지도자는 자애로움을 뒤로한 채 용감하기만 하고, 검소한 생활을 하지 않으면서 백성의 신망을 얻으려고 하며, 백성의 뜻을 뒤로 한 채 자신의 뜻만을 펴려고 하니, 자신의 자리를 보존할 수 없을뿐더러 나라가 혼란스러워진다.

《帛甲》夫慈, □□則勝, 以守則固。天將建之, 如
　　　以慈垣之。
　　　부자, □□즉승, 이수즉고. 천장건지, 여이자원지.

《帛乙》夫慈, 以戰則勝, 以守則固。天將建之, 如
　　　以慈垣之。
　　　부자, 이전즉승, 이수즉고. 천장건지, 여이자원지.

《河上》夫慈, 以戰則勝, 以守則固。天將救之, 以
　　　慈衛之。
　　　부자, 이전즉승, 이수즉고. 천장구지, 이자위지.

《王弼》夫慈, 以戰則勝, 以守則固。天將救之, 以
　　　慈衛之。
　　　부자, 이전즉승, 이수즉고. 천장구지, 이자위지.

【분석】이 구절은 문장구조나 표현법에 따라서 크게 《帛甲》《帛乙》과 《河上》《王弼》로 분류할 수 있다. 하지만 전달하고자 하는 의미는 여전히 크게 다르지 않다는 점에 유의할 필요가 있다.

【미언】

《帛甲》무릇 자애로움이란, □□□□□ □□□ □□ 곧 승리하고, 그것으로서 수비에 쓰면 곧 견고해진다. 하늘이 장차 그를 (지도자로) 세우려 하면, 자애로움으로 그를 에워싸는 듯하다.

《帛乙》무릇 자애로움이란, 그것으로서 전쟁에 쓰면 곧 승리하고, 그것으로서 수비에 쓰면 곧 견고해진다. 하늘이 장차 그를 (지도자로) 세우려 하면, 자애로움으로 그를 에워싸는 듯하다.

《河上》《王弼》 무릇 자애로움이란, 그것으로서 전쟁에 쓰면 곧 승리하고, 그것으로서 수비에 쓰면 곧 견고해진다. 하늘이 장차 그를 구원하려 하면, 자애로움으로 그를 지킨다.

【대의】 이처럼 어느 누구 하나 버리지 않고 모두 포용하는 자애로움으로 전쟁을 하면 상대가 감복하여 승리할 수 있고, 자애로움으로 적군을 막게 되면 백성이 화합하여 더 견고해진다. 이러한 자애로움을 지키고 실천하면 천성에 따라서 스스로 그러하게 하므로, 어떠한 위험에서도 벗어날 수 있는 것이다.

第68章

《簡甲》과《簡乙》그리고《簡丙》에는 68장의 기록이 남아 있지 않다.
노자는 68장에서 대동의 통치 이념[道]으로 나라를 다스린 성인들은 강압하지 않고, 자신을 백성
에게 낮춰서 자애로운 덕으로 다스렸다고 말하고 있다.

《帛甲》善爲士者不武, 善戰者不怒, 善勝敵者弗
□, 善用人者爲之下。

선위사자불무, 선전자불노, 선승적자불□, 선용인자위지하.

《帛乙》故善爲士者不武, 善戰者不怒, 善勝敵者
弗與, 善用人者爲之下。

고선위사자불무, 선전자불노, 선승적자불여, 선용인자위지하.

《河上》古之善爲士者不武, 善戰者不怒, 善勝敵
者不與, 善用人者爲下。

고지선위사자불무, 선전자불노, 선승적자불여, 선용인자위하.

《王弼》善爲士者不武, 善戰者不怒, 善勝敵者不
與, 善用人者爲之下。

선위사자불무, 선전자불노, 선승적자불여, 선용인자위지하.

【분석】 이 구절은 판본별 기록에 약간의 차이는 있지만, 전달하고자
하는 의미에는 큰 차이가 없다.

【미언】

《帛甲》 뛰어난 선비는 용맹을 뽐내지 않고, 전쟁에 뛰어난 선비는 분
노하지 않으며, 적을 이기는 데 뛰어난 선비는 □□□ □□□□ 않고, 사
람을 씀에 뛰어난 선비는 그에게 낮춘다.

《帛乙》 그러므로 뛰어난 선비는 용맹을 뽐내지 않고, 전쟁에 뛰어난
선비는 분노하지 않으며, 적을 이기는 데 뛰어난 선비는 더불어 함께하지
않고, 사람을 씀에 뛰어난 선비는 그에게 낮춘다.

《河上》 옛날의 뛰어난 선비는 용맹을 뽐내지 않고, 전쟁에 뛰어난 선비는 분노하지 않으며, 적을 이기는 데 뛰어난 선비는 더불어 함께하지 않고, 사람을 씀에 뛰어난 선비는 그에게 낮췄다.

《王弼》 뛰어난 선비는 용맹을 뽐내지 않고, 전쟁에 뛰어난 선비는 분노하지 않으며, 적을 이기는 데 뛰어난 선비는 더불어 함께하지 않고, 사람을 씀에 뛰어난 선비는 그에게 낮춘다.

【대의】 대동의 통치 이념[道]을 이해하는 지도자는 자애롭기 때문에 용감하다는 도리를 깨우쳐서 감히 강압하지 않고, 또 그러한 지도자는 부득이하게 무력을 통한 전쟁을 하더라도 자애로움으로 적을 대하기 때문에 분노하지 않으며, 또 그러한 지도자는 상대방과 직접 부딪쳐 싸우지 않고 감화시키고, 또 그러한 지도자는 백성에게 자신을 낮춤으로써 그들의 신망과 지지를 얻는다.

《帛甲》□謂不爭之德，是謂用人，是謂天，古之
極也。
□위부쟁지덕, 시위용인, 시위천, 고지극야.

《帛乙》是謂不爭□德，是謂用人，是謂配天，古
之極也。
시위부쟁□덕, 시위용인, 시위배천, 고지극야.

《河上》是謂不爭之德，是謂用人之力，是謂配天，
古之極也。
시위부쟁지덕, 시위용인지력, 시위배천, 고지극야.

《王弼》是謂不爭之德，是謂用人之力，是謂配天，
古之極。
시위부쟁지덕, 시위용인지력, 시위배천, 고지극.

【분석】 이 구절 역시 판본별로 큰 차이점은 보이지 않는다. 다만 다른 판본들이 모두 '配天(배천)'으로 '하늘에 부합하다.'라고 표현한 것과 달리, 《帛甲》은 '天(천)'으로 '타고난 천성, 스스로 그러한 자연(自然)'이라고 표현해준 점은 유의할 필요가 있다.

【미언】
《帛甲》□□ 다투지 않는 덕이라고 이르고, 이를 사람을 쓰는 능력이라고 이르며, 이를 타고난 천성, 즉 자연(스스로 그러함)이라고 일컬으니, 상고의 극치다.

《帛乙》이를 다투지 않□ 덕이라고 이르고, 이를 사람을 쓰는 능력이라고 이르며, 이를 하늘에 부합한다고 일컬으니, 상고의 극치다.

《河上》《王弼》이를 다투지 않는 덕이라고 이르고, 이를 사람을 쓰는 능력이라고 이르며, 이를 하늘에 부합한다고 일컬으니, 상고의 극치다.

【대의】이러한 도리를 상대방과 다투지 않는 덕이라고 하고, 사람을 다스릴 줄 아는 능력이라고 하며, 하늘이 부여한 천성에 따라서 스스로 그러하도록 한다고 일컬으니, 오랜 옛날 대동시대를 이끈 지도재聖人들의 통치 핵심인 것이다.

第69章

《簡甲》과《簡乙》그리고《簡丙》에는 69장의 기록이 남아 있지 않다.
노자는 69장에서 대동사회의 통치 이념[道]을 외부로 확대하여 응용하고 있다.

《帛甲》用兵有言曰：吾不敢爲主而爲客，吾不進
寸而退尺。

용병유언왈: 오불감위주이위객, 오불진촌이퇴척.

《帛乙》用兵有言曰：吾不敢爲主而爲客，不敢進
寸而退尺。

용병유언왈: 오불감위주이위객, 불감진촌이퇴척.

《河上》用兵有言：吾不敢爲主而爲客，不敢進寸
而退尺。

용병유언; 오불감위주이위객, 불감진촌이퇴척.

《王弼》用兵有言：吾不敢爲主而爲客，不敢進寸
而退尺。

용병유언; 오불감위주이위객, 불감진촌이퇴척.

【분석】 이 구절은 기록상 미세한 차이점이 있기는 하지만, 기본적으
로 모든 판본들의 기록이 동일하다.

【미언】

《帛甲》《帛乙》《河上》《王弼》 군대를 부리는 이가 말하기를: 나는 감
히 전쟁을 일으키지는 못하고 응전할 뿐이며, 감히 한 치를 나아가지는 못
하고 한 자를 물러난다.

【대의】 대동사회를 이끈 지도자[聖人]들이 말하기를: "나는 상대방
을 무력으로 누르는 전쟁을 감히 일으키지는 못하고, 단지 부득이하게 전

쟁이 발생한 경우에는 방어할 뿐이며, 자애로운 마음으로 상대방을 얕보지 않아서 늘 신중한 자세를 취한다."

69 - 2

《帛甲》是謂行無行, 攘無臂, 執無兵, 乃無敵矣。
시위행무항, 양무비, 집무병, 내무적의.

《帛乙》是謂行無行, 攘無臂, 執無兵, 乃無敵。
시위행무항, 양무비, 집무병, 내무적.

《河上》是謂行無行, 攘無臂, 仍無敵, 執無兵。
시위행무항, 양무비, 잉무적, 집무병.

《王弼》是謂行無行, 攘無臂, 扔無敵, 執無兵。
시위행무항, 양무비, 잉무적, 집무병.

【분석】 이 구절은 판본마다 어순이 다르거나 다른 단어를 선택하는 등의 비교적 명확한 차이점들이 보이지만, 전체적인 의미상으로는 역시 그리 큰 차이점이 없다. 다만《帛甲》과《帛乙》은 '이에 내(乃)'로 '이에, 곧',《河上》은 '인할 잉(仍)'으로 '따르다, 좇다.', 그리고《王弼》은 '부술 잉(扔)'으로 '부수다, 깨뜨리다.'라고 표현한 점은 유의할 필요가 있다.

【미언】
《帛甲》《帛乙》이는 행할 전투태세가 없고, 걷어붙일 팔이 없으며, 잡을 무기가 없고, 이에 적이 없음을 이르는 것이다.
《河上》이는 행할 전투태세가 없고, 걷어붙일 팔이 없으며, 좇을 적이 없고, 잡을 무기가 없음을 이르는 것이다.

《王弼》이는 행할 전투태세가 없고, 걷어붙일 팔이 없으며, 무찌를 적이 없고, 잡을 무기가 없음을 이르는 것이다.

【대의】 이처럼 대동사회를 이끈 지도자[聖人]들은 근본적으로 전쟁에 반대했기 때문에, 상대방을 치기 위한 전투태세를 갖추지 않고, 싸우려고 팔을 걷어붙이지 않았으며, 무기를 잡지 않고 오히려 자애로운 덕을 베푼 것이다.

69 - 3

《帛甲》禍莫大於無敵, 無敵近亡吾吾寶矣。
　　　화막대어무적, 무적근망오오보의.

《帛乙》禍莫大於無敵, 無敵近亡吾寶矣。
　　　화막대어무적, 무적근망오보의.

《河上》禍莫大於輕敵, 輕敵幾喪吾寶。
　　　화막대어경적, 경적기상오보.

《王弼》禍莫大於輕敵, 輕敵幾喪吾寶。
　　　화막대어경적, 경적기상오보.

【분석】 이 구절도 판본마다 어순이 다르거나 다른 단어를 선택하는 등의 비교적 명확한 차이점들이 보이지만, 전체적인 의미상으로는 그리 큰 차이점이 없다. 다만 《帛甲》과 《帛乙》이 '없을 무(無)'로 '업신여기다, 무시하다.'로 표현한 점은 특기할 만하다.

【미언】

《帛甲》재앙은 적을 업신여기는 것보다 큰 것이 없고, 적을 업신여기면 나와 나의 보물을 잃게 됨을 가까이하는 것이다.

《帛乙》재앙은 적을 업신여기는 것보다 큰 것이 없고, 적을 업신여기면 나의 보물을 잃게 됨을 가까이하는 것이다.

《河上》《王弼》재앙은 적을 가벼이 여기는 것보다 큰 것이 없고, 적을 가벼이 보다가는 하마터면 나의 보물을 잃게 된다.

【대의】대동사회를 이끈 지도자[聖人]들은 백성을 대하는 태도로 제후국이나 외부 부족국가를 대했기 때문에 그들을 얕보거나 함부로 대하지 않았으니, 만약 지도자가 그렇게 행동하면 자애로움[慈]과 검소함[儉] 그리고 감히 세상의 앞에 서지 않는 겸손함[謙]의 자세를 잃게 되는 것이다.

69 - 4

《帛甲》故稱兵相若, 則哀者勝矣。
고칭병상약, 즉애자승의.

《帛乙》故抗兵相若, 而哀者勝□。
고항병상약, 이애자승□.

《河上》故抗兵相加, 則哀者勝也已。
고항병상가, 즉애자승야의.

《王弼》故抗兵相加, 哀者勝矣。
고항병상가, 애사승의.

【**분석**】이 구절은 판본별 기록에 약간의 차이가 있지만, 전체적인 의미에는 크게 영향을 미치지 않는다.

【**미언**】

《**帛甲**》그러므로 대응하는 군대(의 힘)가 서로 같으면, 곧 애처로이 여기는 쪽이 이긴다.

《**帛乙**》그러므로 필적하는 군대(의 힘)가 서로 같으면, 애처로이 여기는 쪽이 이긴다.

《**河上**》그러므로 필적하는 군대가 서로 가해지면, 곧 애처로이 여기는 쪽이 이긴다.

《**王弼**》그러므로 필적하는 군대가 서로 가해지면, 애처로이 여기는 쪽이 이긴다.

【**대의**】따라서 실력이 비등한 군대가 서로 충돌하게 되면, 자애로운 덕으로 상대를 애처로이 여기고 동정하는 군대가 이기게 된다.

第70章

《簡甲》과《簡乙》그리고《簡丙》에는 70장의 기록이 남아 있시 않다.

노자는 70장에서 자신이 처해 있는 혼란스러운 세상을 개탄하고, 이에 세속을 떠나 정처 없이 떠돌아다니려 한다고 말하고 있다.

《帛甲》吾言甚易知也，甚易行也；而人莫之能知
也，而莫之能行也。

오언심이지야, 심이행야; 이인막지능지야, 이막지능행야.

《帛乙》吾言易知也，易行也；而天下莫之能知也，
莫之能行也。

오언이지야, 이행야; 이천하막지능지야, 막지능행야.

《河上》吾言甚易知，甚易行；天下莫能知，莫能
行。

오언심이지, 심이행; 천하막능지, 막능행.

《王弼》吾言甚易知，甚易行；天下莫能知，莫能
行。

오언심이지, 심이행; 천하막능지, 막능행.

【분석】 이 구절은 판본별 표현법에 약간의 차이점이 보이지만, 전달하고자 하는 의미는 똑같다.

【미언】

《帛甲》 나의 말은 매우 이해하기가 쉽고, 매우 실행하기가 쉬운데; 하지만 사람들은 그것을 이해하지 못하고, 그리고 그것을 실행하지 못한다.

《帛乙》 나의 말은 이해하기가 쉽고, 실행하기가 쉬운데; 하지만 세상은 그것을 이해하지 못하고, 그것을 실행하지 못한다.

《河上》《王弼》 나의 말은 매우 이해하기가 쉽고, 매우 실행하기가 쉬운데; 세상은 이해하지 못하고, 실행하지 못한다.

【대의】 내가 말하는 대동의 통치 이념[道]이라는 것은, 지도자가 자

애로움[慈]과 검소함[儉] 그리고 감히 세상의 앞에 서지 않는 겸손함[謙]을 바탕으로 하여, 객관적이고도 공정한 태도[中]로 어느 누구 하나 버리지 않고 함께 함[和]으로써, 딴 마음을 품지 않고 오직 나라와 백성의 안위만을 생각하는 순일한 덕[一德]으로 세상을 다스리는 것이다. 이는 이해하기도 쉽고 실천하기도 어렵지 않은데, 세상 사람들은 이해하지도 실천하지도 못한다.

70 - 2

《帛甲》言有君, 事有宗。
언유군, 사유종.

《帛乙》夫言有宗, 事有君。
부언유종, 사유군.

《河上》言有宗, 事有君。
언유종, 사유군.

《王弼》言有宗, 事有君。
언유종, 사유군.

【분석】 이 구절에서 《帛甲》은 다른 판본들과 달리 '주체'를 의미하는 '임금 군(君)'과 '요지'를 의미하는 '마루 종(宗)'의 위치가 뒤바뀌어 있다는 점에 유의할 필요가 있다. 하지만 그 밖의 다른 부분들은 거의 대부분 일치하고 있다.

【미인】
《帛甲》 말에는 주체가 있고, 일에는 요지가 있다.

《帛乙》무릇 말에는 요지가 있고, 일에는 주체가 있다.

《河上》《王弼》말에는 요지가 있고, 일에는 주체가 있다.

【대의】 말에는 반드시 핵심이 되는 중요한 내용이 있고, 일에는 반드시 주가 되는 중요한 부분이 있다. 대동사회를 이끈 지도재[聖人]들은 항상 신중하게[愼] 말을 함[言]으로써 백성에게 믿음[信]을 주었고; 나랏일을 처리할 때는 자애로움[慈]과 검소함[儉] 그리고 감히 세상의 앞에 서지 않는 겸손함[謙]을 바탕으로 하여, 객관적이고도 공정한 태도[中]로 어느 누구 하나 버리지 않고 함께 함[和]으로써, 딴 마음을 품지 않고 오직 나라와 백성의 안위만을 생각하는 순일한 덕[一德]으로 세상을 다스렸다.

70 - 3

《帛甲》夫唯無知也, 是以不□□。□□□□, □我貴矣。
부유무지야, 시이불□□. □□□□, □아귀의.

《帛乙》夫唯無知也, 是以不我知。知者希, 則我貴矣。
부유무지야, 시이불아지. 지자희, 칙아귀의.

《河上》夫唯無知, 是以不我知。知我者希, 則我者貴。
부유무지, 시이불아지. 지아자희, 칙아자귀.

《王弼》夫唯無知, 是以不我知。知我者希, 則我者貴。
부유무지, 시이불아지. 지아자희, 칙아자귀.

【분석】 이 구절 역시 판본별 표현법에 약간의 차이점이 보이지만, 전달하고자 하는 의미는 일치하고 있다.

【미언】

《帛甲》 무릇 모르니, 이 때문에 □□ □□□□ 못한다. □□ □□□ □ □□ □□□, 나를 □□□ □□ 귀하다.

《帛乙》 무릇 모르니, 이 때문에 나를 이해하지 못한다. 이해하는 이가 드무니, 나를 본받는 것이 귀하다.

《河上》《王弼》 무릇 모르니, 이 때문에 나를 이해하지 못한다. 나를 이해하는 이가 드무니, 나를 본받는 이가 귀하다.

【대의】 이러한 대동의 통치 이념[道]을 모르니, 내가 전하는 대동사회를 이끌었던 지도자[聖人]들의 말을 이해하지 못한다. 내가 전하는 말을 이해하는 사람이 드무니, 내가 실천하고자 하는 대동사회의 통치 이념[道]를 배워서 실천하려는 이들이 귀해지는 것이다.

《帛甲》是以聖人被褐而褱玉。
시이성인피갈이회옥.

《帛乙》是以聖人被褐而褱玉。
시이성인피갈이회옥.

《河上》是以聖人被褐懷玉。
시이성인피갈회옥.

《王弼》是以聖人被褐懷玉。
시이성인피갈회옥.

【분석】 이 구절은 '말 이을 이(而)'로 '그러나, 하지만'이라는 역접(逆接)의 의미를 분명히 해준 판본들과 그렇지 않은 판본들로 나눌 수 있다. 하지만 전달하고자 하는 의미는 모두 일치하고 있다.

또한《帛甲》과《帛乙》에서는 '품을 회(懷)'의 옛 글자, 즉 고자(古字)인 '품을 회(褱)'로 써준 점도 특기할 만하다.

【미언】

《帛甲》《帛乙》《河上》《王弼》이 때문에 성인은 겉에는 베옷을 걸치고 있지만 속에는 옥을 품고 있다.

【대의】 그러한 까닭 때문에, 나와 같이 대동의 통치 이념[道]을 깨달은 이들은 마치 대동사회의 지도자[聖人]들이 검소하게 지낸 것처럼 거친 베옷을 걸치고, 대동의 통치 이념[道]이 땅에 떨어지면 세상을 유유자적하며 떠돌지만, 사실 이들이야말로 속으로는 아름다운 옥을 품은 것처럼 대동의 통치 이념[道]을 깨달은 사람들이다.

第71章

《簡甲》과《簡乙》그리고《簡丙》에는 71장의 기록이 남아 있지 않다. 또한《帛甲》과《帛乙》에도 두 번째 구절은 빠져 있음에 유의할 필요가 있다.

노자는 71장에서 지도자가 덕을 베풀어서 천성에 따라 스스로 그러하도록 하면, 백성들이 더 이상 기민함이나 얕은꾀를 쓰지 않게 되어 평온해진다고 말하고 있다.

《帛甲》知不知, 尙矣; 不知不知, 病矣。
지부지, 상의; 부지부지, 병의.

《帛乙》知不知, 尙矣; 不知知, 病矣。
지부지, 상의; 부지지, 병의.

《河上》知不知, 上; 不知知, 病。
지부지, 상; 부지지, 병.

《王弼》知不知, 上; 不知知, 病。
지부지, 상; 부지지, 병.

【분석】이 구절에서 다른 판본들이 '不知知(부지지: 앎을 주재하지 못함)' 라고 표현한 것과 달리,《帛甲》만은 '不知不知(부지부지: 무지를 주재하지 못함)'이라고 표현한 점이 특기할 만하다. 하지만 이는 어디까지나 주재하지 못함의 대상을 무엇에 두었느냐의 차이만 존재할 뿐, 전달하고자 하는 의미에는 차이가 없음에 유의할 필요가 있다.

【미언】
《帛甲》무지를 주재하는 것이, 높은 것(경지)이고; 무지를 주재하지 못하는 것은, 결점이다.

《帛乙》무지를 주재하는 것이, 높은 것(경지)이고; 앎을 주재하지 못하는 것은, 결점이다.

《河上》《王弼》무지를 주재하는 것이, 가장 좋고; 앎을 주재하지 못하는 것은, 결점이다.

【대의】 백성이 기민함과 얕은꾀를 쓸 필요가 없도록 다스리는 것이 가장 이상적인 것이니, 백성이 기민함과 얕은꾀를 쓰는 것은 결국 지도자의 잘못이다.

71 - 2

《河上》夫唯病病, 是以不病。
부유병병, 시이불병.

《王弼》夫唯病病, 是以不病。
부유병병, 시이불병.

【분석】《帛甲》과《帛乙》에는 이 구절이 보이지 않음에 유의할 필요가 있다.

【미언】
《河上》《王弼》무릇 결점을 꺼리게 되면, 이 때문에 결점이 없다.

【대의】 백성이 기민함과 얕은꾀를 쓰는 것이 결국 지도자의 잘못이라는 것을 깨닫고, 이에 지도자가 삼가여 순일한 덕을 베풀면, 결국 백성이 기민함과 얕은꾀를 쓰지 않게 된다.

《帛甲》是以聖人之不病, 以其□□, □□□□。
시이성인지불병, 이기□□, □□□□.

《帛乙》是以聖人之不□也, 以其病病也, 是以不病。
시이성인지불□야, 이기병병야, 시이불병.

《河上》聖人不病, 以其病病, 是以不病。
성인불병, 이기병병, 시이불병.

《王弼》聖人不病, 以其病病, 是以不病。
성인불병, 이기병병, 시이불병.

【분석】 이 구절은 판본별 기록이 약간 다르기는 하지만, 전달하고자 하는 의미에는 차이점이 없다.

【미언】

《帛甲》이 때문에 성인의 결점이 없음은, 그 □□□ □□□□ 여기 기에, □ □□□ 결점이 없다.

《帛乙》이 때문에 성인의 □□□ 없음은, 그 결점을 결점으로 여기기 에, 이 때문에 결점이 없다.

《河上》《王弼》 성인은 결점이 없는데, 그 결점을 결점으로 여기기에, 이 때문에 결점이 없다.

【대의】 대동사회를 이끈 지도자[聖人]들은 백성이 기민함과 얕은꾀 를 쓰지 않도록 했는데, 그러한 것이 결국 지도자의 잘못이라는 것을 알기 때문에, 삼가여 순일한 덕[一德]을 베푼 것이다.

第72章

《簡甲》과《簡乙》그리고《簡丙》에는 72장의 기록이 남아 있지 않다.

　노자는 72장에서 대동사회를 이끈 지도자聖人들은 항상 삼가여 자신을 낮추고 백성을 공경했다고 말하고 있다.

《帛甲》□□□畏威, 則大□□□矣。
□□□외위, 즉대□□□의.

《帛乙》民之不畏威, 則大威將至矣。
민지불외위, 즉대위장지의.

《河上》民不畏威, 則大威至矣。
민불외위, 즉대위지의.

《王弼》民不畏威, 則大威至。
민불외위, 즉대위지.

【분석】 이 구절은 판본별 기록에 약간의 차이점이 보이지만, 전체적인 의미에는 큰 차이점이 없다.

【미언】
《帛甲》□□□ 위엄을 두려워하지 □□□, 곧 더 큰 □□□ □□ 도래하게 된다.

《帛乙》백성이 위엄을 두려워하지 않으면, 곧 더 큰 위엄이 장차 도래하게 된다.

《河上》《王弼》백성이 위엄을 두려워하지 않으면, 곧 더 큰 위엄이 도래한다.

【대의】 지도자가 형벌과 제도로 백성을 억압하여 통제하려 들면, 신뢰를 잃게 되어 백성이 지도자를 따르지 않게 되고, 이에 지도자는 다시 형벌과 제도를 더욱 강화하여 더 큰 권위를 내세움으로써 백성을 억압하려 든다.

《帛甲》毋狹其所居, 毋厭其所生。
무협기소거, 무엽기소생.

《帛乙》毋狹其所居, 毋厭其所生。
무협기소거, 무엽기소생.

《河上》無狹其所居, 無厭其所生。
무협기소거, 무엽기소생.

《王弼》無狎其所居, 無厭其所生。
무합기소거, 무엽기소생.

【분석】 이 구절에서 《帛甲》과 《帛乙》은 다른 판본들과 달리 '말 무(毋)'로 금지(禁止)를 나타냈다. 나아가 《王弼》 외의 나머지 판본들은 모두 '좁을 협(狹)'으로 '경시하다.'라고 표현한 반면, 《王弼》은 '익숙할 압(狎)'으로 '업신여기다'라고 표현한 점에 유의할 필요가 있다.

【미언】
《帛甲》《帛乙》《河上》그 처지를 경시하지 말고, 그 생계를 짓누르지 말아야 한다.

《王弼》그 처지를 업신여기지 말고, 그 생계를 짓누르지 말아야 한다.

【대의】 지도자는 백성 아래에 처하여 항상 공경해야 하고, 또한 그들의 천성을 거슬러서 억압해서는 안 된다.

《帛甲》夫唯弗厭, 是□□□。
부유불엽, 시□□□.

《帛乙》夫唯弗厭, 是以不厭。
부유불엽, 시이불염.

《河上》夫唯不厭, 是以不厭。
부유불엽, 시이불염.

《王弼》夫唯不厭, 是以不厭。
부유불엽, 시이불염.

【분석】 이 구절에 대한 판본별 기록은 '아니 불(弗)' 혹은 '아니 불(不)'의 차이점만이 존재할 뿐, 나머지는 모두 일치하고 있다.

【미언】
《帛甲》무릇 누르지 않으니, 이 □□□ □□□□ □□□.
《帛乙》《河上》《王弼》무릇 누르지 않으니, 이 때문에 싫어하지 않는다.

【대의】 지도자가 백성을 억압하지 않고 그들의 천성에 따라서 스스로 그러하도록 배려하니, 백성은 이에 지도자를 믿고 따르게 된다.

《帛甲》□□□□□□□□□□□□, □□而不
自貴也。
□□□□□□□□□□. □□이불자귀야.

《帛乙》是以聖人自知而不自見也, 自愛而不自貴
也。
시이성인자지이불자견야, 자애이불자귀야.

《河上》是以聖人自知不自見, 自愛不自貴。
시이성인자지불자견, 자애불자귀.

《王弼》是以聖人自知不自見, 自愛不自貴。
시이성인자지불자견, 자애불자귀.

【분석】 이 구절은 《帛乙》(또는 《帛甲》 역시)이 '말 이을 이(而)'와 '어
조사 야(也)'를 추가하여 써준 차이점 외에, 모든 판본별 기록이 일치하고
있다.

【미언】
《帛甲》□ □□□ □□□ □□□ □□□□□ □□ □□□ □□□
□ □□□□ □□, □□□ □□□ □□□□ 자신을 귀히 여기지 않는다.
《帛乙》《河上》《王弼》이 때문에 성인은 자신을 주재하려고 하지 자신의
안목에 의존하지 않고, 자신을 가엾게 여겼지 자신을 귀히 여기지 않는다.

【대의】 따라서 대동사회를 이끈 지도자[聖人]들은 스스로를 통제하

여 신중하려고 했지 자기의 안목에 의지하지 않았으며, 스스로를 가엾게
여겨 백성 밑에 있으려고 했지 그들의 위에서 군림하려 들지 않았다.

《帛甲》故去彼取此。
고거피취차.

《帛乙》故去彼而取此。
고거피이취차.

《河上》故去彼取此。
고거피취차.

《王弼》故去彼取此。
고거피취차.

【분석】 이 구절은 《帛乙》이 '말 이을 이(而)'를 추가적으로 사용한
점 외에는, 모든 판본별 기록이 일치하고 있다.

【미언】
《帛甲》《帛乙》《河上》《王弼》 그러므로 저것을 버리고 이것을 취하는
것이다.

【대의】 따라서 대동사회를 이끈 지도자[聖人]들은 자신을 통제하고
가엾게 여겼지, 자신의 안목에 의지하거나 또는 자신을 귀히 여기지 않았
던 것이다.

第73章

《簡甲》과《簡乙》그리고《簡丙》에는 73장의 기록이 남아 있지 않다. 또한《帛甲》과《帛乙》에
도 세 번째 구절은 빠져있음에 유의할 필요가 있다.
노자는 73장에서 하늘이 부여한 천성에 따르는 대동의 통치 이념[道]이 엉성하고 부족한 듯하지
만, 실제로는 형벌이나 제도로 억압하는 통치보다 더 이상적인 것이라고 피력하고 있다.

《帛甲》勇於敢者□□, □於不敢者則活。
용어감자□□, □어불감자즉활.

《帛乙》勇於敢則殺, 勇於不敢則活。
용어감즉살, 용어불감즉활.

《河上》勇於敢則殺, 勇於不敢則活。
용어감즉살, 용어불감즉활.

《王弼》勇於敢則殺, 勇於不敢則活。
용어감즉살, 용어불감즉활.

【분석】이 구절은《帛甲》에서 '놈 자(者)'를 써준 점만 제외한다면, 모든 판본별 기록이 동일하다.

【미언】
《帛甲》구태여 하려 하는 이는 □ □□ □□, □□□ 하려 하지 않는 이는 곧 살게 된다.
《帛乙》《河上》《王弼》구태여 하려 하면 곧 죽게 되고, 구태여 하려 하지 않으면 곧 살게 된다.

【대의】지도자가 억지로 작위 하여 법과 제도로 억압하면, 곧 백성이 등을 돌리게 되어 그 자리가 위태롭게 된다. 하지만 천성에 따라 스스로 그러하게 하면, 곧 백성이 지도자를 따르기 때문에 그 자리를 오랫동안 보존할 수 있다.

《帛甲》□□□□□□□, □□□□, □□□□?

《帛乙》□兩者或利或害, 天之所惡, 孰知其故?
□양자혹리혹해, 천지소오, 숙지기고?

《河上》此兩者或利或害, 天之所惡, 孰知其故?
차양자혹리혹해, 천지소오, 숙지기고?

《王弼》此兩者或利或害, 天之所惡, 孰知其故?
차양자혹리혹해, 천지소오, 숙지기고?

【분석】이 구절은 기본적으로 모든 판본의 기록이 일치하고 있다.

【미언】

《帛乙》□ 두 가지는 이롭기도 하고 해롭기도 한데, 하늘이 싫어하는 것은, 누가 그 연유를 알겠는가?

《河上》《王弼》이 두 가지는 이롭기도 하고 해롭기도 한데, 하늘이 싫어하는 것은, 누가 그 연유를 알겠는가?

【대의】억지로 작위 하여 법률과 제도로 억압하는 것과 천성에 따라서 다스리는 것, 이 두 가지는 때론 복이 되기도 하고 때론 재앙이 되기도 하는데, 하늘이 싫어하는 것이 어떤 것인지를 어느 누가 알겠는가?

《河上》是以聖人猶難之。
시이성인유난지.

《王弼》是以聖人猶難之。
시이성인유난지.

【분석】《帛甲》과《帛乙》에는 이 구절이 빠져 있음에 유의할 필요가 있다.

【미언】

《河上》《王弼》이 때문에 성인은 오히려 그것을 삼간다.

【대의】 이처럼 하늘의 뜻은 일정하지 않기 때문에, 대동사회를 이끈 지도자[聖人]들은 오히려 억지로 작위 하여 백성을 억압하지 않고, 그들의 천성에 따라 다스렸다.

《帛甲》□□□, □□□□□, 不言而善應, 不召而自來, 坦而善謀。

□□□, □□□□□, 불언이선응, 불소이자래, 탄이선모.

《帛乙》天之道, 不戰而善勝, 不言而善應, 弗召而自來, 坦而善謀。

천지도, 부전이선승, 불언이선응, 불소이자래, 탄이선모.

《河上》天之道, 不爭而善勝, 不言而善應, 不召而自來, 繟然而善謀。

천지도, 부쟁이선승, 불언이선응, 불소이자래, 천연이선모.

《王弼》天之道, 不爭而善勝, 不言而善應, 不召而自來, 繟然而善謀。

천지도, 부쟁이선승, 불언이선응, 불소이자래, 천연이선모.

【분석】 이 구절은 판본별 기록의 특징상 두 가지로 나눌 수 있으니, 《帛甲》과 《帛乙》은 '싸움 전(戰)'과 '너그러울 탄(坦)'을 써준 반면, 《河上》과 《王弼》에서는 '다툴 쟁(爭)'과 '繟然(선연)'으로 '느슨하다.'라고 표현해주었다. 하지만 이러한 차이점에도 불구하고, 모든 판본이 말하고자 하는 바는 결코 다르지 않다.

【미언】

《帛甲》□□□ □□□, □□□ □□□ □ □□□, 말하지 않아도 잘 반응하며, 부르지 않아도 스스로 오고, 너그러워서 일을 잘 꾸민다.

《帛乙》하늘의 도리는, 싸우지 않아도 잘 이기고, 말하지 않아도 잘 반응하며, 부르지 않아도 스스로 오고, 너그러워서 일을 잘 꾸민다.

《河上》《王弼》 하늘의 도리는, 다투지 않아도 잘 이기고, 말하지 않아도 잘 반응하며, 부르지 않아도 스스로 오고, 느슨해도 일을 잘 꾸민다.

【대의】 이처럼 천성에 따라 스스로 그러하게 하는 대동의 통치 이념[道]은, 자애로운 덕으로 감화시키기 때문에 싸우지 않아도 상대방이 복종하게 되고, 말이나 명령을 함부로 내리지 않기 때문에 백성이 알아서 지도자의 뜻에 화답하며, 굳이 소집하지 않아도 기꺼운 마음으로 자발적으로 오고, 엄격하고도 세분화된 법률과 제도로 통제하지 않기 때문에 느슨한 것 같지만 오히려 일을 잘 도모한다.

73 - 5

《帛甲》 □□□□, □□□□。

《帛乙》 天罔恢恢, 疏而不失。
천망회회, 소이부실.

《河上》 天網恢恢, 疎而不失。
천망회회, 소이부실.

《王弼》 天網恢恢, 疏而不失。
천망회회, 소이부실.

【분석】 이 구절은 《帛乙》에서 '그물 망(罔)'을, 그리고 《河上》에서 '성길 소(疎)'를 써준 점에 유의할 필요가 있다. 하지만 이들은 각각 '그물

망(網)' 및 '소통할 소(疏)'와 동일한 글자로 쓰이므로, 사실 의미상으로는 판본별 차이점이 없다고 봐도 무방하다.

【미언】

《帛乙》《河上》《王弼》 하늘의 그물은 크고 넓어서, 성기지만 새지 않는다.

【대의】 이처럼 하늘이 부여한 천성에 따르는 대동의 통치 이념[道]은 대단히 크고 넓어서, 법률과 제도로 통제하는 사회의 입장에서 언뜻 보기에는 엉성하고 부족한 듯하지만, 실제로는 백성의 뜻에 따라 다스리는 것이기 때문에, 그들의 원망이나 불만을 사지 않게 되어 나라를 오랫동안 평안하게 유지할 수 있다.

第74章

《簡甲》과《簡乙》그리고《簡丙》에는 74장의 기록이 남아 있지 않다.
노자는 74장에서 당시의 정치를 신랄하게 비판하면서, 대동의 정치이념[道]을 회복해야 한다고
강조하고 있다.

《帛甲》□□□□□□□, 奈何以殺懼之也?
　□□□□□□□, 내하이살구지야?

《帛乙》若民恒且畏不畏死, 若何以殺懼之也?
　약민항저외불외사, 약하이살구지야?

《河上》民不畏死, 奈何以死懼之?
　민불외사, 내하이사구지?

《王弼》民不畏死, 奈何以死懼之?
　민불외사, 내하이사구지?

【분석】 이 구절에서 《帛甲》의 '奈何(내하)'와 《帛乙》의 '若何(약하)'는 모두 '어찌하다.'라는 의미를 지닌다. 또한 《帛乙》의 '어조사 저(且)'는 별 의미가 없음에 유의할 필요가 있다. 그러므로 이 구절은 판본별 기록에 다소 차이가 있음에도 불구하고, 전달하고자 하는 의미에는 큰 차이가 없다.

【미언】
　《帛甲》□□ □□□□ □□ □□□ □□□□□ □□□, 어찌 죽음으로 그들을 위협하겠는가?
　《帛乙》만약 백성이 항상 죽음을 두려워하지 않음을 경외하면, 어찌 죽음으로 그들을 위협하겠는가?
　《河上》《王弼》백성이 죽음을 두려워하지 않는데, 어찌 죽음으로 그들을 위협하겠는가?

【대의】백성의 천성에 순응하여 다스리는 것이 정치다. 지도자가 형벌과 제도를 강화하여 억압하니, 백성의 불만이 최고조에 달하여 죽음조차도 두려워하지 않는데, 더 이상 어떠한 형벌과 제도를 더 강화하여 그들을 억압할 수 있겠는가?

74 − 2

《帛甲》若民恒是死, 則而爲者吾將得而殺之, 夫
孰敢矣?
약민항시사, 칙이위자오장득이살지, 부숙감의?

《帛乙》使民恒且畏死, 而爲奇者□得而殺之, 夫
孰敢矣?
사민항저외사, 이위기자□득이살지, 부숙감의?

《河上》若使民常畏死, 而爲奇者吾得執而殺之,
孰敢?
약사민상외사, 이위기자오득집이살지, 숙감?

《王弼》若使民常畏死, 而爲奇者吾得執而殺之,
孰敢?
약사민상외사, 이위기자오득집이살지, 숙감?

【분석】이 구절은 다른 판본들의 기록과 비교했을 때《帛甲》에 특히 주목할 필요가 있으니, '법칙 칙(則)'은 '본보기로 삼다.'로 그리고 '이 시(是)'는 '옳다고 인정하다, 바로잡다.'로 해석해야 한다.

또한《帛乙》의 '어조사 저(且)'는 74−1과 마찬가지로 별 의미가 없다.

【미언】

《帛甲》만약 백성이 항상 죽음(죽음이 두려운 것임)을 옳다고 인정하고, 본보기로 삼아 (이상한 행동을) 하는 이를 내가 장차 얻어서 죽인다면, 무릇 누가 감히 그리하겠는가?

《帛乙》백성으로 하여금 항상 죽음을 두려워하게 하고, 이상한 행동을 하는 이를 내가 □□ 얻어서 죽인다면, 무릇 누가 감히 그리하겠는가?

《河上》《王弼》만약 백성으로 하여금 항상 죽음을 두려워하게 하고, 이상한 행동을 하는 이를 내가 얻어서 잡아다 죽인다면, 누가 감히 그리하겠는가?

【대의】나와 같이 대동사회의 통치 이념[道]을 이해하는 지도자가 천성에 따라 다스림으로써 백성이 죽음을 두려워하게 하고, 또 나라의 기강을 어지럽히는 이들을 모두가 수긍하는 범위 내에서 정당하게 처벌한다면, 어느 누가 감히 또 그러하겠는가?

《帛甲》若民□□必畏死, 則恒有司殺者。夫代司
殺者殺, 是代大匠斲也。

약민□□필외사, 즉항유사살자. 부대사살자살, 시대대장착야.

《帛乙》若民恒且必畏死, 則恒有司殺者。夫代司
殺者殺, 是代大匠斲。

약민항저필외사, 즉항유사살자. 부대사살자살, 시대대장착.

《河上》常有司殺者, 夫代司殺者, 是謂代大匠斲。

상유사살자, 부대사살자, 시위대대장착.

《王弼》常有司殺者殺, 夫代司殺者殺, 是謂代大
匠斲。

상유사살자살, 부대사살자살, 시위대대장착.

【분석】 이 구절의 앞부분은《河上》《王弼》과《帛甲》《帛乙》의 기
록에 분명한 차이가 있다. 하지만 그럼에도 불구하도 모든 판본들이 전하
는 전체적인 의미에는 큰 영향을 미치지 않는다.

【미언】

《帛甲》만약 백성이 □□ 반드시 죽음을 두려워하면, 곧 항상 살인을
담당하는 이가 있게 된다. (그런데) 무릇 살인을 담당하는 이를 대신하여
살인하는 것, 이는 뛰어난 기술자를 대신하여 베는 것이다.

《帛乙》만약 백성이 항상 반드시 죽음을 두려워하면, 곧 항상 살인을
담당하는 이가 있게 된다. (그런데) 무릇 살인을 담당하는 이를 대신하여
살인하는 것, 이는 뛰어난 기술자를 대신하여 베는 것이다.

《河上》항상 살인을 담당하는 이가 있으니, 무릇 살인을 담당하는 이를 대신하는 것, 이는 뛰어난 기술자를 대신하여 베는 것을 이른다.

《王弼》항상 살인을 담당하는 이가 있어서 죽여야 하니, 무릇 살인을 담당하는 이를 대신하여 살인하는 것, 이는 뛰어난 기술자를 대신하여 베는 것을 이른다.

【대의】형벌이라는 것은 대동사회를 이끈 지도자[聖人]들처럼 백성이 믿고 따르는 지도자가 공정하게 판단하여 내려야 모두가 수긍하는 것이니, 만약 백성이 따르는 지도자가 아닌데도 형벌을 내린다면, 이는 마치 전문 목수를 대신하여 나무를 베는 것과도 같다.

74 - 4

《帛甲》夫代大匠斲者, 則□不傷其手矣。
부대대장착자, 즉□불상기수의.

《帛乙》夫代大匠斲, 則希不傷其手。
부대대장착, 즉희불상기수.

《河上》夫代大匠斲者, 希有不傷其手矣。
부대대장착자, 희유불상기수의.

《王弼》夫代大匠斲者, 希有不傷其手矣。
부대대장착자, 희유불상기수의.

【분석】이 구절은 판본별 기록에 다소 차이가 있으나, 전체적인 의미에는 큰 영향을 미치지 않는다.

【미언】

《帛甲》무릇 뛰어난 기술자를 대신하여 베는 이는, 곧 그 손을 다치지 않기가 □□□.

《帛乙》무릇 뛰어난 기술자를 대신하여 베면, 곧 그 손을 다치지 않기가 드물다.

《河上》《王弼》무릇 뛰어난 기술자를 대신하여 베는 이는, 그 손을 다치지 않기가 드물다.

【대의】대동사회를 이끈 지도자[聖人]들처럼 백성이 믿고 따르는 지도자가 아닌데도 함부로 형벌을 내리면, 이는 마치 전문 목수를 대신하여 나무를 베면 손을 다치게 되듯이 백성의 원성을 사게 된다. 따라서 정치는 반드시 정치 그릇이 있는 자가 해야 하는 것이다.

第75章

《簡甲》과《簡乙》그리고《簡丙》에는 75장의 기록이 남아 있지 않다.
노자는 75장에서 백성의 천성에 따르고 검소하게 지내는 대동의 통치 이념[道]에 대해서 논하고
있다.

《帛甲》人之飢也, 以其取食稅之多也, 是以飢。
인지기야, 이기취식세지다야, 시이기.

《帛乙》人之飢也, 以其取食稅之多, 是以飢。
인지기야, 이기취식세지다. 시이기.

《河上》民之飢, 以其上食稅之多, 是以飢。
민지기, 이기상식세지다, 시이기.

《王弼》民之饑, 以其上食稅之多, 是以饑。
민지기, 이기상식세지다, 시이기.

【분석】 이 구절에서《河上》《王弼》은 '上食稅(상식세)'에서 '食(식)'을 동사로 간주하여 '위쪽(통치 계급)이 세금을 받다.'로 풀이한 반면,《帛甲》《帛乙》은 '取食稅(취식세)'에서 '食(식)'을 명사로 간주하여 '양식, 곡물'로 풀이했음에 유의할 필요가 있다.

아울러서《王弼》은 '주릴 기(饑)'를 써준 반면《河上》《帛甲》《帛乙》은 모두 '주릴 기(飢)'로 써주었는데, 사실 이 두 글자는 모두 같은 단어로 통용되므로 의미상의 차이점은 없다.

【미언】

《帛甲》《帛乙》 사람들이 굶주리는 것은, 그 곡물(경작물)에 대한 세금을 취함이 많기 때문이니, 이 때문에 기아에 허덕인다.

《河上》《王弼》 백성이 굶주리는 것은, 그 위쪽이 부세를 많이 받기 때문이니, 이 때문에 기아에 허덕인다.

【대의】 백성이 기아에 허덕이는 이유는, 지도자가 제도를 강화하여 세금을 더 착취하기 때문이다.

75 - 2

《帛甲》百姓之不治也, 以其上有以爲□, 是以不治。
백성지불치야, 이기상유이위□, 시이불치.

《帛乙》百姓之不治也, 以其上之有以爲也, □以不治。
백성지불치야, 이기상지유이위야, □이불치.

《河上》民之難治, 以其上之有爲, 是以難治。
민지난치, 이기상지유위, 시이난치.

《王弼》民之難治, 以其上之有爲, 是以難治。
민지난치, 이기상지유위, 시이난치.

【분석】 이 구절은 판본별 기록에 약간의 차이점이 있지만, 전달하고자 하는 의미에는 큰 차이가 없다.

【미언】

《帛甲》 백성을 통치할 수 없는 것은, 그 위쪽이 작위 하는 바가 있기 때문이니, 이 때문에 통치할 수가 없다.

《帛乙》 백성을 통치할 수 없는 것은, 그 위쪽의 작위 하는 바가 있기 때문이니, □ 때문에 통치할 수가 없다.

《河上》《王弼》 백성을 통치하기가 어려운 것은, 그 위쪽이 작위함이 있기 때문이니, 이 때문에 통치하기 어렵다.

【대의】 백성이 지도자를 믿고 따르지 않는 이유는, 지도자가 백성의 뜻을 헤아리지 않고 억지로 작위 하여 법률과 제도로만 통제하려 들기 때문이다.

75 – 3

《帛甲》民之輕死, 以其求生之厚也, 是以輕死。
민지경사, 이기구생지후야, 시이경사.

《帛乙》民之輕死也, 以其求生之厚也, 是以輕死。
민지경사야, 이기구생지후야, 시이경사.

《河上》民之輕死, 以其求生之厚, 是以輕死。
민지경사, 이기구생지후, 시이경사.

《王弼》民之輕死, 以其求生之厚, 是以輕死。
민지경사, 이기구생지후, 시이경사.

【분석】 이 구절은 '어조사 야(也)'의 유무 차이점을 제외하면, 판본별 기록이 완벽하게 일치하고 있다.

【미언】
《帛甲》《帛乙》《河上》《王弼》 백성이 죽음을 가벼이 하는 것은, 그들이 생계에 대한 중시를 추구함이 많기 때문이니, 이 때문에 죽음을 가벼이 여긴다.

【대의】지도자가 천성에 따르지 않고 사리사욕을 탐하게 되면, 백성 역시 그 생계에 집착한 나머지 물질적이고 현실적인 삶을 중시하고 추구 하게 되니, 결국 백성은 이러한 생계를 위해서 죽음조차도 두려워하지 않 게 된다.

75 − 4

《帛甲》夫唯無以生爲者, 是賢貴生.
　　　　부유무이생위자, 시현귀생.

《帛乙》夫唯無以生爲者, 是賢貴生.
　　　　부유무이생위자, 시현귀생.

《河上》夫唯無以生爲者, 是賢於貴生.
　　　　부유무이생위자, 시현어귀생.

《王弼》夫唯無以生爲者, 是賢於貴生.
　　　　부유무이생위자, 시현어귀생.

【분석】이 구절에서《河上》과《王弼》은 '是賢於貴生(시현어귀생)'이 라고 표현하여, '어조사 어(於)'로 비교격 '~보다'의 의미를 살려주었다. 반 면에《帛甲》과《帛乙》은 '是賢貴生(시현귀생)'으로 표현함으로써, 비교격 으로 풀이할 수 있는 단어가 보이지 않는다. 따라서《帛甲》과《帛乙》의

'어질 현(賢)'은 자체적으로 비교격의 의미를 함축한 것으로 판단하여, '낫다, 더 많다.'라고 풀이해야 할 것이다. 이를 제외한 나머지 부분들은 판본별 차이점이 보이지 않는다.

【미언】

《帛甲》《帛乙》 무릇 생계 때문에 작위함이 없는 자, 이는 생계를 귀히 여기는 이보다 낫다.

《河上》《王弼》 무릇 생계 때문에 작위함이 없는 자, 이는 생계를 귀히 여기는 이보다 현명하다.

【대의】 따라서 사리사욕을 탐하지 않는 지도자는 백성 역시 각자의 천성에 따라서 평온하게 살도록 하기 때문에, 나라를 오랫동안 평온하게 다스릴 수 있다. 하지만 백성을 착취하여 사리사욕을 채우는 지도자는 백성이 등을 돌리고, 그들 역시 사리사욕을 채우려 하게 되므로, 결국 나라가 혼란스러워진다.

第76章

《簡甲》과《簡乙》그리고《簡丙》에는 76장의 기록이 남아 있지 않다.
노자는 76장에서 백성을 억지로 통제하지 않고, 자애로운 덕으로 다스리는 것이 바로 상등의 정
치, 즉 대동의 통치 이념[道]임을 밝히고 있다.

《帛甲》人之生也柔弱, 其死也筋肕堅强。
인지생야유약, 기사야근인견강.

《帛乙》人之生也柔弱, 其死也筋肕堅强。
인지생야유약, 기사야근인견강.

《河上》人之生也柔弱, 其死也堅强。
인지생야유약, 기사야견강.

《王弼》人之生也柔弱, 其死也堅强。
인지생야유약, 기사야견강.

【분석】 이 구절은 《帛甲》과 《帛乙》에 '筋肕(근인)'이라는 표현이 더 추가된 점이 특기할 만한데, 이는 '근육이 질기다.'라는 의미로 뒤의 '堅强(견강)', 즉 '뻣뻣해지다.'와 상통하므로, 전체적인 의미에 큰 영향을 미치지는 않는다.

【미언】
《帛甲》《帛乙》 사람이 살아 있을 때는 유연하지만, 죽으면 질기고 뻣뻣해진다.

《河上》《王弼》 사람이 살아 있을 때는 유연하지만, 죽으면 뻣뻣해진다.

【대의】 부드러움은 살아 있음을 뜻하기 때문에 길하지만, 강경함은 죽음을 의미하기 때문에 불길하다.

《帛甲》萬物草木之生也柔脆, 其死也枯槁。
만물초목지생야유취, 기사야고고.

《帛乙》萬□□木之生也柔脆, 其死也枯槁。
만□□목지생야유취, 기사야고고.

《河上》萬物草木之生也柔脆, 其死也枯槁。
만물초목지생야유취, 기사야고고.

《王弼》萬物草木之生也柔脆, 其死也枯槁。
만물초목지생야유취, 기사야고고.

【분석】 이 구절은《帛乙》의 훼손된 부분을 제외하면, 모든 판본들의 기록이 동일하다.

【미언】

《帛甲》《河上》《王弼》 만물의 초목이 살아 있을 때는 부드럽지만, 죽으면 말라버린다.

《帛乙》 만□의 □목이 살아 있을 때는 부드럽지만, 죽으면 말라버린다.

【대의】 만물의 초목이 연하고 부드러운 것은 살아 있음을 뜻하지만, 시들이 말라버린 것은 죽음을 의미한다.

《帛甲》故曰：堅强者死之徒也, 柔弱微細, 生之徒也。兵强則不勝, 木强則烘。强大居下, 柔弱微細居上。

고왈: 견강자사지도야, 유약미세, 생지도야. 병강즉불승, 목강즉홍. 강대거하, 유약미세거상.

《帛乙》故曰：堅强死之徒也, 柔弱生之徒也。□以兵强則不勝, 木强則烘。故强大居下, 柔弱居上。

고왈: 견강사지도야, 유약생지도야. □이병강즉불승, 목강즉홍. 고강대거하, 유약거상.

《河上》故堅强者死之徒, 柔弱者生之徒。是以兵强則不勝, 木强則共。强大處下, 柔弱處上。

고견강자사지도, 유약자생지도. 시이병강즉불승, 목강즉공. 강대처하, 유약처상.

《王弼》故堅强者死之徒, 柔弱者生之徒。是以兵强則不勝, 木强則兵。强大處下, 柔弱處上。

고견강자사지도, 유약자생지도. 시이병강즉불승, 목강즉병. 강대처하, 유약처상.

【분석】 이 구절은 판본별 기록에 다소 차이가 있으나, 전달하고자 하는 의미는 서로 통한다.

【미언】

《帛甲》그러므로 말하기를: 강경한 것은 죽음의 부류고, 연약하고 미세한 것은, 삶의 부류다. 무기로 강박하면 곧 이기지 못하고, 나무가 단단하면 곧 (땔감으로) 타게 된다. 강대함은 아래에 처하고, 연약하고 미세한 것이 위에 처한다.

《帛乙》그러므로 말하기를: 강경한 것은 죽음의 부류고, 연약한 것은 삶의 부류다. □ 때문에 무기로 강박하면 곧 이기지 못하고, 나무가 단단하면 곧 (땔감으로) 타게 된다. 그러므로 강대함은 아래에 처하고, 부드러움이 위에 처한다.

《河上》그러므로 강경한 것은 죽음의 부류고, 연약한 것은 삶의 부류다. 이 때문에 무기로 강박하면 곧 이기지 못하고, 나무가 단단하면 곧 (땔감으로) 바치게 된다. 강대함은 아래에 처하고, 부드러움이 위에 처한다.

《王弼》그러므로 강경한 것은 죽음의 부류고, 연약한 것은 삶의 부류다. 이 때문에 무기로 강박하면 곧 이기지 못하고, 나무가 단단하면 곧 무기가 된다. 강대함은 아래에 처하고, 부드러움이 위에 처한다.

【대의】 따라서 강경함은 죽음, 즉 불길한 것에 속하는 것이고, 부드러움은 살아 있음, 즉 길한 것에 속하는 것이다. 이러한 까닭에, 지도자가 강제적인 수단으로 억압하면 백성이 등을 돌려서 결국 그 자리를 보존하지 못하게 되고, 나무가 단단하면 곧 베여서 무기가 되니, 천성에 따라서 주어진 삶을 다할 수 없게 된다. 법률과 제도로 억압하여 통제하는 것은 하등의 통치이고, 자애로운 덕으로 다스리는 것이 상등의 통치인 것이다.

第77章

《簡甲》과《簡乙》그리고《簡丙》에는 77장의 기록이 남아 있시 않다.
노자는 77장에서 대동의 통치 이념[道]을 실천하는 지도자[聖人]는 각자 주어진 천성에 따라서
객관적이고 공정함[中]과 어느 누구 하나 버리지 않고 함께하는 조화로움[和]으로 세상을 다스릴
수 있다고 강조하고 있다.

《帛甲》天下□□, □□□者也!
　　　천하□□, □□□자야!

《帛乙》天之道, 猶張弓也!
　　　천지도, 유장궁야!

《河上》天之道, 其猶張弓乎!
　　　천지도, 기유장궁호!

《王弼》天之道, 其猶張弓與!
　　　천지도, 기유장궁여!

【분석】이 구절은 판본별로 다른 어조사를 사용한 차이점이 보이지만, 전달하고자 하는 의미는 일치하고 있다.

【미언】
《帛甲》세상□ □□□, □□ □□□□ □□□ 것□ □□!
《帛乙》하늘의 도리는, 마치 활시위를 당기는 것과 같다!
《河上》《王弼》하늘의 도리는, 그것이 마치 활시위를 당기는 것과 같다!

【대의】천성에 따르는 대동의 통치 이념[道]이란, 마치 목표를 정확하게 맞추기 위해서 여러 조건들을 신중하게 고려하여 조준하고, 그런 후에 활시위를 당기는 것과도 같은 것이다.

《帛甲》高者抑之, 下者擧之, 有餘者損之, 不足者
補之。

고자억지, 하자거지, 유여자손지, 부족자보지.

《帛乙》高者抑之, 下者擧之, 有餘者損之, 不足者
□□。

고자억지, 하자거지, 유여자손지, 부족자□□.

《河上》高者抑之, 下者擧之, 有餘者損之, 不足者
與之。

고자억지, 하자거지, 유여자손지, 부족자여지.

《王弼》高者抑之, 下者擧之, 有餘者損之, 不足者
補之。

고자억지, 하자거지, 유여자손지, 부족자보지.

【분석】 이 구절은 모든 판본의 기록이 동일하다. 다만《河上》은 마
지막 부분에서 '도울 보(補)'가 아닌 '줄 여(與)'로 표기함으로써 '돕다, 베풀
다.'라고 표현해 준 점은 특기할 만하다.

【미언】

《帛甲》《王弼》 높으면 그것을 낮추고, 낮으면 그것을 높여주며, 남으
면 그것을 덜어주고, 부족하면 그것을 보충해준다.

《帛乙》 높으면 그것을 낮추고, 낮으면 그것을 높여주며, 남으면 그것
을 덜어주고, 부족하면 □□□ □□□□□□.

《河上》 높으면 그것을 낮추고, 낮으면 그것을 높여주며, 남으면 그것
을 덜어주고, 부족하면 그것을 도와 베푼다.

【대의】조준한 것이 목표보다 높으면 낮춰주고, 낮으면 높여주며, 힘이 남으면 빼고, 부족하면 더해주는 것이니, 이것이 바로 어느 한쪽에 치우치지 않고 그 중간, 즉 객관적이고도 공정한 태도를 유지하는 태도[中]와 어느 것 하나 소외됨이 없이 함께 조화를 이루는 태도[和]다.

77 - 3

《帛甲》故天之道, 損有□□□□□。
고천지도, 손유□□□□□.

《帛乙》□□□□, 損有餘而益不足。
□□□□, 손유여이익부족.

《河上》天之道, 損有餘而補不足。
천지도, 손유여이보부족.

《王弼》天之道, 損有餘而補不足。
천지도, 손유여이보부족.

【분석】이 구절에서는《帛乙》이 '도울 보(補)' 대신에 '더할 익(益)'으로 '돕다, 보조하다.'라고 표현해준 점이 특기할 만하다. 하지만 전반적인 의미는 다른 판본들과 비교했을 때 여전히 상통한다.

【미언】
《帛甲》그러므로 하늘의 도리는, □□ □□ 덜어□ □□□□□ □□□.
《帛乙》□□□□ □□□ □□□,남는 것을 덜어서 부족함을 돕는다.

《河上》《王弼》 하늘의 도리는, 남는 것을 덜어서 부족함을 보충해준다.

【대의】 천성에 따르는 대동의 통치 이념[道]은, 이처럼 남음이 있으면 그것을 덜어서 부족한 쪽으로 보충해주는 것이다.

77 - 4

《帛甲》 □□□□不然, 損□□□奉有餘。
□□□□불연, 손□□□봉유여.

《帛乙》 人之道, 損不足而奉有餘。
인지도, 손부족이봉유여.

《河上》 人之道則不然, 損不足以奉有餘。
인지도즉불연, 손부족이봉유여.

《王弼》 人之道則不然, 損不足以奉有餘。
인지도즉불연, 손부족이봉유여.

【분석】 이 구절에서는 《帛乙》이 다른 판본들과 달리 '人之道(인지도)'라고만 표현해준 점이 특기할 만하다. 하지만 전반적인 의미는 역시 다른 판본들과 비교했을 때 여전히 상통한다.

【미언】
《帛甲》 □□□ □□□ 그렇지 않아서, □□□□ 착취하여 □□□ □□ 남는 것을 돕는다.

《帛乙》사람의 도리는, 부족함을 착취하여 그럼으로써 남는 것을 돕는다.

《河上》《王弼》사람의 도리는 그렇지 않아서, 부족함을 착취하여 그럼으로써 남는 것을 돕는다.

【대의】 하지만 억지로 작위 하는 통치는 그렇지 못해서, 오히려 부족한 백성을 더욱 착취하여 자신의 배를 채운다.

77 - 5

《帛甲》孰能有餘而有以取奉於天者乎?
숙능유여이유이취봉어천자호?

《帛乙》夫孰能有餘而□□□奉於天者?
부숙능유여이□□□봉어천자?

《河上》孰能有餘奉天下?
숙능유여봉천하?

《王弼》孰能有餘以奉天下?
숙능유여이봉천하?

【분석】 이 구절에서 《帛甲》과 《帛乙》의 '有以(유이)'는 '~할 수 있다.'라고 해석하고, '가질 취(取)'는 '받아들이다, 돕다.'로 풀이해야 함에 유의할 필요가 있다.

【미언】

《帛甲》 누가 풍족함이 있어서 하늘을 받드는 것을 도울 수 있겠는가?

《帛乙》 무릇 누가 풍족함이 있어서 하늘을 받드는 것을 □□ □ □□ □□?

《河上》 누가 풍족함이 있어 세상을 받들 수 있겠는가?

《王弼》 누가 풍족함이 있음으로써 세상을 받들 수 있겠는가?

【대의】 과연 누가 남음이 있으면 그것을 덜어서 부족한 쪽으로 보충해주어서 백성을 섬길 수 있겠는가?

77 - 6

《帛甲》 □□□□□。

《帛乙》 唯有道者乎。
유유도자호.

《河上》 唯有道者。
유유도자.

《王弼》 唯有道者。
유유도자.

【분석】 이 구절은 《帛乙》의 '어조사 호(乎)'를 제외하면, 모든 판본들의 기록이 일치하고 있다.

【미언】
《帛乙》《河上》《王弼》오직 도가 있는 자다.

【대의】 바로 대동의 통치 이념[道]을 이해하고 실천하는 지도자[聖人]다.

77 - 7

《帛甲》□□□□□□□□, □□□□□□□, □□□□□□見賢也。
□□□□□□□□, □□□□□□, □□□□□견현야.

《帛乙》是以聖人爲而弗有, 成功而弗居也, 若此其不欲見賢也。
시이성인위이불유, 성공이불거야, 약차기불욕견현야.

《河上》是以聖人爲而不恃, 功成而不處, 其不欲見賢。
시이성인위이불시, 공성이불처, 기불욕견현.

《王弼》是以聖人爲而不恃, 功成而不處, 其不欲見賢。
시이성인위이불시, 공성이불처, 기불욕견현.

【분석】 이 구절은 판본별 문장구조와 쓰인 단어에 차이점들이 보이기는 하지만, 그 주된 의미는 여전히 서로 통하고 있다.

【미언】

《帛甲》□ □□□ □□□ □□□□□ □□□□□□ □□, □□ □□ □□ □□□□□ □□□, □□ □□ □ 현명함을 드러내□ □□ □□ □.

《帛乙》이 때문에 성인은 행하지만 독차지하지 않고, 공을 이루지만 머무르지 않으니, 이와 같이 그 현명함을 드러내려 하지 않는다.

《河上》《王弼》이 때문에 성인은 행하지만 의지하지 않고, 공을 이루지만 머무르지 않으며, 그 현명함을 드러내려 하지 않는다.

【대의】 이러한 까닭에, 대동의 통치 이념[道]을 실천하는 지도재[聖人]는 통치하지만 통치를 잘하고 있다고 자부하지 않고, 공로를 세우지만 그 공로가 자신의 것이라고 집착하지 않으며, 자신을 낮추고 백성을 공경한다.

第78章

《簡甲》과《簡乙》그리고《簡丙》에는 78장의 기록이 남아 있지 않다.
노자는 78장에서 나시 한 번 자애로운 덕으로 다스리는 것이 중요하다고 강조하고 있는데, 특히
이러한 대동의 통치 이념[道]은 말로 설명하기가 어렵거니와, 일반적으로 인지되는 상식과는 정
반대되는 개념이라고 말하고 있다.

《帛甲》天下莫柔□□□, □□堅強者莫之能□
也, 以其無□易□□。
천하막유□□□, □□견강자막지능□야. 이기무□역□□.

《帛乙》天下莫柔弱於水, □□□□□□□□
□, 以其無以易之也。
천하막유약어수, □□□□□□□□□, 이기무이역지야.

《河上》天下柔弱莫過於水, 而攻堅強者莫之能
勝, 以其無能易之。
천하유약막과어수, 이공견강자막지능승, 이기무능역지.

《王弼》天下莫柔弱於水, 而攻堅強者莫之能勝,
其無以易之。
천하막유약어수, 이공견강자막지능승, 기무이역지.

【분석】 이 구절은 판본별 기록에 분명한 차이점이 존재하지만, 전달
하려는 의미에는 큰 차이점이 없다.

【미언】
《帛甲》 세상에는 □□□ 연□□ □□□ 없□□, 강경한 것을 □□
□□ 것으로는 그것을 □□ 수 있는 것이 없으니, 그 때문에 □□□ 대체
할 □ □□ □이 없다.
《帛乙》 세상에는 물보다 연약한 것이 없지만, □□□ □□ □□□□
□□□□ □□□ □□ □ □ □□ □□ □□□, 그 때문에 그것을 대체할
수 있는 것이 없다.

《河上》세상에서 연약하기로는 물보다 더한 것이 없지만, 강경한 것을 공격하는 것으로는 그것을 이길 수 있는 것이 없으니, 그 때문에 그것을 대체할 수 있는 것이 없다.

《王弼》세상에는 물보다 연약한 것이 없지만, 강경한 것을 공격하는 것으로는 그것을 이길 수 있는 것이 없으니, 그것을 대체할 수 있는 것이 없다.

【대의】대동사회의 통치 이념[道]의 중요한 구성요소인 자애로움[慈]은 마치 물처럼 그 어떤 것보다도 더 부드럽지만 백성이 따르게 되고, 형벌이나 제도 등 강경한 수단으로 통제하려 들면 오히려 백성이 등을 돌리기 때문에, 자애로움[慈]으로 백성을 다스리는 것이 가장 이상적이다.

《帛甲》□□□□, □□勝强, 天□□□□□,
□□□行也。
□□□□, □□승강, 천□□□□□, □□□행야.

《帛乙》柔之勝剛也, 弱之勝强也, 天下莫弗知也,
而□□□也。
유지승강야, 약지승강야, 천하막부지야, 이□□□야.

《河上》故柔勝剛, 弱勝强, 天下莫不知, 莫能行。
고유승강, 약승강, 천하막부지, 막능행.

《王弼》弱之勝强, 柔之勝剛, 天下莫不知, 莫能
行。
약지승강, 유지승강, 천하막부지, 막능행.

【분석】 이 구절 역시 판본별 기록에 분명한 차이점이 존재하지만,
전달하려는 의미에는 큰 차이점이 없다.

【미언】

《帛甲》□□□ □□ □□□ □□ □□□, □□ □□ 강한 것을 이
기는데, 세□□ □□□ □□ □□□□, □□ 행하지는 □□□.

《帛乙》연약한 것이 강경한 것을 이기고, 약한 것이 강한 것을 이기는
데, 세상이 모르는 것은 아니지만, □□ □□□□ □□□.

《河上》그러므로 연약한 것이 강경한 것을 이기고, 약한 것이 강한 것
을 이기는데, 세상이 모르는 것은 아니지만, 능히 행하지는 못한다.

《王弼》약한 것이 강한 것을 이기고, 연약한 것이 강경한 것을 이기는
데, 세상이 모르는 것은 아니지만, 능히 행하지는 못한다.

【대의】 자애로움[慈]으로 백성을 다스리는 것이 엄격하고도 세분화된 법률과 제도로 통제하는 것보다 더 이상적이라는 것을 모르는 지도자가 없지만, 실제로는 자애로움[慈]으로 다스리는 것이 과연 실현 가능한지 반신반의하여 행하는 이가 없다.

78 - 3

《帛甲》故聖人之言云曰：受邦之垢，是謂社稷之主；受邦之不祥，是謂天下之王。
고성인지언운왈: 수방지구, 시위사직지주; 수방지불상, 시위천하지왕.

《帛乙》是故聖人之言云曰：受國之垢，是謂社稷之主；受國之不祥，是謂天下之王。
시고성인지언운왈: 수국지구, 시위사직지주; 수국지불상, 시위천하지왕.

《河上》是以聖人云：受國之垢，是謂社稷主；受國不祥，是謂天下王。
시이성인운: 수국지구, 시위사직주; 수국불상, 시위천하왕.

《王弼》是以聖人云：受國之垢，是謂社稷主；受國不祥，是爲天下王。
시이성인운: 수국지구, 시위사직주; 수국불상, 시위천하왕.

【분석】 이 구절도 마찬가지로 판본별 기록에 분명한 차이점이 존재하지만, 전달하려는 의미에는 큰 차이점이 없다.

【미언】

《帛甲》그러므로 성인의 말씀에 이르길; 국가의 치욕을 책임져야, 이를 일컬어서 사직의 주인이라고 하고; 국가의 재난을 책임져야, 이를 일컬어서 세상의 군왕이라고 한다.

《帛乙》이러한 고로 성인의 말씀에 이르길; 국가의 치욕을 책임져야, 이를 일컬어서 사직의 주인이라고 하고; 국가의 재난을 책임져야, 이를 일컬어서 세상의 군왕이라고 한다.

《河上》이 때문에 성인이 말하길; 국가의 치욕을 책임져야, 이를 일컬어서 사직의 주인이라고 하고; 국가의 재난을 책임져야, 이를 일컬어서 세상의 군왕이라고 한다.

《王弼》이 때문에 성인이 말하길; 국가의 치욕을 책임져야, 이를 일컬어서 사직의 주인이라고 하고; 국가의 재난을 책임져야, 이에 세상의 군왕이 된다.

【대의】따라서 대동사회를 이끈 지도자[聖人]들이 말하기를: "나라가 수모를 당했을 때 그 치욕을 모두 짊어질 수 있어야 임금이라고 할 수 있고, 나라에 재난이 발생했을 때 사사로움을 버리고 오직 백성을 생각해야, 세상이 그를 지도자로 인정하고 따른다."

《帛甲》□□若反。
□□약반.

《帛乙》正言若反。
정언약반.

《河上》正言若反。
정언약반.

《王弼》正言若反。
정언약반.

【분석】 이 구절은 훼손된 부분을 제외한 모든 판본들의 기록이 동일하다.

【미언】

《帛甲》□□ □□□ □□ 반대인 것과 같다.

《帛乙》《河上》《王弼》 바로 말하는 것은 반대인 것과 같다.

【대의】 심오한 대동의 통치 이념[道]으로 지도자의 참된 자세에 대해서 말하자면, 이는 우리가 일반적으로 인지하고 있는 지도자의 자세와는 정반대인 것이다.

第79章

《簡甲》과《簡乙》그리고《簡丙》에는 79장의 기록이 남아 있지 않다.
노자는 79장에서 대동의 통치 이념[道]을 실천하는 지도자[聖人]는 하늘이 버리지 않는다고 역설
하고 있다.

《帛甲》和大怨, 必有餘怨, 焉可以爲善?
　　　화대원, 필유여원, 언가이위선?

《帛乙》和大□, □□□□, □□□爲善?
　　　화대□, □□□□, □□□위선?

《河上》和大怨, 必有餘怨, 安可以爲善?
　　　화대원, 필유여원, 안가이위선?

《王弼》和大怨, 必有餘怨, 安可以爲善?
　　　화대원, 필유여원, 안가이위선?

【분석】 이 구절의 판본별 유일한 차이점은 마지막 부분의 의문사를 '어찌 언(焉)'으로 처리했는지 아니면 '편안할 안(安)'으로 하여 '어찌'라고 표현했는지다. 이를 제외하면 모든 판본들이 전달하고자 하는 의미는 일치하고 있다.

【미언】
《帛甲》《河上》《王弼》 큰 원한을 화해시키면서, 반드시 원한의 잔재가 있다면, 어찌 훌륭하다고 할 수 있겠는가?
《帛乙》 큰 □□□ 화해시키면서, □□□ □□□ □□□ □□□, □□ 훌륭하다고 할 □ □□□□?

【대의】 대동의 통치 이념[道]으로 나라를 다스리는 지도자[聖人]는 공정하고도 객관적[中]으로 판단하고 처리한다. 따라서 사소한 부분에서

조차 불만을 갖거나 원망하는 이들이 생기지 않으니, 백성은 모두 그 결과에 수긍하게 되는 것이다.

79 - 2

《帛甲》是以聖右契, 而不以責於人。
시이성우계, 이불이책어인.

《帛乙》是以聖人執左契, 而不以責於人。
시이성인집좌계, 이불이책어인.

《河上》是以聖人執左契, 而不責於人。
시이성인집좌계, 이불책어인.

《王弼》是以聖人執左契, 而不責於人。
시이성인집좌계, 이불책어인.

【분석】 이 구절은《帛甲》의 기록에 유의할 필요가 있다. 여기서 '성인 성(聖)'은 본래의 '귀 이(耳): 듣다.' + '드릴 정(呈): 말을 바치다.'의 의미를 살려서 '진언(進言)을 경청하다.'라는 의미로 풀이되므로, 구체적으로는 '우계를 지닌 이의 말을 잘 들어주다, 우계를 지닌 이의 입장을 잘 이해하는 데 뛰어나다.'로 풀이해야 한다.

아울러서 '左契(좌계)'와 '右契(우계)'는 채무 영수증을 말하는 것으로, 고대(古代)에는 계약을 할 때 부신(符信)을 둘로 나누어 왼쪽의 것을 채권자가 갖고, 오른쪽의 것을 채무자에게 주었다.

【미언】

《帛甲》이 때문에 우계(를 지닌 이의 입장을 이해함)에 뛰어나니, 그러므로 사람들에게 재촉하지 않는다.

《帛乙》《河上》《王弼》이 때문에 성인은 좌계를 가지고 있지만, 사람들에게 재촉하지 않는다.

【대의】 따라서 대동의 통치 이념[道]으로 다스리는 지도자[聖人]는 마치 좌계를 지닌 채권자처럼 침착하고 여유 있게 천성에 따라서 다스리지, 법률이나 제도 등의 강압적인 수단으로 백성을 통제하려 들지는 않는 것이다.

```
              79 - 3
```

《帛甲》故有德司契, □德司徹。
　　　　고유덕사계, □덕사철.

《帛乙》故有德司契, 無德司徹。
　　　　고유덕사계, 무덕사철.

《河上》有德司契, 無德司徹。
　　　　유덕사계, 무덕사철.

《王弼》有德司契, 無德司徹。
　　　　유덕사계, 무덕사철.

【분석】 이 구절은 판본별 기록상 '연고 고(故)'의 유무만이 유일한 차

이점으로 남아 있다. 특히 '司契(사계)'는 고대(古代)의 회계 관리인으로서 차용증서를 관리하였기 때문에 침착하고 여유가 있었던 반면, '司徹(사철)'은 역시 회계 관리인이지만 세수(稅收)를 관리하였기 때문에 착취하여 악착같이 받아내었다. 따라서 노자는 '사계'와 '사철'로 '덕이 있는 이'와 '덕이 없는 이'를 비유한 것이다. 그러므로 '덕이 있는 이'는 태평성대를 이끈 지도자[聖人]를 뜻하고, 이와 반대로 '덕이 없는 이'는 노자가 처한 현세의 지도자를 가리킨다고 볼 수 있을 것이다.

【미언】
《帛甲》 그러므로 덕이 있는 이는 사계이고, 덕이 □□ □□ 사철이다.

《帛乙》 그러므로 덕이 있는 이는 사계이고, 덕이 없는 이는 사철이다.

《河上》《王弼》 덕이 있는 이는 사계이고, 덕이 없는 이는 사철이다.

【대의】 자애로운 덕으로 다스리는 지도자[聖人]는 침착하고 여유가 있는 사계와 같고, 형벌과 제도로 백성을 억압하는 지도자는 착취하여 악착같이 받아내는 사철과도 같다.

《帛甲》夫天道無親, 恒與善人。
부천도무친, 항여선인.

《帛乙》□□□□□, □□□□。

《河上》天道無親, 常與善人。
천도무친, 상여선인.

《王弼》天道無親, 常與善人。
천도무친, 상여선인.

【분석】이 구절은 판본별 기록에 소소한 차이점이 있으나, 전체적인 문장구조나 의미에는 큰 차이가 없다.

【미언】

《帛甲》무릇 하늘의 도리는 편애함이 없으니, 항상 선한 이와 함께 한다.

《河上》《王弼》하늘의 도리는 편애함이 없으니, 항상 선한 이와 함께 한다.

【대의】천성에 따르는 통치 이념[道]은 공정하고도 객관적[中]이니, 항상 나라와 백성의 안위만을 생각하는 순일한 덕[一德]을 베푸는 지도자와 더불어 존재한다.

第80章

《簡甲》과《簡乙》그리고《簡丙》에는 80장의 기록이 남아 있지 않다.
노자는 80장에서 자신의 이상향이 궁극적으로는 대동사회임을 구체적으로 묘사하여 드러내고
있다.

《帛甲》小邦寡民, 使十百人之器毋用, 使民重死
而遠徙。

소방과민, 사십백인지기무용, 사민중사이원사.

《帛乙》小國寡民, 使有十百人器而勿用, 使民重
死而遠徙。

소국과민, 사유십백인기이물용, 사민중사이원사.

《河上》小國寡民, 使有什伯人之器而不用, 使民
重死而不遠徙。

소국과민, 사유십백인지기기이불용, 사민중사이불원사.

《王弼》小國寡民, 使有什伯之器而不用, 使民重
死而不遠徙。

소국과민, 사유십백지기이불용, 사민중사이불원사.

【분석】 이 구절은 판본별 기록에 비교적 큰 차이점들이 존재하지
만, 그럼에도 불구하고 모든 판본들이 시사하는 바는 사실상 일치하고 있
다. 특히 이 구절의 '멀 원(遠)'은 '싫어하다, 멀리하다.'와 '멀다.'라는 의미
를 모두 지니고 있는데, 《帛甲》《帛乙》은 전자의 의미로, 반면에 《河上》
《王弼》은 후자의 의미로 풀이해야 함에 유의할 필요가 있다.

【미언】

《帛甲》 나라가 작고 백성이 적으면, 각양각색의 사람들의 기물이 쓰이
지 않게 하고, 백성이 죽음을 중시하여 이사하는 것을 싫어하도록 한다.

《帛乙》 나라가 작고 백성이 적으면, 각양각색의 사람들 기물이 있어도 쓰이지 않게 하고, 백성이 죽음을 중시하여 이사하는 것을 싫어하도록 한다.

《河上》 나라가 작고 백성이 적으면, 각양각색의 사람들의 기물이 있어도 쓰지 않도록 하고, 백성이 죽음을 중시하여 멀리 이사하지 않도록 한다.

《王弼》 나라가 작고 백성이 적으면, 각양각색의 기물이 있어도 쓰지 않도록 하고, 백성이 죽음을 중시하여 멀리 이사하지 않도록 한다.

【대의】 나라가 작고 백성이 적었던 대동사회의 모습으로 돌아가게 되면, 백성이 사리사욕을 탐하지 않아서 재물에 집착하지 않고, 또한 지도자를 믿고 따르게 되니 굳이 목숨을 걸고 다른 곳으로 거처를 옮기지 않게 된다.

《帛甲》有車舟, 無所乘之; 有甲兵, 無所陳□, □
□□□□□用之.

유거주, 무소승지; 유갑병, 무소진□, □□□□□□용지.

《帛乙》有舟車, 無所乘之; 有甲兵, 無所陳之, 使
民復結繩而用之.

유주거, 무소승지; 유갑병, 무소진지, 사민복결승이용지.

《河上》雖有舟輿, 無所乘之; 雖有甲兵, 無所陳
之, 使人復結繩而用之.

수유주여, 무소승지; 수유갑병, 무소진지, 사인복결승이용지.

《王弼》雖有舟輿, 無所乘之; 雖有甲兵, 無所陳
之, 使人復結繩而用之.

수유주여, 무소승지; 수유갑병, 무소진지, 사인복결승이용지.

【분석】 이 구절은 판본별 기록에 약간의 차이점들이 보이지만, 전달
하고자 하는 의미에는 별 차이점이 없다.

【미언】

《帛甲》 수레나 배가 있는데, 그것을 탈 일이 없고; 무기가 있는데, □
□□ 드러낼 일이 없으니, □□□□ □□ □□□ □□□□ 그것을 사
용하□□ □□.

《帛乙》 배나 수레가 있는데, 그것을 탈 일이 없고; 무기가 있는데, 그
것을 드러낼 일이 없으니, 사람들이 다시 끈으로 매듭지어 그것을 사용하
게끔 한다.

《河上》《王弼》 비록 배나 수레가 있어도, 그것을 탈 일이 없고; 비록 무기가 있어도, 그것을 드러낼 일이 없으니, 사람들이 다시 끈으로 매듭지어 그것을 사용하게끔 한다.

【대의】 지도자가 자애로움의 덕치로 나라를 평온하게 하니, 백성이 굳이 다른 지역으로 옮기지 않아서 배나 수레가 필요 없어지고, 서로 조화롭게 살게 되니 굳이 전쟁을 할 필요가 없어지게 되므로, 백성의 마음이 결승문자를 쓰던 상고의 대동시대로 돌아가게 된다.

80 - 3

《帛甲》甘其食, 美其服, 樂其俗, 安其居, 鄰邦相望, 雞狗之聲相聞, 民至□□□□□□。
감기식, 미기복, 락기속, 안기거, 린방상망, 계구지성상문, 민지 □□□□□□.

《帛乙》甘其食, 美其服, 樂其俗, 安其居, 鄰國相望, 雞犬之□□聞, 民至老死不相往來。
감기식, 미기복, 락기속, 안기거, 린국상망, 계견지□□문, 민지 노사불상왕래.

《河上》甘其食, 美其服, 安其居, 樂其俗, 鄰國相望, 雞犬之聲相聞, 民至老死不相往來。
감기식, 미기복, 안기거, 락기속, 린국상망, 계견지성상문, 민지 노사불상왕래.

《王弼》甘其食, 美其服, 安其居, 樂其俗, 鄰國相望, 雞犬之聲相聞, 民至老死不相往來。
감기식, 미기복, 안기거, 락기속, 린국상망, 계견지성상문, 민지 노사불상왕래.

【분석】 이 구절 역시 판본별 기록과 어순에 소소한 차이점들이 보이지만, 전달하고자 하는 의미는 일치하고 있다.

【미언】

《帛甲》그 음식이 달고, 그 의복이 아름다워지며, 그 풍속이 즐거워지고, 그 거처가 편안해지며, 이웃 나라가 서로 바라다보이고, 닭과 개의 소리가 서로 들리게 되니, 백성들이 □□ □□ 때까지 □□ □□□□ □□ □□.

《帛乙》그 음식이 달고, 그 의복이 아름다워지며, 그 풍속이 즐거워지고, 그 거처가 편안해지며, 이웃 나라가 서로 바라다보이고, 닭과 개의 □□□ □□ 들리게 되니, 백성들이 늙어 죽을 때까지 서로 왕래하지 않게 된다.

《河上》《王弼》그 음식이 달고, 그 의복이 아름다워지며, 그 거처가 편안해지고, 그 풍속이 즐거워지며, 이웃 나라가 서로 바라다보이고, 닭과 개의 소리가 서로 들리게 되니, 백성들이 늙어 죽을 때까지 서로 왕래하지 않게 된다.

【대의】 백성은 사리사욕이 없어져 만족함을 알게 되니, 기본적인 의식주 생활에 대한 더 큰 욕망이 없어져서, 자신들의 생활이 더없이 행복하다는 것을 깨닫게 된다. 또한 이웃한 나라끼리는 서로 존중하고 예우하여, 굳이 성곽을 쌓거나 그 주변에 못을 파서 적들이 침입하지 못하도록 경계할 필요가 없게 되니, 이에 세상이 평온해져서 상대방이 서로 바라다보이고, 닭과 개 우는 소리까지도 다 들리게 되는 것이다. 이처럼 백성이 지도자를 믿고 따르며 행복한 생활을 영위하는데, 굳이 다른 곳으로 옮겨서 살 필요가 있겠는가? 따라서 백성은 자신들의 천성을 다하며 즐겁게 살 뿐, 죽을 때까지 굳이 서로 왕래하지 않게 되는 것이다.

第81章

《簡甲》과《簡乙》그리고《簡丙》에는 81장의 기록이 남아 있지 않다.
노자는 81장에서 대동의 통치 이념[道]이란 진심으로 끊임없이 베푸는 것이지만 이에 백성이 믿
고 따르게 되므로, 오히려 진정 궁극적인 수혜자는 지도자라고 말하고 있다.

《帛甲》□□□□, □□不□。
□□□□, □□불□.

《帛乙》信言不美, 美言不信。
신언불미, 미언불신.

《河上》信言不美, 美言不信。
신언불미, 미언불신.

《王弼》信言不美, 美言不信。
신언불미, 미언불신.

【분석】 이 구절은 사실상 모든 판본의 기록이 동일하다.

【미언】
《帛甲》□□□ □□ □□□□ □□, □□□□ □□ □□□□ 않다.
《帛乙》《河上》《王弼》진실한 말은 아름답지 않고, 아름다운 말은 진실하지 않다.

【대의】 대동사회를 이끈 지도자[聖人]들은 항상 충언으로 자기 스스로나 임금을 바른길로 인도하고자 하였지, 화려한 말로 아첨하여 총애를 구하지 않았다. 하지만 혼란스러운 사회에서는 많은 이들이 화려한 말로 아첨하여 임금의 총애를 얻고자 한다.

《帛甲》□者不博, □者不知。
□자불박. □자부지.

《帛乙》知者不博, 博者不知。
지자불박. 박자부지.

《河上》善者不辯, 辯者不善。
선자불변, 변자불선.

《王弼》善者不辯, 辯者不善。
선자불변, 변자불선.

【분석】 이 구절은《帛甲》《帛乙》과《河上》《王弼》의 기록이 다른데, 그 이유는《帛甲》《帛乙》의 내용이《河上》《王弼》에서는 81－3에 나오기 때문이다.

【미언】
《帛甲》□□ 이는 폭넓게 알지 않고, □□□ □□ 이는 알지 못한다.
《帛乙》아는 이는 폭넓게 알지 않고, 폭넓게 아는 이는 알지 못한다.
《河上》《王弼》선량한 이는 교묘하게 말하지 않고, 교묘하게 말하는 이는 선량한 이가 아니다.

【대의】 대동사회의 지도자[聖人]는 천성에 따라서 자애로운 덕을 펼치므로 거짓으로 꾸며서 교묘하게 말하지 않고 자기를 백성 아래에 두지만, 그렇지 못한 지도자는 거짓으로 꾸며서 교묘하게 말하고 자기를 백성 위에 두어 군림하려 든다.

《帛甲》善□□□, □者不善。
선□□□, □자불선.

《帛乙》善者不多, 多者不善。
선자불다, 다자불선.

《河上》知者不博, 博者不知。
지자불박, 박자부지.

《王弼》知者不博, 博者不知。
지자불박, 박자부지.

【분석】 이 구절 역시《帛甲》《帛乙》과《河上》《王弼》의 기록이 다른데, 그 이유는《帛甲》《帛乙》의 내용이《河上》《王弼》에서는 81−2에 나오기 때문이다. 그런데《河上》《王弼》에서는 '말씀 변(辯)'으로 기록하여 '교묘하게 말하다.'라고 표현한 것이《帛甲》《帛乙》에서는 '많을 다(多)'로 기록하여 '재물이 많다.'라고 바꾸어 표현되어 있는 점은 유의할 필요가 있다.

【미언】

《帛甲》선량한 □□ (재물이) □□ □□, (재물이) □□ 이는 선량한 이가 아니다.

《帛乙》선량한 이는 (재물이) 많지 않고, (재물이) 많은 이는 선량한 이가 아니다.

《河上》《王弼》아는 이는 폭넓게 알지 않고, 폭넓게 아는 이는 알지 못한다.

【대의】 대동사회의 지도자[聖人]는 대동 통치 이념[道]의 본질을 이해하기 때문에 오로지 천성에 따라서 자애로운 덕을 펼치려고 온 힘을 기울이지만, 인위적으로 법률과 제도들을 자꾸만 세분화하여 통제하려 드는 지도자는 그 법률과 제도를 더욱 강화하는 데 힘을 기울이기 때문에 대동 통치 이념[道]의 본질을 이해하지 못한다.

《帛甲》聖人無積, □以爲□, □□□; □□□□
□, □□□。□□□□, □□□□; □
□□□, □□□□。

성인무적, □이위□, □□□; □□□□□, □□□. □□□□, □
□□□; □□□, □□□□.

《帛乙》聖人無積, 旣以爲人, 己愈有; 旣以予人
矣, 己愈多。故天之道, 利而不害; 人之道,
爲而弗爭。

성인무적, 기이위인, 기유유; 기이여인의, 기유다. 고천지도, 리
이불해; 인지도, 위이부쟁.

《河上》聖人不積, 旣以爲人, 己愈有; 旣以與人,
己愈多。天之道, 利而不害; 聖人之道, 爲
而不爭。

성인부적, 기이위인, 기유유; 기이여인, 기유다. 천지도, 리이불
해; 성인지도, 위이부쟁.

《王弼》聖人不積, 旣以爲人, 己愈有; 旣以與人,
己愈多。天之道, 利而不害; 聖人之道, 爲
而不爭。

성인부적, 기이위인, 기유유; 기이여인, 기유다. 천지도, 리이불
해; 성인지도, 위이부쟁.

【분석】 이 구절은 판본별로 '없을 무(無)'와 '아닐 불(不)'의 차이 외에
는, 사실상 모든 판본의 기록이 동일하다.

다만 《河上》《王弼》에는 '聖人之道(성인지도)'로 기록된 반면 《帛乙》
에는 본래 '人之道(인지도)'로 표기되어 있는데, 노자는 이미 77─4에서 '人

之道(인지도)', 즉 사람의 도리는 부족함을 착취하여 그럼으로써 남는 것을 돕는다고 언급한 바 있다. 따라서 《帛乙》은 [도덕경] 전체 문장의 맥락상 '성인 성(聖)'이 누락된 것으로 봐야한다.

【미언】

《帛甲》성인은 쌓아둠이 없고, □□□ □□□□□□ 타인을 □□□, □□□ □□ □□ □□; □□□ □□□□□ □□□□ □□□, □□□ □□□ □□□□□. □□□□□ □□□ □□□□ □□□□ □□ □□ □ □; □□□ □□□ (타인을) □□□□ □□□□□ □□□.

《帛乙》성인은 쌓아둠이 없고, 다하여 그럼으로써 타인을 위하니, 자기는 더욱 있게 되고; 다하여 그럼으로써 타인에게 베푸니, 자기는 더욱 넉넉해진다. 그러므로 하늘의 도리는 이롭지 해가 되지 않고; 사람의 도리는 (타인을) 위하지 다투지는 않는다.

《河上》《王弼》성인은 쌓아두지 않고, 다하여 그럼으로써 타인을 위하니, 자기는 더욱 있게 되고; 다하여 그럼으로써 타인에게 베푸니, 자기는 더욱 넉넉해진다. 하늘의 도리는 이롭지 해가 되지 않고; 성인의 도리는 (타인을) 위하지 다투지는 않는다.

【대의】 대동사회를 이끈 지도자[聖人]들은 사리사욕을 탐하지 않고 끊임없이 베풀었으므로, 백성이 그 지도자를 믿고 따르게 되어서 그 자리를 오랫동안 보존할 수 있었던 것이다. 이처럼 천성에 따르는 통치 이념[道]은 결코 어느 누구에게나 해롭지 않고, 대동의 통치 이념[道]은 백성에게 순일한 덕[一德]을 베푸는 것이지 착취하는 것이 아니다.

나오는 글

　이상 본문의 비교 및 분석을 통해서, [도덕경] 4대 판본들이 우리에게 전하고자 한 바가 과연 같은지 아니면 다른지를 알 수 있었다. 그리고 이러한 과정에서 예상치 못했던 몇몇 값진 결과들도 얻을 수 있었는데, 이제 이를 정리해보면 다음과 같다.

　1.《帛甲(백갑)》과《帛乙(백을)》은 그 기록내용과 문장구조에서 상당수 흡사한 면모를 보이고 있지만, 이들 사이에는 분명 판이한 부분들도 역시 존재한다. 따라서《帛甲(백갑)》과《帛乙(백을)》의 훼손된 부분들을 상호 비교하여 유추 및 보완하는 방법은 분명 과학적인 방법이 아닐 것이다. 이에 필자는 이 점을 명확하게 하기 위해서, 훼손된 부분들은 훼손된 부분으로 놔두었다.

　2. 판본별 기록과 특히 표현법에 있어서는 차이점이 존재한다. 하지만 이들 각 판본들이 우리에게 전하고자 하는 대의(大義)는 분명 일치하고 있다는 점이다. 특히나 이러한 판본별 표현법을 이해하기 위해서는, 반드시 수사학(修辭學: rhetoric)적 관점에서 접근해야 함을 알 수 있었다.

　3. 또한 이를 통해서 동양에도 일찌감치 수사학(修辭學: rhetoric)적 개념이 존재했을 뿐만 아니라, 당시 사람들 역시 이처럼 이해와 설득을 그 최종목표로 삼는 수사학을 적극적으로 활용하여 왕성한 저술활동을 벌였음을 확인할 수 있다.

　4. 4대 판본 비교를 통해서 보다 확실하게 이해할 수 있었던 사실은,

노자가 [도덕경]을 통해서 우리에게 전하고자 한 말은 역시 다름 아닌 대동사회로 복귀해야 한다는 점이다. 아울러서 노자의 도(道)는 천도(天道) 즉 하늘의 뜻에 따르는 무위자연의 도를 뜻하고, 도는 정치와 직결되므로 결국 지도자의 통치 이념이라는 의미를 함축하고 있음을 다시 한 번 확인할 수 있다.

5. [도덕경]이 전하는 내용이 정치뿐 아니라 경제 사회 문화 심지어 부부(夫婦)를 포함한 대인관계 등의 제 방면을 다루고 있다는 주장은 사실이 아니며, 노자는 처음 1장부터 마지막 81장까지 일관되게 대동사회를 이끌었던 지도자 즉 성인(聖人)의 통치 이념인 도를 알리고자 했음을 확인할 수 있다.

6. 필자는 [노자의 재구성]과 [노자, 정치를 깨우다] 두 저서를 통해서, 노자는 소강사회를 반대했기에 인의예(仁義禮)를 반대했다고 주장한 바 있다. 그리고 이제 4대 판본의 내용을 통해서, 필자의 주장이 사실과 다르지 않음을 확인할 수 있었다.

7. 아울러서 필자는 군자(君子)가 어떤 상황에서도 무력을 사용하지 않은 성인(聖人)과는 분명히 다른, 좀 더 구체적으로 말해서 성인의 도를 배워서 실천하려고 노력하는 지도자이지만, 성인보다는 부족한 점이 있는 인물들이라고 피력한 바 있다. 그리고 그 이유를 31장에서 찾은 바 있는데, 백서본에서는 26-1의 주어 역시 군자로 대체하고 있고, 마침 이 구절 역시 무력과 관련이 있다. 따라서 노자는 분명히 성인과 군자를 구별해서 표현했음을 알 수 있을 것이다.

8. 거시적으로 보았을 때, 훼손된 부분을 제외한 각 판본들이 전하는 바는 모두 일치하고 있다. 그럼에도 불구하고 판본별 기록에 미시적 차이점들이 보이는 이유는, 시대와 지역 그리고 필사자 기억의 특성 때문이라고 볼 수 있을 것이다. 좀 더 구체적으로 말해서, [도덕경] 내용을 전수받은

기록자(혹은 전수자의 말을 옮겨 쓴 필사자)들은 각기 다른 시대와 지역에서 자기만의 [도덕경] 판본을 제작했고, 기록자들은 각각 자신이 암기한 바를 더듬어 옮겨 쓰는 과정에서 자기만의 고유의 표현법을 사용했을 것이니, 비록 전달하고자 하는 내용은 같지만 판본별 표현법이 달라질 수밖에 없었을 것이다.

이상으로 [도덕경]의 4대 판본 비교를 마치려 한다. [예기(禮記)] 〈대학·전(大學·傳)〉에 다음과 같은 구절이 있다.

마음을 정성스럽게 하여 구하면, 비록 화살이 과녁 한가운데를 맞추지는 못해도 멀지는 않을 것이다.

필자의 작은 노력이 노자 [도덕경] 연구에 조그만 보탬이라도 될 수 있기를 바라며, 이제 필자는 또 다른 여행의 시작을 준비하려 한다.

노자의
다르지만
같은 길

초판 1쇄 발행일 2015년 12월 05일

지은이 안성재
펴낸이 박영희
책임편집 이승빈
디자인 김미령·박희경
마케팅 임자연
인쇄·제본 태광인쇄
펴낸곳 도서출판 어문학사
　　　　서울특별시 도봉구 쌍문동 523-21 나너울 카운티 1층
　　　　대표전화: 02-998-0094/편집부 1: 02-998-2267, 편집부 2: 02-998-2269
　　　　홈페이지: www.amhbook.com
　　　　트위터: @with_amhbook
　　　　인스타그램: amhbook
　　　　블로그: 네이버 http://blog.naver.com/amhbook
　　　　　　　다음 http://blog.daum.net/amhbook
　　　　e-mail: am@amhbook.com
　　　　등록: 2004년 4월 6일 제7-276호

ISBN 978-89-6184-397-3 93140
정가 27,000원

이 도서의 국립중앙도서관 출판예정도서목록(CIP)은 e-CIP홈페이지(http://www.nl.go.kr/eci와
국가자료공동목록시스템(http://www.nl.go.kr/kolisnet)에서 이용하실 수 있습니다.
(CIP제어번호: CIP2015031507)